Nirvana the last nightmare
禪師와 헝겊인형

홍법원

Nirvana the last nightmare
禪師와 헝겊인형

■차 례

머리말
제 1 부 · 선의 통달 / 9
제 2 부 · 궁극의 악몽 / 51
제 3 부 · 인생은 한바탕 꿈 / 91
제 4 부 · 술취한 춤꿈 / 131
제 5 부 · 살불살조(殺佛殺祖) / 173
제 6 부 · 백척간두 진일보 / 211
제 7 부 · 달 가르키는 손가락 / 251
제 8 부 · 조가비를 모으면서 / 293
제 9 부 · 여여한 죽음 / 333
제10부 · 열반속의 삶 / 371

머리말

자연.

스스로 그러하다는 자연. 그러나 인간은 스스로 그러한 것을 스스로 그러하지 못하게끔 자연을 많이도 파괴했다. 그 덕에 우리는 여러가지 공해 속에서 그리고 복잡다단해진 세상 속에서 복잡하고도 고달프게 살아간다.

그렇지 않으면 무엇인가에 취해서 자기의 본래면목을 잊으며 착각 속에서 살아가기도 한다.

삭막한 세상.

취한 세상.

복사꽃에 비추인 따사로운 햇볕처럼 그렇게 포근하게 살아갈 수는 없을까?

솔 가지에 이는 바람처럼 그렇게 시원스레 사는 길은 없을까?

깊은 밤하늘의 별처럼 그렇게 초롱초롱 깨어있을 수는 없을까?

명상.

답은 오로지 이것 한 가지일 것이다.

명상이 무르익으면 사랑은 스스로 일어난다고 한다.

명상이 무엇인지, 사랑이 무엇인지, 삶과 죽음이 무엇인지를 여기 깨달은 이는 명쾌하게 밝혀놓았다. 그 답은 다름아닌 명상이라고.

그는 또 말한다. 꿈에서 깨어나라. 꿈에서 깨어나라. 지금 바로 일어나라. 네 스스로 등불이 되거라.

이 책은 원제목 'nirvana the last nightmare'를 완역한 것이다.

강의 기간은 1976. 2. 11~1976. 2. 20. 역자는 이 번역서를 경(經)이라 생각하고 다소 어색하더라도 가능한 한 직역을 하였다.

  부족한 점은 오로지 독자의 혜안(慧眼)에 맡기는 바이다. 끝으로 이 책을 나오게 해주신 온 우주삼라만상과 모든 이들에게 감사드린다.

    따슨 빛 등에 지고
    유마경 읽노라니
    가볍게 나는 꽃이
    글자를 가린다.
    구태여 꽃 밑 글자를
    읽어 무삼하리요. (古詩 중에서)

                  1993년 겨울. 우이동에서 竹亭.

제1부

선의 통달

선의 통달

용초라는 뛰어난 詩人이 있었는데, 그는 선(禪)에 통달하기를
바랬다.
그는 이런 마음을 품고 오대산 광덕사의 조실(祖室)*인
혜원禪師를 만나려고 다짐하였다. 어느날 용초는 희망에
부풀어 혜원禪師에게 갔지만, 방에 들어서자마자 한 대 얻어
맞았다. 그는 깜짝 놀랐고 몹시 굴욕감을 느꼈다. 전에는 아무도
감히 그를 때린 사람이 없었기 때문이다. 그렇지만 禪師의
허락없이는 결코 어떠한 말도, 행동도 할 수 없는 禪의 엄격한
규율 때문에 그는 조용히 물러났다.
그는 혜원禪師의 법(法)을 계승한 선덕화상에게로 즉시
달려가서 혜원禪師에게 복수하기로 했다고 말하자, 선덕은
빙그레 웃으며 말하였다.
'혜원禪師가 그대를 위하여 베푼 친절을 어찌 그렇게도
모르는가? 가만히 앉아 참구(參究)하여 보아라. 그러면 그대에
대한 그의 대우가 무엇을 뜻하는지 그대 스스로 알 것이다.'
삼일 낮, 삼일 밤 동안을 필사적으로 명상에 몰두한 용초詩人은
갑자기 깨달음의 황홀한 경지를 처음으로 경험하였다.
이 사토리(見性)*의 경계는 혜원禪師에 의해서 인가(印可)
되었다. 용초는 선덕화상을 방문하여 그의 충고와 말에
감사하였다.
'당신의 지혜가 아니었더라면 저는 이러한 변형을 경험하지
못했을 것입니다. 혜원스님의 그 때림이야 말로 저에게는 자비,
바로 그것이었습니다.'

이 세상에는 수 많은 독(毒)이 있지만, 이상주의(Idealism)와
같은 독은 없다-그것은 모든 독들 중에 가장 유해한 것이다. 물론

아주 미묘하다. 그것은 그대를 죽일 것이지만, 그대가 결코 알아 차라지 못하는 방법으로 죽인다. 이상주의의 길들은 매우 교활하다. 소수의 사람들만이 이상주의라는것 때문에 자살을 범해 오고 있다는 것을 깨닫게 된다. 그대가 일단 이것을 자각하면 그대는 종교적으로 된다.

종교는 어떤 이데올로기가 아니다. 종교는 어떤 이상적인 것을 믿는 것이 아니다. 종교는 이상주의의 허망함을 알게 하기 위함이다. 종교는 지금 여기에서 사는 것이고, 이상주의는 다른 어딘가에서 살기 위해 끊임없이 그대의 마음을 조건지운다. 오로지 지금만이 존재한다. 살기 위한 다른 길이 있는 것이 아니다.

길은 오로지 이 자리에 있다. 그대는 다른 곳에 있을 수 없다. 내일은 존재하지 않고, 결코 오지 않는다. 그런데 이상주의는 내일을 믿는다. 이상주의는 내일이라는 제단위에 오늘이라는 것을 제물로 바친다. 이상주의는 계속 그대에게 말한다.

'무엇인가 네 자신을 개선하라. 무엇인가 네 자신을 변화시켜라. 무엇인가 완벽하게 되라.'

그것은 에고*(ego)의 흥미를 끈다. 이상주의는 에고의 세계에 속한다. 지금의 그대보다 그대가 더욱 완벽하게 될 수 있다는 것은 에고에게 호소력이 있다. 요컨데 지금의 그대보다 그대는 더욱 완벽하게 되어야만 하는 것이다. 그러나 매 순간은 완벽하며, 그것은 매 순간 완벽한 것보다 더 완벽해질 수는 없다. 이것을 이해하는 것이 새로운 삶의 시작이다. 이것을 놓치는 것은 자살을 범하는 것이다. 그때 그대는 결코 오지도 않는 순간을 위하여 이 순간을 계속 파괴하고 있는 것이다. 그때 그대는 어디에도 존재하지 않는 어떤 삶을 위하여 바로 지금의 이 삶을 계속 파괴하고

있는 것이다. 다른 어떤 세계를 위하여 이 세계를 계속 파괴한다-
어떤 파라다이스, 어떤 해탈, 어떤 열반을 위하여 말이다.
 미래를 위하여 현재를 희생시키는 것은 죽음으로 가는 덫에
걸리는 것이다. 순간을 사는 것, 전체적이고 자유롭게 사는 것은
존재를 즐기는 것이며 존재를 찬양하는 것이다. 이것이 존재의
길이다. 다른 어떤 길도 없다.
 이상주의는 그대에게 나쁜 올가미를 씌운다. 첫째로 이해되어야
할 것은 그대는 완벽하다는 것이다. 어떤 사람이 그대에게 너는
완벽하게 되어야 한다고 말한다면 그는 적이다. 그를 경계하라.
가능한 한 그에게서 멀리 피하라. 그가 그대의 존재에 독을 뿜어
내지 않도록 하라. 그가 그대를 파괴하지 않도록 하라. 그는 곁에
있는 다른 사람을 파괴하였을런지도 모른다. 지금 그는 그대에게
같은 것을 하고 있다. 그는 스스로 하나의 희생자일지도 모른다.
그를 동정하라. 그렇지만 그대를 파괴하도록 허락하지는 말라.
그는 자신의 삶을 살지 못하였다. 그는 살아보지도 못했으면서
희망만을 품어왔다. 그는 살아보지도 못했으면서 꿈만을 꾸었을
뿐이다. 그는 살아보지도 못했으면서 준비하고 계획만을 했을
뿐이다.
 이상주의자의 마음은 결코 일어나지도 않는 어떤 일을 위하여
계속 준비한다. 그것은 악몽이다. 그것은 결코 떠날 수 없는 어떤
여행을 위하여 준비하고 또 준비하는 끝도 없는 준비들일 뿐이다.
그것은 무수한 방법들로 계획되고 있다-미묘하고 교활하고 영
리하게-하지만 그 모든 것들은 아무 의미가 없다. 왜냐하면 매
순간 삶을 부정하기 때문이다. 삶은 매 순간 그대의 문을 두드리고
있다. 그러나 그대는 부정한다. 왜냐하면 그대는 삶을 위하여

준비하고 있다고 말하기 때문이다. 그대는 말한다.
'내가 어떻게 곧바로 손님을 맞이할 수 있겠습니까? 나는 준비가 안 됐습니다.' 조만간 그대는 준비가 그대의 삶이 되게 하는, 준비하는데에 익숙하게 될 것이다.

그대는 놓쳐 왔다. 이런 마음의 형태는 계속 놓치고 있다. 그리고 놓치면 놓칠수록 마음은 필사적으로 계획을 짠다 ─ 어디엔가 가기 위하여, 어디엔가 도달하기 위하여, 무엇인가 되기 위하여. 그리고 모든 불행중의 불행은 그러한 삶은 일어나지 않는다는 것이다.

삶은 본래부터 유용한 것이었다. 그대는 그것을 위하여 준비할 필요가 없다. 그대는 삶을 즐길 권리가 본래부터 있는 것이다. 살아 있는 존재, 그 자체만으로도 그대는 벌써 준비되어 있는 것이다. 왜냐하면 그대는 숨을 쉴 수 있기 때문에 그대는 본래부터 유능한 것이다. 아무것도 모자랄 것이 없다. 그대가 처음 내딛는 발걸음을 그르친다면 전체의 여행을 그르친다. 처음 내딛는 발걸음이 그대의 전체적인 삶을 규정짓고 결정한다. 결코 완전해지기를 바라지 말라. 만약 그렇지 않다면 그대는 죽은 듯이 판에 박힌 일상적인 생활에 휘감기고 말 것이다.

그대는 그대 자신을 지켜 볼 수 있으며, 남들도 지켜 볼 수 있다. 이상주의에 빠진 사람들은 관습의 삶을 살아가고, 공허한 몸짓(gesture)으로 살아가는 사람들이다. 그들은 어떤 위대한 일이 일어나리라고 항상 기다린다. 그러나 결코 일어나지 않는다. 왜냐하면 그런 식으로는 일어날 수 없다. 그것은 바로 지금 여기에서 일어나고 있다. 그런데 그들의 시선은 멀리 어딘가에 고정되어 있다. 그것은 아주 가까이에서 일어나고 있다. 이미 그대 심장 가까이에서 일어나고 있다. 심장이 뛰고 있는 곳에 그것은 이미 일어나고 있다. 그런데 그들은 하늘을 보고 있다. 그래서 그들은 죽은듯 판에 박힌 삶을 만드는 것이다. 그들은 마치 죽은 시체들처럼 기다리고, 기다리고, 또 기다리며 움직인다. 그리고 그들은 매일 죽음이 가까이 오고 있음을 알고서 더욱 더 절망적으로 된다.

그들의 전체적인 삶은 하나의 기계적인, 판에 박힌 일로 바뀔 것이다. 진실로 그대가 살기를 원한다면 그대는 자연스러워야 한다. 삶이란 자연스러운 것이다. 이 순간에 쓸모있게 되라. 이 순간이 그대를 이끌게 하라. 삶을 위한 계획을 짜지 말라. 그렇지 않고 그대가 삶을 완벽하게 계획하면, 언젠가는 위대한 일이 일어날 것처럼 생각하면서 죽은 듯 판에 박힌 채, 공허한 몸짓으로 살 것이다.

그대는 삶이 하나의 결과라고 생각하는가? 삶이란 결과가 아니다. 그것은 본래부터 존재하는 것이다. 삶이란 하나의 은총이며, 삶에 도달하기 위하여 아무것도 행할 것이 없다. 태어나기 위해 그대는 무엇을 했는가? 숨 쉬기 위해 그대는 무엇을 했는가? 의식적일 수 있게 그대는 무엇을 했는가? 사랑에 빠질 수 있도록 그대는 무엇을 했는가? 그것은 그냥 일어났을 뿐이다. 그것은 순전한 하나의 은총이며 선물이다. 삶이 어떤 결과가 되기를 생각하지 말라. 그대가 어떤 결과를 바란다면 결단코 그렇게 되지 않을 것이다. 계속 기다리고 기다릴 몇몇 사람들이 있다면, 그들은 죽을 것이다. 거의 99%의 사람들이 이런 식으로 죽는다. 그들 전체의 삶은 순전히 소모품이었을 따름이다. 1%의 사람들만이 때때로 우연한 기회에 그들의 삶이 헛되다는 것을 알아차린다. 그때 그들의 모든 길들여짐과 조건지어짐*은 미묘한 보복을 한다. 이제 그들은 일어나지도 않을 무엇인가를 기다려 왔다는 것을 깨닫게 되면 삶은 무의미하다고 말하기 시작한다. 처음에 그들은 무엇인가 의미있는 것을 기다렸지만, 지금 그 의미가 일어나지 않기 때문에 삶은 무의미하다고 말한다. 처음에 그들은 어떤 목적을 기다리고 있었지만, 지금은 그 목적이 일어나지 않기 때문에 삶은 목적이 없다라고 말한다. 쟝 폴 사르트르에게 물어 보라. 그는 '인간이란 쓸데없는 열정이다.'라고 말한다. 이 말은 인간에 대하여 아무것도 말하지 못 한다. 이 말은 존재에 대하여 아무말도 못 한다. 그저 단순히 싸르트르가 삶을 놓쳐 왔다는 것을 말할 뿐이다. 이는 그가 삶에 있어서 어떤 실리적인 목적을 달성하기를 원했지만, 그러한 것은 이루어지지 않았다는 것을 알아차렸을 뿐이며, 어떤 의미를 기다렸지만 그 의미는 밝혀지지 않으리라는 것을 깨달았다는 것을 말한다. 그래서 그는 삶은 무의미하다고 말한다.

 그러나 삶이란 어느 쪽도 아니다. 의미가 있는 것도 의미가 없는 것도 아니다. 진실로 의미가 없다면 어떻게 삶이 무의미하게 될 수 있겠는가? '무의미'라는 낱말에서 조차도, 삶에 대해 무의미가 되기위한 어떤 의미가 있음에 틀림없다. 삶은 둘 다 아니다. 삶은 아무런 목적도 없이 순전한 아름다움속에 그냥 존재하는 것이다. 나무를 보아라. 햇살을 보아라. 스스로 그럴 뿐…… 매일 아침 해가 떠 오르는 목적이 무엇인가? 나무들이 꽃 피우는 목적이 무엇인가? 새들이 노래하는 목적이 무엇인가? 아무런 목적이 없다. 나는 무목적(無目的)에 관해서 이야기하고 있는 것이 아니다. 나는 단순히 삶에는 아무런 목적도 없다는 것을 이야기하고 있다.

 의미에 관하여 그만 추구하라. 왜냐하면 그 추구는 그대의 삶을 파괴하고 불행하게 하거나, 어느날 그대가 이를 알아 차리게 되더라도 또 다른 번민-무의미의 번민-이 그대를 에워쌀 것이다. 싸르트르는 '삶은 메스껍다.'라고 말했다. 그는 너무 많이 기대했음에 틀림없다. 지금 그 실현은 더욱 더 멀어져 가고 있고 그는 울렁거리는 위장과 메스꺼움, 아픔, 배멀미를 느낀다. 그는 너무 많이 기대하고 있었다. 지금 모든 기대들이 좌절되고 있으며 삶은 역겨움이 되어 있다. 삶은 역겨워 할 아무것도 없다. 왜냐하면 삶은 그대가 기대해야 할 아무것도 없기 때문이다. 그대가 이상주의라는 덫에서 일단 풀려나기만 한다면, 그대는 삶에 유용하고, 삶은 그대에게 유용해진다.

어느 책에선가 니이체는 말하고 있다 '어디에서 나는 편안하게 느낄 수 있을까? 어디에서?' 그는 어떤 자궁, 보금자리, 어머니를 찾고 있었음에 틀림없다. 그는 성장에 있어서 어디엔가 달라붙어 있었음에 틀림없다. 그대는 왜 보금자리를 찾고 있는가? 삶은 어떤 보금자리도 아니지만 황량한 것도 아니다. 있는 그대로, 그냥 있는 그대로이다. 삶을 즐기며 찬양하라. 삶은 그대를 위하여 어떤 보금자리도 되지 않겠지만 황량한 것만도 아니다. 보금자리를 위한 바로 그런 추구는 마치 삶에는 보금자리가 없는 듯이 보이게 만든다.

추구함을 버려라. 바로 그 추구함이 삶으로부터 그대를 내던져 버린다. 그대는 계속 이 순간을 놓치고 있다. 그래서 그대는 기다릴 수 있거나 노여움게 될 수 있을 뿐이다. 물론 쓸데없는 기다림, 쓸데없는 노여움이다. 그대가 계속 기다리기만 한다면 그대의 삶은 일상적인 것에 사로잡힐 것이다. 그대는 기계적인 인간이 되기 위하여 노력할 것이다.

어떤 일화다.

스미스씨는 그의 부인을 살해했는데, 그의 완벽한 항변은 일시적인 광기에 근거를 두고 있었다. 그는 자신의 입장에서 하나의 증인이 되었고, 법관에 의해서 그 자신의 말로 그 범죄를 묘사하라고 요구되었다.

"존경하는 법관님." 그는 말하기 시작했다.

"저는 사실상 어느 누구에게도 결코 폐를 끼치지 않는 규칙적인 습관을 가진 아주 조용하고 평화로운 사람입니다. 나는 매일 7시에 일어나고, 7시 반에 아침 식사를 하며, 9시에 일을 시작하고, 5시면 일을 끝내고, 6시에 집에 와서 밥상에 있는 저녁식사를 먹고, 신문을 읽고, TV를 보며, 침대에 듭니다. 문제의 그 날까지……"

이때에 그는 심호흡을 하기 위하여 잠깐 멈추었다.

법관은 부드럽게 말하였다.

"계속 하시오. 문제의 그 날에 무슨 일이 일어났습니까?"

"문제의 그 날에 나는 7시에 일어났지요. 7시 30분에 아침을 먹었고, 9시에 일을 시작했으며, 5시에 떠나 6시에 집에 왔습니다. 그런데 탁자 위에는 저녁상이 차려져 있지 않았고, 아내의 기척이 없었지요. 나는 이리저리 찾았고, 아내가 웬 낯선 남자와 함께 침대에 있는 것을 발견했습니다. 그래서 나는 그녀를 죽였습니다."

"그녀를 죽였을 당시 당신의 감정은 어떠했습니까?"

기록하는데 여념이 없는 법관이 물었다.

"나는 매우 격분하고 있었습니다."

스미스가 대답했다.

"분해 미쳐서 제 정신이 아니었고 나 자신을 자제할 수 없었습니다."

그는 배심원단으로 달려가서 배심원석의 팔걸이를 탕탕 치면서 소리쳤다.
"여러분, 여섯시가 되어 내가 집에 돌아올 때에는 항상 상위에 저녁 밥상이 차려져 있어야만 했다구!"
이것이 그의 아내를 죽인 이유이다. 낯선 남자와 잠자리를 같이 했다고 죽인 것이 아니다. 저녁 밥상이 정확하게 여섯시에 차려져 있지 않아서 죽인 것이다. 그대 역시 얼마간은 이처럼 판에 박힌 일상적인 일에 사로 잡혀 있다는 것을 깨닫고 있는가? 왜 사람들은 판에 박힌 일상적인 생활에 사로잡혀 있는 것일까? 그들은 이처럼 판에 박힌 일에 사로잡혀 있는데, 만약 그들의 일상적인 것의 사슬이 깨지게 되면, 그들은 갑자기 하나의 쓸데없고, 하찮고, 무의미한 삶을 보게 되기 때문이다. 어쨌든 그들은 삶에다가 어떤 의미를 부여하거나 의미의 향기를 주려고 노력한다. 그들은 자신이 쓸데없이 산다는것을 잊으려 하며, 전혀 살고 있지 않음을 잊으려고 한다. 그래서 그들은 어떤 죽은 틀을 만들며, 그 틀에 갇힌다. 그렇게 함으로 해서 하나의 기계 같고 모든 것이 완벽하다는 느낌을 가지려 한다. 정확히 제 시간에 일어나고, 사무실에 나가며, 집에 오고, 신문을 보며, TV를 보고, 음식을 먹으며, 잠자리에 든다. 모든 것이 그렇게 되어야 하는 것처럼 그렇게 하고 있다.
판에 박힌 죽은 듯한 삶은 모든 것이 완벽하게 옳다는 느낌을 준다. 하지만 그 이면에는 모든 것이 혼돈 상태로 있다. 그들은 삶을 놓치고 있다.
나에게 있어서 이상주의란, 어떤 이상이 미래에 성취되는 것을 위해 사는 것을 의미한다. 미래란 시간의 부분이 아니다. 그것은 단지 욕망의 부분이다. 대개 그대는 과거, 현재, 미래가 시간으로 나뉘어져 있다고 생각한다. 그것은 그릇된 생각이다. 그것은 시간으로 나뉘어져 있지 않다. 시간은 오로지 현재, 늘 현재이지 결코 다른 것이 아니다. 과거는 단지 기억안에 있고, 마음안에 있을 뿐이다. 그것은 시간의 부분이 아니다. 그것은 마음의 부분이다. 미래, 역시 욕망이라는 마음의 부분이다. 과거는 기억이요, 미래는 욕망일 따름이다. 이 둘 사이에 아주 짧은 순간이 있는데, 현재라는 지극히 짧은 순간, 그것은 항상 현재이다.

시간은 언제나 '지금'으로 온다. 그대가 '지금'을 놓치고 있다면, 그대는 자살을 범하고 있는 것이다. 그대가 그것을 알아차리지 못하는 이유는 그대가 서서히 죽어가고 있기 때문이다. 그대가 어떤 이상때문에 삶을 미루고 있다면 그때 그대의 삶은 쓸데없고 판에 박힌 죽은 것이 될 것이다.

그대는 단지 커다란 기회를 상실하고 있을 뿐이다. 비록 아름다운 말들을 위하여 상실하고 있지만.

어떤 사람은 완벽하게 되기 위해 노력하고 있다.
어떤 사람은 현인이 되려고 노력하고 있다.
어떤 사람은 마하트마(위대한 영혼)가 되려고 노력하고 있다.
어떤 사람은 다른 무엇이나가 되려고 노력하고 있다.

그냥 존재하라. 그리고 되는 것(becoming)을 잊어라. 무엇인가 되려는 것은 악몽이다. 느긋하라. 그대는 완전하다. 실제로 삶은 매 순간 완벽하다. 그것을 받아 들이기란 매우 어렵다. 왜냐하면 그대는 수세기 동안 조건지어져 왔기 때문이다. 또한 그대에게는 이상(理想)들이 주어져 왔고, 그대는 이상들을 계속 비교한다. 그대는 말한다. '어떻게 하면 완벽해질까? —나에게는 아직도 노여움이 남아있다. 어떻게 하면 완벽해질까? -나에게는 아직도 성욕이 남아 있다. 어떻게 하면 완벽해질까? -나는 아직까지도 폭력적이다. 나는 어떻게 하면 완벽해질까?' 그대는 비교하고 있다. 비교는 질병이다. 바로 병인것이다. 그대는 그대일 뿐이다. 노여움이 있다면 어떻게 할 것인가? 그대는 그것을 받아 들여야 한다.

그대가 노여움을 참고 산다면 그대는 결코 사는 것이 아니다. 차라리 노여움을 받아들이며 살아라. 사는 것에 의하여 노여움은 사라질 것이다. 변형은 사는 것을 통하여 일어나는 것이지 준비를 통하여 일어나는 것이 아니다. 그대가 준비하면 할수록 더욱 더 머리가 어지럽게 될 것이다. 긴장을 풀어라. 즐겨라. 그러나 에고는 거친 공사장 감독처럼 살아 간다. 에고는 계속 말한다. '왜 너는 너의 시간을 조그맣고 하찮은 일에 낭비하고 있는가? 위대한 사람이 되라! 부처가 되라! 마하바라*가 되라! 그리스도가 되라!'

그리스도는 결코 그리스도가 되려고 노력하지 않았는데, 그것이 그리스도가 된 이유이다. 그는 단순히 자신을 받아들였다. 받아들임을 통하여 그는 꽃피었다. 마하비라는 무엇인가 되려고 하지 않았다. 그는 어떤 이상도 갖지 않았다. 그는 단지 자신의 삶을 살았을 뿐이며, 또한 그는 단순히 자신의 일을 하였고, 그리고 삶이 그에게 일어났다. 그것은 항상 일어난다. 그것은 항상 일어나고 있다. 삶이 일어나지 않는 것이 아니라, 그대가 그것을 놓치고 있는 것이다. 이것은 단순한 사실이다. 나는 철학을 이야기하고 있는 것이 아니다. 이것은 사실의 진술일 뿐이다. 바로 지금, 바라 보라! 그대는 무엇을 놓치고 있는가? 누구든 아무것도 놓치고 있지 않다. 나는 에머슨의 수필을 하나 읽은 적이 있다. 그는 말한다.

'인간이란 겁이 많고 변명을 한다. 인간은 더 이상 정직하지 않다. 인간은 "나는 존재한다."라고 감히 말하지 못한다. 인간은 풀 한 포기 또는 바람에 날리는 장미앞에서 부끄러워 한다. 나의 창문 아래에 있는 장미는 지난날의 장미들에 대해서나 또는 더 나은 장미들에 대하여 아무런 말이 없다. 그들은 그들 스스로를 위하여 있다. 그들은 神과 함께 오늘 존재한다.'

이것이 그대 삶의 토대가 되게 하라 : '장미는 神과 함께 오늘 존재한다'라는 이것이. 장미는 지난날의 장미들에 대하여 언급을 안한다. 장미는 더 나은 장미들과 비교하지 않는다. 장미는 단순히 그들 자신들일 뿐이며, 장미는 神과 함께 오늘 존재한다.

에머슨은 또 말한다.

'그들에게는 어떤 시간 개념도 없다. 단순히 장미로서 있다. 장미는 장미라는 존재 자체로 매 순간 속에서 완벽하다.'

완벽이란 것은 어떤 목표가 아니다. 완벽이란 본래부터 존재하고 있는 것이다. 그대는 완벽하게 태어난다. 완벽이라는 것은 이 존재안에서 일어나는 것이지 어떤 다른 것이 아니다. 神 속에서 어떻게 불완전이 일어날 수 있겠는가? 오로지 완전만이 가능하다. 그대가 완전해지려는 이상은 현재에 있어서 그대를 불완전하게 만든다. 왜냐하면 비교가 일어나기 때문이다. 그대는 다른 사람들과 그대 자신을 계속 비교한다.

어떤 사람은 더 아름답다.

어떤 사람은 더 지적이다.

어떤 사람은 더 성실하다.

어떤 사람은 더 도덕적이다.
어떤 사람은 더 건강하다.
어떤 사람은 더 강하다.

그래서 그대는 이러한 비교들 때문에 불구가 된다. 이와 같은 죽어 버린 중압감이 그대의 머리를 무겁게 하기 때문에 그대는 움직일 수가 없는 것이다. 그러나 그대는 한 가지 사실을 잊어 왔는데-그것은 그대는 그대일 뿐 다른 누구도 될 수 없다는 것이다. 일단 그대가, 그대는 그대일 뿐이라는 사실과 다른 누구가 될 수 없다는 사실을 받아들이면 그대는 그대 자신으로 남아 있을 것이다. 그대가 그것을 일단 받아 들이면 하나의 변형이 일어난다. 이제 그대는 살기 시작한다. 그때 그대는 미래에 대해서 걱정하지 않는다. 그때 그대는 무엇인가 되려는 어리석은 짓을 하지 않는다. 그때 그대는 더 이상 비교하지 않으며, 더 이상 경쟁하지 않는다. 그때 그대는 창아래 하나의 장미가 될 것이다. 그대는 神과 함께 오늘 존재한다. 그대가 神과 함께 오늘 존재하지 않는다면 그대는 악몽중에 있을 것이다.

붓다는 이것을 실현하였다. 그는 神의 절대성 속에서 神을 실현한 첫번째 사람이었다. 그는 모든 이상들을 떨쳐 버렸다.

사람들이 그에게 와서 묻곤 하였다.

"神이 있는가?"

그는 침묵하였다.

神이 없다는 것이 아니다. 그렇지만 그가 일단 神이 있다라고 말하면, 그대 안에서 성취하기 위한, 알기 위한, 되기 위한 어떤 욕망이 일어난다. 그러면 그대는 또 다시 그릇된 길에 있는 것이 된다. 붓다는 침묵을 지켰다. 그는 神에 관하여 어떤 것도 말하려

하지 않았다.
　사람들은 묻곤 하였다.
　"좋다. 神이 없다면 걱정할 아무것도 없다. 그렇다면 내면에는 영혼이 있는가?"
　붓다는 침묵을 지키고자 하였다. 왜냐하면,
　"그래, 거기엔 영혼이 있다."라고 그가 말하면 그때 그대는 그것을 추구할 것이기 때문이다. 그대가 그림자를 추구하는 그러한 사람들에게 빠져 있다면, 그들의 어떠한 말이나 어떠한 암시에도 그것은 그대에게 작용할 것이다. 추구하는 것이 그대의 삶이 되어 있다. 무엇인가 추구하라. 돈이라든가 열반이라든가, 또는 권력이나 명성, 명상 - 이런것들은 단지 추구일뿐 아무런 다름이 없다.
　붓다가 神이 있다는 것을 잘 알았고, 영혼이 있다는 것도 잘 알았을 때, 침묵을 지키기가 얼마나 어려웠겠는가를 나는 이해할 수 있다. 침묵하기가 얼마나 어려웠겠는가? 붓다는 그대를 알기 때문에 유혹을 참았다. 아무도 그렇게 깊이 인간성 - 인간의 광기라든가, 이상(理想)들에 사로잡히는것 - 을 알지 못했다.
　사람들은 묻곤 하였다.
　"우리는 언제 얻을 것인가? 언제 실현하고, 깨닫게 될 것인가? 그때 우리는 어디에 있게 될 것인가? 완전한 자유 상태인 해탈이 있을까?"
　붓다는 침묵을 지켰다.
　그는 새로운 말을 생각하였다. 그는 오래 된 동양의 말인 완전한 자유상태인 '해탈'이란 말을 떨쳐 버리고, 새로운 말인 니르바나(nirvana)*란 말을 고안하였다. 그 말은 아름답다. 그 말은 매우 의미심장하다. 니르바나는 단순히 정지(靜止, 休止)를 뜻한다.

그대는 존재하지 않을 것이다. 아무것도 존재하지 않을 것이다. 그는 가장 부정적인 말을 사용하였다. 절대적인 부정(니르바나)을 그대가 어떻게 이상적으로 만들 수 있겠는가? 무엇인가 긍정적인 것은 하나의 이상이 되게 하고, 그대는 그것을 추구하기 시작한다. 그러나 그는 가장 부정적인 말을 사용하였다. 절대적인 부정, 거기엔 아무것도 없을 것이다. 오로지 無(nothingness)만이 거기에 있을 것이다. 그대는 없어질 것이다.

그러나 인간의 마음을 보라. 인간의 마음은 목표를 만들어 왔다. 붓다는 그대에게 완전한 부정의 말을 주려고 했으므로, 그대는 그것에 대한 이상(理想)을 만들 수 없다. 그러나 그 때 이후로 수 많은 사람들은 니르바나를 추구하게 되었다. 그들은 니르바나가 단순히 無를 뜻한다는 것을 완전히 잊었다. 니르바나는 절대 空(void)을 뜻한다. 니르바나는 빈 것을 뜻한다. 그대가 텅 빈 것을 어떻게 추구할 것인가? 그 추구자는 포기해야만 한다. 거기엔 단지 空만이 존재하는데, 어떻게 空을 추구할 수 있단 말인가? 어떻게 그대가 空을 찾을 수 있단 말인가? 찾는 사람은 포기해야만 한다. 그대는 아주 완전히 사라져야만 한다. 그러나 사람들은 空조차 목표로 만들어 왔다.

마음이라는 것은 말해지는 것이 무엇이든 간에 그것에 너무 사로잡히는것 같다. 마음은 말로부터 어떤 목표를 만들 것이다. 예를 들어 내가 '지금 여기'*(here and now)에 존재하라고 거듭 말하는데 그러면 그대는 '지금 여기'에 존재하려고 애쓰리라는 것을 나는 잘 알고 있다. 그대는 요점을 놓치고 있다. 왜냐하면 바로 그 노력속에서 그대는 놓치고 있다. 그대는 '지금 여기'에 있기 위하여 노력할 수 없는데, 왜냐하면 그대가 노력하고 있는 바로 그 시간에 지금과 여기는 지나가고 있다. 그대는 단지 긴장을 풀 수 있을 뿐이다. 그대는 존재할 수는 있지만 노력할 수는 없다. 그대가 나를 이해하는 것으로 족하다. 그때 거기에는 행하여 질 것이 아무것도 없다. 그러나 그대는 끊임없이 나에게 오고 있다.

그대는 나에게 묻는다.

"무엇을 해야 합니까?"

나는 그대에게 계속 말한다.

"이거 해라. 저거 해라."

이것이 바로 그대를 피곤하게 하고 지치게 하는 방법이다.

그래서 어느날 그대는 완전히 지쳐서 말한다.

"더 이상 그만!"

그리고 그대는 긴장을 푼다. 달리 아무것도 부족한 것이 없다. 내가 그대를 볼 때에 그대는 붓다다 - 공허한 그림자를 추구하는. 그대가 이런 공허한 그림자를 추구 한다면, 그때 모든 것은 악몽이 될 것이다.

어떤 노인이 늦은 봄 햇살을 즐기면서 공원 벤치에 앉아 있었다. 그 때 다른 노인 한 분이 벤치의 다른 쪽 끝에 앉았다. 그들은 주의깊게 서로 바라보았다. 이윽고 그들 중 하나가 세상이 무너져라 한숨을 내쉬었다. 즉시 다른 노인이 일어나 말하였다.

"당신이 정치를 이야기하려 한다면 나는 떠날 것이오."

누군가가 그대에게 어떤 이상(ideal)이나 어떤 목표를 줄 것 같은 기분이 들면, 즉시 그에게서 떠나라. 왜냐하면 그 질병은 매우 전염성이 강하고 그대가 한번 그 병에 걸리면 만성이 될 것이다. 아무것도 행해지면 안된다. 행위가 떨어져 나가야 한다 - 노력에 의한 것이 아니라 단지 이해에 의해서이다.

그러한 목표들이 그대를 돕지 못 했으며, 무엇인가 되고자 하는 욕망이 그대를 돕지 못했다는 것을 그대가 이해한다면, 그때 그 이해속에서 무엇인가가 멈춘다. 그 이해속에서, 그 스스로의 조화에 의해서 무엇인가가 떨어져 나간다. 그대가 그것을 떨쳐 버리는 것이 아니다. 그렇지 않다면 그대는 계속 물을 것이다.

"어떻게 그것을 떨쳐버리나? 이 부단한 추구를 어떻게 떨치나? 이상들을 어떻게 떨쳐 버리나?"

그대는 그것을 떨쳐버릴 수 없다. 그대가 그것을 떨쳐 버리기 위해 노력하고 또 다시 노력한다면 제자리 걸음일 뿐이다. 그대는 그것을 떨쳐 버릴 수 없다. 그것은 그 스스로의 조화 속에서 떨어져 나갈 것이다. 그대는 이해할 뿐이다. 이해하는 것으로 충분하다. 이해하는 것만이 유일한 변형이다. 그대가 어떤 관념이나 이데올로기, 이상, 목표들을 따르고 있을 때, 그대는 다른 사람들을 모방하지 않을 수 없다. 그대는 다른 사람들을 따르지 않을 수 없는데, 왜냐하면 그대가 어디로부터 실마리를 얻겠는가? 그때 그대는 예수를, 붓다를, 마하비라를 따르지 않을 수 없다. 그러나 그대와 똑같은 남자나 그대와 똑같은 여자는 있어 본 적이 결코 없다. 그대는 有一無二다.

그대는 붓다를 따를 수 없고 나를 따를 수 없다.

그대는 나를 지켜볼 수는 있지만 나를 따를 수는 없다.

그대는 나를 사랑할 수는 있지만 나를 따를 수는 없다.

그대가 나를 따른다면 그대는 더욱 장님이 될 것이다. 그대는 이미 장님이다. 모든 신앙은 맹목으로 이끈다. 모든 신앙은 그대 자신으로부터 그대를 멀어지게 한다. 그대가 붓다가 되려고 노력한다면 한가지는 확실하다. 그대는 그대 자신이 될 수 없을 것이라는 사실이다. 그렇다면 그대는 결코 붓다가 될 수 없는데, 왜냐하면 그대는 그대일 뿐이며 붓다는 붓다일 따름이기 때문이다. 그대는 붓다가 될 수 없다. 기껏해야 모조품이 될 수 있다. -진짜 장미가 아닌 플라스틱 꽃이다.

그대는 모방할 수 있고, 배우가 될 수 있다. 그대는 추종할 수 있다. 그대는 완벽하게 붓다를 따를 수 있고, 붓다와 똑같은 성격을 만들 수 있다. 그렇지만 기억하라. 붓다와 같은 사람은 아무 성격(character)도 가지고 있지 않다. 그는 자발적으로 산다. 그는 자각은 있지만 성격을 가지고 있지는 않다. 매 순간 그는 삶에 감응(感應)한다. 그는 어떤 성격(性格)도 따르지 않는다. 그는 과거를 따르지 않는다. 그는 과거나 어제에 정해진 어떤 일도 따르지 않는다. 그는 곧바로 응답하고 있다. 성격이 있는 사람은 항상 죽어 있는 사람이다. 성격이 있는 사람은 자신의 주위를 무장하고 있다는 것을 의미한다. 그는 그가 거짓말을 하지 않겠다고 약속을 했다. 그것이 그가 거짓말을 하지않는 이유이다. 그는 거짓말을 원하지만, 에고가 개입된 그 성격때문에 거짓말을 할 수 없다. 그는 억압한다. 그는 결코 진실하게 될 수 없다. 그는 결코 흐를 수 없고, 열려질 수 없다. 그는 항상 닫혀 있다. 성격이 있는 사람은 자신의 주위에 무덤을 가져 온다. 그는 살아있지 않다. 성격의 죽은 층은 그대가 삶을 만나도록 결코 허락하지 않는다-곧바로 삶을 만나는 것을.

붓다는 아무 성격도 없지만, 그대가 그를 따른다면 그대는 그를 이해하는 만큼 그의 성격을 따라야만 하게 될 것이다. 그대는 그의 의식을 볼 수 없다. 그대는 단지 그가 어떻게 행동하는 지를 볼 수 있으며, 그 행동을 통하여 그대는 어떤 실마리를 찾을 수 있다.

그대는 놓칠 것이다. 붓다가 될 수 있는 유일한 방법은 그대 자신이 되는 것이다.
 이것은 전적으로 다르며 유일한 현상이 될 것이다. 이것은 어떤 반복이 되지 않을 것이다. 존재는 결코 반복되지 않는다. 존재는 무궁한 원형(original)이다. 결코 반복되지 않는다. 그럴 필요가 없다. 존재는 새로운 사람들, 새로운 존재들을 끊임없이 쇄신시키고 있다. 그대는 이 자리에 다시 있을 수 없다. 그대는 이 자리에 결코 있어 본 적이 없다. 전적으로 새롭고 신선한 그대가 온다. 왜 케케묵을려고 애쓰는가 ?
 아주 유명한 호텔에서 일어난 일이다. 새로운 급사가 들어 왔다. 경험많은 베테랑 급사가 젊은 견습생에게 밧줄쓰는 요령을 설명해주었다.
 '……호텔에 계속 있으려면 두뇌 회전이 재빨라야 되는데, 왜냐하면 커다란 호텔 이라는 곳은 묘한 입장에 자주 처하게 되기 때문이야. 한 예를 들어 보자면, 언젠가 내가 어떤 특급 호텔 방에 얼음을 배달하다가 그만 실수하여 다른 방엘 들어갔지. 그런데 그 방안에는 목욕탕 문이 활짝 열려 있었고, 목욕탕 속에는 웬 뚱뚱한 여자가 목욕을 하고 있지 않겠나 ! 곧 나는 그 여자가 놀라서 소리 지르리라는 것을 알았지.' —뚱뚱한 여자는 위험하다.
 재빨리 생각하면서 나는 이렇게 말했네.
 "죄송합니다, 어르신(Excuse me, Sir)" 그리고 나는 잽싸게 물러 났다네.
 "죄송합니다"라는 말은 공손 하였고, "어르신*(Sir)"이란 말은 아주 재치가 있었지. 이렇게 해서 그 날은 위기에서 모면 하였다는 말일세. 그녀는 내가 무엇인가를 훔쳐 보려고 거기에 오래 있지

않았다는 것을 알았지. 그러자 그녀는 조용해졌다. 알겠나?'

그 견습생은 이해하였다 – 시끄러운 일은 시작된다 – 그러나 다음 날 그는 눈에 시퍼렇게 멍이 들어 병원에 누워있었다.

베테랑이 물었다.

'그래, 자네 무슨 일이 있었는가?'

견습생이 대답했다.

'나는 당신의 충고를 따랐지요. 나는 얼음을 배달하면서 실수로 다른 방으로 들어 갔는데, 침대에는 거의 벌거벗은 채로 두 남녀가 있더군요. 그래서 저는 재빨리 말했지요.

"신사분들, 용서해 주십시오(Pardon me, gentlemen)" 그러자 그 사내놈은 침대에서 내려와 나를 죽이다시피 때렸죠.'*

그대가 그대 자신의 자각보다도 다른 사람들로부터 실마리를 얻으려 한다면 그대는 매우 위험한 상황에서 움직이는 것이다. 그때 그대는 그대 자신을 놓칠 것이며 다른 어떤 것도 얻지 못할 것이다. 그 희생은 매우 크며, 그대가 자각하지 못하는 한 어떤 성취도 오지 않는다.

그대가 붓다를 따른다면 그대는 곤경에 처할 것이다 – 수많은 사람들이 곤경 속에 있다. 그대가 예수를 따른다고 해도 그대는 곤경에 처할 것이다. 예수교도들을 보아라. 자이나교도들을 보아라. 추종자들을 보아라. 그들은 시끄러운 일로 묶여 있는데, 왜냐하면 삶이란 매 순간 변하고 있는데, 그들은 낡아 빠진 원칙(Principles)들을 가지고 있기 때문이다. 기억하라. 삶에는 단 하나의 황금규율(Golden rule)이 있는데, 삶에는 황금규율들이란 없다는 것이 바로 황금규율이다. 각각 모든 규율은 임의적이고 독단적이다. 어떤 규율도 궁극적일 수 없다. 그것은 어떤 일정한 상황에서 사용할 수 있지만 그것은 궁극적이 아니다. 그것은 다른 어떤 상황에서는 사용하지 못한다. 취할 수 있는 단 한가지의 규율은 자각(自覺)이다. 그대가 현재에 산다면 자각이 온다. 그대가 지금 여기에서 살면서 감응(感應)한다면, 그대는 자각적으로 될 것이다. 자각이란 것은 지금까지 그대에게 오지 않았는데, 그대는 결코 현재 속에서 살아 보지 못 했기 때문이다. 자각이란 현재 속에서 사는 것의 결과이다. 그것을 명상이라 해도 좋다.

현재에 살며, 지금 바로 여기에 사는 것에 명상이 있다. 먹을 때는 먹기만 하라. 걸을 때는 걷기만 하라. 앉아있을 때는 그냥 앉아 있어라! 그것을 즐겨라. 그것은 엄청난 선물이다. 숨 쉴 때는 숨만 쉬어라. 그것을 즐겨라. 그것 속에서 즐거워 하라. 볼 때는 단순히 보기만 하고, 잘 때는 잠만 자고……

붓다*가 되기를 원한다면 그저 평범해 져라. 단지 평범해지고 그대 자신이 되고, 그대의 일을 하며, 다른 것에 관해서 걱정하지 말며, 어느 누구도 따르려고 노력하지 말아라.

그대가 나와 함께 여기에 있다면 그대는 나를 따르기가 매우 쉬운데, 왜냐하면 하나의 추종자로서는 깨달음을 얻을 필요가 없어지기 때문이다. 그대는 더 이상 책임이 없다. 내가 그대는 더 이상 책임이 없다고 말할 때, 그대는 더 이상 삶에 감응하지 않음을 뜻한다. 그대는 죽은 이상(理想)을 가지고 있다. 그대는 죽은 이상을 염두에 두고 그것을 따른다.

그대는 삶을 보지 않는다. 상황들은 변하고 있다. 상황이란 끊임없이 흐르는 갠지스 강이다. 그것은 결코 그대 이상에 맞지 않을 것이다. 왜냐하면 이상이란 것은 어떤 정해진 상황의 부산물이었기 때문이다. 정해진 상황이란 없다. 죽어 있는 이상을 결코 따르지 말라. 그대가 나와 함께 여기에 있다면 나를 따르지 말라. 나를 이해하려고 해라. 그대가 나를 사랑한다면 그대는 나를 이해할 것이다. 그대가 나를 신뢰한다면 그대는 나를 이해하려는 것이지 나를 추종하려는 것은 아닐 것이다. 그대가 나를 이해한다면 이해되어야 할 단 한가지 사실은, 삶은 무한히 가치가 있다는 것이다. 삶을 낭비하지 말라. 어떤 이상들도 삶보다 더 가치가 있는 것은 없다. 삶은 유일한 실재(実在)이며, 다른 모든 것은 마음일 뿐이다. 마음을 피하라. 진실을 따르라. 그리고 삶이 어디로 이끌더라도 삶과 함께 용감하게 가라. 그러면 그대는 결코 놓치지 않을 것이다. 그대는 그대 자신이 될 것이다.

그대 자신으로 존재하는 것에 의해서 그대는 그대 자신이 될 것이다. 나는 그대 자신이 되기를 노력하라고 말하는 것이 아니다 ― 단지 그대 자신으로 존재하는 것에 의해서 매 순간 그대는 그대 자신이 될 것이다…… 조만간 가능성이 나타날 것이고, 실현될 것이다. 세상의 모든 종교들은 인간의 마음에 있어서 어떤 정신분열증의 상태를 창조하여 왔다. 그들은 분열을 창조하여 왔다. 그대의 반은 다른 반쪽에 반대한다. 그대는 결코 하나가 아니게 되었다. 그대는 결코 전체적으로 성낼 수 없다.

누군가가 옆에 서서 비난하며 말한다.

'이것은 나쁘다! 당신은 위대한 스승들을 잊었는가? 당신은 무엇을 하고 있는가? 이것은 나쁘다. 이것을 하지 말라!'

성(Sex) 관계를 하면서도 한 쪽 부분은 그것에 반대하여 계속 말한다.

'독신(celibacy)이 순수하다.'

그대가 무엇을 하더라도…… 그것은 노여움이나 사랑의 문제가 아니다. 그대가 독신자가 되기를 노력한다면, 그대의 한쪽 부분은 계속 말한다.
 '그대는 삶을 놓치고 있다.'
 어떤 상황이라도 그대는 분열된다. 그대가 화를 낸다면 그대는 분열된다. 그대가 화를 안낸다고 해도 그대는 분열된다. 그대가 화내지 않는다면 그대의 한쪽 부분은 계속 말한다.
 '이것은 안좋다. 다른 사람들이 그것을 이용할 것이다. 사람들은 너를 약골이라고 생각할 것이다. 그리고 삶은 투쟁인데 사람들이 네가 약골이란 것을 알게 된다면 너는 억압될 것이다. 스스로 일어나 잘 싸워라! 도망자가 되지 말라.'
 그대가 화를 내게 된다면 그 마음은 계속 말한다.
 '이것은 나쁘다. 성냄은 어리석은 것이다. 그것은 비종교적이다. 종교적인 사람이 너처럼 화를 낼까?'
 이것은 그대의 이상들에 적합하지 않다. 이것은 그대의 이미지에 맞지 않는다. 그대는 매우 아름다운 그대 자신의 이미지를 가지고 있다. 조용하고, 고요하고, 붓다와 같이 침착하고, 흩어지지 않고, 집중된 하나의 돌부처 같은……
 종교들은 정신분열증을 창조하여왔다. 그대는 어떻게 전체적으로 일을 하는지 모른다. 바로 이것이 인간성의 근본적인 광기(狂氣)인 것이다. 모든 사람들이 분열되어 있다. 분열되어 가지고 어떻게 즐길 수 있는가? 분열되어 가지고 어떻게 찬양할 수 있는가? 그대의 한 부분은 끊임없이 그대에 대해 반대를 계속한다. 마치 그대 다리 중의 하나는 오른쪽으로 가려 하고 다른 하나는 왼쪽으로 가려는 것처럼. 그대는 다른 방향으로 움직이는 두 개의 배위에 서 있다. 전혀 반대로 가는……

이것이 바로 그대의 고민이다. 많은 사람들이 나에게 와서 묻는다.
'어떻게 걱정을 피할 수 있습니까?'
그들은 '걱정'이란 말이 의미하는 바를 모른다. 그들은 초월명상과 같은 어떤 것을 하려고 생각한다. 단지 만트라를 암송하는 것에 의해서 걱정이 사라진다고 믿는다. 그러나 그들은 우둔할 뿐이다. 초월명상*과 같은 것은 우둔한 사람들 때문에 매력을 갖는다. 왜냐하면 그들은 지름길과 같이 무엇인가 쉽게 될 수 있는 것을 찾고 있다. 마치 인스턴트 커피처럼 그대는 그것을 마시고 그것으로 족하다.
걱정이란 것은 하나의 심각한 문제이다. 걱정이란 것은 정신분열증이다. 그대는 분열되어 있고, 끊임없이 그대 자신과 싸운다. 그대는 하나가 아니고 둘이다. 그래서 이 긴장은 걱정을 만든다. 지금 만트라를 반복하는 것은 아무 도움도 되지 않을 것이다. 그것은 그대에게 조금 더 깊은 잠을 줄지도 모르며, 조금 더 도울지는 모르나, 충분히 돕지는 못할 것이다. 그대의 분열은 그대로이고, 조만간 그대는 지금의 이 속임수는 다시 작용하지 않는다는 것을 깨닫는다. 정신분열증은 깊은 이해 속에서 버려져야만 한다. 그대 자신과 싸우지 말라. 그리고 승리자는 나쁘다는 것을 항상 기억하라. 충돌이 있을 때는 언제든지 자연을 따르라. 사랑과 독신 사이에 어떤 갈등이 생긴다면 사랑을 따르라. 그리고 전체적으로 사랑하라. 언젠가는 독신생활(celibacy)이 일어난다는 것을 나는 알고 있다. 다만 그것은 깊은 사랑의 경험을 통해서 오는 것이다. 언젠가는 브라마차랴(Brahmacharya : 성(性)을 초월한 경지)가 일어난다. 그러나 이것은 심오한 사랑의 개화(開花)

이다. 아주 깊이 느끼는 사랑은 브라마차랴가 되며 사랑은 티없이 순결하게 된다. 그것은 깊은 사랑과 관계가 있다. 그대는 여자가 아직 성(性)관계를 갖지 않았을 때에 처녀라고 부른다. 그러나 나는 그런 여자를 처녀라 부르지 않는다. 나는 사랑을 초월한 사람을 처녀라 부른다. 그 사람은 깊은 사랑으로 인하여 초월이 일어난 사람이다. 깊은 사랑을 통하여 남에게 의존할 아무 필요가 없게 홀로 된 그러한 사람을 나는 처녀라 부른다. 그는 다른 사람들에게 감사를 느끼는데, 왜냐하면 다른 사람들이 그가 그렇게 독립적으로 되도록 도왔기 때문이다.

처녀성이란 시작에 있는 것이 아니다. 그것은 끝맺음에 있다. 아이들은 처녀가 아니다. 그들은 단지 더럽혀지기를 기다리고 있는 중이다.

나는 이런 이야기를 들었다.

세 아이가 집 계단 위에 앉아 있었는데, 한 아이는 장난감 자동차를 갖고 놀고 있었으며, 다른 아이는 우주선을 가지고 놀고 있었고, 세번째 아이는 번쩍이는 플레이보이 타입의 잡지를 읽고 있었다. 한 남자가 지나가다가 세 아이를 보았다. 그는 첫번째 아이에게 물었다.

"애야, 너는 너의 생애에서 무엇이 되고 싶니?"

첫번째가 대답했다.

"물론 나는 자동차 경주를 할 거예요. 나는 세상에서 가장 위대한 드라이버가 되고 싶거든요."

두번째가 대답했다.

"나는 우주비행사가 되고 싶어요."

그는 세번째에게 물었다.

"너는 무엇이 되고 싶니?"
그 아이는 그 남자를 보면서 말했다.
"빨리 자라나고 싶어요. 어른이 되고 싶어요."
아이들은 동정이 아니다. 그들은 단지 성장하기를 기다리고 있는 중이다. 사실 아이들은 어른이 되는 것이 왜 그렇게 긴지, 왜 그렇게 늦춰지는지 걱정이 된다.

나는 어느 시인의 자서전을 읽었는데, 그가 아이였을 때, 11살쯤 되었음에 틀림없는데, 그는 기독교 선교사의 영향을 받았다. 그는 조만간 세상의 종말이 와서 예수가 재림한다는 기독교 교의(敎義)에 감명되었다. 그는 기도를 시작하였다.

'하나님, 조금만 기다려 주세요. 저의 동정을 벗을 수 있게 단 2~3년만 기다려 주세요. 세상을 그렇게 빨리 끝내지 마세요!'

아이들은 동정이 아니다. 사실상 그들은 청정하지 않다. 그들은 청정하게 보일 뿐이다. 그들은 타락하기를 준비하고 있다. 그들은 세상에서 움직이기를 준비하고 있다.

참된 청정은 끝맺음에서 온다. 그것은 개화이다. 그것은 씨앗이 아니다. 그것은 시작이 아니고 끝이다. 사랑이 완성된다면 브라마차랴(性의 초월)가 일어난다. 그대가 노여움 속에서 온전히 남았다면 자비심이 일어난다. 그대가 생명 속에서 움직였다면 갑자기 초월적 경험을 가질 것이다. 그러나 낡은 종교들 모두는 마음을 분열시켰으며 죄의식을 심었고, 미친 마음을 창조하여 왔다.

이런 일이 있었다.

어느 주지사가 정신병원을 방문하였다. 그는 새로운 주립병원을 검사하고 있었다. 그런데 독방 안에서는 월스트리트誌의 복사판을 읽으며, 번쩍이는 실크모자 외에는 아무것도 걸치지 않고 있다는 그 사실 때문에, 갇혀진 격리실을 통하여 검사가 진행되고 있었다. 그 환자는 주지사를 올려다 보았고 주위의 의사들과 다른 직원들을 보았다. 그 입원자는 그런 까닭에 얼굴을 붉히며 공손하게 고개를 숙였다. 그리고 예의 바른 목소리로 말하였다.

"선생님, 저는 당신이 중요한 사람이라는 것을 잘 압니다. 그리고 저는 당신이 제가 왜 여기에서 이렇게 벌거벗은 채로 있는지 이상하게 여기리라 생각합니다."

"지당한 말씀, 당신의 생각은 참으로 나를 감동시켰소."

주지사는 조심스럽게 말했다.

"그것은 전혀 이상한 것이 아닙니다."

환자가 말했다.

"제 독방은 당신도 알겠지만, 냉방도 잘 되고 아주 적절한 온도가 유지됩니다. 더욱이 저는 아주 사적인 생활을 할 수 있지요. 옷을 입는 것은 보온을 위해서나 예절이나 꾸밈을 위해서도 아무런 필요도 없는데, 도대체 그것 때문에 왜 제가 고민을 해야 되겠어요?"

"맞는 말씀이요."

주지사는 그러한 명확한 합리성에 오히려 깜짝 놀라 중얼거렸다.

"그러면 나에게 말해 주시오. 그 실크 모자는 왜 썼습니까?"

주지사가 말했다.

그 환자는 어깨를 으쓱거리며 대답했다.

"글쎄, 뭐 누군가 올 것 같아서지요."

이것이 분열된 마음이다. 이것이 인간의 근본적인 정신병증이다.
나의 모든 가르침은 그대가 무엇을 하든지 전체적으로 되기
위함이다. 나는 화를 내지 말라고 말하지 않는다. 화를 내기로
하였다면, 화가 치민다면, 전체적으로 화를 내라. 나는 탐욕스럽게
되지 말라고 말하지 않는다. 그대에게 탐욕이 일어난다면 전체
적으로 되라. 왜냐하면 오로지 전체적인 것을 통하여만 그대가
초월된다는 것을 나는 알고 있다. 분열된 성격은 결코 무욕(無慾)
이 될 수 없다. 노력하여도 결코 될 수 없다. 분열된 성격은 결코
노여움을 초월할 수 없다. 노력하여도 결코 넘어설 수 없다. 분열된
성격은 결코 性(sex)을 넘어설 수 없다. 그것은 싸울 수는 있다.
수도원들의 그 많은 승려들이 성(性)과 싸우고 있다. 그들은 성
(性)을 초월할 수 없다. 기껏해야 그들의 성욕은 나쁜 길로 빠
져들뿐이며, 사랑은 독(毒)이 될 뿐이다.

어떤 경우든간에, 나는 흐름에 거슬러서 무엇인가를 선택하라고
말하고 있는 것이 아니다. 어떤 경우라도 그것 속에서 전체가
되라는 것이다. 전체에만 관심을 가져라. 왜냐하면 전체만이 살
아있게 되는 유일한 길이다.

그대가 살아있다면 그대는 완벽하다. 그때 그대는 내일이 아닌
오늘 神과 함께 있는 것이다. 그는 항상 오늘이다. 神은 오늘이다.
내일은 지옥이요, 오늘은 니르바나이다. 그러나 마음은 니르바나
조차도 그것이 내일에 속한 것처럼 계속 간주한다. 그때 니르바나
그 자체조차도 하나의 악몽이 된다.

자, 禪 이야기를 보자.

용초라는 뛰어난 詩人이 있었는데, 그는 선(禪)에 통달 하기를

바랬다.

 불행한 출발이다…… 禪에 통달하기를 바라다니, 그대가 무엇인가에 통달하기를 바란다면 그대는 에고(ego)의 여행중에 있는 것이다. 그대는 禪을 마스터할 수 없다. 禪이란 에고가 존재치 않을 때에만 깨닫게 되는 그 무엇이다.
 禪이란 디야나(dhyana)를 뜻한다. 禪이란 명상(meditation)을 뜻한다. 바로 그 말은 디야나로부터 나온다. 그것은 인도에서 유래되었다. 붓다는 그것을 디야나라 불렀다. 그때 보리달마(Bodhidharma)가 그것을 중국으로 가져 갔다. 중국에서 그것은 'Chan'이 되었고, 일본으로 건너가서 Zen(禪)이 되었다. Zen(禪)은 디야나를 뜻한다. 디야나는 명상을 의미한다. 그대는 명상을 마스터 할 수 없다. 왜냐하면 그대가 바로 장애물이기 때문이다. 그대가 떨어져 나갈 때 명상이 있다. 제발 나서지 말라. 그러면 거기에 명상이 있다. '그대'라는 그 자체가 바로 혼란인 것이다.
 그리고 기억하라. 그대가 분열되었을 때만이 그대라는 것이 들어온다. 그 에고는 단지 그대가 분열되었을 때이다. 그대는 그대 존재의 나뉘어진 부분들 사이에 어떤 연결을 만들기 위하여 에고가 필요하다. 그대는 고리가 필요하다. 그렇지 않으면 그대는 따로따로 떨어져 나갈 것이다. 에고는 두 개의 전혀 반대되는 부분 사이의 고리이다. 어쨌든 에고는 한 묶음으로 함께 되도록 만든다. 에고는 그들 사이의 고리이며, 그대를 합쳐지게 하는 사슬이다. 그렇지 않으면 그대는 따로따로 떨어져 나갈 것이다. 그대는 험프티-덤프티(Humpty-Dumpty)* 처럼 될 것이고, 왕의 신하 모두가 힘을 합쳐도 그대를 다시 합쳐지게 할 수는 없을 것이다.
 에고는 필요하다. 그것은 어쨌든 간에 그대가 합쳐지게 도와주는 끈이다. 그대가 일단 합쳐지면 그 끈은 필요없어 진다. 그대가 일단 하나로 되면 에고는 필요없어 진다. 그대는 존재하지만 그 속에 '나'라는 것은 존재치 않는다. 완벽하게 그대는 존재하지만 그 속에 '나'라는 것은 없다. '나'라는 것은 하나의 긴장이다.
 이것을 지켜본 적이 있는가?
 어떤 순간에 이 기적은 역시 그대에게도 일어난다. 그대가 누군가와 사랑에 빠져 있다면 사랑은 그대에게 함께 될 수 있는 기회를 준다. 순간 갑자기 '나'라는 것이 없어진다. 갑자기 '나'라는 것이 없이 존재하는 것이다-무한한 空, 타락하지 않은 존재, 분리되지 않은 전체로서다. 또는 어느날 무심히 석양을 바라보는데, 그 아름다움이 너무나 장관이다…… 그대는 하나가 된다.
 또는 음악을 듣거나 노래 부를 때, 춤을 출 때…… 그대는 춤 속에서의 빠른 움직임 때문에 갑자기 그대가 존재 한다는 바로 그 생각을 유지할 수가 없다.
 그대가 그렇게 빨리 움직인다면 그대는 전체적이 된다. 빨리 뛰면서 보라. 빨리 춤추면서 보라. 빨리 회전하면서 보라. 돌연 그 행동은 전체적이 될 것이고 그것은 그대의 소유물을 가져간다-에고가 떨어진다.

용초라는 뛰어난 詩人이 있었는데, 그는 선(禪)에 통달하기를 바랬다.

 여행의 출발이 그릇됐다. 그대는 禪을 통달할 수 없다. 그대는

禪에 의해서 통달되어 질 수 있지만 그대가 禪을 통달할 수는 없다. 禪은 통달하기 위한 어떤 숙련이나 기교가 아니다. 禪이란 바로 그대 존재 그 자체이다. 禪은 그대의 전체성이다.

그는 이런 마음을 품고 오대산 광덕사의 조실인 혜원禪師를 만나려고 다짐하였다.

 이런 마음을 품고…… 그대가 마음속에 무엇인가를 품고서 스승에게로 간다면 그대는 결코 스승에게 갈 수 없다. 그대가 마음속에 무엇인가 품고서 나에게 온다면 그대는 전혀 나에게 온 것이 아니다. 그대는 여행을 하지만 오지는 못한다. 그대는 아직까지 여행중이다. 그대는 도착하지 않았다. 그대가 마음속에 아무것도 품지 않고 왔다면 그대는 나에게 온 것이다. 그때 그대는 나에게 가까이 있는 것이다.
 마음속에 아무것도 없다면 마음은 사라진다. 왜냐하면 마음이란 마음속에 무엇인가가 있을 때에만 존재할 수 있기 때문이다. 마음이란 내용물 없이는 존재할 수 없다. 마음이란 내용물 전체에 지나지 않는다. 그 내용물이 사라진다면 그 마음도 사라진다. 그대가 무엇인가를 마음에 품고 나에게 온다면 — 그대가 달성해야만 하는 어떤 목표, 그대가 되고자 하는 어떤 것, 그대가 추종하고 있는 어떤 이상, 그대가 달성해야 하는 어떤 이미지(image) — 그때 그대는 나를 놓칠 것이다. 그대는 나를 완전히 놓칠 것이다.
 나와 함께 하기 위한 단 한 가지 길이 있다. 그 길은 마음속에 아무것도 품는 것이 없이 빈마음으로 나에게 온다면 문은 열려 있는 것이다. 그때 그대는 모든 것에 대하여 열려 있다. 그대가 마음속에 무엇인가 품는다면 모든 것들에 대하여 그대는 닫혀 있는 것이다.

혜원선사는 드문 스승들 중에 한 사람이었다. 그대는 내가 왜 그를 드물다고 하는지 알 것이다.

용초는 희망에 부풀어 혜원선사에게 갔지만……

오로지 그대는 모든 희망이 떨어져 나갔을 때에만 그대는 스승을 찾을 수 있다. 희망에 부풀어 있다는 것은 속세에 있는 것이다. 아직 희망을 가지고 살고 있는 사람은 여전히 미래에 살고 있는 것이며, 내일에 사는 것이다. 모든 희망들은 부질없고, 어디에도 이끌지 못했다고 이해하게 된 사람은 스승에게 갈 수 있다. 그가 절망적으로 됐다는 것이 아니다. 왜냐하면 그대가 절망적으로 느낀다면 그것은 단순히 그대가 아직까지 희망을 가지고 있다는 것이다. 절망이란 것은 아직까지 희망이 있다는 마음의 표시이다. 참으로 희망이 떨어져 나갔을 때, 그대가 갑자기 희망없이 존재할 때-절망이 아니다. 단순히 희망도 없이, 절망도 없이-그대는 단순히 여기에 있는 것이다. 희망의 사라짐과 함께 미래도 사라진다. 미래란 희망의 연장일 뿐, 아무것도 아니다. 미래란 희망-계획(hope-project)이다.

용초는 희망에 부풀어 혜원선사에게 갔지만 방에 들어서자 마자 한 대 얻어 맞았다.

그 선사는 잘 하였다. 그는 한 마디도 하지 않았다. 그는 어떤 것도 묻지 않았고 다만 그를 세게 때렸을 뿐이었다. 그것은 그대가 희망에 부풀어 왔을 때, 순간으로 그대를 데려가는 최상의 방법이다. 내가 그대의 머리를 세게 때린다면 적어도 단 한 순간만이라도 그대는 여기에 있을 것이다. 만약 그렇지 않다면 그대는 미래에 있을 것이다.

선사들은 냉정하게 그들의 제자를 때려왔다. 일단 그대가 나를 이해하기 시작하면 나는 때릴 작정이다. 지금 바로 그대가 이해하지 못 하리라는 것을 나는 알고 있다. 그대는 단지 도망칠 것이다. 그래서 나는 그대를 나에게 가까이 있게 하기 위하여 계속 쫓아낼 것이다. 일단 그대가 준비되면…… 머리를 능숙하게 얻어 맞는 것은 아주 엄청난 선물이다. 사람들은 그것을 깊은 감사로 받아들여야 한다. 그것은 그대를 이 땅으로 데려 온다. 그대는 너무 멀리 떨어져 있었기 때문에 머리를 한 대 얻어 맞는 것은 그대를 이 자리로 데려올 수 있게 한다.

……방에 들어서자 마자 한대 얻어 맞았다. 그는 깜짝 놀랐고 굴욕감을 느꼈다. 전에는 아무도 감히 그를 때리는 사람이 없었기 때문이다. 그렇지만 禪師의 허락없이는 결코 어떠한 말도, 행동도 할 수 없는 禪의 엄격한 규율 때문에 그는 조용히 물러났다.

그러나 그는 놓쳤다. 그는 규칙을 따랐지만 그 상황에 감응(感應)할 수 없었다. 그대가 어떤 규율을 따를 때, 그대는 그 상황을 놓친다. 그는 선사가 무엇인가를 요청하는 것 없이는 한 마디도 입밖에 낼 수 없다는 규칙을 알고 있었다. 그래서 그는 아무말도 할 수 없었다. 그는 물러나야만 했다. 그러나 그는 깊은 상처를 입었다. 그 선사는 그를 '지금여기(herenow)'로 데려 오기 위하여 그의 머리를 때렸지만 그의 에고는 상처를 입었다. 그는 요점을 놓쳤다.

그는 참으로 미래에 사로잡혀 왔음에 틀림없다. 미래에 사로잡혀 있는 사람은 거의가 항상 과거에 사로잡혀 있다. 이것이 마음의 추(錘)가 항상 움직이는 길이다－과거에서 미래로, 미래에서 과거로, 그것은 시간이 진실로 존재하는, 한가운데에 결코 머무를 수 없다. 즉시 그는 마음 속으로 말하였다…… 전에는 아무도 감히 나를 때린 적이 없었다…… 그는 과거로 움직였다. 그 禪師는 '지금여기'로 끌어오기 위하여 그를 때렸다.

그러나 그는 과거로 움직였다. 그는 미래로부터 과거로 점프하였다. 그는 중간점을 놓쳤다. 그는 어떤 규칙을 따랐다. 규칙들이란 禪師들에게 있어서는 도움이 되지 않는다. 그대는 규율에 얽매이지 말고 감응해야 한다. 그대는 상황을 지켜 보아야 한다. 그대는 그대의 마음으로 해석해서는 안된다. 그대는 사실을 보기 위하여, 禪師가 해오는 것을 보기 위하여, 無心으로 보아야 한다.

그 禪師는 훌륭한 자비행(慈悲行)을 했지만 그는 그것을 놓쳤다. 장애물로서 에고가 나타났다.

그는 혜원禪師의 법(法)을 계승한 선덕화상에게로 즉시 달려가서 혜원禪師에게 복수 하기로 했다고 말하자, 선덕은 빙그레 웃으며 말하였다.
'혜원禪師가 그대를 위하여 베푼 친절을 어찌 그렇게도 모르는가? 가만히 앉아 참구(參究)하여 보아라.

그러면 그대에 대한 그의 대우가 무엇을 뜻하는지 그대 스스로
　　　　　　　　　　　　　　　　알 것이다.'

　이것은 대자비행(大慈悲行)이다.
　스승이란 노여움을 초월해 있고, 에고를 초월해 있으며, 남에게 고통 주는 것을 초월해 있지만, 자비심을 벗어나 그는 때리기조차도 한다. 그 때림은 외과적인 것이다. 그 칼은 그대를 향한 것이 아니다. 그 칼은 적의 손 안에 있는 것이 아니다. 그것은 외과의사의 손 안에 있다. 그는 그대를 깊숙히 가를 것이다. 그는 그대 안에 있는 에고라는 암(癌)의 증식을 끄집어 내야만 한다. 그것은 이제까지 있어서 가장 위대한 외과 수술적인 것이다. 그리고 그는 엄하게 되어야만 한다. 왜냐하면 그대를 사랑하기 때문이다.
　선덕화상이 말하였다.
　'그것으로 당황하거나 동요를 일으키지 말라. 그리고 지금 바로 어떤 결정도 내리지 말라. 며칠동안 좌선(坐禪)하고 있어라.'
　좌선이란 아무것도 하지 않고 단순히 앉아 있는 것을 뜻한다. 좌선은 하나의 아름다운 명상이다. 아무것도 하지 않고 단순히 벽만 바라보면서 앉아 있는 것, 앉아 있기를 계속하는 것, 단순히 앉아 있고 아무것도 하지 않는다면, 얼마 안 있어 마음은 가라앉는다. 왜냐하면 거기에는 행할 아무것도 없기 때문이다. 즉 마음이 필요치 않다. 좌선을 시작하는 데 있어서, 처음에는 마음이 들끓고 생각이 더욱 일어난다―생각은 내부에서 미친 소용돌이처럼 빙빙 돈다―그렇지만 그대가 앉아 있고, 앉아 있기를 계속 한다면 얼마 안 있어 먼지는 가라앉는다. 사념들이 사라지고 틈

들이 나타난다. 그와 같은 틈새 안에서 이해가 가능하다. 사념들이 없을 때 생각하는 것은 불가능하다. 그대의 마음에 어떤 사념도 일지 않을 때, 생각에 투자되고 사념에 투자된 완전한 에너지는 해방되며 그대의 깨달음이 된다.

'가만히 앉아서 참구하여 보아라. 그러면 그대에 대한 그의
    대우가 무엇을 뜻하는가 그대 스스로 알 것이다.'
삼일 낮, 삼일 밤 동안을 필사적으로 명상에 몰두한 용초詩人은
    갑자기 깨달음의 황홀한 경지를 처음으로 경험하였다.
이 사토리(見性)의 경계는 혜원禪師에 의해서 인가(印可)*
                                    되었다.

그대가 단순히 앉아있을 때 무엇이 일어나는가? 꿈의 안과 밖, 행동하는데 있어서 움직이고 있던 모든 에너지가 더 이상 움직이지 않는다. 그대는 에너지의 저수지가 된다. 그 에너지는 계속 모인다. 즉 그대는 저장소가 되는 것이다. 좌선 중에 그대는 흔들림이나 조그만 움직임조차 허락되지 않으며 조그만 동요조차도 안 된다. 그렇기 때문에 어떤 에너지도 움직이는 데에 소모되지 않는다. 그러므로 모든 에너지가 유용하게 된다. 그것은 내부로 계속 떨어진다. 그것은 그대를 가득 채운다. 그것은 넘치기 시작한다. 넘치게 되는 순간, 깨달음의 경계를 보게 된다. 이러한 경계는 에너지가 넘쳐 흐르는 순간이다. 얼마 안 있어 생각이 멈춘다. 그것은 대체로 3일 동안의 시일을 요한다. 그대가 계속적으로 약 3일 동안 불철주야 진력을 한다면, 에너지가 너무 많아 단순히 폭발할 때에 그 순간이 온다. 모든 것이 잔잔해 진다. 갑자기 내면이 밝아지며 모든 것이 맑아지고 인식의 명철(明哲)

함이 성취된다. 이것이 명상에서 소위 '사토리' 즉 깨달음의 경계를 힐끗보는 것이다.

사토리는 사마디*(samadhi)를 힐끗 봄이다 - 최초의 힐끗 봄, 물론 최초의 힐끗 봄을 가지고 그것이 무엇인지 그대는 인식할 수 없고, 그것이 무엇인지 그대는 사랑할 수 없다. 그것은 정말 알 수 없다. 그대는 결코 전에는 알지 못했고 우연히 만나지도 못했다. 그것은 스승에 의해서 인가(印可)되어야만 한다. 다음 번에 그것이 올 때 그대는 그것을 인식할 수 있지만, 처음에는 그것이 무엇인지 어떻게 그것을 이해해야 하는지 어떻게 해석해야 하는지 그대는 모른다. 그것은 그렇게도 광대해서 모든 그대의 경험들은 그것과는 거리가 멀다. 그대의 모든 과거는 그것과는 관계가 없다. 미래에 대한 그대의 모든 희망은 그것과 무관하다. 그것은 결코 그대가 바라지도 못 했던 그 무엇이다. 그것은 그대가 상상조차도 못하였던 그 무엇이다. 그것은 그대가 꿈조차도 꿀 수 없었던 그 무엇이다.

그대가 그것을 어떻게 인식할 수 있겠는가? 그것이 바로 첫 번째 사토리가 스승에 의해서 인가(印可)되어져야 하는 이유이다. 사토리에 이르기까지는 스승과 함께 남아 있어야 한다. 그런 다음에 스스로 나아갈 수 있지만 그전에는 안된다.

이 사토리(見性)의 경계는 혜원선사에 의해서 인가(印可)되었다.
용초는 선덕화상을 방문하여 그의 충고와 말에 감사하였다. '당신의 지혜가 아니었더라면 저는 이러한 변형을 경험하지 못했을 것입니다. 혜원스님의 그 때림이야 말로 저에게는 자비,

바로 그것이었습니다.'

지금 용초는 이해한다. 그가 기분이 상했던 그 시간에 그 때림이 조금 더 거칠었었다면…… 지금 그는 禪師의 때림이 거친것과는 거리가 멀다고 말하고 있다. 지금 그는 자비를 이해한다.

그대도 같은 여행중에 있다. 그대는 삶이 무엇인지 알기 위하여 나와 함께 여기에 있다. 즉 본래부터 유용한 삶을 어떻게 체험하는지 배우기 위하여, 벌써부터 그대 앞에 서 있는 삶을 어떻게 찾는지 배우기 위하여, 이미 그대를 사방으로 에워싸고 있는 삶을 어떻게 느끼는가 배우기 위하여 수 없이 나는 그대를 때려야만 한다. 그것은 그대의 머리를 어떤 물리적으로 강타하는 것이 아닐지도 모른다. 왜냐하면 맞는 것은 그렇게 참기 어려운 것이 아니기 때문이다.

바로 어제밤에 어떤 산야신이 와서 말했다.

"지난번에 내가 당신께 왔을 때, 당신은 나를 겁쟁이라 불렀습니다!"

그는 굉장히 기분이 상했다. 내가 그를 겁쟁이라 불렀기 때문에 그는 그렇게도 기분이 상했던 것이다. 그는 기회를 놓쳤다. 에고는 생각하기 시작하였으며, 그 틈으로 에고가 나타났다. 그를 겁쟁이라 부르는 것은 그의 머리를 한번 때리는 것이었다. 그는 놓쳤다. 지금 나는 다른 기회를 만들어야 할 것이다. 그리고 거기에는 적절한 순간들이 있는데, 단지 그때에만 나는 그대를 때릴 수 있다. 그때 조차도 그대가 기회를 놓치지 않는다는 확실한 보장은 없다. 단지 드문 순간들에 있어서 그대는 맞을 수 있는데, 그때에도 그대는 놓칠 수 있다. 정신차려라. 그리고 철학적으로 되려고 하지 말라. 왜냐하면 그것은 또 다시 속임수가 될 수 있다. 내가 그대를 때릴 때 감응하라. 깨어 있어라. 때림은 그대를 상하게 하는 것이 아니다. 그대를 깨어있게 하기 위함이다. 그리고 나는 그대가 이해하는 날, 그대 역시 스승의 때림이 커다란 자비라는 것을 느끼게 되리라는 것을 나는 안다.

삶을 탐구하는 것, 진리를 찾는 것은 죽기 위한 준비를 하는 것이다. 그대가 생각하여온 그 삶에 대하여 죽는 것이 곧 삶이다. 그대가 생각해온 삶은 삶이 아니다. 나는 많은 방법으로 그대를 파괴해야 한다. 그대의 껍데기를 벗겨야 한다. 그때에만 새롭게 솟아오를 수 있다. 그대는 십자가에 못박힘이 필요한데 그래야만 그대는 부활할 수 있다.

나를 그대에게 있어서 하나의 십자가가 되게 하라. 오로지 그 때에, 오로지 그때에만 왕좌에 오를 가능성이 있다. 그 길은 거칠고 험하다. 그렇지만 그대가 그대 존재의 진실을 일단 깨달으면 아무것도 거칠지 않으며 부드럽다는 것을 알게 될 것이다. 그때 그대는 그대가 달성한 것이 무엇이든 간에 그대의 노력때문이 아니라는 것을 알게 될 것이다. 그대의 노력은 그대가 달성한 것과 비교해 볼때 아무것도 아니다. 그대가 달성한 것은 순전한 선물이다. 역설이지만 그것은 이미 그대의 손 안에 있다. 나는 단지 그대로 하여금 깨닫게 할 뿐이다. 그것은 이미 그대안에 있다. 나는 그것을 그대에게 바로 지적해야만 한다.

여러 번 그대는 많은 방법들로 기분상하게 될 것이다. 많은 사람들이 나에게 오고, 떠난다. 그들은 기분이 상하게 된다. 내가 그들을 생각하고 그들의 기분을 상하지 않게 해야 한다면 나는 필요없다. 그때 나는 도울 수 없다. 나는 계속 마음을 상하게 해야 한다. 백 명이 오면 아흔 명은 조만간 떠난다. 나와 함께 남아 있는 열 명중에 한 명만이 성취할지라도 그것으로 족하다. 그것은 성취하기가 어렵기 때문이 아니다. 그 어려움은 진실의 부분이 아니다. 즉 그 어려움은 그대의 조건지어짐, 그대의 정신분열증적인 조건지어짐의 부분이다.

종교는 그대 존재에 완벽하게 독을 뿜어 왔고, 그대를 산산조각냈다. 그와 같은 모든 조각들을 다시 모이게 하는 것 — 조각들을 모을 뿐 아니라 함께 녹여서 그대는 하나의 결정화(結晶化)된 존재가 될 수 있다 — 은 그대 때문에 어렵다.

그대가 준비된다면 그것은 어렵지 않다. 그것은 매우 간단하며 매우 쉽다. 이 순간 바로 일어날 수도 있다. 그대가 기다려야 한다면 그것은 그대 때문이다. 그것은 이해의 문제이다. 그것은 무엇인가를 행하는 것의 문제가 아니다.

아무것도 하지 않은 채로 삼일 밤낮을 계속 앉아 있던 그 詩人은 갑자기 사토리의 세계를 체험하게 되었다. 그리고 사토리는 항상 갑작스럽게 일어난다. 그대가 에너지로 가득 차서 에너지가 넘쳐 흐르기 시작할 때에는 언제나, 그대는 내면의 오르가즘(orgasm)에 이른다. 그 오르가즘이 사토리다. 그 오르가즘이 그대의 끊임없는 존재의 상태가 될 때에, 그 오르가즘은 사마디(samadhi)라 불린다.

역자 註

*조실(祖室) : 선(禪)의 대가라고 할 수 있는 선방(禪房)의 제일 높은 어르신.
*사토리(satori) : 깨달음의 경계를 언뜻 보는 것.
*에고(ego) : 사전적인 의미로는 자아(自我)라는 뜻. '나'라는 거짓된 상(相)

에 사로잡혀있는 '나'를 말한다. 불교 용어로 我相이라고 생각하면 된다. 깨달은 이는 ego(我相)가 없다. 그래서 無我라는 표현을 쓰기도 한다.

* 조건지어짐(conditioning) : 사람은 태어나면서부터 가정, 학교, 사회, 종교, 책, 사랑, 환경 등등의 외부적인 모든 것으로부터 그 어떤 것이 가해져서 본래의 자연스러움을 잃고 점점 굳어지고 틀어진다. 이러한 것을 조건지어짐이라 하면 되겠다. 명상은 이러한 틀에서 벗어나게 해준다.
* 마하비라 : 자이나교(Jainism) 창시자. 붓다와 동시대의 인물이다. 깨달은 후 옷을 완전히 벗고 나체가되어 살았다고 한다.
* 니르바나(nivana) : 滅 또는 寂滅의 뜻. 道를 완전히 이루어 모든 고통과 번뇌가 끊어진 생사를 초월한 해탈의 경지. 滅度.
* 지금여기(here and now)에 존재한다는 말은 과거나 미래에 대한 사념이 전혀 없이 바로 지금 현재에 생생히 깨어있음을 의미한다. and를 빼어버리고 herenow로도 많이 쓰이고 있다.
* Sir(어르신)는 남자에게만 붙이는 존칭이다.
* 호모(Homo)로 취급당한 것에 대한 분개.
* 붓다 - 여기에서의 붓다는 석가모니 부처를 가리키는 것이 아니라, 깨달은 사람을 지칭하는 보통 명사이다.
* 초월명상 : 마하리쉬 마헤시요기가 창안한 인스탄트 명상법인 TM을 말한다. 만트라(주문)를 외우는 명상법.
* Humpty-Dumpty : ①동요에 나오는 인물, 달걀이 의인화 된 것으로 땅딸막한 인물의 묘사에 쓰인다. ②한번 넘어지면 일어서지 못하는 사람, 물건.
* 인가(印可) : 선가(禪家)에서 스승이 제자의 깨달음을 증명해주는 일.
* 사마디(samadhi) : 궁극적인 깨달음의 경지.

제 2 부

궁극의 악몽

궁극의 악몽

당신은 우리에게 아무런 목적도, 목표도 없이 여기에 있으라고
　　말합니다. 그러면서도 당신은 우리에게 무아경(無我境),
깨달음, 자유, 그리고 성취의 가능성에 대하여 이야기하며, 또한
　우리를 유혹합니다. 그것은 모순된 것 같습니다. 설명하여
　　　　　　　　　주십시오.

　그것은 전혀 모순이 아니다. 그것은 단순한 사실이다. 그러나 마음은 아무런 문제도 존재하지 않는 경우에도 문제를 만들려는 경향이 있다. 마음은 문제를 일으키는 기계 장치이다. 내가 무아경 (無我境 ecstacy)은 아름답다고 이야기할 때, 내가 깨달음은 행복하다고 말할 때, 나는 미래에 관해서 말하는 것이 아니다. 나는 그대를 유혹하지 않는다. 나는 사실을 말하고 있을 뿐이다. 내가 어떤 목적이나 목표없이, 지금 여기에 있으라고 말할 때, 나는 어떻게 깨달음이 지금 바로 일어날 수 있는지, 그 길을 그대에게 보여주는 것이다.
　깨달음이란 멀리 있는 목표가 아니다. 그것은 지금의 가능성이다. 그대는 그것을 놓칠 수 있다. 그것은 그대로부터 멀리 떨어져 있는 것을 의미하지 않는다. 그것은 단순히 그대가 깊이 잠들어 있다는 것을 뜻한다. 그대는 그것을 놓칠 수 있다. 이는 그대가 깨달음을 얻기 위하여 열심히 노력해야 한다는 것을 뜻하지 않는다. 이는 단순히, 이미 그대를 에워싸고 있는 그 무엇인가를, 그대가 깨닫지 못한다는 것을 의미한다. 나는 계속 깨달음에 관하여 이야기 할 것이다. 왜냐하면 깨달음 없이는 그대는 전혀 살아

있는 것이 아니기 때문이다. 깨달음 없이도 그대가 존재하는 것 같지만 그대는 존재하지 않는다. 깨달음 없이는 그대는 계속 놓친다.

그러나 기억하라. 나는 그대의 욕망을 위하여 어떤 목표를 창조하는 것이 아니다. 깨달음이란 결코 어떤 목표가 될 수 없다. 이것은 이해되어져야 한다. 니르바나는 욕망 되어질 수 없다.

그대가 무엇인가 바랄 때에는 언제나, 그대는 긴장하게 된다. 욕망이란 혼란을 창조한다. 그대가 무엇인가를 바랄 때는 언제나, 그대는 미래 속에서 꿈꾼다. 과거, 미래가 떨어진 현재 속에서 어떻게 욕망할 수 있겠는가? 현재속에 존재하기 위한 어떤 욕망을 위해서는 충분한 공간이 없다. 욕망은 오직 미래에 존재할 수 있다. 욕망은 오직 미래의 어떤 것, 즉 지금 이 순간에 없는 것과만 연관될 수 있다. 지금 이 순간에 존재하는 것은 욕망되어질 수 없다.

그대는 지금 즐거워할 수 있지만, 지금을 바랄 수는 없다. 그대는 지금 살아가고, 지금 춤출 수 있지만, 지금을 바랄 수는 없다.

그러므로 모든 붓다들은 말한다.

'무욕(無慾)이 되라'

그러나 인간의 문제는, 마치 붓다들이 '무욕을 그대의 목표로 삼으라'라고 이야기한 것처럼 우리가 이해하는 데에 있다. 우리는 모든 것을 목표로 바꿔 버린다. 모든 것에 마음을 개입시킨다. 이것은 즉시 어떤 목표로 모든 것을 떨어뜨리고, 곧바로 문제를 야기시킨다. 그때 그 마음은 '어떻게?'라고 묻는다. 어떻게 그것을 얻을 수 있나, 어떻게 그것을 달성하나, 어떻게 그것이 될 수 있나. 또 다시 그대는 여행길에 있는 것이다. 또 다시 그대는 놓치고 있다.

　붓다들이 '욕심을 버려라'라고 말할 때, 그대를 위하여 어떤 목표를 창조하려는 것이 아니다. 그들은 단순히 말하고 있을 뿐이다.

　'보라, 그대의 욕망을 살펴 보아라. 그대의 욕망과, 그것의 쓸데 없음을 이해하라. 그것을 깊이 살펴 보고, 그것에 깊이 스며들어 가라. 바로 그 꿰뚫어 봄이 그대를 도울 것이다―욕망이 사라진다.'

　모든 욕망이란 허망한 것이라고 그대가 알 때, 그것을 어떻게 떨쳐 버릴까라고 물어 볼 것인가? 모든 욕망이 쓸 데 없다고 안다면, 그것은 저절로 떨어져 나간다. 그대는 계속 '어떻게'라고 묻는데, 왜냐하면 그대는 여전히 무엇인가에 달라붙기를 원하기 때문이다. 그대는 여전히 미루기를 원한다. 그대는 지금도 그것에는 무엇인가 있는 것이 틀림없다고 생각한다.

　'아마 나는 놓치고 있는지도 몰라. 나는 바른 노력을 하고 있지 않는지도 몰라. 나는 바른 방향으로 움직이지 않는지도 몰라―거기엔 무엇인가 있어.'

　그대는 여전히 바라고 있다. 그대가 욕망의 본질을 살펴볼 때, 그대는 그것이 하나의 지평선과 같다는 것을 이해할 것이다. 그것은 저 멀리 나타난다. 따라가 보아라. 그것은 그대와 함께 움직인다. 그대가 땅과 하늘이 맞닿은 지점이라고 생각하였던 그 지점에 이르렀을 때 땅과 하늘은 그 지점에서 만나지 못한다. 또 다시 저 멀리 지평선이 있다. 다시 움직여도 지평선은 그대와 함께 움직인다. 그대와 지평선 사이의 거리는 계속해서 똑같이 남아 있다.

그대가 욕망을 살펴 본다면, 그것을 알아 내기란 아주 간단하다. 그대가 욕망에 대하여 명상한다면 이는 하나의 사실이다. 이것은 욕망에 관한 어떤 학설이 아니다.

그대가 1000루피를 가지고 있다면 그 마음은 2000루피를 요구한다.

마음은 말한다.

'너는 2000루피도 없이 어떻게 행복하게 살 수 있겠니? 2000루피는 있어야 행복할 거야.'

그대는 2000루피를 얻을 수 있다. 그대는 그것을 위하여 많은 시간을 소비할 것이다. 어느 날 그대는 그것을 얻게 될 것이다. 그대가 3000루피를 얻게 되면 욕망은 더욱 커진다. 지금 마음은 4000루피를 요구한다.

그대가 2000루피를 달성할 때에 그대는 더욱 더 안락에 빠지게 된다. 지금은 더 안락한 것이 필요하다. 지금 오래된 집은 조그맣게 보이고, 낡은 자동차는 치욕적으로 보인다. 그것은 없어져야 한다. 새로운 자동차가 필요하다. 그대가 4000루피선에 도달할 때면, 그 지평선은 더욱 멀리 가 버린다. 그것은 8000을 요구한다. 그것은 두배를 계속한다. 그 거리는 똑같은 상태이다. 욕망과 달성 사이의 거리는 똑같은 채로이다. 그것은 결코 변하지 않는다. 아주 조금도 변하지 않는다. 거지와 황제는 항상 같은 처지에 있다. 그대가 그들의 욕망과 달성 사이의 거리를 본다면, 그대는 그들이 같은 배 안에서 항해하고 있다는 것을 알게 될 것이다.

그대가 일단 이해하게 되면, 욕망은 저절로 그 스스로의 조화로 떨어져 나간다. 그대가 욕망을 떨쳐버리는 것이 아니기 때문에, 어떻게라는 의문은 결코 일어나지 않는다. 욕망이 떨어져 나갈 때, 무욕(無慾)이 있다. 무욕(無慾)이 되기 위하여 그대가 노력해야 한다는 것이 아니다. 무욕(無慾)을 얻기 위하여 그대가 열심히 일해야 한다는 것이 아니다. 그것은 어떤 목표가 아니다. 욕망들이 사라질 때…… 욕망의 부재(不在)가 곧 무욕(無慾)이다.

이것을 다른 방법으로 이야기하여 보자. 일반적으로 無慾(desirelessness)이란 단어가 사용될 때에는, 그대는 그것이 욕망에 反하는 것이라 생각한다. 그것이 아니다. 無慾은 욕망의 반대가 아니다. 無慾은 단순히 욕망의 부재(不在)이지 반대가 아니다. 그것이 욕망의 반대가 된다면 그때 그것은 목표가 될 수 있다. 그것은 반대가 아니다. 욕망없이 어떤 목표를 만들 수는 없다. 사랑은 미움에 반대되는 것이 아니다. 사랑이 미움에 반대되는 것이라면, 그 사랑안에서 미움은 계속 될 것이고, 깊은 증오심은 계속 흐를 것이다. 진정한 사랑은 미움에 반대되는 것이 아니다. 붓다의 사랑은 미움에 반대되는 것이 아니다. 그것은 단순히 미움의 부재(不在)이다.

자비는 노여움에 반대되는 것이 아니다. 노여움이 사라질 때, 자비가 있다. 자비는 투쟁으로 되는 것이 아니다. 그것은 격정에 반대되는 것이 아니다. 격정이 사라질 때 자비가 있다. 자비는 그대의 본성이다. 無慾이 그대이다. 모든 욕망들이 사라져 그대가 홀로 남게 되었을 때, 아름다운 홀로있음*(aloneness) 속에, 순수한 홀로있음 속에, 수정처럼 맑은 홀로있음 속에, 거기에 無慾이 있다. 어떤 욕망의 흔적조차도 없다…… 목표도 없고, 갈 곳도 없다. 그때 비로소 그대는 삶이라는 것을 사는 것이다. 처음으로 그대의 노래가 터져 나오며, 모든 존재에 퍼져 나간다. 처음으로 그대는 찬양할 능력이 있게 된다.

이것이 바로 깨달음, 니르바나라는 것이다. 니르바나는 결코 목표가 될 수 없다. 그대가 어떤 목표도 갖고 있지 않을 때, 니르바나가 그대에게 온다. 그대는 결코 니르바나로 가지 못한다. 그대가 어디에도 가고 있지 않을 때, 그것은 그대에게 온다. 또는 그대가 헌신자(bhaktas)나 신앙가(devotee)란 말을 사용하고 싶다면 그대는 '神'이란 단어를 사용할 수 있다.

그대가 神에게로 가는 것이 아니다. 누구든지 神에게로 결코 갈 수 없다. 그대가 어디로 갈 것인가? 神은 어디에나 있든지 아니면 神은 어디에도 없다. 그대가 어디로 갈것인가? 그대는 神을 어떤 대상으로 만들 수 없다. 그대는 욕망의 화살을 神이란 목표물을 향해 쏠 수 없다. 神은 어디에나 있다—그래서 그대는 목표물을 만들 수 없다. 또는 神은 어디에도 없다—그래서 역시 그대는 목표물을 만들 수 없다.

어느 누구도 神에 도달한 사람은 결코 없다. 그대가 神에 도달하려는 모든 노력을 멈추고, 그대가 神을 달성한다는 모든 넌센스를 떨쳐 버릴 때 홀연 神은 그대에게 온다. 그가 올 때에는 어느 쪽, 어디에서나 온다. 神은 그대 존재의 모든 털구멍으로부터 그대 안으로 들어온다. 그대는 결코 그에게 도달할 수 없다. 그는 늘 그대에게 온다.

사람들은 나에게 자신은 神을 탐구하고 있다고 말한다. 그러면 나는 말한다. '제발 그 노력 좀 하지 말라. 그대는 헛 된 여행길에 있다. 그대는 다만 휴식하고, 느긋하게 기다려라. 그리고 神이 그대에게 오도록 허락하라. 그대의 바로 그와 같은 탐구는 하나의 장벽을 만든다.'

탐구하는 마음은 긴장된 마음이다. 구하는 마음은 휴식이 아니다. 바라는 마음은 안식처에 있는 것이 아니다. 이것은 항상 헤매이고, 헤매이면서 어디엔가에 가고 있는 것이다. 내가 그대에게 간다고 하더라고 그대는 아마 다른 어딘가에 있을 것이다. 그대는 항상 다른 어딘가에 있다. 그대가 있을 것 같은 어디에도 그대는 없다. 그대가 사원안에 앉아 있다면, 단지 그대의 겉모습만이 사원 안에 있는 것이다. 그대는 시장안에 있을지도 모른다. 그대는 상점이나 공장 또는 사무실에 있을지도 모른다. 그대가 그대의 사무실이나 상점에 앉아 있을 때, 단지 그대의 겉모습만이 거기에 있다. 그대는 거기에 있는 것처럼 보인다. 그러나 그대의 마음은 어디든지 있을 수 있다. 그 세계는 광대하다.

그대가 있는 곳에 그대는 결코 있지 못한다. 바로 그대가 있는 곳에 있어라. 그대가 있는 곳이 어디든지, 그 곳에 있어라.

이것이 바로 神性을 위한 문이며, 그때 神性은 그대 안으로 들어간다. 그대가 니르바나를 구한다면, 니르바나는 하나의 악몽이 될 것이다. 부귀라는 것을 그대가 구하려 한다면 구할 수 있다. 권력이나 명성, 그런 것은 그대가 구하려 한다면 구해질 수 있다. 물론 그것은 오랜 시간과 많은 노력이 들지만, 그런 것은 거의 소용없다. 왜냐하면 그대가 그것을 얻었을 때 그대는 그것에서 아무것도 찾을 수 없기 때문이다. 그러나 그대는 그것을 찾을 수 있다. 그대가 충분히 미친다면 그대는 세상에서 무언가를 발견할 수 있다. 그대는 충분히 미쳐야만 한다. 거의 발광하고 미쳐야 한다. 그때 그대는 승리할 것이다. 왜냐하면 아무도 그대를 필적할 수 없기 때문이다—누군가가 그대보다 더 미쳐서 그대와 경쟁하지 않는 한.

그대가 갈망하는 세상에서는 무언가를 발견할 수 있다. 거기에는 하나의 악몽이 있을 것이다. 그러나 악몽에는 끝이 있다.
니르바나는 최후이자, 궁극의 악몽이다. 그대가 그것을 구하기
시작하면, 그것은 결코 일어나지 않을 것이다. 왜냐하면 니르바
나의 본질은, 바로 그 본질 자체가 니르바나에 이르게 하는 것을
방해하는 그런 것이기 때문이다.

그래서 내가 지금여기(herenow)에 있으라고 말하는 것은, 니
르바나가 그대에게 오는 것을 부디 돕기만 하라는 것이다. 편안
하게 있으라. 그냥 기다려라. 머지 않아 그대는 神이 노크하여
온 것을 알게 되리라.

예수는 말한다.
'두드려라, 그러면 문은 그대에게 열릴 것이다.'
나는 그대에게 말한다.
'그저 기다려라. 神은 노크할 것이다. 그가 노크할 때 그대는
그냥 정신차려 문만 열어 놓으면 된다.'

神은 계속해서 두드려 왔지만, 그대는 듣기 위해, 경청하기 위해
거기에 없다. 그대는 문을 열기 위하여 거기에 없는 것이다. 그
손님은 항상 문 앞에 서 있지만, 그 주인은 놓치고 있다.

주인이 되어라. 이것이 지금여기에 있으라고 말할 때, 내가
의미하는 바이다. 이것은 단지 삶을 위하여 주인이 되고, 존재를
위하여 주인이 되라는 것을 뜻한다. 그때 모든 것이 그대에게서
일어날 것이다. 아무것도 방해하지 않을 것이다. 그대 자신의
욕망과 끊임없이 여기저기서 날 뛰는 것을 제외하고는 그 길을
방해하고 있는 사람은 아무도 없다. 잠시 동안 휴식하라. 내가
휴식하라 말할 때, 지금여기에서 쉬라는 것을 뜻한다. 왜냐하면
누가 내일 쉴 수 있겠는가?

그리고 나는 무아경(ectasy)의 아름다움을 계속 노래할 것이지만, 오해는 말라. 나는 니르바나가 성취되어야 한다고 그대를 납득시키기 위해 노력하는 것이 아니다. 그것은 어떤 목표가 아니다. 그것은 어떤 목표로 만들어질 수 없다. 그것은 어떤 욕망의 대상으로 만들어질 수 없다. 그것은 유용하다. 꿈에서 깨어나 보라. 삶은 엄청나게 아름답다. 삶은 모든 곳으로부터 그대에게 퍼 붓고 있다. 나는 이것을 명상이라 부른다.

이것이 선(禪)에서 좌선이라 일컫는 것이다. 끝없는 기다림 속에서 지켜보며, 깨어 있으며, 의식적이며, 어디에도 가지 않고 그냥 앉아 있는 것이다. 그러면 기적들 중에 기적이 일어난다― 그대가 찾아 헤매었으나 찾을 수 없었던 것이 갑자기 일어난다.

거기엔 모순이 없지만, 그대의 마음은 어떤 모순을 만들 것이다. 왜냐하면 그대의 마음이 마음을 벗어나 어떤 모순을 만들지 않는다면, 그때 그 마음은 성취하기 위한 기능을 전혀 갖고 있지 않기 때문이다. 먼저 마음은 어떤 문제를 창조하는데, 그때 마음은 해답을 찾기 위하여 노력한다. 어디에도 존재하지 않는 문제거리를 창조하려는 마음을 허락하지 말라.

나는 어떤 의사에 관하여 들은 적이 있다. 감기 때문에 고통을 받고 있는 사람이 그에게 왔다.

그 의사는 말하였다.

"당신, 한 가지 할 일이 있습니다. 밤은 매우 춥습니다. 한 밤중에 벌거벗고 호수로 가서 물에 뛰어 드십시오."

그 사람은 말했다.

"당신 미쳤군! 나는 감기로 고통받고 있소, 그리고 한 밤의 호수는 얼음이 얼 것이오! 나는 폐렴까지 겹칠 것이란 말이오!"

그 의사는 말했다.

"걱정할 것 없습니다. 나는 완벽한 폐렴약을 갖고 있으니까요. 그렇지만 감기약은 하나도 없습니다. 나는 폐렴만은 확실하게 치료합니다. 당신은 지시를 따르기만 하면 됩니다."

마음은 계속 문제들을 창조하며, 문제들을 끊임없이 공급한다. 그대는 이런 넌센스를 지켜 본 적이 있는가?

바로 그 뿌리로부터 마음을 잘라 내라. 어떤 문제를 창조하게끔 마음을 허락하지 말라—이것이 해답이다.

만약 그렇지 않으면 그 마음은 그대에게 어떤 해답을 줄 것이다. 애당초 그 문제는 틀렸다. 그런데 어떻게 해답이 맞을 수 있겠는가? 그대가 틀린 문제를 푼다면, 그 해답은 틀리게 될 것이다. 그때 그대는 무한한 퇴보에 말려 들게 된다. 그렇게 되면 그 해답 속에서 마음은 또 다시 문제들을 발견할 것이다. 그때 또 다른 해답들이 공급되어져야 한다. 그리고 그대는 계속하고 또 계속한다.

그대 자신의 마음이 그대에게 어떤 해답을 줄 수 없다면, 그대는 더욱 위대한 사람에게 간다. 그들은 해답을 줄 수 있다. 그대는 철학자들—머리 속에 이론과 교리와 경전등으로 꽉 차 있는 사람들—에게로 간다. 그대가 해답을 찾을 수 없다면 그대는 전문가를 찾는다. 그러면 그들은 어떤 해답을 준다. 그러나 전문가들은 이제까지 아무도 도움을 주지 못했다. 오천 년의 철학 역사는 어떤 문제에 대하여 단 하나의 해답조차도 줄 수 없었다. 반대로 철학은 더욱 더 문제를 만들어 왔다.

바로 그 뿌리를 잘라 내라.

마음이 어떤 문제를 만들려고 할 때는 언제나, 먼저 그 마음이 낡은 계책을 다시 쓰는지를 알아 내라. 왜냐하면 내가 보는 것처럼, 삶은 절대적으로 단순하다. 그것은 아무 문제들도 없다. 나는 삶이 신비롭지 않다는 것을 의미하는 것이 아니다. 삶은 어떤 수수께끼가 아니라는 것을 의미한다. 그대는 삶을 풀 수 없다.

삶은 엄청난 신비이다. 그러나 매우 단순하다. 그대는 삶을 풀 수 없다. 그대는 삶을 살 수 있고, 삶을 즐길 수 있으며, 삶 속으로 녹아들 수 있다. 그리고 문 위에 문들이 계속 열리기 때문에 그것은 새로운 경험의 끝없는 여행이다. 멋지고 더욱 멋진 새 경험들이 그대를 기다리고 있다. 그러나 삶은 풀 수 있는 어떤 수수께끼가 아니다. 그대가 삶 속으로 들어가면 들어 갈수록 삶이라는 것을 더욱 모르게 된다. 그대가 더 알면 알수록 더욱 더 그대는 그대가 모른다는 것을 안다.

모든 지식이 하찮게 보이는 어떤 순간이 온다. 이것은 의식이 어떤 전환을 겪는 순간이다—철학에서 종교로의 전환 ; 무모하고 썩은 이론으로부터 신선하고 영원하게 살아 있는 삶의 근본으로의 전환이다.

삶은 하나의 신비이다. 그것은 풀어질 수 없다. 그것은 해답을 갖고 있지 않다. 그것은 답이 없다. 그것을 풀려고 하지 말라.

문제를 풀려고 하는 것이 바로 마음의 속성이다. 뿌리를 잘라라.

마음이 어떤 문제를 가져다 줄 경우에는 언제나, 먼저 그 문제가 실제로 존재하는 것인지 알도록 하라.

내가 말하여 온 것은 이처럼 단순한 것이다. 지금여기 존재하라 (Be herenow)—그러면 깨달음이 그대에게 일어난다. 깨달음은 이미 일어나 있다. 단지 그대가 그것을 인식하기만 하면 된다. 그것은 그대가 태어나기 전부터 일어나 있다. 그것은 그대의 삶과 동시에 일어났다.

그대의 바로 그 존재는 깨달아 있다. 단지 내부로의 방향 전환과 인식만 있으면……

그 인식은 단지 그대가 지금여기로 전환하면 가능하다. 그대가 계속 움직이며 그림자를 추적한다면, 그때 그대는 내면에서 움직이기 위한 시간과 공간을 갖지 못할 것이다. 모든 미래는 외부(without)요, 현재는 내부(within)이다.

현재란 시간의 부분이 아니다. 현재는 영원무궁이다. 그것은 지금이다. 영원무궁, 그것이 그대 안에 있다. 그대가 한번 내면으로 향하면, 그대는 웃기 시작할 것이다.

보리달마(Bodhidharma)가 깨달았을 때, 그는 아주 깊은 뱃소리로 웃기 시작하였다고 전해진다. 그는 땅바닥에 데굴데굴 구르기 시작하였고, 제자들은 모여서 말하였다.

"무슨 일이 일어났습니까? 미쳤습니까?"

그는 참으로 미친 것 같았다. 그는 9년 동안이나 앉아 있었고, 아무도 그의 얼굴에서 미소조차 볼 수 없었다. 그는 아주 엄하고, 진지한 사람이었다. 9년 동안 그는 끊임없이 벽만 바라보며 있었다. 끊임없이 벽 가까이 앉아서 벽을 보았다. 그는 9년 동안 어떤 사람과 이야기하기 위해 고개조차 돌리지 않았다. 그리고 그는 진리가 무엇인지 알게 되지 않고는 결코 일어나지 않으리라고 다짐하였었다.

전설에서는 그의 다리가 쇠퇴해 버렸다고 전해진다. 9년은 긴 시간이다. 그것이 정말 일어났는지 모를 일이다. 그러나 그것은 요점이 아니다. 한 가지는 확실하다. 다리는 활동하며, 움직이며, 욕구하고, 가고, 목표를 만들고 하는 것들의 대표격이다. 다리는 모든 것의 대표이다. 확실히 9년 동안에 있어서, 목표들은 사라졌다. 갈 곳은 어디에도 없었다. 모든 동기와 달성하기 위한 욕구가 사라졌다. 확실히 다리는 쇠약해 졌다.

그리고 어느날 갑자기 이 사람은 데굴데굴 구르며 웃고 있다. 틀림없이 미쳤다. 사람들은 9년 동안이나 앉아서 벽만을 바라보고 있으면, 미치지 않을 수 없다고 생각했음에 틀림없다. 그러나 왜 그가 웃고 있었을까? 그는 모든 터무니없음을, 그것에 대한 바로 그 어리석음을 웃고 있었다―그는 그의 내부에 이미 갖추어져 있는 것을 찾고 있었으며 그런데도 그가 깨닫지 못했었다는 것을.

그대의 보물은 그대와 함께 있다. 그대의 보물은 이미 그대 안에 있다. 나는 그것을 볼 수 있지만, 그대는 그것을 볼 수 없다. 나와 함께 있는 것은 바로 하나의 기회이기 때문에, 내가 그대 안에서 이미 볼 수 있는 것을 그대 역시 볼 수 있다.

그대가 나에게 올 때에, 그대는 나에게 있어서 대단히 귀중하다. 그대가 나에게 올 때에, 나는 하나의 붓다가 오고 있는 것을 본다.

그대는 깨어 있지 못하다.

나는 고개 숙여 절하고 싶고, 그대의 발을 만지고 싶다. 그러나 그것은 그대를 위하여 위험할 수 있기에, 나는 유혹을 물리친다. 그대는 이미 미쳐 있다. 그대는 더욱 더 미칠 것이다.

그대는 이미, 그대가 하고 싶고 되기 바라는 곳에 있다. 그대는 성취되어 있다. 나는 그대의 활짝 핀 꽃을 볼 수 있다. 그러나 그 꽃은 항상 피어 있지만, 그대의 눈은 어딘가 다른 곳을 찾아 헤맨다.

그래서 내가 깨달음에 관해서 이야기 할 때는, 나는 단지 그대 존재에 관해서 말하는 것이다. 나는 그대에게 추구하고 싶은 어떤 목표를 주고 있는 것이 아니다. 그렇기 때문에 즉시 나는 그대에게 지금여기에 있으라고 말해야만 한다. 왜냐하면 그것이 그대 존재의 꽃핌을 볼 수 있게 되는 길이다.

거기에는 아무 모순도 없다. 그것이 그대에게 나타나면 다시 살펴 보아라. 그대의 마음이 그대를 속여 왔다. 바로 그 뿌리로부터 마음을 잘라 내어라.

두 번째 질문은 새로운 구도자인 짐 크로스랜드로 부터다.

바그완*, 당신의 제자들은 아직 아무도 성취하지 못하였다고 나는 알고 있습니다. 나의 에고를 없애기 위해 준비하는 나의 이상주의가, 당신이 오늘 말한 이상주의보다 어떻게 더 낫다고 여길 수 있습니까?

나의 제자들이 아직 아무도 성취하지 못하였다고 누가 그대에게 말하던가? 나는 성취하지 못한 단 한 사람도 볼 수 없다. 그들은 모두 붓다들인데, 그들 자신과의 숨박꼭질 속에서 자신에게 속임수를 쓰며 자신을 속이는 깨달은 사람들이다.

그러나 그대가 알아 차리기는 어렵다. 그대가 자신의 깨달음을 보기 전에는, 그대는 알 수 없다. 그대가 일단 자신의 깨달음을 보았다면, 온 세상이 깨닫는다. 나는 말하지만, 그대가 깨닫는 순간, 온 세상도 깨닫는다. 이런 나무들도 깊이 잠들어 코를 골지 모르지만, 그들 역시 깨달아 있다. 내가 깨닫게 된 이후로, 나는 깨닫지 못한 것은 아무것도 볼 수 없었다. 나는 다르게 볼 수 없다. 그렇기 때문에 다른 사람들에 관해서는 잊어라. 그것은 단지 그대에 관한 문제이다.

그대가 그대 자신과 하는 게임인 그 속임수를 멈출 준비가 되었는가? 그 많은 것들은 단지 그대의 염려일 뿐이다. 다른 것들에 관하여 걱정하지 말라.

당신의 제자들은 아직 아무도 성취하지 못하였다고 나는 알고 있습니다.

이 질문자는 성취에 관하여 아주 뿌리 깊은 욕망을 가졌음에 틀림없다. 아주 뿌리 깊은 성취의 마음을. 그래서 그는 그 성취의 마음을 통하여 모든 것을 본다. 그리고 물론 성취의 마음은 다른 사람들도 성취하였다는 것을 믿을 수 없다. 그는 내가 성취했다는 것 조차 인정하는 것을 고심하였음에 틀림없다. 사실상, 그는 이것 역시 믿을 수 없다. 그는 그저 공손하게 보이기 위하여 나의 성취를 인정할 것이라고 말했을 뿐이다. 그리고 나를 제외한 어떤 다른 사람의 성취도 인정하지 않는다.

깨달음이 그대에게 일어나지 않았을 때 이러한 것은 자연스럽다. 깨달음이 그대에게 일어나기 전에 어떻게 그것이 다른 사람에게 일어날 수 있겠는가? 그것은 부당하게 보일 것이다. 깨달음이 일어나야만 한다면, 그것은 먼저 그대에게 일어나야만 한다.

이것이 에고의 길이다. 에고는 계속 부정한다.

그러나 조금만 정신차려 보라. 왜냐하면 깨달음이 다른 사람에게는 일어나 있지 않다고 그대가 계속 부정하고 말한다면, 얼마 안 있어, 깨달음이란 일어날 수 없으며 불가능한 것이라고 확신하게 된다. 그러면 그대는 자신의 깨달음을 향해서도 문들을 걸어 잠그고 있는 것이다. 깨달음이 누군가에게 일어났다는 것을 그대가 일단 받아 들이면, 그 가능성은 그대에게도 열린다. 그때 깨달음은 그대에게도 일어날 가능성이 있다.

다시 한번 보라. 사람들을 지켜 보라. 성취하려는 마음을 벗어나서 보라. 그대는 새들이 노래하는 것을 들을 수 있는가? 새들은 깨달아 있다. 붓다들이 재잘거린다. 깨달음은 그래야만 한다. 神은 삶으로부터 분리되어 있지 않다. 神은 삶과 동의어이다. 神性이란 일어나거나, 일어나지 않거나 하는 분리된 무엇이 아니다. 그것은 존재하는 모든 것 안에 숨겨져 있다. 돌 하나에, 나무 한 그루에, 새 한 마리에도……

그러나 우선 그대는 그대 자신 안에 있는 神性을 생생하게 깨달아야만 한다. 왜냐하면 그것은 그대에게 가장 가까운 진실이기 때문이다. 그대가 神性을 한번 보기만 하면, 그대는 그것을 어디에서나 본다.

그리고, 이 부분 : 나의 에고를 없애기 위해 준비하는 나의 이상주의가, 당신이 오늘 말한 이상주의보다 어떻게 더 낫다고 여길 수 있습니까?

나는 그대에게 준비하라고 말하고 있지 않다. 나는 어떤 준비도 가르치고 있지 않다. 나는 단지 살펴 보라고 말하고 있다—준비라는 것은 에고이며, 길을 방해하고 있는 장애물이다. 이것을 즉시 떨쳐 버려라! 누가 그대에게 준비하라고 말하고 있는가?

그대가 준비한다면 그때 그대는 언제까지나 준비만 할 것이다. 그대는 이미 오랫동안 충분히 살아오지 않았는가? 그대는 수백만 번을 여기에 있어 보지 않았는가? 그대는 하나의 원주처럼, 바퀴처럼 반복하여 왔다…… 돌고 또 도는 바퀴와 같다.

태어나서 젊음이 있고, 늙어지고, 죽고, 또 다시 태어난다. 바퀴는 계속 움직인다.

내가 에고를 떨쳐 버리는 것에 관하여 이야기 하고 있을 때, 나는 그것에 관해서 준비하라고 말하는 것이 아니다. 그대가 아직도 준비되어 있지 않다면, 그대는 언제 준비될 것인가? 그대로 충분하다! 즉시 준비를 떨쳐 버려라!

 그대가 그것을 즉시 떨쳐 버리거나, 그렇지 않거나 둘 중에 하나다. 그대가 준비하고 있다고 누구에게도 속이지 말라. 준비란 다른 사람을 속이기 위한 하나의 계책이다. 더 근본적으로는 그대 자신을 속이는 것이다.

 '나는 준비하고 있다. 어느 날 나는 에고를 떨쳐 버릴 것이다.'

 그러나 어째서 '준비'이고, 어째서 '어느 날'인가? 왜 오늘이 아닌가? 그대가 이 사실을 알았다면, 그때 그 필요는 무엇인가? 그대가 길에서 뱀을 갑자기 만났을 때 그대는 뛰기 위하여 준비하는가? 그대는 단지 길 바깥으로 건너 뛴다. 그대는 이렇게 말하지 않는다.

 '지금 당장 내가 어떻게 건너 뛰나? 나는 뱀과 뱀의 위험스러움을 안다. 내 앞에 죽음이 서 있다는 것을 나는 안다. 그렇지만 어떻게 곧바로 뛸 수 있을까? 준비가 필요하고, 예행 연습이 필요하다. 나는 준비할 것이고, 그 후에 뛸 것이다.'

 아니다. 그대의 마음은 길에서 뱀을 볼 때면 단지 멈출 뿐이다. 그 마음은 생각하기 위한 공간도, 낭비하기 위한 시간도 갖고 있지 않다. 그대는 먼저 뛰고 나중에 생각한다. 먼저 뛰고 난 뒤에, 마음먹은 대로 생각할 수 있지만, 우선은 뛴다.

 내가 그대에게 보여주는 것은 뱀은 그대의 에고만큼 그렇게 위험하지는 않다는 것이다. 진짜 뱀인 것은 그대의 에고이다.

 아담과 이브와 뱀의 기독교 우화에서 그 뱀은 다른 것이 아닌 바로 그대의 에고이다.

뱀은 상징적이다. 뱀은 교활하기 때문이다. 또한 에고도 매우 교활하다. 그리고 뱀은 매우 미끈거린다. 에고도 매우 미끈거린다. 그리고 뱀은 다리없이 움직인다. 그리고 에고 역시 다리없이 움직인다. 이것은 하나의 기적이다. 다리없이 에고는 계속 움직인다. 그 에고는 존재하지 않지만 계속 움직인다.

기독교 우화에서 뱀은, 지식의 나무는 맛 볼 만한 것이라고 이브를 납득시켰다.

'神은 네가 지적(知的)으로 되는 것을 원치 않기 때문에 지식의 나무를 금지하는 것이란다. 神은 자신처럼 현명하게 되는 것을 원하질 않지. 神은 질투가 많다구. 너도 神처럼 현명하게 된다면 그때 누가 그를 예배하겠니? 神은 네가 무식한 채로 남아서 네가 의존하기를 원한단다.'

이것이 에고가 하고 있는 일이다.

에고는 이브를 납득시켰다. 그리고 이브는 아담을 납득시켰다. 왜 이브를 통해서인가? 이것은 이해되어야 한다. 여자의 마음은 더욱 에고적으로 되기가 쉽다. 그 이유는 여자의 마음은 에고가 부족하기 때문이다. 남자의 마음은 이미 에고적이지만, 여자의 마음은 에고가 모자란다. 여자의 마음은 수동적이며, 비활동적이며, 비공격적이다. 남자의 마음은 이미 공격적이며, 에고적이며, 외향적이다. 남자의 마음은 에고가 부족하지 않았다.

무엇인가 그대의 마음을 끌 때는 언제나, 그 무엇인가가 그대에게 부족할 때에만 매력을 갖는다.

그대는 아름다운 어떤 사람을 본다. 그대가 추하다면, 아름다운 사람은 매력이 있다. 그대가 강한 사람을 볼 때, 그대가 약하다면,

강한 사람은 매력이 있다. 매력은 그대가 아닌 것과 항상 정반대적이다. 가난한 사람은 부(富)에 마음이 끌린다. 참으로 부자는 재산을 포기한 사람들이다. 가난한 사람은 재산을 포기할 수 없다. 여자의 마음은 에고적이지 않다. 여자의 마음은 더욱 순종적이며, 더욱 수용적이기 때문에, 여자의 마음은 더욱 이끌리기 쉽다. 그 속임수는 여자의 마음에 작용하였다. 한번 여성쪽이 납득되어지면 남성쪽은 따르지 않을 수 없다.

남자는 항상 여자의 추종자였다. 외면에 나타나는 모든 면에서 남자는 자신이 주인이라는 것을 보여주기 위해 노력한다. 이것은 그가 주인됨이 부족하기 때문이다. 남자가 사회에서는 주인일 지 모르지만, 집에 돌아오는 순간, 더 이상 그는 주인이 아니다. 집에서는 여자가 주인으로 있다. 나폴레옹이나 알렉산더조차도 아내 앞에서는 아무것도 아니다. 나폴레옹 조차도 하나의 겁쟁이가 된다.

남자의 마음은 여자의 마음을 따른다. 일단 에고가 여자의 마음을 설득시키자, 아담은 바로 따랐다. 그 뱀은 에고에 대한 오래된 상징이다.

나는 그대에게 그대의 길 위의 진짜 뱀을 보여 주고 있다.

이 뱀은 그대에게 지식의 열매를 먹으라고 설득하여 왔다. 반면에 모든 종교는 단지 백지(白紙)상태로 돌아가는 것이다. 종교는 단지 지식을 토해내는 것이다. 아담이 한 일은 무엇이었을까? 그는 지식의 열매를 먹었다. 예수는 같은 열매를 토하였다. 아담은 神性의 근원으로부터, 에덴의 동산으로부터, 神의 정원으로부터 멀리 떨어져 나갔다. 예수는 그 곳으로 다시 돌아왔다.

내가 에고가 유독(有毒)하다고 말할 때, 나는 사실을 말하고 있을 뿐이다. 나는 그것을 떨치기 위하여 준비하라고 말하고 있지 않다. 나는 그대가 나를 이해한다면, 그것은 즉시 떨어져 나갈 것이라고 이야기하고 있다. 단 한 순간이라도 낭비되어서는 안 된다. 일단 그대가 요점을 알아차리면, 바로 그 알아차림 속에서, 에고는 떨어져 나간다. 그것이 떨어져 나가지 않았다면 그때 그대는 요점을 본 것이 아니다. 그때 그대는 속임수를 쓰고 있는 것이다. 그때 그대는 이해했다고 생각하지만, 그대는 이해하지 못하고 있는 것이다.

내가 라디오에서 들어 본 적이 있는 재미있는 농담은 조용하게 구성되었는데, 세상에서 가장 천한 사람으로 널리 알려져 있는 잭 베니―적어도 그 스스로 쌓아온 이미지에 있어서―는 그의 라디오 쇼 중 하나에서, "돈 아니면 너의 목숨이다!"라고 말하는 강도에게 인질로 잡혔다.

잠시 침묵이 따랐고, 당연한 순서로서, 낌새를 알아차린 청중은 크게 웃기 시작하였다. 잠시 후 웃음이 사라지자, 강도는 아직까지 상황을 파악하지 못 한 소수의 청중들에 대비하여 마지막으로 말하였다.

"자, 오너라! 돈 아니면 너의 목숨이다."

강도에게 베니씨는 대답하였다.

"나는 생각 중이오. 생각 중이란 말이오."

돈이냐? 생명이냐? 생명이 가버린다면, 돈은 가지고 무엇을 한단 말인가?

그대가 나를 이해했다면, 바로 그 이해 속에서 에고의 떨어짐이 있다. 그대가 에고를 떨쳐 버리는 것이 아니다. 그대가 그것을 어떻게 떨쳐 버릴 수 있는가? 그대가 떨어질 수 있을 뿐이다.

그대가 에고를 어떻게 떨쳐 버릴 수 있는가? 그것은 스스로 떨어진다. 순간 갑자기 그대는 존재하지 않는다. 전적으로 다른 에너지의 질이 그대 안에 일어나는데, 그것은 에고에 의해서 막혀져 있었다.

그대는 존재함에도 불구하고 그대는 존재하지 않는다. 매우 이상한 경험이다. 아주 이상하다. 그대는 그대임에도 불구하고 그대는 그대가 아니다. 그대가 어떻게 에고를 떨쳐 버릴 수 있는가? 그대가 그것을 떨쳐 버린다면, 떨쳐 버리는 사람은 내부에 남아 있을 것이다. 에고는 그대를 속여 왔다. 그대의 이해 속에서 에고는 스스로 떨어진다. 준비를 걱정할 필요는 없다. 나는 그것을 떨쳐 버리기 위하여 준비하라고 말하고 있지 않다. 그대가 에고를 떨쳐 버리기 위하여 준비한다면, 그대는 겸손하게, 더욱 겸손하고 겸손하게 될 것이지만, 그때 에고는 그대의 겸손 뒤에 숨어 있을 것이다. 그때 그대는 '나는 이 세상에서 가장 겸손한 사람이다.'라고 생각하기 시작할 것이다. '나'라는 것이 아직까지 그대로 남아 있다.

에고는 경건하게 될 수 있으며, 종교적으로 될 수 있다. 에고는 거룩하게는 될 수 있지만, 어떤 변형을 만들지는 못한다. 독(毒)이 거룩하게 되더라도, 독(毒)은 독(毒)일 뿐이다. 정제된 독은 더욱 유독하게 될 지도 모르며, 정제된 에고는 보통의 에고보다 더욱 유독하다.

종교적인 사람들을 보라. 그들은 미묘하고, 세련되고, 양식있고, 품위있는 에고를 갖고 있다. 이것을 알아 차리기는 힘들다. 그들의 에고는 보통의 에고보다 더욱 반짝이며, 더욱 미묘하며 속임수에 있어서 더욱 교활하다. 방어하기에 더욱 좋고 더욱 안전하다.

그대의 神에 관한 이야기조차 안전이나 보호를 위한 숨는 장소가 될 지도 모를 일이다.

그렇다. 그대는 에고를 떨쳐 버릴 수 없다. 그대의 이해 속에서 에고는 스스로 떨어져 나간다. 갑자기 그것이 그대의 손 밖으로 미끄러져 나가는 것을 그대는 볼 수 있다. 그것을 떨쳐 버릴 필요가 없다. 단지 그대가 그것에 매달리지만 않는다면, 그것은 떨어진다. 무집착에서 그것은 떨어진다. 그대가 독사를 끌어 안고 있다는 것을 이해한다면, 준비할 필요가 있을까?

그렇다. 나는 준비에 관하여 이야기하고 있는 것이 아니다. 그대가 에고를 이해하였다면, 그것이 떨어지게 내버려둬라. 그대가 그것을 이해 못하였다면, 제발 준비하지 말라. 그때 에고는 있는 그대로가 더 좋다. 그것을 꾸미지 말라. 에고는 에고를 더욱 꾸미고 화려하게 할 것이다. 그러면 그때 그것을 떨쳐 버리는 것은 더욱 어렵게 될 것이다. 그것은 더욱 까다롭게 될 것이다.

인격자는 비인격자보다 에고를 떨쳐 버리는 데 있어서 더욱 어려움이 있다. 도덕적인 사람은 비도덕적인 사람보다 에고를 떨쳐 버리는 데 있어서 더 많은 어려움을 가지고 있다. 비도덕적인 사람의 에고는 이미 상처 받았으며, 병들어 있다. 그러나 도덕적인 사람의 에고는 훈장들로 장식되어 있다. 도덕적인 사람은 더욱 가시없는 꽃과 같다. 그것은 에고를 떨쳐 버리기에 더욱 어렵다.

이런 일은 모순적으로 보이지만 수 세기 동안 일어나 왔다. 죄인들은 소위 성자들이라 불리는 사람들보다 더 쉽게 神을 성취하여 왔다. 물론 이런 일은 많이 기록되어 있지는 않은데, 왜 냐하면 모든 기록들은 성자들에 의해서 쓰여져 왔기 때문이다. 죄인들은 기록과 역사, 그리고 이것 저것을 만들기에 신경쓰지 않았다.
 어떤 랍비*가 죽었다―매우 종교적이고, 도덕적이고, 도학적인 사람―그리고 같은 날 죄인도 죽었다. 그 랍비는 믿을 수가 없었다. 그는 지옥으로 가고 있는 것이었다! 그는 소란을 피우기 시작했다. 그는 말했다.
 "무슨 일이 일어나고 있는가? 성자인 내가 지옥에 가고 있다니! 그리고 나의 온 생애에서 알고 있던 이 죄인―그는 단지 유태인 교당 앞에서 살아왔을 뿐이다―은 천당에 가고 있다니! 뭔가 잘못된 것이 틀림없다.'
 그는 이렇게 소란을 피웠고, 결국 그들 둘은 神 앞에 서게 되었다. 랍비는 말하였다.
 "당신도 잘 알다시피 나의 전 생애동안 나는 기도하고 기도하여 왔다. 그리고 당신 이름을 반복하여 불러왔다. 그런데 이 죄인은 어떤 기도도 하지 않았고, 사원에는 가 본 적도 없으며, 나쁜 짓만을 해 왔다. 그는 이 도시에서 가장 비양심적인 사람이다. 그런데 그는 천국이 주어지고, 나는 지옥에 떨어져 있다! 이것은 공정치 못하다! 설명하여 달라!"
 神이 말하였다.
 "그래, 나도 알고 있지. 그러나 그는 나를 결코 귀찮게 하지는 않았다. 그대는 나를 계속 귀찮게 하고 있었다. 밤 중에도 그대의 모습이 자꾸 떠오르기 때문에 도무지 잠잘 수가 없었다."
 천진난만함이 필요하다. 천진난만함이 있는 곳에 에고가 사라진다. 소박함이 필요하다. 소박함이란 어떤 세련된 것이 아니다. 모든 교양들이 사라지고, 복잡성이 사라질 때, 사람은 소박하게 된다. 사원에 가고 안 가고는 문제가 아니다. 기도를 하고 안하고는 아무 관계도 없다. 그러나 천진난만함, 소박함, 깊은 귀의 (歸依)…… 이와 같은 사람은 더 이상 행위자가 아니며, 이와 같은 사람은 더 이상 '나'라고 내세우지 않으며, 이와 같은 사람은 '나'라는 것을 버렸으며, 이와 같은 사람은 더 이상 하나의 섬이 아니며, 이와같은 사람은 대양과 대륙의 일부가 되어 있다. 이와 같은 사람은 '전체가 살게 하라. 그 안에서 나는 사라진다……'라고 말해 왔다. 그때 그대에게 무엇이 일어나든 행하라. 그것은 옳다. 그리고 전체가 그대를 통하여 살게 하라. 그러면 그것은 도덕적일 것이다.

도덕성이란 그대가 무엇인가 해야 되고, 연습해야만 되는 그 무엇이 아니다. 도덕성이란 그대가 사라지고 전체가 그대를 통하여 존재토록 허락될 때, 그대가 강물과 함께 흐르며, 거슬러가지 않을 때의 그 무엇이다. 이를 기억하라.

그대가 이해했다면, 그대의 에고가 사라지는 것을 지켜 보라. 에고에 매달리지 말라. 그것이 전부다. 에고가 떨어지고 산산히 부숴지게 허락하라.

나는 어떤 사람을 알았었다. 그는 교수인데, 유식한 사람이다. 그는 나를 보기 위해 왔다. 그가 매우 슬퍼 보였기에 나는 그에게 물었다.

"매우 침울해 보이는데 무슨 일인가요?"

그는 말했다.

"나의 정신병 의사는 내가 나의 우산과 사랑 중에 있다고 말한다오. 그리고 그것이 내 트러블의 원인이라는 것이오."

"당신 우산과 사랑중이라?"

나는 조금 놀랐다.

"그렇소."
그는 말했다.
"우스꽝스럽지 않은가 말이요! 내가 나의 우산을 좋아하고 존중하고 그것과 교제를 즐기지만, 사랑이라니?……"
그대는 그대의 에고를 사랑한다고 생각하지 않을지도 모르지만, 그대는 에고를 사랑한다. 그대는 이렇게 말할 수 있다.
'나는 나의 우산을 좋아하고 존중한다. 그리고 그것과 교제를 즐긴다. 그렇지만 사랑이라니?'
변형된 말들이라도 큰 차이는 없다. 그대는 에고를 사랑한다. 그것이 어떤 불행을 가져 오더라도, 여전히 그대는 에고를 사랑한다. 그것이 어떤 트러블을 만들지라도, 그대는 에고를 사랑한다. 에고가 창조하는 온갖 지옥들에도 불구하고, 그대는 계속 에고를 사랑하고 있다.
그대가 나에게 와서 에고를 어떻게 떨쳐 버리느냐고 물어 볼 때에, 나는 그저 놀랄 뿐이다. 나는 믿을 수가 없다. 에고 그 자체가 그대에게 아무 지닐 가치도 없는 많은 지옥들과 많은 불행들을 만들었는데도 불구하고 그대를 설득하지 못했다면, 그때 아무도 그대를 설득할 수 없다. 에고는 그대가 해를 입고 상처를 입게 하는 모든 것을 하여 왔다. 에고는 마치 암(癌)과 같다. 그대는 에고 때문에 죽어가고 있다. 그런데도 그대는 에고에 끊임없이 매달린다. 거기에는 어떤 근본적인 이유가 그것 속에 있음에 틀림없다.
그 깊은 근본적인 이유는 그대가 무아(無我)에 대하여 두려움을 느낀다는 것이다. 에고가 없어진다면, 그대도 없어진다. 에고가 없어진다면 그것은 죽음과 같아 보인다―궁극적인 죽음, 완전한 죽음, 無我에 대한 공포는 그대를 에고에 달라 붙어 있게끔 한다. 에고가 불행을 창조할지는 모르나, 적어도 그대는 있다. 그대는 존재하는 것이다.

존재하지 않는 것 보다는 차라리 그대는 고통받고 싶을 것이다. 이것이 문제이다. 존재하지 않는 것보다 차라리 그대는 지옥에라도 있고 싶을 것이다. 적어도 누군가는 있다. 그대가 둘 중에 하나를 선택하는 데 있어서, 하나는 그대가 사라지는 것이고, 또 다른 하나는 그대가 영원히 지옥에서 사는 것이라면, 그대는 지옥을 선택할 것이다. '적어도 나라는 것이 거기에 있을 것이다. 그러나 이 완전한 사라짐은? 이 완벽한 無我는? ······'

이것이 니르바나를 말할 때 붓다가 의미하는 바이다. 그는 의식적으로 無我를 선택한다고 말한다. 즉 그때 만이 그대는 에고를 떨쳐 버릴 수 있다. 이것이 내가 無我境의 아름다움을, 지복을, 깨달음의 축복을 계속 찬양할 때에 내가 의미하는 바이다. 나는 無我가 선택되어 질 수 있는 어떤 상황을 창조하는 데에 노력하고 있다.

존재하지 않는 것이 가장 아름다운 순간이다. 붓다는 그것을 無我 즉, 아나타(anatta)라 불렀다. 그는 자아(自我 self)라는 뜻의 오래된 말인 아트마(atma)를 버렸다. 그는 모순된 말인 無我(no-self)를 사용했다. 그는 그대가 본래의 그대 자신으로 돌아갈 때에 無我가 될 것이라고 말한다. 거기에서 그대는 어떤 자아도 발견하지 못 할 것이다.

많은 사람들이 붓다에게서 도망쳤다. 그들은 말했다.
'우리는 우리의 자신을 알기 위하여, 우리 자신이 되기 위하여, 여기에 왔다. 우리는 결정화된 존재가 되기 위하여 여기에 왔다.

그런데 당신은 無我를 가르치고 있다.'
 많은 사람들이 붓다에게서 도망쳤다.
 적어도 외견상으로는 매우 종교적인 이 나라(인도를 말함)는 붓다에 관하여 완벽하게 잊었다. 붓다는 여기에서 태어났지만, 여기에 뿌리를 내릴 수 없었다. 유일한 말인 '아나타(無我)'는 모든 분쟁을 창조하였다. 그가 自我라는, 아트마라는 말을 사용했었더라면, 어떤 분쟁도 없었을 것이고, 많은 사람들이 그를 따랐을 것이다. 왜냐하면 自我의 뜻인 아트마라는 말 이면에는 에고 그 자체를 계속 숨기고 있기 때문이다.
 붓다는 문제의 바로 그 뿌리들을 자르려고 노력하였다. 그는 자각적(自覺的)으로 되라고 말하였다. 그대가 존재한다는 이런 생각은 그대의 모든 문제이며, 그대의 모든 불행이다. 존재하기 위한 바로 그 노력을 떨쳐 버려라. 無我를 받아 들여라. 그러면 모든 축복은 그대의 것이다.
 이 문제는 그대에게 닥쳐올 것이다. 에고는 문제가 아니다. 참된 문제는 존재하는 것이냐? 아니냐? 이다. 나의 모든 가르침은 존재하지 않기 위함이다. 왜냐하면 그것만이 유일한 존재의 길이며, 그것만이 진정한 존재의 길이기 때문이다. 모순이지만 그것은 그렇다. 그대가 존재한다고 생각하면 생각할수록 그대는 덜 존재한다.
 이것을 설명하도록 하자. 그대는 지켜 본 적이 있는가? 두통이 생겼을 때에 그대는 비로소 머리를 느낀다. 두통이 있을 때에 머리가 있다. 두통이 사라지면 머리 역시 사라진다. 그대가 그대의 머리를 계속 느끼고 있다면, 그것은 그대가 약간이라도 두통기가 있음에는 틀림 없다는 것을 의미한다. 여하튼, 두통이 있는 것만은 틀림없다. 단지 그 때에만 머리가 느껴지는 것이다. 머리가 완전하게 건강할 때에는 머리가 전혀 느껴지지 않는다. 머리는 존재하지 않게 된다. 그대가 아플 때에, 그대는 육체를 느낀다. 그대가 건강할 때에 그대는 전혀 육체를 느끼지 않는다. 이것이 건강한 육체의 판단 기준이다. 건강한 육체는 전혀 느껴지지 않는다. 어떤 사람이 전혀 몸이 없는 것처럼 느껴진다면, 그때 그 사람은 건강하다.

건강이 있을 때에는, 아무것도 존재하지 않는다—건강에 대한 의식조차도 없다. 왜냐하면 건강에 대하여 의식하는 것 역시 아픈 사람에 속하기 때문이다. 그대는 건강에 관하여, 약에 관하여, 이것 저것 이야기를 계속하고 있는, 우울증이 있는 많은 사람들을 알고 있을 것이다. 그들은 건강하지 않다. 그들의 바로 그런 이야기는 그들이 건강하지 않다는 것을 보여 준다. 건강한 사람은 건강에 관하여 걱정하지 않는다.

나는 신기독교의 창시자인 마르틴 루터의 생애를 읽고 있었다. 그의 전체의 삶 동안에 그는 변비를 걱정하였다. 나는 그가 기도하고 있었을 때에도 그가 기도하고 있었다고는 생각하지 않는다. 그는 변비를 생각하고 있었다…… 끊임없는 변비에 대한 생각—위장, 변비, 배변. 그리고 그의 첫번째 사토리는 화장실에서 일어났다고 전해진다. 그것은 그렇게 되었음에 틀림없으며, 그렇게 될 수 밖에 없었다.

그는 전혀 건강하지 않았던 사람임에 틀림없다. 그는 건강하지 않았을 뿐더러, 그가 영적이었다는 것 조차 생각할 수 없다. 그대는 좀 불편할 수는 있지만, 그것에 관하여 계속적으로 생각할 필요는 없다. 그것에 관하여 야단 법석을 떨 필요도 없고, 심사숙고할 필요도 없다. 그는 너무 육체 지향적이었다.

그리고 그는 성취자의 마음을 가지고 있었음에 틀림없는데, 왜냐하면 미래에 너무 많이 있는 사람은 현재에서 변비를 갖고 있기 때문이다. 변비는 매우 영적인 질병이다. 야망이 과다한 사람은 항상 변비가 있다. 그대는 정치가이면서 변비가 없는 사람을 발견할 수 없다. 왜냐하면 마음이 그렇게 긴장되어 있으면, 장(腸)의 조직에 이완을 줄 수 없기 때문이다. 모든 것이 억제되는 것이다. 그대가 참으로 건강하다면, 그대는 육체를 잊는다.

그대가 참으로 존재한다면, 그대는 에고를 잊는다.

누구든 완벽하게 존재할 때에 거기에 '나'는 존재하지 않는다. 그 '나'라는 것은 완벽하게 존재하는 것으로부터는 생겨나지 않는다. amness*는 존재하지만 거기에 '나'라는 것은 존재하지 않는다. amness는 무한하다. 그것은 경계가 없다. '나'라는 것은 아주 미미한 것이며, 움추려진 것이며, 변비증이며, 죄악이며, 병든 것이다.

그대 자신을 준비하라. 에고를 떨쳐 버리기 위해서가 아니라, 이해를 위해서 지금 바로 그대 자신을 준비하라. 그러면 이해를 위하여 무슨 준비가 필요할까? 그대는 이해를 위하여 많은 요가 자세나 요가 동작을 해야만 하는가? 그대는 이해하기 위해서 몇 년 동안이나 물구나무 서기를 해야만 하는가?

이해하기 위해서는 단 한 가지가 필요한데, 그것은 바르게 듣는 것 그 한 가지이다. 제발 그대에게 무엇이 말해지고 있는가를 잘 들어라. 내가 그대에게 말하고 있는 것은 다만 귀를 기울이라는 것이다. 그대가 귀를 기울일 수 있다면, 바로 그 듣는 것 속에서 보는 것이 일어날 것이다. 그리고 그대는 어떤 다른 통찰력을 가지게 될 것이다. 그 통찰력 속에 변형이 있다.

무위*(無爲)와 가슴의 길은 어떻게 서로 관계가 있습니까?

그들은 서로 관계가 없다. 그들은 하나이면서 같은 것이다— 단지 같은 것을 말하는 두 길이다. 무위(無爲)는 행(行)이 없는 행(行)을 말한다. 무위(無爲)는 움직임이 없는 움직임을 의미한다. 그것은 일어나는 대로 내버려 두는 것을 뜻한다. 행하지 말고 일어나도록 허락하라. 그리고 그것은 가슴의 길이다.

가슴의 길은 사랑의 길을 의미한다. 그대는 사랑하는 것을 할 수 있는가? 사랑을 하는 것은 불가능하다. 그대는 사랑 안에 있을 수는 있지만, 그대는 그것을 할 수는 없다. 그러나 우리는 'making love'와 같은 표현들을 계속 사용하고 있다. 그것은 어리석다. 어떻게 사랑을 만들 수 있는가? 사랑이 있을 때 그대는 존재하지 않는다. 사랑이 있을 때 만드는 사람인 조종자는 거기에 없다. 사랑은 그대의 부분에 어떤 방향 조종도 허락하지 않는다. 그것은 일어난다. 그것은 하나의 선물이다. 삶이 하나의 선물인 것처럼 사랑은 하나의 선물이다.

가슴의 길이나, 사랑의 길이나, 무위(無爲)의 길은 모두 같은 것이다. 이러한 길들은 행위자(行爲者)는 떨어지고 잊혀져야 되며, 그대는 조종자(manipulator)로서 그대의 삶을 살면 안된다고 주장한다. 그대는 알 수 없는 흐름처럼 그대의 삶을 살아야만 한다. 강물을 거슬러서 움직이지 말라. 강과 함께 흘러라.

강은 이미 바다로 가고 있다. 그대는 그저 강과 함께 있기만 하면 그것은 그대를 바다로 데리고 갈 것이다. 수영조차 할 필요가 없다. 편히하라(Relax)…… 그러면 그 강이 그대를 데려 간다. 편히하라(Relax)…… 그러면 神이 그대를 소유한다. 편히하라(Relax)…… 그러면 전체가 부분을 흡수한다.

행위란 부분이 전체에 거슬러서 무엇인가 하려고 노력하는 것이며, 부분이 전체에 거슬러서 그 자신의 의지를 가지려고 노력하고 있다는 것을 의미한다. 무위(無爲)란 것은 부분이, 부분은 단지 부분일 뿐이다라는 것을 이해하여, 모든 투쟁이 떨어져 나가는 것을 의미한다. 지금 전체가 행(行)하고 있으며 부분은 행복하다. 전체가 춤을 추고 있으며 부분도 전체와 함께 춤을 추고 있다. 전체와 조화속에 있으며, 전체와 발걸음을 같이 하며, 전체와 깊은 절정의 관계 안에 있는 것이 무위(無爲)의 뜻함이다. 그리고 그것은 사랑을 뜻함이다.

그것이 예수가 '神은 사랑이다.'라고 말한 까닭이다. 그는 유사점을 창조하고 있는데, 사랑만이 神에게로 가깝게 갈 수 있기 때문이다.

잘 들어 보라. 그대는 태어났지만, 그때 그대는 전혀 알아 차리지 못했다. 그것은 하나의 사건이었지만, 그것은 이미 일어나 있다. 지금 아무것도 하여질 수가 없다. 그대는 죽을 것이다. 미래의 어느날 그 사건은 일어날 것이다. 이 순간 그대는 살아 있다. 탄생은 일어나 있으며, 죽음은 일어나야 한다. 그 둘 사이에 단 하나의 가능성이 있다—그것은 사랑이다.

탄생, 사랑, 죽음은 세 가지의 기본적인 것들인데, 그들은 모두 일어난다. 그러나 탄생은 이미 일어났고, 그래서 지금 그대는 그것을 알아 차릴 수 없다. 그리고 죽음은 아직 일어나지 않았다. 지금 바로 죽음을 어떻게 알아 차릴 수 있는가? 오로지 사랑만이 그 둘 사이의 가능성이며, 그것은 지금 일어나고 있다. 그것을 알아차리고 그것이 어떻게 일어나는지 보아라. 그것은 그대가 하는 것이 아니다.

그대는 어떤 것도 하지 못한다. 어느 날 갑자기 그대는 타는 듯한 빛을 느끼며, 어느 날 문득 그대는 솟구치는 어떤 에너지를 느낀다. 미지(未知)의 손으로…… 사랑의 神은 문을 노크하였다. 순간, 그대는 더 이상 같은 사람이 아니다. 둔함이 사라지며, 단조로움이 사라지며, 신선치 않음이 사라진다. 갑자기 그대는 노래를 부르고 기쁨의 꽃이 핀다. 이제 그대는 더 이상 같은 사람이 아니다—절정이다. 골짜기가 잊혀지며, 어둠의 계곡들은…… 햇빛 그리고 절정이 된다. 그대는 그것을 위하여 무엇인가 해 본 적이 있는가?

사람들은 계속 사랑을 가르친다. 어떻게 그대가 사랑할 수 있는가? 이 가르침 때문에 사랑은 불가능하게 되었다. 어머니는 계속해서 아이에게 말하고 있다.

'나를 사랑해라! 나는 너의 어머니다.'

그 애가 어떻게 사랑하기를 기대할 수 있을까? 사실상 그에게 무엇이 기대될까? 그 아이는 무엇을 해야 할지, 그것을 어떻게 해야 할지 생각할 수 없다. 그리고 그 어머니는 계속 강요한다. 아버지는 계속 주장한다.

'내가 집에 올 때, 사랑이 기대되는 구나.'

점차로 그 아이는 어떤 정치가가 되어 간다. 그는 사랑의 정치를 시작한다—그것은 전혀 사랑이 아니다. 그는 속임수를 쓰기 시작한다. 그는 거짓되게 된다. 어머니가 가까이 올 때 그가 미소를 지으면, 어머니는 '아이가 나를 사랑한다'라고 느낀다.

아이는 부모에게 의존하고 있으며, 그의 생존이 그들에게 달려 있기 때문에 그는 이와 같은 일들을 해야만 한다. 그는 무력하다. 그는 한 명의 외교관이 된다. 그는 어떤 사랑도 느낄 수 없지만 가장해야 한다. 점차로 그 꾸밈은 아주 깊은 뿌리가 되어 그는 그의 전 인생을 계속 거짓으로 꾸며 간다. 그때 그는 그녀가 아내이기 때문에 한 여자를 사랑한다. 그때 그녀는 그가 남편이기 때문에 한 남자를 사랑한다. 사람들은 사랑해야만 한다. 사랑이 의무가 되었다. 이 이상 어리석은 가능성을 생각할 수 있겠는가? 사랑은 하나의 의무가 되고, 사람들은 사랑을 해야만 한다. 이것은 하나의 율법이다. 사람들은 이것을 이행해야 한다. 이것은 하나의 책임이다.

참된 사랑은 이와 같은 사람, 이와 같이 조건지어진 사람에게는 결코 일어나지 않을 것이다. 왜냐하면 사랑은 항상 하나의 사건이기 때문이다. 그대는 눈치채지 못한다. 홀연, 어딘지 모르는 곳으로부터 사랑이 그대에게 온다. 그 화살이 날아 와서 그대의 심장을 맞추면, 그대는 고통을 느낀다. 사랑의 달콤한 고통을. 그러나 그대는 그것이 어디로부터 오는지, 어떻게 그것이 오는지를 모른다. 사랑은 神의 손 안에 여전히 남아 있다. 그것은 하나의 선물이다.

바로 요전 날, 나는 어떤 일화를 읽고 있었다.

18세기 초엽 프러시아 사람인 프리드리히 빌헬름은 전혀 어떤 격식도 차리지 않는 뚱뚱한 괴짜였다. 그는 수행원도 없이 베를린의 거리를 걷곤 하였는데, 누군가가 그를 불쾌하게 하면—그는 쉽게 화를 냈다—그는 그의 딱딱한 지팡이를 몽둥이로 사용하기에 주저하지 않았다.

'왕인데—저렇게 처신을 하다니'

베를린 사람들이 멀리서 그를 보았을 때는 언제나 좀 놀래서 부근을 조용히 떠나곤 했다. 길들은 항상 텅 비었다. 그들은 그가 오는 것을 볼 때면 언제나 여기저기로 도망치곤 하였다.

언젠가 프레드리히 빌헬름이 한 거리를 터벅터벅 걸어 내려 오고 있었는데, 어떤 주민이 그를 발견하였지만, 이미 너무 늦어서, 조용히 문간으로 달아나기 위한 그의 시도는 실패하였다.

"이봐."

프레드리히 빌헬름이 그를 불렀다.

"어디 가고 있는가?"

"집으로요, 폐하."

몹시 떨면서 그 주민이 말했다.

"그것이 그대의 집인가?"

"아니오, 폐하."

"친구의 집인가?"

"아니오, 폐하."

"그러면 왜 그 집에 들어가려 하는가?"

강도짓으로 고발될지도 모르는 두려움으로 떨며 가난한 주민은 결국 사실대로 말하기로 작정하였다.

"당신을 피하기 위해서입니다, 폐하."

프레드리히 빌헬름은 눈살을 찌푸렸다.

"나를 피하기 위해서라? 왜?"

"저는 당신을 두려워 하기 때문입니다, 폐하."

프레드리히 빌헬름은 금방 얼굴이 붉어져서, 몽둥이를 들어 올려 그의 어깨를 두들기며 소리친다.

"그대는 나를 두려워하지 않기로 되어 있다! 그대는 나를 사랑하기로 되어 있어! 나를 사랑해라, 이 쓰레기야! 나를 사랑해!"

그러나 어떻게 사랑이 강요될 수 있을까? 사랑은 어떤 임무가 될 수 없다. 아무도 사랑하기로 되어 있을 수 없다. 아무에게도 사랑하는 것이 명령되어 질 수 없다. 아무에게도 사랑하는 것이 말하여 질 수 없다. 그것이 일어난다면, 그것은 일어난다. 그것이 안 일어난다면, 그것은 안 일어난다. 그대가 사랑에 관하여 무엇인가 할 수 있다는 바로 그 개념은, 사랑이 많은 사람들에게 일어나고 있지 않는 그런 사태를 창조하였다. 희귀하게 사랑은 어떤 사람에게 일어난다. 그것은 神만큼이나 드문데, 왜냐하면 神은 사랑이기 때문이다……

그대가 사랑하는 데에 쓸모가 있다면, 그대는 神에게도 쓸모 있을 것이다. 그들은 같다. 사랑은 시작이며 神은 끝이다. 사랑은 神의 사원으로 가는 계단이다.

사랑의 길이나 가슴의 길은 그대의 손 안에는 아무것도 없음을 의미한다. 시간을 낭비하지 말라. 전체가 스스로 돌 볼 것이다. 편히 쉬어라. 전체가 그대를 떠맡도록 허락하라.

나는 그것이 어떻게 일어났는지 모르지만, 나는 당신과 함께 여기에 있습니다. 무엇이 나를 당신께로 밀었을까요—어떤 것을 위한 탐구일까요? 그렇지만 나는 그 어느 것도 모릅니다. 그것은 이상주의적인 것일까요? 그것 이면에 숨겨진 어떤 기대일까요?

걱정하지 말라. 어떤 원인 때문에 있을 필요는 없다. 어떤 동기를 위하여 있을 필요는 없다. 그것은 전혀 이유없이 일어날 수 있다. 그리고 그것이 일어날 때, 그것은 엄청나게 아름답다. 그때 그것은 그 자체의 어떤 우아함을 가지고 있다.

그대가 무엇인가를 찾아 나에게 왔다면, 그때 그대는 나를 이용하게 될 것이다. 그때 나는 어떤 다른 사람의 목적을 위한 하나의 수단이 될 것이다. 그대는 나를 놓칠 것이다. 그대가 어떤 동기를 위하여 왔다면, 바로 그 동기가 나와 그대 사이의 장벽이 될 것이다. 왜 걱정하는가? 그대는 여기에 있고 나도 여기에 있다. 그것으로 충분하다.

만나서 함께 녹아 들자. 그대 앞에 현존(現存)하는 무엇인가를 그대가 맛볼 수 있을 만큼 그렇게 함께 하자. 그렇게 해서 그대는 나의 약간을 먹을 수 있으며, 나를 조금 마실 수 있다. 그대는 왜 여기에 있는지 어떤 이유도 알 필요가 없다. 원인들을 알아내려는 바로 이런 탐구는 마음 지향적이다. 떨쳐 버려라. 그대는 여기에 있다. 그것으로 충분하다. 이 시간을 낭비하지 말라.

만약 그렇지 않다면, 나중에 그대가 여기에 없을 때 그대는 생각할 것이다.

'나는 거기에 있었지만 나는 놓쳤다. 왜 나는 그 순간을 즐길 수 없었을까? 왜 나는 그 순간을 찬양할 수 없었을까?'

한번은 어떤 사람이 나에게 와서 말하였다.

'나는 붓다에게 매우 마음이 끌리기 때문에, 내가 붓다 시대에 있었다면, 그의 발 밑으로 가서 귀의하였을 것이라고 생각합니다.'

그는 내 가까이 앉아 있었는데, 거의 깊이 잠 들어 있었다. 나는 그의 머리를 흔들며 그에게 말하였다.

'무엇을 이야기 하고 있는가? 그대가 붓다가 있었던 시대에 있었다는 것을 나는 안다. 나는 거기에서 그대를 보았다. 그러나 그때 그대는 어떤 다른 붓다들에 관하여 이야기하고 있었는데, 이렇게 이야기하고 있었다. "내가 과거의 어떤 붓다 시대에 있었다면……"'

그때에도 역시 그는 이해할 수 없었다. 나는 다시 그를 흔들며 말해야만 했다.

'나를 보아라. 나는 여기 있다. 2000년 후에, 그대가 나와 함께 있었더라면 그대는 귀의했을 것이라고 말하지 말라.'

그는 말하였다.

'나는 당신이 말한 것을 생각해 보겠습니다.'

그대 역시 그것에 관하여 생각하려는가? 그것은 될 수 있다. 그것은 지금 즉시 일어나게 허락될 수 있다. 모든 생각은 하나의 미룸이다. 그대가 왜 여기에 있는지 걱정하지 말라. 그대는 여기에 있다. 감사해라. 걱정으로 이 기회를 놓치지 말라. 이 순간을 찬양하라.

그대가 이 순간을 찬양할 수만 있다면, 그 찬양을 통하여 그대는 이미 이루어져 있는 것을 이룰 것이다.

그대는 이미 실현되어 있는 것을 실현할 것이다.

그대는 그대 자신의 숨겨진 보물을 알게 될 것이다.

역자 註

*홀로있음(aloneness) : 부처님의 天上天下 唯我獨尊이란 말과 통한다. 온 우주에서 오로지 나만이 홀로 존귀하다는 뜻. 여기에서 '나만이 홀로'는

절대적인 '홀로있음'을, '존귀'는 절대적인 '존엄성'을 의미한다. 깨닫지 못한 者는 자기의 몸에, 자기의 마음에, 자기의 감정에 의지하며, 또한 부모, 형제, 친구, 학교, 사회, 문명, 물질, 기계, 종교, 지식, 배우자 등등의 남들과 외부의 모든 것에 의지한다. 이러한 안과 밖의 모든 것들에 의지하기 때문에 역시 이것들에 의해서 부림을 받고 영향을 받는 것이다. 깨닫지 못한자는 이러한 의지처에서 한 치도 벗어나지 못한다. 이에 반해 깨달은 者는 안과 밖의 모든 의지처가 떨어져 나가, 오로지 깨달음 그 자체가 의지처가 된, 이렇게 홀로 있게 된 者이다. 홀로있게 된 者만이 온 우주 삼라만상과 합일(合一)될 수 있으며, 또한 온 우주와 조화(調和)될 수 있다.

* 바그완(Bhagwan) : 오쇼의 옛 호칭. 축복받은 자를 의미한다.
* 랍비(rabbi) : 유태의 율법 박사. 선생.
* amness : 번역하기가 불가능 하므로 話頭로 남겨 놓는다.
* 무위(無爲) : 노자(老子), 장자(莊子)의 주된 사상이 이 무위이다.

제3부

인생은 한바탕 꿈

인생은 한바탕 꿈

국사(國師)이며 그 시대에 있어서 가장 뛰어난 禪師(master) 중의 한 사람인 무소는 한 제자와 함께 도회지를 떠나 먼 시골로 향하였다.
 텐류 강가에 다다르자, 나룻배를 타기까지는 한 시간이나 기다려야 했다.
 나룻배가 막 강가를 떠나려고 하는데, 어떤 술 취한 사무라이 하나가 비좁은 배 안으로 뛰어 들었는데, 배를 거의 물에 잠기게 하였다. 그 조그만 배가 강을 가로 질러 나아가자 그는 거칠게 비틀거렸다.
 배에 탄 사람들의 안전 때문에 두려워진 뱃사공은 그에게 조용히 서 있어 달라고 빌었다.
 "꼭 정어리 떼들 같구만."
 사무라이가 우락부락하게 말하였다.
 이번에는 무소를 가리키며,
 "왜 중놈을 내던져 버리지 않는가?"
 "제발 참으시오. 저 편 기슭이 얼마 안 남았오."
 무소가 말하였다.
 "뭐라고!"
 사무라이가 고함쳤다.
 "내가 참으라고? 잘 들어라, 네 놈이 이 곳에서 뛰어 내리지 않는다면, 네 놈을 물에 빠뜨려 죽일 것이다."
 그 禪師의 고요함이 사무라이를 화나게 하자, 그는 무소의 머리를 철부채로 때렸고, 피가 흘러 나왔다.
 무소의 제자는 지금까지는 여유가 있었지만, 힘이 센 사람이었기 때문에 사무라이에게 도전하기를 원했다.
 "나는 이 者를 더이상 살려둘 수 없습니다."
 그가 말하였다.

"왜 이런 하찮은 일에 흥분하는가?"
무사가 미소띠며 말하였다.
"이 같은 일들 속에서 승려의 수행(修行)을 스스로 보여 주는
것이지. 인내,* 이것은 그 어떤 말 이상의 것이라는 것을 그대는
알아 둬야 하네."
그리고 그는 즉흥적으로 詩를 읊었다.

때리는 자와 매맞는 자
단지 연극 배우
덧없음은 꿈 같구나.

배가 강가에 다다르자, 무사와 그의 제자는 배에서 내리고,
그 사무라이는 뛰어 내려 禪師의 발 밑에 엎드렸다.
그리고 거기서 그는 제자가 되었다.

무엇인가를 구하고, 무엇인가를 위하여 욕망하는 것은 마음의 근본적인 질병이다. 구하지도 바라지도 않는 것이 그대 존재의 근본적인 건강이다.

욕망의 대상을 계속 바꿔 나가는 것은 매우 쉬운 일이지만, 그것은 변형의 길이 아니다. 그대는 돈을 욕망할 수 있고, 권력을 욕망할 수 있고, 욕망의 대상을 바꿀 수 있지만—그대는 神을 욕망하기 시작할 수 있다—그대는 욕망을 계속하기 때문에 똑같이 남아 있다.

근본적인 변형이란 욕망의 대상이 문제되는 것이 아니라, 그대의 주관성에 의해서 초래되는 것이다.

욕망이 멈춘다면—그리고 기억하라, 나는 그것이 멈춰져야만 한다고 말하는 것이 아니다—단순히 욕망이 멈춘다면, 그때 그

대는 처음으로 평화롭게, 인내를 가지며, 행복하게 보금자리에 있는 것이다. 처음으로 삶은 그대에게 유용하며 그대는 삶에 유용하다. 사실, 그대와 삶 사이의 분리가 사라져서, 분리없는 이 상태가 바로 神의 상태이다.

사람들이 세계 각처에서 나에게로 온다. 그들은 수천 마일이나 여행한다. 그들이 나에게 오면 나는 묻는다.

"왜 나에게 왔는가?"

누군가 말한다.

"나는 神을 찾는 사람이다."

누군가는 말한다.

"나는 진리의 탐구자다."

그들은 그들이 묻고 있는 것을 깨닫지 못하고 있다. 그들은 불가능한 것을 묻고 있다. 神은 어떤 물건이 아니다. 神은 어떤 목표가 아니다. 그대는 神을 찾을 수 없다. 그대가 어떻게 전체를 찾을 수 있는가? 그대는 전체 속으로 녹아들 수 있고, 그것과 하나가 될 수는 있지만, 그대가 그것을 찾을 수는 없다. 그 추구함이란 단지, 그대 자신이 전체로부터 분리 되었다고 끊임없이 믿고 있다는 것을 보여줄 뿐이다. 즉, 그대는 탐구자며 전체는 탐구의 대상인 것이다.

때때로 그대는 여자를 추구하고, 때때로 그대는 남자를 찾는다. 때때로 그대는 그 세계로부터 좌절하고 다른 세계를 추구하기 시작한다—그러나 그대는 구하는 것 그 자체로는 아직 좌절되지 않는다.

탐구자는 트러블 속에 있다. 탐구자는 혼란되어 있다. 그는 근본적인 문제 그 자체를 이해한 적이 없다. 그대가 神을 추구하지만 않는다면, 모든 것이 해결될 것이다. 정 반대로―모든 것이 해결된다면, 돌연 거기에 神이 있다.

이런 적이 있었다.

남인도로부터 어떤 서점은, 뉴델리의 어떤 집으로 'Seekers After God'이라는 책의 복사판 12개를 배 편으로 그에게 즉시 보내라는 편지를 썼다.

이틀후에 그는 텔레그파프로 이런 회답을 받았다.

NO SEEKERS AFTER GOD IN DELHI OR BOMBAY, TRY POONA

(神을 추구하는 사람들은 델리나 봄베이에는 없습니다. 뿌나*를 알아 보시오.)

물론 그들(seeker)은 모두 여기에 있다. 추구함이란 하나의 질병이다. 에고의 여행으로 만들지 말라. 왜냐하면 누군가 와서 자신이 神을 찾는 구도자라고 말할 때, 나는 그의 눈 속에서 보이는 에고의 빛을 볼 수 있다. 세상에 대한 비난―그는 세속적인 사람이 아니고 종교적인 사람이라는 것, 그가 말하는 방식이 그의 자만심을 보여 준다. 즉, 그는 보통 사람이 아니고, 평범한 부류가 아니라는 것, 그는 특별하고, 비범하다. 그는 돈을 구하고 있지 않으며 명상을 추구하고 있다. 그는 어떤 물질적인 것을 구하지 않고, 무엇인가 정신적인 것을 추구하고 있다.

그러나 나에게 있어서나, 지금까지 이해한 모든 사람들에게 있어서, 추구한다는 것은 세속적인 것이다. 욕망은 세속적이다. 달리 세속적인 욕망이란 없는 것이다. 바로 그 욕망 속에 세상이 존재한다. 그대가 욕망한다는 것은 당치 않다. 그대가 욕망한다는 사실은 그대를 세속적으로 만들기에 충분하다. 왜냐하면 모든 욕망은 근본적인 잘못된 생각으로부터이다. 즉 그대가 무엇인가 놓치고 있으며, 무엇인가 부족하다는 근본적인 잘못된 생각이다. 애당초, 그대는 아무것도 놓치고 있지 않다. 아무것도 부족하지 않다.

세상은 욕망 때문에 하나의 악몽이 되는 것이며, 그때 니르바나는 최후의 악몽이 되는 것이다. 물론 최후이다. 왜냐하면 그대가 神이나 니르바나를 추구하는 데에서 깨어난다면…… 그대가 깨어난다면, 그때 모든 악몽은 사라지기 때문이다.

그대는 속세는 떠났지만, 지금 그대는 神을 찾고 있다. 자, 이제 제발 神마저 떨쳐 버려라. 이것은 좀 비종교적으로 보일 것이지만, 그렇지 않다.

나는 알버트 아인쉬타인의 글을 읽고 있었는데, 나는 그 글을 사랑하였다. 그는 어디엔가에서 '나는 철저히 종교적인 비신도(非信徒)이다.'라고 말한다. 사실 종교적인 사람은 어떤 신도가 될 수 없다. 종교적인 사람은 신뢰는 할 수 있지만, 신앙할 수는 없다. 신뢰는 실재적 경험을 통하여 오지만, 신앙은 단지 마음의 여행일 뿐이다. 신앙이란 관념이나, 경전, 철학일 따름이다. 신뢰는 삶에 관한 것이다.

그대가 '神'이라고 말하는 순간, 그대는 신앙이라는 것을 말하고 있는 것이다. 그대에게 있어서 神은 바로 신앙인 것이다. 그러나 삶은 어떤 신앙이 아니며, 하나의 경험이다. 삶, 이것이 그대의 神이 되게 하라. 다른 어떤 神도 필요치 않다. 왜냐하면 모든 神들은 인간의 발명품들이기 때문이다.

아인쉬타인이 '나는 철저한 종교적인 사람이지만, 신앙하지도 않으며 신도도 아니다.'라고 말할 때 그것은 진실이다. 그가 뜻하는 바가 무엇인가?

종교적 존재의 질과 어떤 신앙인의 질과는 전혀 관계가 없다. 신앙인은 그가 욕망하기 때문에 믿는다. 신앙인은 그가 무엇인가 구하기 때문에 믿는다. 신앙인은 그가 마음없이는 살 수 없기 때문에 믿는다. 그는 항상 삶과 그 자신 사이에 마음을 일으킨다. 마치 그대의 손이 어떤 장갑 뒤에 숨겨진 것처럼―그대가 사랑하는 사람을 만지지만, 직접 만지지 못한다. 그대의 손은 장갑에 가려져 있다. 장갑이 사랑하는 사람을 만지지만, 단지 장갑이 만질 뿐이다.

신앙이라는 것은 하나의 장갑과 같다. 그것은 그대를 에워 싼다. 그대는 결코 삶에 응하여 직접적으로 대할 수 없다.

종교적인 사람은 센스(sense)에 있어서 발가 벗겨져 있다―그는 신앙의 옷을 입고 있지 않다. 그는 삶과의 관계에 있어서 직접적이다. 그는 삶과의 직접적인 접촉 속으로 용해된다. 그때 그대는 더 이상 그대가 아니다. 어디엔가에서 그대는 전체가 되어 있으며 전체는 그대가 되어 있다. 바다가 물방울 속으로 들어가며, 물방울이 바다가 된다.

신앙이란 위험하다. 우리는 신앙들을 계속 바꾸고 있다. 힌두교인이 회교도가 되고, 기독교인이 힌두교로 될 수 있다. 또는 종교적인 사람, 소위 종교적이라 불리는 사람은 하나의 공산주의자가 될 수 있다. 하나의 유신론자는 하나의 무신론자가 될 수 있다―그것은 아무 다름이 없다.

그대는 삶을 직접 볼 수는 없는가? 삶을 직접 사랑할 수는 없는가? 무엇인가를 신앙할 어떤 필요가 진정 있을까? 그대는 삶을 신뢰할 수 없는가?

이렇게도 말할 수 있다. 신뢰할 수 없는 사람은 신앙하라. 신앙은 하나의 대용품이다. 가짜 동전이며 하나의 기만 수단이다. 신뢰할 수 있는 사람은 어떤 신앙도 필요없다. 삶은 넉넉하다. 그들은 삶 위에다 어떤 神도, 어떤 니르바나, 어떤 해탈도 짊어지게 하지 않는다. 거기에는 어떤 필요도 없다. 삶은 풍성하다. 그들은 삶을 산다.

물론 그대가 신앙을 가진다면, 그대는 그 주위에 어떤 미래를 창조할 수 있다. 그대가 어떤 신앙도 갖지 않는다면 그때 그대는 어떤 미래도 갖지 않는다. 왜냐하면 삶은 '지금여기'이기 때문이다. 기다릴 필요가 없다. 그러나 우리는 계속 미룬다—바로 이 순간에 죽음이 와서는 선물을 되찾아 간다.

나는 이런 이야기를 읽었다.

한 순간이나마 우리 모두를 사로 잡은 무익한 이야기들 중 하나에 세 남자가 사로 잡혀 있었다. 그들은 만약 의사가 그들에게 6개월 밖에 못 산다고 한다면 각각 무엇을 할 것인가에 대한 문제를 놓고 토론하고 있었다.

로빈슨이 말하였다.

"내 의사가 내가 단지 6개월 밖에 살지 못한다고 말했다면, 내가 할 첫번째 일은 나의 사업을 청산하는 일일 것이며, 나의 저금을 회수하고, 자네가 언젠가 본 적이 있는 지중해 연안 지방인 프랑스 리비에라에다가 돈을 화끈하게 뿌릴 것이다. 나는 루울렛*을 할 것이고, 왕처럼 먹을 것이며, 더 많은 계집들을 거느릴 것이다. 더 많은 계집들을."

이 사람은 미루고 있음에 틀림없다—죽음을 미루고 있다. 어떤 의사가 6개월 밖에 살지 못한다고 말할 때, 그것은 정말 희망이 있는 것처럼 보이지만, 그렇게는 안될 것이다. 왜냐하면 죽음이 문을 두드릴 때 사람은 매우 충격받고 부서지기 때문이다. 죽음이 그대 가까이 왔을 때 어떻게 즐길 수 있는가? 삶이 끝났을 때 그대는 즐길 수 없다. 시시 각각(時時刻刻) 삶이 저 멀리로 꺼져 가는데 어떻게 즐길 수 있는가? 이것은 죽음이 일어날 때에만, '즉시 나는 삶을 시작할 것이다'라고 신앙하는 또 하나의 길일 뿐이다. 지금 당장 사는 것으로부터 누가 그대를 방해하고 있는가?

두번째 사람이 말하였다.

"나의 의사가 내가 단지 6개월 밖에 못 산다고 말했다면, 내가 할 첫번째 일은 여행사를 방문하여 세계 여행을 계획할 것이다. 지구 위에는 내가 보지 못한 많은 것들이 있는데, 내가 죽기 전에 나는 그 곳들을 보고 싶다. 그랜드 캐넌, 타지 마할, 앙코르 와트—그것들 모두를."

누가 그대를 방해하고 있는가? 왜 그대는 죽음이 다가오는 것을 기다리고 있나? 그때 가서 그대가 타지마할을 볼 수 있을까? 그대의 눈은 어두움으로 꽉 차 있어서 타지마할이 타지마할처럼 보이지 않을 것이다. 죽음이 마음 속으로 들어 왔을 때, 본다는 것은 불가능하다. 그것은 그대를 장님으로 만들 것이다. 내면의 동요가 그대를 압도할 것이다. 그대는 들을 수도, 볼 수도, 숨조차도 쉴 수 없을 것이다.

세번째 사람이 말하였다.

"내가 단지 6개월 밖에 못 산다고 의사가 말했다면, 내가 할 첫번째 일은 다른 의사한테 진찰 받는 일이다."

이것은 모든 사람들 중에 가장 전형적인 것이다. 이것 역시 그대가 하려고 하는 것이다. 그대는 그때 조차도 살려고 하지 않는다. 그대는 그대에게 다시 희망을 줄 수 있으며 미래를 줄 수 있는 '걱정할 것 없습니다. 당신은 아직도 연기할 수 있습니다. 걱정할 필요 없습니다.'라고 다시 말해 줄 수 있는 다른 의사를 구할 것이다. 그때 그대는 발견할 것이며 누군가를 구할 것이다 —그대에게 여전히 희망을 줄 수 있는 사람을.

희망은 삶을 미루는 한 방식이다.

모든 욕망이란 삶을 미루는 한 방식이며, 모든 신앙들은 지금 존재하는 이 삶을 어떻게 피하며, 지금 존재하지도 않는 삶에 관한 생각을 어떻게 지속하는가 하는 속임수들이다.

神은 존재하지 않는다. 삶은 존재한다.

부디, 神을 찾지 말라.

니르바나는 존재하지 않는다. 삶은 존재한다.

제발 니르바나를 구하지 말라.

그대가 니르바나 구하기를 멈춘다면, 그대는 삶 자체 안에 숨겨진 니르바나를 구할 수 있을 것이다. 그대가 神 찾기를 멈춘다면 그대는 어디서나 神을 발견할 것이다…… 티끌 속에서도, 삶의 매 순간 속에서도.

神은 삶의 다른 이름이다. 니르바나는 살아있는 삶의 다른 이름이다. 그대는 늘 '삶'이란 말을 들어 왔지만, 그것은 어떤 살아있는 생생한 경험이 아니다.

모든 신앙들을 떨쳐 버려라. 그것들은 장애물이다. 예수쟁이가 되지 말 것이며, 힌두교도가 되지 말 것이며, 회교도가 되지 말라. 다만 살아 있어라. 삶이 그대의 종교가 되게 하라.

삶—이것이 바로 종교다.

삶—이것이 바로 사원이다.
삶—이것이 바로 기도다.
이런 이야기를 들은 적이 있다.
어떤 제자가 禪師에게 찾아와서 꾸벅 절을 하며, 그의 발을 만지며 말하였다.
"저는 깨달음을 위하여 얼마나 기다려야 합니까?"
그 禪師는 오래오래 그를 쳐다보았다. 그 제자는 안절부절하기 시작하였다. 그는 질문을 다시 하면서 말하였다.
"스승님은 왜 그토록 저를 쳐다보고 계십니까? 왜 대답을 안 하십니까?"
그러자 그 선사는 실로 선문답(禪問答)을 하였다. 그는 말했다.
"나를 죽여라."
그 제자는 이것이 깨달은 사람의 대답이라고는 믿을 수가 없었다. 그는 수제자한테 가서 물었다. 그러자 그 수제자는 웃으면서 말하였다.
"그는 역시 나에게도 똑같았다."
그 선사는 옳다. 그는 말하고 있다.
'왜 그대는 계속 묻고 있는가? 이를 떨쳐 버려라. 질문을 떨쳐 버려라. 나를 죽여라. 모든 이상을 떨쳐 버려라. 나는 누구인가? 나는 그대를 방해하지 않는다. 삶은 유용하다. 왜 지금 삶을 시작하지 않는가? 언제고, 어떻게고, 왜 그대는 계속 준비만을 하는가?'
이것은 인간 마음에 관한 가장 어려운 일인 듯하다—벌거 벗겨진 채로 사는 것, 어떤 계획도 없이 그냥 사는 것, 다듬지 않고 거치른 그대로 살아 가는 것, 지금 이 순간을 살아 가는 것.

이것이 모든 위대한 스승들의 가르침이지만, 그대는 그들로부터 철학들을 계속 만들어 내고 있다. 그때 그대는 하나의 교의(doctrine)를 창조하며, 그 교의를 신앙하기 시작한다.

禪을 신앙하는 많은 禪客들이 있다. 그러나 禪은 신뢰를 가르치지, 신앙을 가르치지 않는다. 나의 주변에는 나를 신앙하는 많은 사람들이 있다. 그러나 나는 신뢰를 가르치는 것이지 신앙을 가르치지 않는다. 그대가 그대의 삶을 신뢰한다면, 그대는 나를 신뢰하는 것이다. 어떤 지적(知的)인 신앙도 필요치 않다.

가능한 한 이 진리가 그대 안에 깊이 있게 하라. 삶이란 것은 이미 여기에 있고, 도달하여 있다. 그대는 목표에 서 있다. 길에 관하여 묻지 말라.

프란츠 카프카(Franz Kafka)에 있어서 어떤 우화가 있는데, 그것은 거의 禪처럼 보인다.

카프카는 말한다.

'나는 어느 낯선 도시에 머물고 있었다. 나는 그곳에 처음 온 사람이었고, 아침 일찍이 기차를 잡아야만 했다. 그러나 내가 일어나서 시계를 보았을 때는 이미 늦었기 때문에 나는 뛰기 시작했다. 내가 탑에 와서 탑시계를 보았을 때 나는 기차를 놓칠까봐 더욱 두렵게 되었다. 왜냐하면 나의 시계 자체가 늦었기 때문이다. 그래서 나는 뛰기 시작했다…… 길도 모르고 방향도 모르는 채로…… 거리들은 깨끗하였고, 사람이 없었다. 이른 아침, 추운 겨울 아침이었는데, 나는 아무도 볼 수 없었다. 그때 갑자기 나는 어떤 순경을 보았다. 희망이 생겼다. 나는 순경한테 가서 길을 물었고, 그 순경은 말하였다.

"길이라? 왜 나에게 묻고 있소?"

그래서 나는 그에게 말하였다.
"나는 이 도시에서 낯선 사람인데 나는 길을 모르오. 이것이 이유라오. 제발 길을 보여 주시오. 시간을 낭비하지 마시고, 나는 이미 늦어 기차를 놓칠 것이오. 그래서 기차를 잡는 것은 중요하오."
그 순경은 웃으면서 말하였다.
"다른 누군가에게 누가 그 길을 보여 줄 수 있겠소?"
그 순경은 이렇게 말했고, 손을 흔들며 웃으면서 떠났다.'
여기서 우화는 끝난다. 이것은 꼭 禪처럼 보인다. 서양에서는 이것을 터무니 없는 초현실주의라고 생각한다. 그러나 그렇지 않다. 물론 이것은 禪師의 입장에서 보다 순경의 입장에서 더욱 우스꽝스럽게 보이지만, 때때로 순경은 禪師가 될 수 있다.
누가 그대에게 그 길을 보여줄 수 있을까?―왜냐하면 그 길은 근본적으로 존재하지 않기 때문이다.
그대는 항상 목표 위에 있다. 그대가 어디에 있더라도 그 자리가 목표이다. 그 길은 존재하지 않는다.
그대가 길에 관하여 계속 묻는다면, 그대는 미래를 창조하고 또 창조하고 또 하고 또―계속 노력할 것이다. 그래서 미래는 악몽이다.
보라. 바로 이 순간에 삶은 모든 곳으로부터 퍼부어지고 있다. 관조(觀照)의 한 순간―그러면 그대는 길이나 수단 또는 방법들에 대한 질문의 바로 그 어이없음에 웃음을 터뜨릴 것이다. 아무것도 하여질 것이 없다.
그대가 나에게 와서 길에 관하여 질문할 때면 나는 언제나 속으로 말한다.

'여기 미친 놈 하나 또 왔구나.'
 내가 그대에게 길을 보여 주지 않는다면 나는 거칠고 불친절하게 보인다. 내가 그대에게 길을 보여 준다면, 나는 그대를 잘못 인도하는 것이다. 하여질 수 있는 단 한가지 것은—그대는 그대 자신에게로 내던져져야만 한다.
 그래서 나는 길들이 아닌 길들을 고안해야만 하는데, 그것은 길들로 보일 뿐이다. 그것들은 어느 곳으로도 인도하지 못하는데, 왜냐하면 갈 곳이 아무데도 없기 때문이다. 모든 사람들이 이미 거기에 있다. 갈 곳은 아무데도 없다.
 나는 단지 그대를 지치게 하고, 기진맥진하게 하기 위하여 수단과 방법들을 고안해 낸다. 그래서 어느 날, 기진맥진 속에서 그대는 단순히 모든 구함을 떨쳐 버린다. 기진맥진하여 그대는 땅바닥에 쓰러진다. 모든 방법들과 모든 길들에 대해 지치고, 구함과 탐구로 지쳐서…… 그때 갑자기 하나의 평화가 그대에게 깃든다. 이해할 수 없는 평화. 그리고 그대는 웃을 것이다. 왜냐하면 그것은 항상 가능했던 것이기 때문이다. 평화가 깃들지 아니했던 이유는 바로 그대 때문이다. 그대는 저쪽 멀리 달아 나고 있었다.
 모든 길들은 어떤 곳으로 인도한다. 그러나 진리는 이 자리다. 모든 길들은 어딘가로 인도하지만 진리는 항상 여기다. 어떤 길도 그대를 그대 자신에게로 데려가 줄 수 없다.
 이것이 내가 고된 노력을 하라는 이유이다. 그래서 그대는 곧 지칠 수 있게 된다. 천천히 가지 말라. 미적지끈하게 간다면, 수 많은 생을 되풀이 하면서 희망만 거듭할 뿐이다. 고되게 해보라. 절대적으로, 전체적으로 노력해 보라. 그러면 그대는 지칠 것이다—그 순전한 피곤함이 모든 노력을 떨쳐 버릴 것이며, 그대는 털썩 주저 앉아 이 자리에 존재하는 진실을 깨닫게 될 것이다.
　神이란 어떤 물건이 아니다. 神은 전체의 동작(performance)이다. 그대는 神을 붙들 수 없다. 니르바나는 어디에도 없다. 그것은 삶 전체의 동작이다.
　나는 짤막한 이야기를 읽고 있었다. 어느 봄날이었다. 그런데 선생님이 그의 조그마한 학생들에게 말하였다.
　"나는 언젠가 무엇인가를 보았는데, 여러분들 중 몇 명쯤은 보았을 것입니다. 그것을 안다면 무엇인지 말하지 말기 바랍니다. 나는 밖에 나가서 땅으로부터 약 10인치 정도 올라온 그것을 보았는데, 그것의 꼭대기는 조그맣고 둥근 공모양의 보프라입니다. 여러분이 그 털옷으로 다가간다면, 은하수의 별들이 모두 쏟아져 나오지요. 자, 조그만 공같은 별들이 나타나기 전에는 무엇과 같았을까?"
　한 아이가 말하였다.
　"그것은 해바라기와 비슷한 작고 노란 꽃이었습니다."
　"그렇다면 그 이전에는 무엇과 같았을까?"
　작은 소녀가 말하였다.
　"그것은 노란 줄 무늬를 가진 반쯤 접어진 작은 녹색의 우산과 같았습니다."
　"좋아요, 그렇다면 그 전에는 무엇과 같았을까요?"
　그들 중의 한 아이가 말하였다.
　"그것은 땅에서 나오는 푸른 잎들의 조그만 장미꽃 모양이었습니다."
　"이제, 그것이 무엇인지 모두 알았지요?"
　그들은 크게 대답했다.

"민들레요!"

"그러면, 여러분은 민들레를 따 본 적이 있었나요?"

그들 대부분이 그렇다고 대답했지만, 선생님은 말하였다.

"아닙니다. 여러분은 민들레를 딸 수 없습니다. 그것은 불가능하지요. 민들레란 것은 여러분들이 말한 모두 그러한 것들인데, 더구나 여러분들이 무엇을 땄다 하더라도 그저 무엇인가의 파편 조가리에 불과하지요. 여러분은 민들레를 딸 수 없는 데, 왜냐하면 민들레는 어떤 물건이 아니기 때문입니다. 그것은 진행과 동작이지요. 그리고 여러분도 알다시피 모든 것은 진행과 동작(performance)입니다. 여러분마저도."

그대는 전체로, 하나의 민들레나 조그만 꽃 조차도 딸 수 없는데, 왜냐하면 전체는 엄청난 것이기 때문이다. 어떻게 그대가 神을 딸 수 있겠는가? 그대는 조그만 꽃도 딸 수 없다. 神은 전체의 동작이다. 오늘 존재하는 모든 것이 神이다. 이제까지 존재해 온 모두가 神이다. 앞으로 존재할 모두가 神이다. 神은 어떤 물건이 아니다. 그것은 하나의 진행이다. 그래서 무한정이며 광대하다— 어떻게 神을 찾겠는가? 그것은 불가능하다.

그대는 살 수 있으며, 그대는 거룩함의 무한한 대양(大洋)으로 떨어질 수 있다. 그리고 그 문은 즉시 열린다. 기다릴 필요가 없다.

전체적인 禪의 태도는 인위적인 어떤 노력도 필요없다는 사실이다. 禪의 자세는 無努力이다. 그것은 요가와 다른 점이 있다. 요가는 노력이요, 禪은 무노력이다.

물론, 노력은 어디엔가로 인도할 수 있지만 궁극으로 까지는 인도할 수 없다. 노력은 그대에게 더 세련되고, 더 결정화(結晶化)된 더 많은 에고(ego)를 줄 수 있지만, 그것은 그대에게 니르바나를 줄 수 없으며 神을 줄 수 없다. 그것은 노력을 떠나 있다. 모든 노력들이 멈출 때, 그 고요함 속에서, 그 아름다운 비어있음(emptiness) 속에서, 그 空虛(void)속에서, 발견되는 것은 모두 神이다.

그러면 무엇을 어찌해야 할까? 이런 의문이 자연스럽게 떠오른다―그때 어찌해야 할까? 그것은 이해하는 것, 더욱 의식적으로 되는 것, 더욱 관조적(觀照的)으로 되는 것이리라. 움직이고, 활동하고, 존재하는 그대 자신을 잘 살펴라. 그대 옆을 지나는 매 순간을 이해해 보라. 하나의 관조자가 되어라.

기억하라. 그 관조(觀照)*란 것은 판단을 의미하지 않는다. 그대는 이것이 좋다, 저것이 나쁘다 판단하는 것이 아니다. 그대가 판단하는 순간, 그대는 관조자(觀照者)를 잃는다. 그대가 이것은 나쁘다고 말한다면, 그대는 이미 동일시(同一視)*된 것이다. 그대가 이것은 좋다고 말한다면, 그대는 관조하는 것으로부터 이미 벗어난 것이다. 그대는 재판관이 되어 있다.

관조자라는 것은 단지 관조자일 뿐이다. 그대는 길에서 교통신호를 보듯이, 또는 어느날 땅에 드러누워 하늘의 구름을 보듯이 그저 주시한다. 그대는 이것은 좋다, 저것은 나쁘다라고 말하지 않는다. 그대는 단순히 어떤 판단도 하지 않는다. 그대는 단지 지켜 본다. 그대는 좋고, 나쁘고와 관계가 없다. 그대는 도덕적이려고 노력하지 않는다. 그대는 어떤 개념들도 갖지 않는다…… 순수한 관조, 그 순수한 관조로부터 점점 더 이해가 생기며, 머지않아 평범한 삶이 유일한 삶이라는 것을 느끼기 시작한다. 다른 삶이라는 것은 없다.

평범하게 되는 것이 바로 종교적으로 되는 것이다. 다른 모든 비범한 것들이란 에고의 여행일 뿐이다. 바로 평범하게 되는 것이 세상에서 가장 비범하게 되는 것인데, 왜냐하면 모든 사람들이 비범하게 되기를 원하기 때문이다. 아무도 평범하게 되기를 원치 않는다. 평범하게 되는 것이 단 하나의 비범한 일이다. 매우 드물게 어떤 사람은 편히 쉴 수 있으며, 평범하게 될 수 있다.

그대가 禪師에게, '당신은 무엇을 하십니까?'하고 물어 본다면 그들은 말할 것이다. '숲 속에서 나무를 가져오고, 우물에서 물을 길어온다. 배고프면 밥 먹고, 갈증나면 마시고, 피곤하면 잔다. 이것이 다다.'

이것은 별로 흥미가 없을 것이다—나무하고, 물을 긷고, 자고, 앉고, 먹고. 그대는 '이런 것은 너무 평범하다. 누구나 다 하는 것이다.'라고 말할 것이다.

하지만 이런 것들은 평범한 것들이 아니며, 아무도 그런 것을 하고 있지 못하다. 그대가 나무를 가져오고 있을 때, 그대는 그것을 불평하고 있다. 그대는 어떤 나라의 대통령이 되고 싶어한다. 그대는 나무꾼이 되기를 원치 않는다. 그대는 어떤 상상의 대통령 때문에 현재를 계속 비난한다.

그대는 우물에서 물을 나르면서 그대의 삶을 낭비하고 있다고 느낀다. 그대는 화가 난다. 그대는 그와 같은 평범한 것들에 기여될 수 없었다. 그대는 위대한 운명으로 세상에 나타났다—온 세상을 파라다이스와 어떤 유토피아로 이끌기 위하여.

이러한 모든 것들이 에고의 여행들이다. 이러한 모든 것들이 의식의 병적인 상태이다.

그저 평범하게 되는 것…… 그러면 그때 갑자기 하찮았던 것이 더 이상 하찮은 것이 아니며, 비속하다고 여기던 것이 더 이상

비속한 것이 아니다. 모든 것이 신성하게 된다. 나무를 나르는 것이 신성하게 된다. 우물에서 물을 긷는 것이 신성하게 된다. 그리고 모든 행위가 신성하게 될 때에, 모든 행위가 명상적이고 기도적으로 될 때에, 오로지 그때에 그대는 삶 속으로 더 깊이 움직여 들어가고 있는 것이다. 그리고 그때 삶은 모든 신비를 그대에게 연다. 그때 그대는 유능하게 된다. 그때 그대는 잘 받아들이게 된다. 그대가 잘 받아들이면 받아들일수록 더욱 더 삶은 유용해진다.

이것이 나의 전체적인 가르침이다. 평범하게 되는 것. 그렇게 평범하게 되어서 비범하게 되려는 바로 그 욕망이 사라지는 것. 오로지 그때에 그대는 현재에 있을 수 있다. 그렇지 않으면 그대는 현재에 있을 수 없다.

몽테뉴는 이렇게 쓴 적이 있다. '우리는 우리 자신의 것을 어떻게 즐기는지 모르기 때문에 다른 조건들을 찾으며, 또한 우리의 내면이 무엇인지를 모르기 때문에 자신의 바깥으로만 치닫는다. 죽마(竹馬)위에서조차 우리는 우리 자신의 다리로 걸어야 하기 때문에, 죽마를 타는 것은 아무 소용이 없으며, 세상에서 가장 고귀한 옥좌(玉座)에 앉아 있으면서도, 여전히 우리는 맨 바닥에 앉아 있는 꼴이다.'

그대가 어디에 있든—물을 긷든, 왕처럼 왕좌에 앉아 있든, 대통령이든, 수석장관이든—아무 다름이 없다. 그대가 어디에 있든, 그대 자신일 뿐이다.

그대가 나무를 나르는데 있어서 불행하다면, 대통령으로 있어도 불행할 것이다. 왜냐하면 외부적인 것은 아무것도 변형시킬 수 없다. 그대가 거지로 있어도 행복하다면, 단지 그때에만 황제로 있어도 행복할 것이다. 다른길이 없다.
 그대의 행복은 그대 의식의 질과 관계가 있다. 그것은 외부적인 것과 관계가 없다.
 그대가 깨어있지 않는다면, 모든 것은 그대를 더욱 더 불행하게 만들 것이다. 그대가 일단 깨어나면, 모든 것은 엄청난 행복을 가져다 준다. 엄청난 축복을 가져다 준다. 그것은 다른 어떤 것들에도 좌우되지 않는다. 그것은 다만 그대 존재의 깊이에, 수용성(receptivity)에 달려 있다.
 나무를 날라라. 나무를 나를 땐 그저 나무만 날라라. 그것의 아름다움을 즐겨라. 다른 무엇도 생각하지 말라. 비교하지 말라. 이 순간은 엄청나게 아름답다. 이 순간은 하나의 깨침의 환희가 될 수 있다. 이 순간은 사마디(Samadhi : 삼매)의 순간이 될 수 있다.
 물을 길어 올 때는, 외부에 아무것도 남지 않을 정도로 그 속에서 온전하게 되어라. 물을 길어 올 때는 물을 길어오는 진행만이 있을 뿐, 그대는 존재하지 않는다. 이것이 니르바나라는 것, 깨달음이란 것이다.
 나는 그대하고 이야기하고 있지만, 나는 존재하지 않는다······ 단지 그대와 잡담을 즐기며, 한담을 즐기고 있을 뿐이다. 나에게 귀를 기울이면서, 그대 역시 존재하지 않는다면, 그때 모든 것은 완벽하게 채워진다.
 그대가 나의 말을, 미래의 사용을 위하여 저장할 수 있으며, 지식의 일부로 만들어질 수 있는 가치있고 의미있는 것으로 보면서—'그것은 무엇인가를 추구하고 무엇인가가 되는데에 도움이 될거야'라고 생각하며 한쪽 모퉁이에 서서 나를 듣고 있다면,

그대는 나를 놓칠 것이다.
　나는 의미있는 그 무엇도 말하고 있지 않다. 나는 어떤 목적을 꾀하기 위한 어떤 것도 말하고 있지 않다. 나는 그대를 더욱 지식적으로 만들기 위하여 여기에 있지 않다.
　내가 그대에게 말하고 있는 그 길을 그대가 나에게서 들을 수 있다면…… 이 순간은 완전하며, 그대는 이 순간의 바깥으로 움직이지 않을 것이다. 미래는 사라져 있다…… 그때 그대는 사토리의 일별(一瞥)을 가질 것이다.
　우리는 여기에서 어떤 일정한 활동에 종사하고 있다는 것을 기억하라. 이 활동은 아주 기도적이고 명상적이어야 한다. 그래서 이 활동속에서, 과거는 더 이상 무거운 짐이 아니며, 미래는 이 활동을 더럽히지 않으며 이 순간은 순수하게 남아 있어야 한다. 이 순간은 단지 이 순간으로 남아 있다.
　그때 나도 그대도 존재하지 않는다. 그때 군중들이 사라진다. 그때 우리는 하나의 커다란 바다의 물결이 된다. 그 바다가 삶이며, 그 바다가 神이며, 그 바다가 니르바나이다.
　니르바나란, 그대 존재의 깊은 휴식이기 때문에 그대는 그 휴식 속에서 사라진다. 그대는 긴장 그 자체이다. 그대는 느긋하지 않다. 그대의 에고는 그대가 긴장할 때에만 존재할 수 있다. 그대가 휴식한다면, 神은 존재하지만 그대는 존재하지 않는다.
　여기 아주 단순한 이야기가 있다. 모든 선담(禪談)들은 매우 단순하다. 그대가 그것들을 이해한다면, 그들은 무엇인가를 보여 준다.
　그대가 그것들을 이해하지 못한다면, 그때 그것들은 아무것도 말하지 않는다. 세상의 모든 위대한 스승들은 그들의 메시지를 위하여, 매개체로써 우화를 사용하곤 하였는데, 왜냐하면 우화는 어떤 회화(picture)를 창조한다. 그것은 덜 개념적이다. 그것은 가슴에 더 와 닿는다. 그것은 덜 말하면서도 더 나타내 보인다. 그것에 대해 지적(知的)이 되려고 마음쓸 필요가 없다. 그 우화가 여기에 있다. 아주 명쾌하게.

> 국사(國師)이며 그 시대에 있어서
> 가장 뛰어난 禪師(master)중의
> 한 사람인 무소는 한 제자와 함께
> 도회지를 떠나 먼 시골로 향하였다.
> 텐류강(江)가에 다다르자
> 나룻배를 타기까지는
> 한 시간이나 기다려야만 했다.
> 나룻배가 막 강가를 떠나려 하는데
> 어떤 술 취한 사무라이(무사)하나가
> 비좁은 배안으로 뛰어 들었는데,
> 배를 거의 물에 잠기게 하였다.

술 취한 사무라이…… 대체로 그들은 취해있지 않을지 모르지만, 사무라이란 항상 취해 있다. 사무라이란 권력의 뒤에 있는 사람이다. 사무라이란 전사이다. 사무라이는 에고로 취해 있다. 그들은 술에는 취해 있지 않을지 모르지만, 그들은 에고로 취해 있다. 권력 뒤에 있는 모든 사람들은 취해 있다.

권력 뒤에 있으면 있을수록, 그대는 더욱 무의식적으로 되는데, 왜냐하면 무의식만이 권력을 찾을 수 있기 때문이다. 깨어있는 의식은 삶을 산다. 깨어있는 의식은 권력에 관하여 고민하지 않는데, 왜냐하면 권력의 쓸모가 무엇이겠는가?

 권력의 쓸모란 그대가 권력을 통하여 어느날인가에 살 수 있다라는 것이다. 우선적으로 그대는 권력을 모은다. 그것은 돈이나 칼 속에 숨겨져 있는 지도 모른다. 먼저 그대는 준비한다―권력은 하나의 준비다―그러면 그대는 먼 훗날에 살 것이다.

> ……어떤 술 취한 사무라이 하나가 비좁은 배안으로 뛰어 들었는데,
> 배를 거의 물에 잠기게 하였다.
> 그 조그만 배가
> 강을 가로질러 나아가자
> 그는 거칠게 비틀거렸다.
> 배에 탄 사람들의 안전 때문에
> 두려워진 뱃사공은
> 그에게 조용히 서 있어 달라고 빌었다.
> '꼭 청어리 떼들 같구만.'
> 사무라이가 우락부락하게 말하였다.
> 이번에는 무소를 가르키며
> '왜 중놈을 내 던져 버리지 않는가?'

 중(Bonzae)은 선승(禪僧)을 의미한다.

 아름다운 이야기이다. 정치가들이 허락되어 진다면, 그때 그들은 지상의 종교적인 사람들을 전혀 좋아하지 않을 것이다. 정치가들은 그들을 죽일 것이며, 그들을 배 바깥으로 내던져 버릴 것이다. 왜냐하면 정치인에 대한 오직 하나의 위험은 종교적 자각(自覺)이다. 사람들이 더욱 더 종교적으로 될 수록, 정치는 더욱 더 빛을 잃는다.

정치가는 권력 뒤에 있지만, 종교적인 사람은 어떤 것의 뒤에도 없다. 종교적인 사람은 지금여기에 살고 있지만, 정치가는 항상 어떤 미래를 위하여 준비하고 있다—결코 오지도 않는 미래를 위하여.

정치가는 항상 어떤 유토피아 뒤에 있으며, 그것을 뒤 쫓는다…… 어떤 꿈 뒤를. 그것은 결코 오지 않는다.

모든 정치적 혁명들은 실패하여 왔다—완전히 실패하였다—왜냐하면 그대는 미래를 위하여 계속 희생하고 있으며, 미래를 위하여 현재를 희생하고 있기 때문이다. 현재가 파괴된다면 어디로부터 미래가 오는가? 미래는 현재로부터 태어날 것이다.

그대는, 언젠가는 아름다운 미래가 현재로부터 태어날 것이라는 희망 속에서 계속 현재를 죽이고 있다. 아름다운 미래란 현재가 아름답게 살아지고 있다면 그때 비로소 태어날 수 있다.

정치가들은 언제나 종교적인 사람을 반대한다. 그들이 반대하지 않는다면, 소위 종교적인 사람들은 종교적인 사람들이 아니라는 것을 의미할 뿐이다. 그때 종교인들은 종교의 이름으로 역시 정치놀음을 하고 있는 것이다. 기독교, 회교, 힌두교—종교의 이름 아래 모든 정치들.

참 종교인은 바로 지금 살기를 원한다. 그는 미래에 관하여 걱정하지 않으며, 그는 세상에 어떤 변혁을 가져오게 애쓰고 있지 않는다. 왜냐하면 거기에는 오로지 하나의 삶이 있으며, 오로지 하나의 변혁이 있으며, 오로지 하나의 근본적인 변형이 있다는 것을 그는 알고 있기 때문이다. 바로 그것은 사람들 자신의 존재이다.

그는 사랑하기를 원하며, 그는 살기를 원하며, 그는 기도하기를 원하며, 그는 명상하기를 원한다. 그는 혼자 남기를 원한다. 아무도 방해할 수 없을 것이다. 그는 다른 사람의 삶을 방해하기를 원치 않으며, 누구도 그의 삶을 방해 하는 것을 원치 않는다. 반면 정치란 것은 다른 사람들의 삶을 방해하는 것 외에 아무것도 아니다. 그대는 그들을 위하여 걱정하고 있다고 가장하고 있을 지도 모른다. 그렇지만 그대는 사람들의 삶을 방해하고 있을 뿐이다.

이 이야기는 아름답다. 모든 사람들 중에서 사무라이가 말하였다.

'왜 중놈을 배 바깥으로 던져버리지 않는가? 배는 너무 빽빽히 들어차 있다.'

'꼭 정어리 떼들 같구만.'
사무라이가 우락부락하게 말하였다.
이번에는 무소를 가르키며,
'왜 중놈을 내던져 버리지 않는가?'
'제발 참으시오,
저 편 기슭이 얼마 안 남았소.'
무소가 말하였다.

일반적으로 우리는 무소가 화낼 것이라고 기대하지만, 그는 단순히 말했다.

'제발 참으시오. 저 편 기슭(彼岸)*이 얼마 안 남았소.'

매우 상징적인 문장이다. 종교적인 사람은 인내심을 가진다. 왜냐하면 그는 이 세속의 삶이란 참을 수 없을 만큼 그렇게 가치있는 것이 아니라는 것을 잘 알며 끊임없이 이해하기 때문이다—피안(彼岸)의 세계가 끊임없이 다가오고 있다. 참을 수 없을 정도로 가치있는 것이란 아무것도 없다. 인내는 더욱 많이 보답하며, 그대에게 더욱 많은 삶을 제공한다. 성급하게 된다는 것은 그대가 이 순간을 놓칠 거라는 의미이다. 그대는 휴식할 수 없을 것이다.

무소는 말했다.

'걱정하지 말라. 그것은 잠시 동안의 문제이다. 나나 다른 사람 누구도 던질 필요가 없다. 어떤 충돌도 일으킬 필요가 없다. 저쪽 기슭이 다가오고 있다. 우리는 곧 저쪽에 다다를 것이다.'

이것이 종교적인 사람의 전체적인 태도이다. 그는 하찮은 일에 관하여 걱정하지 않는다. 누군가가 그의 돈을 훔쳤다. 그는 그것에 관하여 걱정하지 않는다. 그것은 문제가 아니다. 누군가가 그를 모욕했다. 그것은 문제가 아니다. 그러한 것들은 삶을 살지 않는 사람들의 문제이다. 그때 평범하고 쓸모없는 일들, 무가치한 일들이 매우 의미있게 된다.

삶을 전체적으로 사는 사람은 소란스럽지 않으며 삶과 함께 아주 행복하다. 주위에 무엇이 일어나든 중심에 아무런 변화를 줄 수 없다. 그는 회오리 바람의 중심으로 남아 있다.

'뭐라고.'
사무라이가 고함쳤다.
'내가 참으라고 ?
잘 들어라, 네 놈이 이 곳에서
뛰어내리지 않는다면, 네 놈을 물에 빠뜨려 죽일 것이다.'

권위적인 사람인 정치가는 참을 수 없다. 정치가는 참지 않을 수록 정치와 권력의 세계에 있어서 더욱 성공의 가능성이 있다. 그는 인내할 수 없기 때문에 시간이 빨리 가고 있다. 단지 종교적인 사람만이 인내할 수 있다. 왜냐하면 그는 영원성을 알게 되었기 때문이다. 역설적이지만 종교적인 사람은 이 삶은 끝날 것이지만, 이 삶의 이면에는 결코 끝나지 않는 삶이 있다는 것을 알고 있다. 역설적이지만 종교적인 사람은 이 시간은 죽음 안에서 끝날 것이지만, 숨겨진 이면의 시간은 영원하다는 것을 알고 있다.

그대가 삶 속으로 들어 간다면 그대는 영원으로 들어갈 것이다. 그대가 표면에 남는다면, 그대는 시간 속에 있을 것이다. 시간은 성급함이다. 보라. 서구에 있어서 사람들은 더욱 시간—의식적이고 더욱 성급하다. 동양에 있어서 사람들은 그렇게 시간—의식적이지 않다. 자연적으로 그들은 그렇게 성급하지 않다. 시간은 성급함을 가져온다.

기독교인들은 힌두교인들보다 더욱 성급한데, 왜냐하면 힌두인들은 재생관(再生觀)을 가지고 있는데 비하여 기독교인들은 아무런 재생관도 가지고 있지 않기 때문이다. 단 한 번의 이 삶······ 칠십년 밖에 안되는 조그만 삶—거의 1/3이 잠으로 낭비된다. 시간에 의하여 사람들은 조금 깨닫게 되는데, 삶의 반이 가 버린다. 빵도 벌고, 집도 지으며, 애들과 아내를 위해 일하는 조그만 일들 속에서 삶은 가 버린다. 사람들은 조급하게 된다.

그렇게 조그만 시간 속에서 어떻게 더 살겠는가? 서구가 발견한 유일한 방법은 속도를 계속 증가시키는 것이다. 단 하나의 방법이다. 여행하는데 있어서 하루가 걸리곤 하였다면, 시간을 벌기 위해 5분 안에 여행하라. 스피드를 위한 이러한 위대한 열망은 성급함의 부분이다. 그대는 시간을 벌 수 있지만, 그때 그대는 그 시간을 가지고 무엇을 해야 할지를 모른다. 그대는 더욱 시간을 버는데에 시간을 사용한다. 그리고 이것은 끊임없이 계속된다.

성급함은 열병같은 삶의 방식이다. 느긋해야 한다. 그대가 한번 편안해지면, 시간은 사라지며, 그대에게 영원성이 그 본성에 의해 드러난다.

'뭐라고! 내가 참으라고? 잘 들어라. 네놈이 여기서 뛰어 내리지 않는다면, 너를 물에 빠뜨려 죽일 것이다.'

정치가는 인내할 수 없다. 그대는 레닌이나 히틀러의 명상을 상상할 수 없다. 그것은 순전히 시간의 낭비일 것이다.

그대가 서구로부터 나에게 왔을 때, 그대는 명상을 시작하는데, 그것은 참으로 하나의 기적이다. 명상은 그대가 경험하여온 모든 조건지어짐에 반대하는 그런 것이다. 그대가 돌아가며는, 아무도 그대에게 무엇이 일어났는지를 이해하지 못할 것이다. 사람들은 단지 시간 낭비를 했다고 여길 것이다. 왜냐하면 시간이란 사용되어져야 하기 때문이다. 시간은 이미 너무 짧다. 인생은 짧고, 실현되어야 할 많은 욕망들은 있는데, 왜 눈을 감고 배꼽을 주시하며 앉아서 시간을 낭비할까? 삶이 가버리기 전에 무엇인가 해야만 한다고 생각할 것이다.

그대가 표면 위에서 산다면, 그대는 성급하게 될 것이다. 그대가 흐름 속으로 더 깊이 들어간다면, 이 삶이 모든 것은 아니며, 표면은 전체가 아니라는 것을 그대는 느끼게 될 것이다. 그리고 파도들은 대양(大洋)에 속하여 있지만, 대양 그 자체는 파도들만은 아니다—시간의 파도들 바로 밑에 영원의 대양(大洋)이 숨겨져 있다.

종교적인 사람은 참을 수 있고, 무한하게 인내할 수 있는데, 왜냐하면 그는 시작도 없고 끝도 없는 것을 알기 때문이다.

> 그 禪師의 고요함이
> 사무라이를 화나게 하자
> 그는 무소의 머리를 때렸고,
> 피가 흘러 나왔다.

일이 일어났다. 그 禪師가 화를 냈었다면, 그 사무라이는 그 욕설을 이해하였을 것이다. 그러나 禪師가 침묵을 지켰기 때문에—침묵 뿐이 아니라 절대적인 인내—이것이 그를 매우 화나게 했다.

누군가가 그대를 모욕하는데도, 마치 아무것도 안 일어난 것처럼 그대가 침묵을 지킨다면, 그 사람은 더욱 화낼 것이다. 그는 더욱 성낼 것이다. 그대가 화를 냈었다면, 그는 그것을 이해하였을 것이지만, 그는 그 침묵을 이해할 수 없다. 사실, 그대의 침묵 속에 그는 심한 모욕감을 느낄 것이다. 그대의 침묵 속에 그대는 하나의 탑이 되고, 절정이 된다. 그대의 침묵 속에 그는 하나의 벌레, 하나의 미물처럼 된다. 그것은 상처를 준다.

예수는 말했다.

"누군가 그대의 오른 뺨을 때리거든, 그에게 왼쪽 뺨도 내 주어라."

니이체는 이 말에 대하여 비평하였는데,

"결코 이렇게 하지 말라. 왜냐하면 이것은 다른 사람을 더욱 모욕하는 것이다. 차라리 그를 세게 때려라. 그는 이것을 더 존경할 것이다. 적어도 그대는 그를 그대와 동등자로 받아 들인다."

니이체도 역시 옳다. 그는 매우 꿰뚫어 보는 눈을 가지고 있다.

종교적인 사람…… 바로 그 존재는 정치가를 화나게 한다. 모욕을 받았는데도 아무일도 일어나지 않은 것처럼 그가 편안해 할 때, 그것은 다른 사람을 거의 미친 상태로 만든다.

이것은 어떻게 그들이 예수를 십자가에 못 박았는가 하는 것이다. 성직자들, 권력에 빠진 사람들, 그들은 이 겸손하고 단순한 사람에 대해 너그러울 수가 없었다. 예수는 그들에게 어떤 해도 끼치지 않았다. 사실상 그는 사람들에게 해를 끼치지 않는 것들을 가르치고 있었다. 그는 그들에게 아이들과 같이 순진무구하게 되기를 가르치고 있었다. 그는 '온화한 자에게 복이 있나니.'라고 그들을 가르치고 있었다.

그러나 그들은 성내게 되었다. 그들은 그를 죽여야만 했다. 왜냐하면 그의 바로 그 현존(現存)은 그들에게 매우 굴욕적이었다. 그와 같은 탑, 그와 같은 정상(頂上), 사랑의 정점(頂点), 열정, 겸허―그들은 그에게 너그러울 수 없었다.

무소의 제자는
지금까지는 여유가 있었지만,
힘이 센 사람이었기 때문에,
사무라이에게 도전하기를 원했다.
'나는 이 者를 더이상 살려둘
수 없습니다.'
그가 말하였다.

제자는 제자다. 그는 아직 이해할 수 없었다. 그는 아직 같은 에고 안에 있다. 그는 종교적으로 되었을지 모르지만, 에고가 그대로 있다. 누군가가 나에게 반대하여 무엇인가 이야기한다면, 그대는 분노를 느낄 것이다. 지금 그대의 에고는 나에게 달라 붙어 있다. 누군가가 이 사람은 아무것도 아니라고 말한다면, 그대는 화낼 것이다. 그대가 이 사람(라즈니쉬)과 관계가 깊다는 이유 뿐만이 아니다. 이 사람은 보잘것 없는 사람인데, 보잘것 없는 이 사람을 따른다면, 그대는 보잘것 없는 이 사람보다 더욱 못하게 되기 때문이다. 이것은 에고를 건드린다. 그대가 나를 따른다면 나는 이 세상에서 가장 위대한 스승임에 틀림없다. 그대가 나를 따르는데, 내가 이 세상에서 가장 위대한 스승이 아니라면 어떻게 그대가 나를 따를 수 있겠는가?

기억하라. 이것은 또 다시 에고의 게임이다. 그대는 '나의 스승이 이 세상에서 가장 위대한 스승이다.'라는 것을 증명하려 할 것이다. 이것은 어떤 스승의 문제가 아니다. 그대가 어떻게 신통치 못한 스승의 추종자가 될 수 있겠는가? 불가능하다. 그대가 신통치 못한 스승의 추종자라? 그것은 불가능하다.

'나는 이 者를 더이상 살려둘 수 없습니다.'
제자가 말하였다.
'왜 이런 하찮은 일에 그렇게 흥분을 하는가?'
무소가 미소띄며 말하였다.
'이런 일들 속에서 승려들의 수행(修行)을 스스로 보여주는 것이지. 인내, 이것은 그 어떤 말 이상의 것이라는 것을 그대는 알아 둬야 하네.'

이것은 위대한 경험이다. 지금 이것은 인내할 수 있고, 인내를 즐기게 될 수 있는 순간이다. 이 사무라이는 인내를 발휘할 수 있는 아름다운 기회를 주었다. 그에게 감사하라. 그는 하나의 도전을 주었다. 하지만 이 도전이 그대의 에고를 위한 도전이 되게는 하지 말라. 그대의 인내를 위한 도전이 되게 하라. 똑같은 상황이지만, 그대가 상황을 부릴 수 있느냐, 아니면 그대가 상황에 의해 부림을 받느냐이다.

그대가 상황에 의해 부림을 받는다면, 그대는 그저 무의식적인 사람이다. 그때 그대는 반응한다.

모든 반응은 무의식적이다. 그대가 의식적이라면 그대는 결코 반응하지 않는다. 그대는 행동한다.

행동은 의식적이고, 반응은 무의식적이다.

반응이란 그 사무라이가 그 상황의 주인이 된 것을 의미한다. 그는 단추를 눌렀고 그대는 화가 났다. 그대는 그의 손 안에서 하나의 꼭두각시가 되었다. 그러나 그대가 인내한다면, 미소짓는 다면, 갑자기 그대는 무의식의 사악한 고리 바깥으로 나와 있을 것이다.

상황을 이용하라. 그러면 적들 조차도 친구라는 것을 알게 될 것이고, 어두운 밤 조차도 아름다운 새벽을 가져다 준다. 그대에게서 노여움이 내던져질 때에, 그대는 그대 속에 일어나는 자비를 볼 것이다. 이러한 것들은 아주 드문 순간들이다. 그대는 그 상황을 만들어 준 사람에게 감사와 고마움을 느낄 것이다.

'왜 이런 하찮은 일에 그렇게 흥분을 하는가?'

　　　　　　　　　　무소가 미소띠며 말하였다.
'이런 일들 속에서 승려들의 수행을 스스로 보여주는 것이지.
인내, 이것은 그 어떤 말 이상의 것이라는 것을 그대는 알아
　　　　　　　　　　　　　　　　　　둬야 하네.'

인내는 하나의 위대한 경험, 위대한 실존의 경험이다.
그리고 그는 즉흥적으로 詩 한 수를 읊었다.

　　　　　　　　　　　때리는 자와 매 맞는 자
　　　　　　　　　　　　단지 연극배우
　　　　　　　　　　덧 없음은 꿈 같구나.

　이것이 관조(witnessing)에 관한 모든 것이다. 그대가 어떤 상황에서 하나의 관조자가 될 수 있다면, 갑자기 그대는 그 상황으로부터 벗어나 있으며, 더 이상 그 상황의 부분이 아니다. 그대가 관조하는 바를 놓친다면, 꿈 속에서 조차 그대는 꿈의 부분이 될 것이다.
　그대는 극장에 가서 영화를 본다. 그대는 거기서 단지 보는 사람이지만, 얼마 안 있어, 그대는 관람객인 그대의 존재를 까마득히 잊어 버린다. 그대는 스토리의 한 부분이 된다. 그대는 웃고, 울고, 짜며, 화나게 되고, 흥분하게 된다. 그런데 스크린 위에는 아무것도 없으며, 단지 움직이는 그림자들 뿐이지만, 그대는 관조(觀照)를 놓쳤다. 그대는 지금 거의 동일시(同一視)되고 있다. 그대는 지금 스토리의 한 부분이다. 그때 스크린 위를 지나가는 그림자들 조차도 실제가 되는 것이다.
　정반대로도 일어난다. 그대가 길가에 서서 사람들이 지나가는

것을 단순히 바라본다면, 문득 그대는 실제의 사람들이 덧없는 스크린 위의 그림자들이 된다는 것을 알게 될 것이다.
 전체적인 것은 그대에게 달려 있다. 그대가 동일시 된다면, 비실제적(非實際的)인 것이 실제로 된다. 그대가 동일시 되지 않는다면 실제적인 것 조차 비실제로 된다. 관조하는 바가 무엇인지 알게 된 사람은, 그에게 있어서 이 전체적인 삶은 단지 하나의 커다란 꿈, 커다란 드라마일 뿐이다.

> 때리는 자와 매 맞는 자
> 단지 연극배우
> 덧없음은 꿈 같구나.

 이것이 동양에서 달성한 가장 위대한 통찰의 하나이다. 즉 그대가 삶이라고 알고 있는 삶, 그 삶은 덧없고, 거짓이며, 환(幻); maya)이다. 그것은 실제가 아니다. 또 다른 삶이 있다. 그대가 깨어난다면, 그대는 진실의 사원으로 들어갈 것이다. 깨어있지 못함은 단지 그대를 꿈 속에서 살아가게 할 뿐이다.

> 배가 강가에 다다르자.
> 무소와 그의 제자는 배에서 내리고,
> 그 사무라이는 뛰어 내려
> 禪師의 발 밑에 엎드렸다.
> 그리고 거기서 그는 제자가 되었다.

 보통 그대가 화내게 될 상황이었을 때 그대가 침묵을 지킨다면, 상대방은 어떤 트러블을 기대하고 있었는데 그대가 참는다면,

그는 분노하게 될 것이고, 상처받을 것이며, 굴욕적일 것이다. 그는 복수하고 싶을 것이다—그대는 그에게 神을 연주하고 있다.

그러나 그대가 계속 인내하고 유혹받지 않고 그대의 침묵 속에 평정 속에 남아 있다면, 얼마 안 가서 상대방은 누그러질 것이다. 왜냐하면 침묵은 대단한 힘이며, 침묵은 그토록 변형의 힘이고, 침묵은 그렇게도 연금술적이기 때문이다. 그것은 세상에서 유일하게 마법적이다. 상대방은 변형되지 않을 수 없다.

잠시만 기다려라. 서두르지 말라. 상대방이 시간을 좀 가질 것이다. 그에게 기회를 주어라.

> 그 사무라이는 뛰어 내려
> 禪師의 발 밑에 엎드렸다.
> 그리고 거기서 그는 제자가 되었다.

그대가 참 인내와 참 실제적 고요와 마주 대하게 될 때는 언제나, 그대의 마음 속에도 역시 깊이 가라 앉은 무엇인가가 만져진다. 깊이 가라 앉은 그대는 더 이상 똑같지 않다. 진실된 그 무엇이 그대의 암흑 속으로 한 줄기 빛처럼 관통하여 있다.

세상은, 마치 이 세상이 꿈인 것처럼 세상을 사는 사람들에 의해서 변형되고 있다. 이 세상에서 하찮은 일에 무심하고 무관심한 내적 중심의 삶을 사는, 이 세상에 살지만 세상이 그들에게로 들어 오는 것을 허용치 않고 사는, 이 세상에 살지만 그들 안에서 세상이 살지 못하고 본연 그대로 남아 있는, 그들의 침묵을 어디에나 가져다 주는—시장 바닥에서도 그들은 그들의 내적 사원 (寺院)안에 남아 있다…… 아무것도 그들 존재로부터 그들을 어지럽히지 못한다-이와같은 사람들에 의하여 사람들은 변화되고 변형된다.

이런 사람들이 촉매자들이 된다. 이런 사람들은 인간 의식에 전적으로 새로운 질을 가져다 준다. 붓다나 예수, 크리슈나, 모하메드-그들은 이 세상에 다른 세상을 가져온다. 이것이 힌두말 '아바타르(avatar)*를 의미하는 것이다. 이 말은 그들이 세상으로 神을 데려 오는 것을 뜻한다. 神은 그들을 통하여 내린다. 어떤 비젼…… 그들은 창(窓)들이 된다.

그들을 통하여 그대는 어떤 비젼을 가질 수 있으며, 저 너머 무엇인가를 흘끗 볼 수 있다.

서구에서 가장 영향력있는 문필가이며, 작가이며, 사상가중의 하나는 앨도우 헉슬리(Aldous Huxley)였다. 그는 내적 중심의 동양 사상에 매우 많이 동조하였다. 그는 삶에 대하여 동양적 태도로 매우 깊이 젖어든 서구의 지성중에 하나였다. 캘리포니아 산불이 평생의 재산을 파괴하였을 때, 헉슬리는 예기치 않은 해방감을 느꼈다고 말했다.

'나는 담담하게 느꼈다'라고 그는 말했다.

그는 참으로 아름다운 희귀한 골동품, 희귀한 책, 희귀한 미술품의 수집품들을 가졌었다-온 생애의 재산-그리고 전 재산은 불로 파괴되었다. 불꽃을 보면서 그는 홀가분한 해방감을 느낀 그 자신을 믿을 수 없었다. 전혀 동요가 없었다. 오히려 마치 불이 친구인 것처럼 해방감을 느꼈다. 그리고 잠시 후에 그는 말하였다. '담담하다' 이것이 동양적 태도이다.

그대가 중심으로 돌아가면 아무것도 파괴될 수 없다. 어떤 불도 그대의 중심을 파괴하지 못한다. 죽음조차도 그대를 흩뜨리지 못한다.
 그리고 이 중심은 오로지 그대가 매 순간 명상적으로 성성(惺惺)하게 깨어살기 시작한다면 가능하다. 기계적으로 움직이지 말라. 기계처럼 반응하지 말라. 의식적으로 되어라. 결정화된 의식이 그대의 내면을 끊임없이 밝게 비추도록 더욱 더 그대 자신을 가라앉혀라. 그때 끊임없는 불꽃이 타오른다. 그리고 그 불꽃은 그대가 어디를 가나 그대를 비춘다. 어느 곳, 어느 길, 그리고 그대가 무엇을 하든 그 불꽃은 그대를 비춘다.
 이 내적 불꽃, 이 내면의 빛이 거기에 있다. 잠재적으로 거기에…… 마치 씨앗처럼. 그대가 그 씨앗을 한번 사용하기만 하면, 그것은 싹이 튼다.
 머지 않아 그대는 알 것이다—봄이 와서 꽃이 피면 그대는 미지의 그리고 알 수 없는 향기로 가득찬다는 것을.
 神이 그대 안에 내려와 있다.

역자 註

* 인내(忍耐 Patience) : 여기에서의 인내는 억지로 참고 견디는 그러한 인내가 아니라, 명상 수행에 의해서 모든 것이 자연스럽게 받아들여지는 그러한 인내를 말한다.
* 뿌나(POONA) : 라즈니쉬의 아쉬람이 있는 도시. 아쉬람은 영적 생활 공동체를 말하는 것으로 뿌나에서는 매일 춤과 명상과 축제가 벌어진다. 라즈니쉬는 여러가지 명상법도 고안하였는데, 세계 각처에서 몰려든 산야신(구도자)들이 어우러져 명상을 행하고 있다.
* 루울렛 : 회전하는 원반 위에 공을 굴리는 노름

* 관조(觀照) : 자기의 육체나 마음, 또는 감정에 밀착되어 사로 잡히지 않고, 거리를 두어서 선악(善惡)이나 호오(好惡)등의 이원성(二元性)개념을 떠나, 아무런 판단없이 다만 깨어서 편안하게 보는 것. witnessing.
* 동일시(同一視 identification) : 모든 無常한 것들과 본래의 자기(本來面目 ; 참자기)를 같게 보는 것. 자기의 육체나 마음, 감정등과 동일시 되면 그것들이 자기인 줄 착각하게 된다. 자기의 육체나 마음, 감정까지도 참 자기가 아님은 물론이다.
* 저 편 기슭(the other shore) : 피안(彼岸)을 의미한다. 글자 대로의 뜻은 저쪽 언덕이란 뜻. 피안(彼岸)이란 고통받는 생사윤회(生死輪廻)의 사바세계(此岸)를 떠난 열반상락(涅槃常樂)의 오성(悟性)의 세계를 말한다.
* avatar : 인간의 모습으로 지상에 나타난 vishuu神의 화신(化身)

제4부

술취한 춤꿈

술취한 춤꾼

저는 이해할 수 없습니다. 神이란 말은 무엇을 의미합니까?
저는 정말로 이해할 수 없습니다. 神, 그것은 무엇입니까?
당신은 말씀하십니다. 삶은 모든 것이다. 삶은 존재하는 것이며,
가치를 지닌 것이며, 지금 그리고 여기다. 삶은 계획이 없는
것이며 원하는 바가 없으며, 희망을 갖지 않는 것이며, 구함이
없는 것이다. 자발적으로 지금 살아라. 그냥 존재하라라고.
그렇습니다. 저는 이것을 이해하지만 神은 무엇입니까? 神은
삶이나 또는 존재하는 것과 동일한 말인가요? 그러나 우리는
왜 '神'이란 낱말을 사용하면서도 '삶'이란 말은 사용하지
않습니까?
　　　神은 세상을 창조한 존재라 합니다. 그 神이란 것이
무엇입니까?

이 질문은 여기에 새로온 사람이라면 당연하다. 많은 것이 이해되어져야 한다.

우선 神이 무엇인지를 이해하려고 할 필요가 없는데 神이 하는 일은 무엇이든 이해될 수 없기 때문이다. 이해는 神에 관한 올바른 방침이 아니다. 이해는 그대가 논리, 이성, 개념을 통하여 지적(知的)으로 노력하고 있다는 것을 의미한다.

그것은 마치 누군가가 귀를 통하여 보기를 노력하는 것과 같다. 그는 볼 수 없을 것이다. 또 누군가는 눈을 가지고 듣기를 노력하고 있다. 그는 들을 수 없을 것이다. 귀는 듣기 위하여, 눈은 보기 위하여 있다.

지력(知力)은 실리적이다. 지력(知力)은 그대가 그대 존재의 외부로 움직이고 있을 동안 도움이 된다. 그것은 외부의 세상에서

안내자로써 도움이 된다. 그것은 그대가 내부로 돌아서는 순간 필요없게 된다. 그것은 더 이상 안내자가 아니다. 그때 그것은 잘못 안내한다. 지력은 어떤 한계가 있다. 神은 단지 느낄 수 있을 뿐 이해될 수 없다.

그대가 내부로 움직이고 있을 때, 그대는 그대 자신의 존재의 근원으로 더 가까이 온다. 그리고 그것은 모든 존재의 근원이다. 내가 나 자신으로 올 수 있다면 나는 궁극의 자신으로 와 있는 것인데, 왜냐하면 중심에서는 나는 더이상 '나'가 아니며 나는 전체이기 때문이다. 그러나 그 움직임은 내면을 향하는 것이어야 하며, 그 움직임은 깊이 되어야만 한다.

지력(知力)은 표면적이다. 그래서 그대가 神을 이해하려고 노력하고 있다면 그대는 계속 놓칠 것이다. 먼저 이해되어야 할 것은 知的으로 이해한다는 것은 바른 방침이 아니라는 것이다. Feeling……

어떤 기독교 선교사가 토착의 아주 원시적인 사람에게 이렇게 물은 적이 있었다.

"당신은 神에 대해서 잘 알고 있는것 같은데 神에 대해서 말해준 사람이 누구요?"

토착인은 웃으며 대답하였다.

"말해 주다니요? 말을 통해서 神을 알았다는 사람이 있다면 그는 참으로 어리석은 사람일 것이오. 어느 누구도 말을 통해서는 결코 神을 알 수 없지요. 神은 느낌에 의해 알 수 있습니다. 神에 대해서 말해진 모든 것은 이름뿐입니다. 당신은 그를 神이라 부르고 나는 그를 '갈라(gallah)'라 부릅니다. 내가 gallah의 칭호를 영어로 표현하면 당신은 나를 이해할 수 있겠지만, 도대체 누가 말을 통해서 그 뜻을 파악하겠습니까?"
 그대가 神에 관하여 알고 있는 것은 무엇이든지, 말해 진 것들을 통한 것이다 - 양친이나, 사회라든가, 문화라든가, 이런 것 등에 의해서.
 이것이 바로 그대의 조건지어짐이다. 그대는 神에 관하여 어떤 개념을 가져 왔고, 그대는 그 말을 이해하려 하고 있다. 神은 어떤 말이 아니다. '神'이란 말은 神이 아니다. 말은 단지 말일 뿐이다. 스스로 공허하고 무의미하다.
 그대가 神이 무엇인지 진심으로 알기 원한다면, 언어를 떨쳐 버리고 느낌으로 들어가야 할 것이다. 그대는 마음을 떨쳐 버리고 無心으로 들어가야 할 것이다. 사랑은 사색(思索)보다 그대를 神에게로 더 가깝게 데려 갈 것이다.
 내가 '삶이 神이다'라고 말할 때, 그대가 원한다면 神을 경험할 수는 있지만, 이해할 수는 없다는 것을 말하고 있는 것이다. 삶은 이해될 수 없다.
 그대는 삶을 살 수 있을 뿐이다. 삶을 산다는 것이 바로 존재하는 유일한 이해인 것이다.
 그러나 그대는 걱정하고 있다. 그대의 질문중에 '이것을 이해하지만 神은 무엇입니까?'라고 그대는 말한다. 그대가 神을 이해한다면, 삶이 무엇인지를 이해한다면, 그대는 결코 神이 무엇인지를 묻지 않을 것이다. 바로 그 이해 속에서 神의 문제는 풀려진다.
 삶을 전체적으로 살아온 사람은 이해를 위해 존재하는 모든 것을 이해하고 있다. 그는 神으로 충만할 것이다. 그 자신이 神으로 충만하기 때문에 거기엔 이해에 대한 아무 문제도 없을 것이다.

　그대는 그대 자신에게 삶의 어떤 것도 주고 있지 않다. 공허하게 살고 있을 뿐이다. 하나의 고치 속에 숨겨져 그대는 살고 있다. 장님으로, 귀머거리로 그대는 살고 있다. 죽어서 살고 있다. 그대는 그대의 존재에 어떤 삶도 전혀 주고 있지 않다 — 그러나 삶에는 神이 어떤것인지를 느낄 수 있는 풍미와 맛이 있다.

　그대는 삶 속에서 먹어야만 한다. 그대는 삶 속에서 마셔야만 한다. 그대는 살아야 하며 삶 속으로 녹아 들어가야 한다.

　그러나 마음은 교활하다. 마음은 神에 관하여 계속 생각한다. 사념(思念)은 매우 안전한 상태이다. 그대는 결코 그대 자신 밖으로 나갈 수 없다. 그대는 끊임없이 말장난을 한다. 그대가 말에 흥미를 느낀다면, 그대가 '神'이란 말이 무엇을 의미하는지 알기를 원한다면…… 사실 '神'이란 말은 神을 의미하지 않는다. 그대가 단지 언어학적 상징인 '神'에 관심을 가지고 있다면 그때 그대는 언어학자에게 물어볼 수 있다. 나에게는 오지 말라. 언어학자들은 神(god)이란 말이 'ghu-to'란 낱말로부터 파생됐다고 말한다. 그 'ghu-to'라는 것은 '불러내진 者(the called one)'를 의미할 뿐이다.

　그대가 삶을 불러내면 삶은 '불러내진 者'인 神이 된다. 그대가 삶을 불러일으키면 삶은 神이 된다. 그대가 삶을 불러일으키고, 삶에게 간청하며, 삶과 깊은 대화 속에 있을 때, 神은 삶에 있어서 어떤 일정한 상황이다.

　그대가 하늘을 볼 때에 그대는 말한다.

　'하늘에 계신 아버지……'

　그대는 이렇게 삶을 불러 왔다. 이제 삶은 더 이상 전과 같은 삶이 아니다. 삶은 불러내진 者, 불러일으켜진 者가 되어버렸다.
'神'이란 말은 단지 이러한 것을 의미한다.
 깊은 사랑 속에서 어느날 누군가는 울부짖으며 누군가는 말을 입밖에 내기 시작한다…… 그때 어떤 대화가 생겨난다. 삶은 더 이상 평범한 '그것'이 아니다. 삶은 이제 '당신'이 된다. 이것이 神이란 낱말이 의미하는 바다. 삶이 그대의 가장 사랑받는 존재가 되고, 삶이 '당신'이 되어 삶과 깊은 관계 속에 있게 될때, 그 순간 삶은 神이 된다.
 神은 삶과의 깊은 영적 교섭이다.
 그대가 단지 그 말을 이해하려고 한다면, 그것을 삶이라 부르기 보다는 '神'이란 다른 말로 곧 사용할 필요가 있다. 왜냐하면 불러일으켜지고 불러내진 삶이 곧 神이기 때문이다. 그대와 깊은 관계 속에서의 삶이 바로 神인 것이다.
 어떤 평범한 여자가 지나간다. 그녀는 하나의 여인이지만, 사랑이 그대의 가슴 속에서 그녀를 부른다면 이제 그녀는 더 이상 평범한 여인이 아니다. 그녀는 이제 가장 사랑받는 사람이 된 것이다. 모든 사랑받는 사람들은 여인들이라 말할 수 있다. 사랑받는 사람이 된다는 것은 여인의 존재에 있어서 어떤 일정한 기능이다. 그녀가 부름을 받고 그녀가 더 이상 전과 같은 평범한 그녀가 아닐때 그녀는 이제 '당신'이 되며 그녀와 나 사이엔 하나의 관계가 형성된다. 그대는 이런 변형을 지켜본 적이 있는가?
 한 여인이 수없이 그대 곁을 지나치고, 수없이 그녀를 보아왔을지라도, 수많은 여인이 있는 것처럼 아직 그녀는 평범한 여인이었을 뿐이다. 그런데 어느날 갑자기 무엇인가 변한다. 그녀는 더 이상 평범한 여인이 아니다. 그녀는 신성하게 되고 사랑하는 사람이 된다. 이제 그녀는 어느새 그대 중심에 가까이 다가와 있다. 마침내 그대의 심장은 그녀를 부른 것이다.

남자 또한 마찬가지이다. 그대는 뭇 남자들의 하나로서 그를 안다. 단지 어떤 통계처럼 수 많은 남자들 중에 그저 한 숫자일 따름이다. 그는 그대를 위해 어떤 특별한 얼굴을 갖고 있지 않으며 그대와 아무 관계가 없다. 그 사람이 사라지고 다른 사람이 대신한다 해도 그대는 다른 점을 알아 차라지 조차 못 할 것이다. 그는 단지 하나의 숫자일 뿐이며, 그대에 있어서 아직은 어떤 사람이 아니다. 불러 일으켜지지도, 불려지지도 않은 그는 익명인 채로 있으며 아무 이름을 갖고 있지 않다. 그런데 어느날 갑자기 사랑이 일어난다. 그는 더 이상 평범한 남자가 아니다. 그는 하나의 神이 되어 있다. 이제 그는 불러일으켜졌고, 불러내졌으며, 그와의 관계가 형성 되었다…… 어떤 영적 교섭이 일어났다. 그 남자도 변했지만 동시에 그대 역시 변했다. 별천지의 무엇인가가 등장 하였다.

그렇다. '神'이란 낱말엔 어떤 기능이 있는데, 불러일으켜진 삶, '당신'이된 삶, 한 인격체가 된 삶이 바로 그것이다. 그대는 더 이상 그대의 삶에 냉담하지 않다. 그대는 어떤 영적 교감이 일어났음을 느낀다. 그때 비로소 삶은 神이 된다. 삶(life)은 더 이상 소문자 life가 아니라 대문자 Life의 삶(Life)이 된다.

그러나 지적(知的)인 것을 통하여는 神을 이해할 방법이 없는데, 왜냐하면 지적(知的)인 것을 통하여는 사랑을 이해할 길이 없기 때문이다.

神은 불러일으켜진 사랑이다. 그리고 그 사랑의 빛 속에서 모든 것이 변형된다. 그것은 연금술적이고 마술적이다.

　그대에게 그러한 神을 조금이나마 허락하라. 바로 그것이 나의 모든 노력이다. 내가 삶이 神이다라고 말할 때, 그것은 사원과 모스크(회교사원)와 교회에서 神을 찾지 말라는 것을 의미하고 있다. 기껏해야 거기서 그대는 철학자들과 신학자들의 神을 발견할 것이다. 그리고 그것은 엉터리 神이며 가짜 동전이며 모조품일 뿐이다.

　나무를, 꽃을, 별을, 인간을, 동물을, 새를 들여다 보라. 사람이 있는 곳이면 어디라도 깊이 내려가 보아라. 거기서 神을 불러일으켜라. 거기서 기도하라.

　하나의 나무 앞에서 기도하라. 동물 앞에서 기도하라. 별들 앞에서 기도하라. 거기서 神을 불러일으켜라. 그곳이 참된 사원(寺院)이다.

　내가 삶이 神이다라고 말할 때, 그것은 사원 속에 갇히지 말며, 교회 속에 갇히지 말며, 성경과 기타(힌두교 경전)와 코란 들에 의해서 매이지 말라는 뜻이다. 이런 것들에 조금도 얽매이지 말라. 삶은 무한정(無限定)이다. 지금 그대로 삶을 만나라. 무한(無限)을 만나라. 무한을 두려워 하지 말라.

　무한의 두려움은 어디에 있는가? 그 두려움은 그대가 무한(無限)과 함께 사라지리라는 두려움이다.

　교회에서 그대는 사라질 수 없다. 그대는 그럭저럭 해낼 수 있다. 교회란 그대의 건축물이다. 그것은 독단적이고, 인위적이다. 그것은 플라스틱 꽃이다. 그대는 그것을 조정할 수 있으며, 교묘히 잘 다룰 수 있다. 커텐 뒤에는 그대의 손이 있다. 교회에 있는 神은 그대의 창조물이다.

참된 神은 전적으로 다르다. 그대가 참된 神인 삶에게로 온다면, 그때 그대는 神의 창조물이다. 그때 神은 모든 것의 배후에 있다. 교회에서는 그대가 모든 것의 배후에 있다. 그 교회는 하나의 속임수이다.

그래서 내가 삶이 神이다라고 말할 때, 나는 단지 대용품인 神들을, 대용품인 사원들을 만들지 말라는 것을 의미한다. 이 광대한 공간이 사원이며, 무한으로 움직이는 삶이 곧 神이다.

그대에게 神을 조금이나마 허락하면 그대는 이해할 것이다. 그리고 그 이해는 지력적(知力的)인 것이 아닐 것이다. 그 이해는 더욱 그대 전체의 존재가 될 것이며, 더욱 피와 살이 될 것이다.

나는 어떤 일화를 읽고 있었다.

한 사내가 술집에서 맥주를 마시며 곰곰이 생각하다가 그의 친구에게 말을 건넸다.

"멀리건, 당신한테 말하는데 내 아내에 관하여 어떻게 해야 될지 모르겠어."

"그래, 무엇인가?"

"고리타분한 일인데, 바로 돈이야. 그녀는 늘 돈을 요구하네. 바로 지난 목요일 그녀는 10달러를 원했고, 어제 그녀는 20달러 정도를 요구했지. 아니 글쎄 오늘 아침에도 그녀는 50달러를 요구했다네."

"그녀는 그 돈을 가지고 무엇을 하는가?"

친구가 물었다.

"알 방법이 없지. 나는 결코 그녀에게 아무 것도 주지 않았으니까."

그대에게 神을 조금이나마 허락하라. 그러면 그대는 神이 무엇인지 묻지 않을 것이다. 그대가 그대 자신에게 神을 조금도 허락치 않는다면 그때 그대는 계속 물을 것이다.

 기억하라. 어느 누구도 그대에게 神을 줄 수 없다. 그대는 그대 자신에 입각해서 神과 타협해야만 할 것이다. 나는 그대에게 神을 줄 수 없다. 神은 상품이 아니며 물건이 아니다. 스스로의 경험만이 神을 얻을 수 있는 유일한 길이다.

 그대는 홀로 움직여야 한다. 그대는 모든 경전(經典)들이, 모든 철학들이, 모든 사념들이 벗겨져서 전적으로 홀로 가야만 할 것이다. 그리고 그대가 조금이라도 맛본다면 그대는 이해할 것이다.

 삶을 사랑하라. 그러면 점차로 하나의 빛이 그대 존재 안에 생겨날 것이다. 삶에 대한 깊은 사랑을 통하여 神이 무엇인지를 알게 될 것이다.

 질문의 마지막 부분 : 神은 세상을 창조한 존재라 합니다.
 神이 바로 세상이다. 마음은 이원성(二元性)을 계속 창조한다. 마음은 神이 세상을 창조한 존재라고 말한다. 그때 세상이 분리되고 神이 분리된다. 神은 분리가 아니다. 그는 세상으로부터 분리될 수 없다. 그가 분리된다면, 세상은 그 없이는 단 한 순간도 존재할 수 없다. 그는 삶 바로 그 자체이다.

 그러므로 캔버스에 그림 그리는 화가처럼 神을 상상하지 말라. 그러면 캔버스가 분리되고 神이 분리된다. 화가는 죽을 수 있지만 그림은 계속될 수 있다.

 이런 이원성 때문에 니체는 '神은 죽었다'라고 말할 수 있었다. 神의 필요성이 무엇인가? 그는 세상을 창조하였다—이제 그와의 관계를 끝내라! 왜 계속 부담을 지는가? 神의 필요성이 무엇이란 말인가? 세상이 거기 있고 그대가 거기 있다. 이 神이란 것은 단지 장애가 될 뿐이다. 그는 그대와 그대의 삶 사이로 들어올 것이다-그와의 관계를 끝내라!

 그리고 니체는 어떤 측면에서는 옳았는데, 그것은 이원적인 논리적 결론이다. 세상은 神없이도 완벽하게 옳다. 왜 그를 데려오는가? 사실 그를 데려오면 데려올수록 문제가 더 생긴다. 종교들을 보라. 얼마나 많은 전쟁이며, 살인이며, 폭력인가? 종교의 이름으로 무엇이 일어나 왔는가? 세상은 엄청나게 고통받아 왔다.

 神과 관계를 끝내라. 그는 세상을 창조하였다. 그에게 최후의 안녕을 고하고 그리고 끝내라. 지금 그는 더 이상 필요치 않다. 이미 너무 낡았고 폐허가 되었다.

 니체는 말했다. '神은 죽었다. 그리고 사람은 지금 자유다.' 이것은 이원적 사고(二元的思考)의 논리적 결론이다.

 동양인들은 결코 화가처럼 神을 생각해 오지 않았다. 그들은, 춤추는 사람처럼 神을 생각해 왔다. 춤은, 춤추는 사람으로부터 분리될 수 없다. 그림은, 그리는자와 분리될 수 있다. 이것이 춤은 살아 있고, 그림은 죽어있는 이유이다. 아무리 아름다운 그림일 지라도 그것은 죽어있다. 그것은 창조자로부터 분리되어 있다. 분리되는 순간 그것은 죽는다. 그것은 화가의 마음 속에서 어떤 삶을 살아 왔을지도 모르고, 그것이 그려지지 않았을 때는 살아 있었을지도 모른다. 그러나 그림이 그려지는 순간 그것은 끝난다. 그것은 이미 죽은 물건이다. 그러나 춤은⋯⋯

 인도에서 우리는 神을 '나타라지(natraj)'라고 부른다. 즉 춤추는 자들의 神이다. 그대는 쉬바의 춤을 본 적이 있을 것이다. 그것이 神에 관한 동양의 개념이다. 즉 비이원적(非二元的) 개념.

춤추는 자가 멈출 때 춤도 멈춘다. 춤추는 자와 춤을 분리할 수 없다. 그리고 춤추는 자가 춤 속에서 완전히 없어질 때 춤은 최고점에 달한다. 춤추는 자와 춤, 모두 없어질 때 둘은 하나가 된다…… 순수한 에너지와 기쁨의 한 동작이 된다.

이것이 아무것도 춤과는 비교할 수 없는 이유인 것이다. 詩이든, 그림이든, 조각이든 간에 아무것도 춤에 가까이 갈 수 없다. 춤은 최고의 예술로 남는다. 그리고 그것은 태초의 예술이었고, 또한 최후의 예술로 남을 것이다. 왜냐하면 춤은 삶 자체의 춤 속에서 어떤 질(質)을 가지고 있기 때문이다.

神은 춤추는 자다. 그는 화가의 감각을 가진 창조자가 아니다.

그는 춤추는 자의 감각을 가진 창조자이다. 달리 말하면, 神은 창조자가 아니고 창조성…… 동적(動的)인 에너지다. 그대가 창조자를 말하는 순간 창조자는 죽는다. '창조자'라는 말은 그 말 안에 어떤 한계점을 가지고 있다. 반면, 끝간 데 없는 창조성이란, 움직이고 움직여서 더 높게 더 높게 정상에 도달한다……

동물들은 神의 춤이다. 나무들도 역시 神의 춤이다. 인류 역시 神의 춤이며, 더 높이 높이 도달한다. 神은 더 빨리 움직이고 있다―더 열광적으로 더 빠르게 그의 춤 속으로 녹아든다. 붓다나 예수는 神의 춤의 극치다…… 춤추는 자가 있는 곳에는 온통 취하고 열광적이다. 그는 춤 자체가 되어있는 것이다.

이것이 춤의 생기발랄함 속에서 삶을 산다면 그대가 神에 더 가까워질 것이라고 내가 말하는 이유이다. 왜냐하면 神은 지금도 춤을 추고 있기 때문이다. 神이 세상을 창조하였다고 말하지 말라. 그는 아직까지 창조하고 있다. 그렇지 않다면 어떻게 나무들이 계속 자라나고 있겠는가? 어떻게 꽃들은 계속 꽃을 피우겠는가?

매 순간 세상은 새로워지고 있다. 매일 아침 신선한 삶이 방출된다.
　그렇다. 기독교에서 말하는 神은 옳지 않다. 엿새 동안 세상을 창조하였고 칠일째 휴식을 취한 神말이다. 그것은 진실인 것 같지 않다. 神을 위한 휴일은 하나의 죽음이 될 것이다. 생각해 보라. 神을 위한 휴일은 그의 창조에 있어서 죽음이 될 것이다. 춤추는 자는 휴일을 찬성할 수 없는데, 만약 그렇지 않다면 그 춤은 사라질 것이다. 神이 피곤해졌다는 바로 그런 개념은 우둔하다. 그는 지금도 여전히 창조하고 있다. 그는 바로 창조성이다.
　에너지의 견지에서 생각하라. 사물의 견지에서는 생각하지 말라. 에너지의 견지에서 생각하라. 거친 대양(大洋)…… 神은 에너지의 거친 대양이다 – 끝없이 계속 파도치는 거기에는 시작이라는 것이 있어 본 적이 없다. 시작이라는 바로 그 개념은 마음의 것이다. 어떻게 세상의 시작이라는 것이 있겠는가?
　다윈(Darwin)이전에는 기독교인들은 神이 어느 특정한 날에 세상을 창조하였다고 믿곤 하였다. 어떤 바보같은 신학자는 날짜까지 정하였는데, 기원전 4004년, 정확히 월요일에 세상은 시작되었고 그것은 1월 1일임에 틀림없다고 생각하였다.
　그렇다면 의문이 생기는데 – 그 전에는 神은 무엇을 하고 있었는가? 기독교인에게는 묻지 말라. 그들은 노여워 할 것이다. 성(聖)어거스틴과 같은 사람조차도 매우매우 노여워 할 것이다. 어떤 사람이 물어 보았다 – 그 질문은 천진하고도 적절한 것처럼 보인다 – 그는 물었다.
　"저는 神이 예수가 태어나기 전 4004년에 세상을 창조했다는 것을 이해할 수 있습니다. 그렇다면 그 이전에는 神은 무엇을 하고 있었습니까?"

물론 기독교 학설로는 답이 없다.
성 어거스틴은 매우 노여워하며 대답하였다.
"神은 그런 질문을 한 자네와 같은 사람에 대한 형벌에 관해서 생각하고 있었다."
이 대답은 매우 성스럽지 못하다. 그 질문은 매우 순진한 것이었다. 이 노여움은 당치않다. 그러나 그 사람은 전체의 기독교 학설을 흔들리게 하는 하나의 문제를 제기하였다. 그렇다. 거기엔 시작이 있어 본 적이 없다. 그렇게 될 수 없는데, 왜냐하면 그때 이런 의문이 항상 생길 것이다-그 시작 이전에는 무엇이 있었는가？라고. 그리고 거기엔 어떤 종말도 없을 것이다. 왜냐하면 이런 의문이 생길 것이기 때문이다-그때 그 종말 후엔 무엇이 있을 것인가？라고.
시작 이전의 무엇인가를 상상할 수 있다면, 그것은 시작이 아니었다. 종말 이후의 무엇인가를 생각할 수 있다면, 그때 그것은 종말이 아니다.
세상은 진행하는 과정이다. 神은 창조성이며 창조 그리고 창조 그리고 창조한다. 사실 내가 창조라고 말하는 순간, 나는 편치 못하다. 언어로는 정확하게 표현할 수가 없다. 내가 '창조'라고 말하는 순간, 神은 분리된 것처럼 보인다.
아니다. 神은 창조자이며 창조되어진다. 그는 하나의 바위가 되는, 나무가 되는, 사람이 되는 똑같은 에너지이며, 죄인도 성인도 되는 똑같은 에너지이며, 울고 웃는 동일한 에너지이며, 낮과 밤, 삶과 죽음, 여름과 겨울이 되는 같은 에너지…… 비이원성(非二元性)이다.
존재는 사랑을 통해 불려진 神이며, 사랑을 통해 야기된 神이다.

기도할 수 있게 되는 순간, 존재는 神이 된다. 그것은 같은 에너지의 변형이다.

그래서 神이란 무슨 물건처럼 존재하는 것이 아니다. 내가 神을 경험한 적이 있다면, 나는 그대에게 神을 보여 줄 수 없다. 그대가 神을 불러 일으키지 않는다면, 그대가 神과 타협하지 않는다면, 그대가 神을 부르지 않는다면, 그대는 神을 알 수 없다.

그리하여 딜레마는, 먼저 그대가 神이 존재하는지 존재하지 않는지의 여부를 완벽하게 확신한 후에 그대는 기도할 수 있다라고 하는 데에 있다. 그러나 오직 기도를 통하여 神은 존재한다. 오로지 신뢰를 통해서만 神은 존재한다. 그런데 그대는 神이 존재한다는 바로 그 가정에 관해서 먼저 확신하게 되기를 원하며 그리고나서 그대는 신뢰할 수 있다고 한다.

자, 진퇴양난이다. 그대가 먼저 확신이 필요하다는 것을 선택한다면, 그때 그대는 神이 무엇인지 결코 알 수 없을 것이다.

神을 아는 것은 오로지 도박사들을 위한 것이다. 그들은 확신에 관하여 걱정하지 않으며, 그들은 위험 속에서 움직일 준비가 되어 있으며, 그들은 불안전 속에서 움직일 준비가 되어 있으며, 그들은 미지(未知)를 향하여 움직일 준비가 되어 있으며, 그들은 안락한 과거, 편리한 과거를 떠날 준비가 되어 있으며, 그들은 항상 경이에 차 있으며, 늘 방황하는 조그만 어린 아이들과 같다.

神은 오로지 용기있는 사람들만을 위하여 존재한다. 그것은 가장 위대한 용기이다.

왜냐하면 그것은 가장 어려운 일이기 때문이다. 마음이 행하기에는 거의 불가능하다. 먼저 신뢰하게 되면 그때 神이 일어난다. 그대는 그대의 신뢰를 통하여 神을 창조한다. 이 자리에서 그대가 신뢰의 눈을 뜬다면 갑자기 삶은 변화를 가지며 변형된다. 삶은 神的이 되고 신성하게 된다.

神은 그대의 주관성이며, 그대의 가장 깊은 휴식이며, 고향으로 돌아오는 것이다.

神은 신학(神學)과는 조금도 관계가 없다. 神은 삶을 살아가는 방법과 관계가 있다 ― 그대는 마음을 통하여 삶을 살아가거나 또는 가슴을 통하여 삶을 살아간다.

그대가 가슴을 통하여 산다면, 神에 관한 모두를 잊을 것이다. 神은 그 스스로를 돌볼 것이다. 神은 올 것이며, 神은 그대의 심장을 두드릴 것이다.

조만간 그대는 점점 다가오는 神의 발자국 소리를 들을 것이다. 그대의 바로 그 심장박동은 神의 발자국 소리가 될 것이다. 그대의 바로 그 숨쉼은 神의 들어오고 나감이 될 것이다.

만약 어떤 사람이, 스승을 감히 욕보인 사무라이를 혼내 주고 싶은 무소의 제자와 같은 상황에 처해 있다면, 앞뒤 안가리고 사무라이를 혼내준 후에 명상을 해야 합니까? 아니면 에고가 깔린 충동을 억눌러야 합니까? 또는 다른 대안이 있습니까?

먼저, 이해되어야 할 가장 근본적인 것은 그대가 무엇을 하든지 간에 그것이 반응(反應 reaction)이 되어서는 안된다는 것이다. 그것이 행동(行動 action)이 된다면 그때에는 아무런 문제가 없다. 무소의 제자가 자연스럽게 행동했더라면 무소는 틀림없이 그를 축복하였을 것이지만, 술취한 사무라이를 더 이상 살려둘 수 없다고 구구하게 말하기 시작했으므로, 그 결과 스승을 욕되게 한 것이다. 만약 그가 그것에 관하여 곰곰히 생각하며 마음을 내기보다 오히려 행동을 했더라면, 다시 말해 無心(no-mind)으로 행동하였더라면, 스승은 반드시 그를 축복하였을 것이다.

　행동(action)은 항상 옳은 반면, 반응(reaction)은 항상 그르다. 그래서 우선 'reaction'이라는 이 용어를 이해하도록 하라. 그것은 그대가 무의식적으로 행동하고 있음을 의미한다. 누군가가 그대를 조종하고 있다. 누군가가 무엇인가를 말하고, 무엇인가를 행하면, 그대는 반응한다. 그 상황에서의 실제의 주인은 그대가 아닌 다른 누군가이다. 누군가가 와서 그대를 모욕하면 그대는 반응하고, 그대는 성내게 된다. 누군가 와서 그대를 칭찬해 주면 그대는 미소지으며 행복해 한다. 둘 다 똑같다. 그대는 하나의 노예이며, 다른 사람은 그대의 버튼을 어떻게 누를 것인가를 알고 있다. 그대는 기계처럼 움직이고 있다. 그대는 하나의 로보트이지 아직 사람이 아니다.

　행동하라. 반응하지 말라.

　다른 사람의 손 안에서 놀지 말아라.

　無心으로 움직이는 사람은 예측할 수 없다. 단지 마음만이 예측될 수 있다. 만약 그 제자가 깨달은 사람이었고, 깨어있는 사람이었다면, 이 이야기가 어떻게 전개되었을 지는 아무도 말할 수 없을 것이다—아무도 말할 수 없다. 아무도 말할 수 없는데, 무수한 방도가 의식을 향하여 열리기 때문이다.

　이 이야기는 전적으로 달라졌을 것이다. 그는 배에서 사무라이를 내던져 버렸을지도 모르고, 그 자신 스스로 배에서 뛰어내렸을지도 모르며, 그의 스승 무소조차 배에서 내던졌을지도 모른다. 깨어있는 의식(意識)은 전적인 자유이다. 그러나 한 가지는 확실한데, 무엇이 일어났던 그 스승은 그것을 축복하였을 것이다. 즉 그것이 無心에서 자연스럽게, 현재에 있어서 전적인 행동으로, 누군가에 의해 조종받지 않은 채로, 그 자신의 존재로부터 나온 것이라면 말이다.

우리는 우리의 조건지어진 것에 따라서 반응한다. 그대는 채식주의 가정에 태어났는데, 채식이 아닌 음식이 그대의 식탁 위에 나온다면 그대는 메스꺼움을 느끼고 토하며 아플 것이다. 비(非)채식음식 때문이 아니라 그대의 기분 때문이다. 비채식성 음식에 조건지어진 사람이라면, 그것을 보는 시각만으로도 식욕을 느끼고 행복을 느낄 것이며, 스릴을 느낄 것이다. 이것 역시 하나의 조건지어짐이다.

우리는 어떤 일정한 방식으로 조건지어져 왔기 때문에 반응한다. 그대는 매우 온순하게 조건지어질 수 있다. 그대는 항상 조종으로 조건지어질 수 있다. 그대는 조용하게 조건지어질 수 있다. 그대는 사람들이 보통 시끄럽고 산만해지는 장소에서도 조용하게 남을 수 있게끔 조건지어질 수 있다. 그러나 그것이 하나의 조건지어짐이라면, 그때 그것은 종교와는 전혀 관계가 없다. 그때 그것은 심리학과 어떤 관계가 있다. 붓다나 예수는 그런 면에서는 마스터가 아니다. 오히려 B.F 스키너나 파블로프, 이런 이들이 그런 면에서 마스터다. 그것은 하나의 조건반사이다.

나는 한 이야기를 들었다.

B.F스키너의 실험실에서 새로운 쥐 한 마리가 소개되었다.

연구원들은 더 이상 사람에게 신뢰를 줄 수 없기 때문에 계속 쥐를 가지고 실험하였다. 그들은 그들이 쥐의 마음을 이해할 수 있다면 인간도 이해할 수 있을거라고 생각했다.

실험실에서 스키너와 아주 오랫동안 있어온 늙은 쥐가 새로운 쥐를 입문시키면서 말하였다.

"보라, 이 스키너 교수는 아주좋은 사람이지만, 자네는 우선 그를 조건화시켜야만 하네. 이 단추를 누르면 즉시 아침밥이 나오지. 나는 그를 완벽하게 조건화시켰다."

B.F스키너는 실험실의 쥐들을 조건반사화 시켰다고 생각하는 반면, 쥐들은 그들이 스키너를 조건반사화 시켰다고 생각한다.

조건지움은 하나의 살인이다. 즉 자발성이 죽는다. 마음은 어떤 일정한 관념을 먹고 살며, 감응(感應 : 의식이 깨어있음)되도록 허락하지 않는다. 그대는 단지 반응(反應 : 무의식적인 것)될 뿐이다. 조그만 일에 있어서나 커다란 일에 있어서나 그것은 똑같다.

그대가 종교적인 가정에서 양육되었다면, '神'이란 말은 매우 아름답고 성스럽다. 그렇지만 그대가 소비에트 러시아에 있는 공산주의자의 가정에서 양육되었다면, '神'이란 그 말은 메스꺼울 것이다. 그 말을 입밖에 낸다는 것은 입 속에 나쁜 맛을 남겨 놓은 것 처럼 느낄 것이다.

작거나 크거나는 문제가 아니다. 그대가 조건지어진 대로 처신한다면 그대는 기계처럼 움직이고 있는 것이다. 다시말해 사람이 아직 태어나지 않은 것이다.

그대가 어떤 영국 사람한테 농담을 하였을 때, 그는 세 번 웃을 것이라고 말해진다. 농담을 걸었을 때 첫번째로 웃을 것인데, 품위있게 되기 위해서이다. 또 농담을 설명할 때 두번째로 웃을 것인데, 역시 품위있게 되기 위해서이다(그것은 영국 사람의 훈련이다-늘 품위있는 것). 마지막으로 한 밤 중에 그가 숙면으로부터 깨어나서 그것을 이해할 때 세번째로 웃을 것이다.

같은 농담을 독일 사람에게 할 때, 그는 두 번 웃을 것이다. 그것을 말할 때 그는 첫번째로 웃을 것이다-품위있게 보이기 위해서. 그것을 설명할 때 그는 두번째로 웃을 것이다-품위있게 보이기 위하여. 그는 세번째는 결코 웃지 않을 것인데, 왜냐하면 그는 결코 농담을 이해하지 못할 것이기 때문이다.

 그대가 미국 사람에게 같은 농담을 할 때, 그는 한 번 웃을 것이다. 농담을 말할 때 바로 이해할 것이기 때문이다.

 그대가 유태인에게 똑같은 농담을 하였을 때, 그는 전혀 웃지 않을 것이다. 그대신 그는 "그것은 낡은 농담이야. 게다가 당신은 전혀 그릇되게 말하고 있어."하고 말할 것이다.

 이것은 하나의 농담일지도 모르고 또는 어떤 위대한 철학일지도 모른다. 이것은 하찮은 것일지도 모르며 또는 神자신일지도 모른다. 그것은 아무런 차이가 없다. 사람들은 행동하는 데 있어서 조건지어진 대로, 가르쳐진 대로, 기대 되어진대로 행동한다.

 자연은 기능을 위해서는 허락되지 않는다. 단지 양육(길들여졌다는 의미)만이 기능을 위해서 허락된다. 이렇게 길들여진 사람을 우리는 노예라 부른다.

 그대가 자유롭게 되고, 모든 조건을 떨쳐 버리며, 조건으로 뒤덮인 구름없이 신선한 눈을 가지고 처음으로 삶을 바라볼 때, 그때 그대는 예측할 수 없게 된다. 그때 아무도 알 수 없으며, 아무도 무엇이 일어날지 상상할 수 없다. 왜냐하면 그때 그대는 더 이상 존재하지 않기 때문이다. 다시말해 神이 그대를 통하여 행하기 때문이다.

 일단 그대가 아무 계획도, 아무 편견도, 아무 고정관념도 없이, 다만 감응(感應)할 준비가되어 있다면, 순식간에 무엇이 일어나든 진실되고 틀림없게 된다.

두 낱말을 기억하라-권위와 진실성. 보통 그대는 성직자, 정치가, 부모등 그대를 조건지어온 권위에 따라서 행동한다. 그대는 권위에 따라서 행동한다.

종교적인 사람은 권위에 따라서 행동하지 않는다. 그는 자신의 진실성을 통하여 행동한다. 그는 감응한다. 어떤 상황이 일어나고 도전이 거기에 있다-그는 그의 온 존재로 감응한다. 그는 그 자신조차 어떻게 될지 모른다.

그대가 질문하였을 때, 나 조차도 그대에게 무슨 답을 주게 될지 모른다. 내가 대답을 할 때, 단지 그때에만 나 역시 안다. 그대의 질문이 거기에 있고, 나는 여기에 있다. 어떤 감응이 일어나지 않을 수 없다.

감응은 신뢰도(信賴度)이다. 감응은 진실성이다. 감응은 순간을 살아가는 것이다.

그러므로 그 제자가 조금 더 깨어있었다면, 나는 무엇이 일어났을지 모른다. 무엇이 일어났을지 나는 모른다. 그것은 아무도 말할 수 없다.

그대는 항상 무의식적인 사람에 대하여만 예측할 수 있다. 그대가 그 제자 대신에 그곳에 있었다면, 똑같은 일이 일어났을 것이라고 나는 말할 수 있다-똑같은 일이. 거기엔 오로지 두 가지 가능성이 있다 : 그대가 겁쟁이였거나, 아니면 용감한 사람이었거나다. 그대가 강하다면, 그대는 그 제자와 똑같은 방법으로 행동했을 것이다. 그대가 약골이라면, 그대는 뒤에 숨기 위하여 어떤 합리화할 것을 찾았을 것이다. 이것이 두 가지의 다른 방도이다.

그러나 깨달은 참된 사람에게 있어서는 어떤 방도라는 것이 없다. 모든 가능성들이 항상 열려져 있다. 즉 문이 닫혀져 있지 않다. 매 순간 결정한다. 그는 미리 어떤 결정을 하지 않는다. 그는 이미 정해진 결정을 가지고 있지 않는다. 그는 신선하게 순결하게 움직인다. 이것이 깨달은 사람의 순결성이다…… 과거에 의해 부패되지 않은.

이 이야기를 들어보자. 그대는 두 가지 일을 할 수 있다.

하나는, 그대는 스승이 제자에게 말한 것처럼 인내심 기르기를 노력할 수 있다. 그대가 인내하도록 노력한다면 그것은 하나의 억압일 것이다. 그것은 도움이 되지 않을 것이다. 그 인내는 진실되지 않을 것이다. 깊이 들어가보면 거기에는 혼란과 군중과 조급함이 있을 것이고, 겉으로만 그대는 인내심 있는척 할 것이다.

두번째 가능성은 그대가 반응(反應)이란 단지 반응일 뿐이며, 기계적인 반응이라는 것을 이해하는 것인데, 그때 그대는 더욱 정신차리게 된다. 그대가 그대의 성급함을 억누르라는 것이 아니다. 그대가 더욱 성성(惺惺)해지며 더욱 자각적으로 되면, 인내란 그림자처럼 따른다.

자각(自覺)이 열쇠다. 그대가 깨닫게 되면 모든 것이 뒤따른다. 어떤 것이 되려고 하지 말라-인내, 사랑, 비폭력, 평화.

노력하지 말라. 그대가 노력한다면 그대는 자신을 억제시킬 것이고, 그러면 그대는 하나의 위선자가 될 것이다. 이것이 모든 종교가 어떻게 위선적으로 변하였는가이다. 내부는 다른데 외부엔 페인트를 칠한다. 그대는 미소짓지만 내부에선 죽이고 싶어할 것이다. 내부에서 그대는 모든 쓰레기를 나르지만, 표면에서는 향수를 계속 뿌린다. 내부에서는 악취를 풍기며, 표면에서는 마치 장미꽃인양 어떤 환영을 창조한다.
 결코 억누르지 말라. 억제는 사람에게 일어난 최고의 재앙이다. 그리고 그것은 매우 아름다운 이유 때문에 일어났다. 그대는 차분하고 조용한 붓다나 무소를 본다. 어떤 탐욕이 일어난다. 그대는 그들처럼 되고 싶다. 어쩔 것인가 ? 그대는 돌부처가 되려고 노력하기 시작한다. 어떤 상황이 벌어져서 그대가 혼란스러울 때에는 언제나, 그대는 그대 자신을 지킨다. 그대는 그대 자신을 제어한다.
 제어란 말은 천박한 말이다. 제어(conrol)는 네개의 글자*로 된 말은 아니지만 그것은 천박한 말이다.
 자유…… 내가 자유라 말할 때 방종을 의미하는 것이 아니다. 그대는 이해할지도 모른다…… 내가 자유를 말할 때 방종으로 이해할지도 모르는데, 왜냐하면 그것은 어떤 식으로 사태가 진전되느냐 하는 것이기 때문이다. 억압된 마음은 자유에 관하여 들을 때는 언제나, 즉시 방종으로서 그것을 이해한다. 방종은 억제의 반대극(極)이다. 자유란 바로 둘 사이에 있으며, 아주 정 가운데에, 억제와 방종이 없는 곳에 있다.
 자유는 그 자신의 규율을 가지고 있지만, 어떤 권위에 의하여 영향받지 않는다. 그것은 그대의 자각(自覺)으로부터, 진실성으로부터 나온다. 자유를 방종처럼 몰이해 되서는 결코 안될 것이다. 만약 그렇지 않으면 그대는 또다시 실수할 것이다.
 깨달음은 자유를 가져온다. 자유 안에서는 억제할 필요가 없는데, 방종의 가능성이 없기 때문이다. 그대가 억제를 받아 온 것은 방종 때문이다. 그대가 제멋대로라면 사회는 그대를 계속 억제할 것이다. 경찰과 법관과 정치가와 법정이 존재하는 것은 그대의 방종 때문인데, 그래서 그들은 그대를 제어하기 위하여 그대에게 계속 힘을 가한다. 자기 자신을 억제하는 속에서는 살아있는 존재의 전체적인 요점을 놓친다. 왜냐하면 그대가 찬양을 놓치기 때문이다. 그대가 그토록 억제되는데 어떻게 찬양할 수 있겠는가?

그것은 거의 매일 일어난다. 아주 많이 억제되고 훈련된 사람들이 나를 보러 왔을 때, 그들의 두개골을 관통한다는 것은 거의 불가능하다. 그들은 너무 두껍다. 돌벽이 그들을 둘러 쌓았다. 그들은 돌처럼 되었으며, 차거운 얼음으로 되었고 따뜻함을 잃었다. 왜냐하면 그대가 따뜻하고 두려움이 있다면-그대는 무엇인가 저지를지도 모르기 때문이다. 그래서 그들은 그들 자신을 죽여왔고, 완전히 그들 자신에게 해독을 끼쳤다. 억제 속에 남기 위하여 그들은 단 하나의 해결책을 발견하였는데, 그것은 전혀 살지 않는 것이다. 그래서 하나의 돌부처가 된다. 그때 그대는 인내심있고 조용하고 수양된 것 같이 꾸밀 수 있는 것이다.

그러나 그것은 내가 여기서 가르치고자 하는 것이 아니다. 억제는 방종과 똑같이 버려져야만 된다. 이제 그대는 혼란스럽게 될 것이다. 그대는 억제나 방종 둘 중 하나를 선택할 수 있다. 그대는 말한다. '내가 억제를 안한다면 나는 방종하게 될 것이다. 내가 방종을 멈춘다면 그때 나는 억제되게끔 해야만 한다.' 그러나 나는 그대에게 말하는데, 그대가 깨닫게 된다면 억제와 방종 모두가 사라진다. 그 둘은 동전의 양면이며, 깨달음 속에서는 필요치 않다.

이런적이 있었다.

항상 좀 수줍고 부끄러워하는 18세의 소년이 있었는데, 어느 저녁 그는 자신을 변화시키기로 작정하였다. 그는 아주 말쑥하게 차려 입고 침실에서 내려와 그의 아버지에게 달려들었다.

"보세요. 저는 도시로 갑니다. 저는 예쁜 여자들을 찾으려 합니다. 저는 만취하여 훌륭한 시간을 가지려 합니다. 저는 우리 세대의 사람이 삶의 전성기에 해야만 되는, 모험과 흥분을 가질 수 있는 모든 일들을 하려고 합니다. 말리지 마십시오."

그의 늙은 아버지가 말하였다.

"말리지 말라고? 기다려라 아들아, 나는 너랑 같이 갈 것이다."

모든 억제된 사람들이 이와 같은 상태에 있다. 내부에선 방종으로 폭발하기 위해 부글부글 끓고 있다.

수도원에 가서 수도사를 보라. 인도에는 노이로제 유형이 매우 많다. 그들은 모두 신경증 환자이다. 이것은 이해되어져야할 무엇인데-그대는 성(性)적으로 되지 않으면 신경증적으로 된다.

그대가 그대의 성애(性愛 eros)를 억압한다면 그대는 노이로제(신경증)가 된다. 그대가 그대의 노이로제를 버린다면 그대는 성애적(性愛的)으로 된다.

둘 다 광적(狂的)증상이다. 사람이란 단순히 자기 자신이 되어야 한다. 노이로제적이거나 성애적이 아닌, 모든 상황에 잘 대처하는, 삶이 무엇을 가져다 주든지 직면하고 받아들이며 살 준비가 되어야 한다. 그러나 항상 의식적이며 깨어있어야 한다.

그래서 끊임없이 기억되어져야 할 단 한 가지 것은, 자기기억(自己記憶)*이다. 그대는 그대 자신을 잊어버리면 안된다. 그리고 항상 그대 존재의 가장 깊은 핵심으로부터 움직여야만 한다. 모든 행동이 그대 존재의 중심으로부터 흘러나오게 하라. 그러면 그대가 하는 것은 무엇이나 德이 될 것이다.

미덕(美德)은 자각(自覺)의 어떤 기능이다.
그대가 중심의 바깥으로부터 무엇인가를 한다면, 그것이 죄처럼 보이지 않을지라도 그것은 죄다. 사회는 그대와 함께 행복할지는 몰라도, 그대 스스로는 행복할 수 없다. 사회가 그대를 칭찬할지 모르지만, 깊숙한 곳에서의 그대는 그대 자신을 계속 비난할 것이다. 왜냐하면 그대는 그대가 삶을 놓쳐왔다는 사실을 알 것이기 때문이다 ― 하찮은 것 때문에 삶을 놓쳤다.
사회의 칭찬이란 무엇일까? 사람들이 그대를 성자라 부른다면, 그것은 무엇일까? 단지 잡담일 뿐이다.
그대는 잡담 때문에 神을 놓치고 있다. 그대는 그대 주위의 이런 바보같은 사람들과 그들의 훌륭한 평가 때문에 삶을 놓치고 있다.
그대의 바로 그 중심으로부터 삶을 살아라. 이것이 명상이 하려고 하는 모든 것이다. 점차로 그대는 영향받지 않고 경작되지 않고 자발적으로 일어나는, 꽃이 피듯 자연스럽게 일어나는 어떤 질서를 느끼게 될 것이다. 그때 그대의 모든 삶은 유용하게 될 것이고, 그대의 온 존재도 유용하게 될 것이다.
그리고 그대의 온 존재와 전체의 삶이 만날 때, 그 둘 사이에서 神이 일어나며 니르바나가 일어난다.

이 일은 저의 어머니가 어렸을 때 일어난 일입니다. 매우 멋진 일입니다. 주의깊게 들어 주십시오.
그녀의 마차는 거리에 있었고 그녀는 마차 위에 앉아 있었습니다.
길 저편에는 말달구지가 안장가게 옆에 있었고, 농장 소년이 길에서 그 말의 굴레를 바꾸려고 했습니다.
그 소년이 곁눈 가리개를 벗겨내자 처음으로 그 말은 수년동안

자기가 끌고 다닌 달구지를 보았습니다. 갑자기 달구지가 등 뒤에서 섬찟하게 보이는 공포의 물체가 되자, 말은 밧줄로 묶인 달구지와 함께 거리로 달려 갔습니다. 나의 어머니는 공포에 질린 말 처럼 그녀의 마차에서 뛰어 내렸고, 달구지는 마차를 뛰어 넘다가 마차와 부딪쳐서 마차를 넘어 뜨렸습니다. 그 말은 계속 가려고 했고, 달구지에 묶인 채로 달구지에서 탈출하려 했습니다.
나는 말입니다. 달구지는 무엇입니까?

거기서 그대는 빗나간다. 그대는 달구지다. 말이 누구냐고 물어라. 그대 내부에 있는 말이 누구인지를 그대는 아직 모른다. 그대 자신에 관하여 그대가 알고 있는 것 모두는 달구지다. 그대가 '나는 말이다'라고 생각한다면 바로 그 시작으로부터 그릇된 발걸음을 옮긴 것이다. 지금 거기엔 어떤 자유도 없을 것이다.

이 '나'라는 것은 그대의 속박이다.
이 '나'라는 것은 그대의 노예상태이다.
이 '나'라는 것은 단지 말의 곁눈 가리개일 뿐이다.
이 '나'라는 것은 그대의 먼 눈이다.
그리고 그대는 묻는다.

나는 말이다. 달구지는 무엇인가? 라고. 물론, 그대는 달구지를 볼 수 없다. 왜냐하면 그대는 그대 스스로가 달구지를 잘못 이해하고 있다. 그대는 오해하고 있다. 그대는 그대가 말이라고 생각하고 있다. 그것이 달구지가 어디 있는지를 그대가 알 수 없는 이유이다. 그대는 달구지이다. 말을 찾아보라. 그대가 말을 찾기 시작한다면, 갑자기 그대는 갇혀 있고, 노예처럼 되어있고, 쇠사슬로 묶여있는 그대의 모든 '나'를 볼 수 있을 것이다.

그러나 마음은 매우 교활하고 끊임없이 속인다. 이 이야기는 아름다운데, 아름다운 사건은 대체로 사토리를 위하여 어떤 상황이 될 수 있다. 그대의 어머니가 조금만 더 깨어 있었다면, 그 순간은 도약의 순간이 되었을 것이다. 그러나 그대 역시 요점을 놓치고 있는데, 이것은 마음이 어떻게 속이느냐 하는 것이다.

나는 어떤 이야기를 읽고 있었다.

지옥 불구덩이에는 때때로 둑이 쌓여 지는데, 죄수들이 저지른 특별한 죄의 지독함에 따라서, 짧거나 긴 기간동안 각 죄수들을 격리시키기 위해서이다.

언젠가는 불구덩이의 세 수감자들의 짧은 휴가가 마침 일치하게 되었고, 그들은 만나서 대화를 하게 되었다.

한 사람이 말했다.

"내가 지구상에 태어났을 때 나는 유태인이었지. 그러나 솔직히 말해서 나의 약점은 햄·샌드위치였다네. 그래서 알다시피 이렇게 되었고."

"우리는 햄정도는 마음대로 먹을 수 있었지."

두번째 죄수가 말했다.

"왜냐하면 나는 카톨릭 신자였기 때문이야. 불행히도 나는 숙녀들과 너무 자유로왔지. 간통은 나의 주된 죄였고, 그것이 내가 여기에 있는 이유라네."

세번째 죄수가 침묵을 지키고 있자, 다른 두 죄수가 그에게로 갔다.

"음," 그들은 물었다.

"왜 당신은 불구덩이에 있는가?"

그러자 세번째 죄수가 굳은 표정으로 말하였다.

"나는 기독교 과학자요. 이곳은 뜨겁지도 않을 뿐더러 나는 여기에 없소이다."

이제 지옥에서 조차 그대는 하나의 기독교 과학자로 남아 있을 수 있다. 그대는 부정할 수 있다. 왜냐하면 기독교 과학자들은 그런 것은 단지 마음의 문제라고 계속 말할 수 있기 때문이다.

어떤 사람이 기독교 과학자를 만났는데, 그 기독교 과학자는 그에게 물었다.

"당신 아저씨는 좀 어떻소?"

그 사람이 답했다.

"그는 지금 매우 약하고 아픕니다."

기독교 과학자가 말하였다.

"그는 아프다고 생각할 뿐이오. 그는 아프지도 약하지도 않소. 그것은 단지 마음이오. 그는 아프다고 생각할 뿐이오."

7일 후에 그들은 다시 만났고 기독교 과학자는 다시 물었다.

"당신 아저씨는 좀 어떻소?"

그 사람이 답했다.

"지금 그는 더욱 두통거리지요. 지금 그는 이틀동안이나 자신이 죽어 있다고 생각합니다."

마음은 새로운 게임을 계속할 수 있다. 무엇보다 먼저 그대는 도피하려고 한다. 그대가 도피할 수 없다면 그때 그대는 그대가 여기에 없다는 생각을 만들어낸다. 그것을 경계하라.

그대는 달구지다. '나는 달구지가 아니고 나는 말이다.'라고 말하지 말라. 이것은 마음의 속임수이다. 그대가 이것을 일단 받아들인다면 그대는 헛되이 보일 것이다. 그대는 달구지가 어디에 있는지를 결코 발견할 수 없을 것이며, 말이 누구인지도 결코 알 수 없을 것이다. 그때 모든 것이 혼란스럽게 된다.

그대 자신에 관하여 그대가 알고 있는 모든 것은 그대가 아니다. 그것은 그대의 실재가 아니다. 그대 자신에 관하여 그대가 생각하는 모든 것은 그대가 수집하여온 남들의 의견들이다. 그대 자신에 관하여 그대가 생각하는 바를 단지 바라만 보아라. 그러면 그대는 여기저기로부터 주어모은 구속물들을 발견할 것이다.

누군가가 그대를 아름답다고 말한다. 그때 거울 앞에 가서 보면 조금 더 아름다워진 그대 자신을 발견할 것이다.

사람들이 그대는 영리하다고 말한다. 그대는 그대가 영리하다고 생각하기 시작한다. 사람들은 그대 주위의 일들을 계속 말하고 있으며 그대는 의견들을 계속 수집한다. 그대는 신문들로부터 그대에 관한 기사를 계속 잘라낸다. 그러면 그것이 그대의 온 존재다. 자신을 한번 살펴보면 그대는 발견할 것이다. 이 구속물이 어머니로부터 오며, 이 구속물이 아버지로부터 오며, 이 구속물이 형제로부터 오며, 이 구속물이 선생님으로부터 오며, 이 구속물이 성직자로부터 온다는 것을.

모든 달구지가 어떻게 그대 주위에 쌓아 모아졌는가를 단지 살펴보기만 하라.

그래서 그대가 일단 그것이 다른 사람들로부터 빌려온 것이라는 사실을 안다면 그때 그것을 떨쳐버리는 데는 아무 어려움도 없다. 심오한 통찰력 속에서 그것은 떨어진다. 그리고 그때 자각(自覺)이 일어날 것이다.

그 자각이 말(horse)이다. 그리고 거기에서 그대는 '나는 존재한다'라는 어떤 감도 발견치 못할 것이다. 기껏해야 그것은 amness, isness*지만, 그것 속에 '나'라는 것은 없다.

에고라는 것은 세상에서 가장 잘못된 것이다. 그러나 그대가 에고를 받아들인다면, 그것은 더욱 더 미망(迷妄)을 창조해낼 것이다. 에고는 매우 생산적이다. 그것은 산아제한을 믿지 않는다. 그것은 더욱 미망을 끊임없이 생각해낸다. 에고는 모든 미망의 어머니이다.

사랑에 흠뻑 빠져있을 때 당신은 어떻게 관조자로 있을 수 있습니까? 나는 혼란스러운데, 왜냐하면 사랑하는 사람에게 열중해 있을 때 그 상황을 지켜본다는 것은 엉터리처럼 보이기 때문입니다.

누가 지켜보라고 말하였는가? 나는 지켜보라고 말하고 있지 않다. 나는 단지 깨어 있으라고 말하고 있다-그리고 그 둘은 전적으로 다르다.

그대가 지켜볼 때, 그대는 마음을 통하여 본다. 그대가 깨어 있을 때, 그대는 단지 깨어 있을 뿐이다. 거기에는 어떤 지켜봄도 없다. 내가 '깨어 있어라'라고 말할 때, 단순히 잠에 떨어지지 말라는 것을 의미한다.

깨어있음은 마음과 아무런 관계가 없다. 지켜봄은 마음과 관계가 있다. 지켜본다는 것은 그대가 바깥 상황으로부터 노력하고 있다는 것을 의미한다. 깨어 있다는 것은 단지 잠들지 않은 상태에 있다는 것을 의미한다.

그대가 지켜보고 있다면, 물론 그대는 전체적인 것을, 사랑의 전체적인 아름다움을 놓칠 것이다. 그러나 사람들은 그렇게 계속하고 있다. 그들은 지켜보는 자가 되어 있다. 그리고 그것은 내가 '관조'에 대해서 말할 때, 내면에서 그대는 바로 '지켜보는 것'을 생각하는 까닭이다.
 사람들은 지켜보는 자로 변하였다. 서구에 있어서 특히, 전체적인 인간성은 지켜보는 자들로 되어 있다. 영화를 본다거나, TV를 본다거나, 축구경기를 본다거나, 누군가 춤추는 것을 본다거나, 누군가 성교하는 것을 본다거나 말이다.
 그대는 그저 하나의 지켜보는 자이다. 영화 속에서 다른 누군가가 애정행위를 하고 있으면 그대는 의자에 앉아서 바라본다. 얼마나 바보같은가? 사랑행위를 하든가 아니면 집에 가라. 왜 자꾸 보는가? 온 사회가 엿보는 사람으로 변해진 것처럼 보인다. 계속 지켜보는 것이 유일한 일이다. 지켜보는 것으로 무엇을 얻으려 하는가?
 나는 어두움 속에서는 사랑행위를 할 수 없는 사람들에 관하여 들은 적이 있는데, 그들은 지켜보는 것을 좋아하기 때문이다. 그들은 그들 스스로가 성행위하는 것을 지켜보기를 좋아한다. 조명 속에서 그들은 사랑행위를 한다. 무엇인가 놓쳐지고 있다. 사랑은 깊은 신비이며 오로지 깊은 어둠속에서만 일어난다. 그대가 지켜보기 시작하는 순간, 사랑이 사라진다. 그대는 엿보는 취미를 가진 성적 이상자(性的異常者)가 되었다.
 여자들은 그 현상에 대하여 더욱 본능적으로 깨어있다. 그들은 사랑행위(性行爲)를 할 때에 항상 눈을 감고 있다. 만약 그들이 눈을 감고 있지 않다면, 그들은 여성해방운동권에 속해 있다고 확신할 수 있다. 그들은 남자들처럼 되려고 하며 남자들처럼 바보스럽다. 내적으로 깨어있는 것은 엄청나게 아름답기 때문에 여자는 항상 눈을 감는다. 아주 많은 것이 내면에서 일어난다.

그와 같은 에너지의 흐름, 그와 같은 깊은 공명(共鳴), 그와 같은 음악, 그와 같은 침묵, 그와 같은 절정감(絶頂感)의 위대한 춤 - 누가 지켜보기위해 고민할까? 어떤 사람은 즐기며, 어떤 사람은 그것 속에서 기뻐하며, 어떤 사람은 그것 속에서 춤을 추고, 어떤 사람은 그것 속에 잠긴다. 누가 지켜보기 위해 걱정을 할까?

나는 침실에다 조명뿐 아니라 도처에다 거울을 장치하여 모든 쪽으로부터 그들의 성행위를 지켜볼 수 있도록한 사람들에 관하여 들은 적이 있다. 사랑은 중요하지 않다. 틈으로 엿보기를 좋아하는 호색가들…… 다른 사람들의 목욕탕 문과 열쇠구멍을 조사한다. 그대는 그대의 열쇠구멍을 통하여 그대 자신조차 보려고 한다. 그러나 그것은 불가능하다. 그래서 사람들은 많은 고안을 해내었다.

나는 자동카메라를 그들의 침실에다가 고정시켜놓고, 자유롭게 성행위를 하면서 카메라로 계속 사진을 찍고, 나중에 모든 것을 재음미 해보는 그런 사람들에 대하여 들어본 적이 있다. 재음미하는 것은 본질적으로 중요하지 않다.

이것은 하나의 질병이다. 그대가 뿌리를 보기 위하여 나무를 잡아 뽑는다면 그 나무는 죽을 것이다. 뿌리는 어둠속에 있어야만 한다. 神은 빛 속에서 보다는 어둠 속에서 일을 더 하는데, 왜냐하면 빛은 좀 격렬하기 때문이다. 아이는 어머니의 깊은 자궁 속에서 태어난다. 어둡고 빛이 안 들어 오는 곳에서, 그 곳에서 아이는 자란다. 씨앗이라는 것도 토양의 어두운 자궁 속에서 자란다. 그 곳에서 씨앗은 싹이 트고, 자라난다. 어둠 속에서 태어나는 모든 것은 아름답다.

결코 지켜보는 자가 되지 말라.

관조한다는 것은 전적으로 다르다. 이런 말들은 트러블을 만드는데, 왜냐하면 관조한다는 것도 또한 지켜본다는 것을 뜻하기 때문이다. 그러나 나를 이해하려고 하여라. 깨어있음이란 단순히 그대가 성행위를 하면서도 그대가 잠에 빠지지 않는 것을 의미한다. 그것이 전부다. 가능한 한 깊숙히 행위 속으로 움직여라. 행위 속으로 녹아 들어가라. 오르가즘이 일어나도록 하라. 사랑의 神이 깃들게 하여라. 세찬 바람 속에서 조그만 낙엽처럼 떨어라. 사랑의 神이 모든 곳으로부터, 모든 방향으로부터 그대에게 오게 하라. 흠뻑 빠져라—그러나 잠에는 빠지지 말라. 깨어있어라.

나는 지켜보라고 말하지 않는다. 왜냐하면 그대가 지켜보는 순간, 그대는 눈이 되어 버리며, 전체적인 생명을 잃게 되기 때문이다. 그대가 깨어있을 때 그대는 온 전체로서 깨어 있다. 그대 몸속 모든 세포가 깨어있다. 온 몸이 깨어있다. 깨어있음은 전적으로 다른 질을 가진다.

그러나 말이란 항상 트러블을 만들어낸다. 그리고 우리는 매우 지식적(知識的)으로 되어 있으며, 항상 말들 속에서 길을 찾아낼 수 있다. 우리는 늘 게임놀이를 계속할 수 있다.

이런적이 있었다.

무스코비치는 어떤 박물관의 복도를 터벅터벅 걸으며 꽤 많은 시간을 보내다가 상쾌한 담배 한 대를 피우기 위해 멈췄다.

박물관 경비원이 나타났을 때, 그는 담배를 계속 물고 있지는 않았었는데, 경비원은 그에게 접근하여 화를 내며 말하였다.

"저것 좀 보라구!"

경비원은 선명하게 빨간 글자들로 쓰여진 벽위의 표시를 가리켰다. '금연'

무스코비치는 잠시 주목해서 보더니 경비원에게 말하였다.
"저것은 단호하게 말한게 아니야."

그대는 항상 말을 통하여 수단과 방법들을 찾아낼 수 있다. 나는 깨어나라고 말한다. 나는 '지켜보라(watch)'고 결코 말하지 않았다.* 지켜보는 것은 하나의 긴장행위이다. 그대는 옹색하게 된다. 깨어있음이란 매우 넓은 의식이다. 그대는 옹색하지 않다. 그대는 활짝 열려있다.

지켜보는 것은 집중이다. 그대는 집중한다 — 마치 그대가 하나의 화살을 가지고 목표물에 맞히려는 것처럼. 그때 그대는 집중한다. 그때 그대는 그대의 시야로부터 모든 것을 몰아낸다. 오로지 목표물, 오로지 목표물만이 그대의 눈 속에 남아있다. 그대는 모든 것을 잊는다. 이제 모든 의식은 작은 표적이 되어야만 한다. 이것이 지켜봄이라는 것이다.

깨어있음이 명상이다. 그대는 활짝 열려 있으며 모든 문들이 열려 있다. 그대는 옹색치 않으며 절대적으로 상처받기 쉽다. 모든 것이 허락된다.

그대는 두 가지 방법으로 나를 들을 수 있다. 그대는 집중할 수 있다. 그때 새들의 노래 소리는 산만하게 될 것이다. 왜냐하면 그대는 새소리를 내몰아야 하기 때문이다. 그대는 나와 함께 명상할 수 있다. 명상적으로 나를 듣는다면 그때 새들은 명상의 일부분이 된다. 새들은 내몰아지지 않는다. 그들은 그들의 길속에서 같은 것을 말하고 있으며, 그들은 적이 아니다. 그대는 활짝 열려있다. 모든 것이 허락된다. 모든 창문이 열려있고, 모든 문이 열려있고, 모든 방향에서 바람이 불어온다. 거기에는 어떤 산만함도 없는데, 왜냐하면 그대는 집중하려 하지않기 때문이다.

사람들이 내게 와서 말한다.
"우리는 매우 산만함을 느끼는데, 어떻게 하면 산만함을 피할 수 있겠습니까?"
나는 그들에게 말한다.
"집중을 피하라. 산만함을 피하지 말라. 그대는 산만함에 대한 문제를 만들어내고 있는데, 왜냐하면 그대는 집중하려고 하기 때문이다."
명상은 어떤 집중이 아니다. 그것은 어떤 것도 몰아내지 않는다. 그것은 모든 것을 포함한다. 바로 그 차이를 보아라. 그대는 틈새처럼 열려진 것이 아니다. 그대는 완전하게 열려있다. 모든 것이 허락된다. 그때 새들은 풍부하게 한다. 어디에선가 개가 짖어댄다-이것 역시 풍부하게 해준다. 그대가 집중만 하지 않는다면 산만스러울 것이 아무것도 없다. 그대는 집중에 의해서 문제를 만든다.
깨어있게 된다 함은 열려 있고, 살아있고, 잠들어 있지 않고, 무의식적으로 되지 않는 것을 의미한다. 그러나 깨어있게 되는 것은 지켜보는 것과는 관계가 없다. 만약 그렇지 않다면 그대는 긴장하게 될 것이다. 그대가 지켜보려고 한다면 그때 그대는 분리된다. 그때 그대의 한 부분은 성행위를 하고 있고 다른 한부분은 순경처럼 순찰하고 있다. 그때 그대는 성행위 속에서 전체적으로 있을 수 없는 것이다. 지켜보게 되는 곳에서는 어떠한 사랑도 있을 수 없게 될 것이다.
그대가 사랑 속으로 전적으로 녹아든다면, 그대는 그대 안에서 자각(awarness)의 어떤 질(質)을 발견할 것이다. 그 질은 토치라이트(torch-light : 한 곳으로 모이는 불)같은 것이 아니다-

토치라이트는 집중되고 뾰족하고 좁다―그러나 램프와 같은 그런 빛은 모든 쪽으로 떨어진다.

전적인 사랑이 되게 하라. 그러면 자각(自覺)이 그것으로부터 나올 것이다. 그대 자신을 위하여 문제를 만들지 말라.

나는 그대가 계속 오해하고 있다는 것을 알고 있는데, 왜냐하면 그대가 계속 해석하려 들기 때문이다. 내가 무엇을 말하더라도 그대는 그대의 신분과, 사상과, 이념에 따라서 내 말을 해석하는데, 그때 그대는 모든 것을 파괴시킬 것이다. 나를 들어라. 그렇지만 내 말을 해석하려고는 하지 말라. 가능한한 순수하게 들어라.

나는 그대에게 어려운 것을 말하고 있지 않다. 나는 매우 단순한 진리를 말하고 있다. 그대는 그것들을 어렵게 만들고, 복잡하게 만든다. 그대는 복잡한 것에 탐닉한다. 한번 마음이 트러블을 만들면, 그때 마음은 그것을 해결하는데 도사가 된다.

그대가 자각을 가지고 나를 올바르게 듣는다면, 그대는 내가 말하려는 바를 느낄 수 있다. 말로써는 어렵지만, 그대가 사랑 속에서, 신뢰 속에서 공감하고 있다면 그대는 그것에 대한 느낌을 가질 것이다.

이것이 바로 아주 깊은 신뢰가 필요되는 이유이다. 그대는 아웃사이더로서 여기에 있을 수 있으며 방문자로서 여기에 있을 수 있다. 그대는 산야신이 되지 않고 여기에 있을 수 있지만, 그대는 많은 것을 놓칠 것이다. 나는 똑같은 것을 그대에게 말하지만, 그대는 많은 것을 놓칠 것이다. 왜냐하면 의심과 신뢰하지 못하는 마음이 거기에 있을 것이고, 그것은 모든 것을 파괴하고 타락시킬 것이기 때문이다.

그대가 일단 긴장을 풀고, 받아들이며, 내맡기며, 신뢰한다면

그때 내가 무엇을 말하든지 그것에 대하여 전적으로 다른 질(質)
을 가진다. 오로지 그때에만 이해가 생겨난다.

**나는 지난해 동안 당신을 경청해 왔습니다. 아직도 나는 매일
 아침이 하나의 새로운 모험이라고 느낍니다. 나는 떨리는
심장과 야릇한 흥분을 가지고 당신의 출현을 기다립니다. 일년
동안이나 당신을 들었는데도 이러한 일이 일어납니까? 이것에
 관하여 무엇인가 말씀해 주십시오.**

 진실로 그대가 사랑 속에서 경청해 왔다면, 그때 몇해 동안이
아니라 몇생애 동안이라도 이야기를 계속할 수 있으며, 매일 아침
그대는 다시 흥분하게 될것이다. 사랑은 모든 것을 새롭게 만든다.
왜냐하면 사랑은 결코 과거를 축적하지 않는다. 사랑은 결코 무
거운 짐이 되지 않는데, 그것은 결코 티끌을 모으지 않기 때문이다.
그 거울은 투명한 채로이다.
 그대가 마음을 통하여 듣는다면 그때 그것은 어려워질 것이다.
그때는 일년조차도 너무 길다. 그대는 너무 많은 머리를 수집하
였을 것이기 때문에 그대는 무겁게 될 것이며, 그대는 불안해지고
흥분은 사라질 것이다. 왜냐하면 마음이란 항상 낡게 되기 때문
이다. 마음은 낡는다. 왜냐하면 마음은 과거를 축적하기 때문이다.
 그대가 가슴을 통하여 나를 경청해 왔다면, 그때 거기에는 아
무런 축적도 없다. 매일 아침 그대는 아침처럼 온다 - 마치 신선한
아침이슬처럼, 새롭게 열린 꽃봉오리처럼.
 그리고 내가 여기에서 하고 있는 것은 참으로 무엇인가를 말
하고 있는 것이 아니다. 차라리 나는 그대 존재의 가장 깊숙한

핵심과 놀이를 하고 있다. 말이란 그저 구실이다. 말이란 단지 그대를 어딘가에 주의를 끌게 함으로써, 나는 그대 안으로 더욱 깊이 계속 스며들 수 있다. 말이란 단순히 내가 그대 안으로 깊숙히 스며들 수 있는 어떤 분위기를 만들어내며, 그러므로해서 나는 그대의 가장 깊숙한 핵심에 도달한다.

그대가 가슴으로부터 듣는다면, 그때 그것은 끊임없이 계속될 수 있으며 그대는 항상 흥분에 휩싸일 것이다. 사랑은 항상 흥겨운데, 사랑은 항상 새롭기 때문이다. 가슴은 항상 흥겹기 때문에 결코 지루하지 않으며 짐을 지우지 않는다. 반면에 마음은 항상 지루하고 짐을 지운다. 기쁘고 행복하게 느껴라. 그것은 축복이다- 매우 드문 사람들에게, 드물게 일어나는......

새들은 이곳에서 끊임없이 노래하여 왔지만, 그들이 다시 노래할 때 그것은 다시 새롭다. 왜냐하면 그 지저귐은 다른 어떤 것을 뜻하지 않기 때문이다.

내가 그대에게 전달할 어떤 의미를 지니고 있다면, 조만간 마음은 느낄 것이다, '이제 그것은 충분하다'라고. 나는 전달할 아무것도 지니고 있지 않다. 나는 어떤 메시지도 없다. 아니, 내가 바로 메시지다. 나는 나를 제외한 어떠한 것도 그대에게 전할 것이 없다. 나는 그대에게 어떤 교의(doctrine)도 주지 않는다. 나는 어떤 선생이 아니다. 노래부르는 사람으로, 詩人으로, 춤추는 자로서 나를 기억하라. 이것이 바로 내 모습일 것이다.

바그완, 당신은 연애편지입니다.
당신은 너무 많은 말을 하는군요.

내가 깨달음을 얻은 이래로 나는 단 한 마디도 한 적이 없다. 그대는 나말고 다른 누군가를 들은 것임에 틀림없다. 나는 침묵을 지키고 있다. 다시 들어보라. 그러면 그대는 단 한 마디도 찾지 못할 것이다. 어디엔가에 실수가 있다. 그대는 그대의 꿈 속에서 내가 말하는 것을 들은 적이 있는지도 모른다. 나는 말한 적이 없다.

그대가 무의식적일 때 그대는 말한다. 그대가 의식적으로 되었을 때 그대는 침묵하게 된다.

어떤 일화다.

중년 초반의 아주 고집스러운 조지 존슨은 수많은 부부간의 함정을 용케 모면하여 왔지만, 지금 어쩔 수 없이 어여쁜 젊은 소녀와 사랑하게 되었다. 결국 그는 말했다.

"낸시, 나와 결혼해 주겠어?"

그녀는 미소지으며 말했다.

"물론, 조지."

긴 침묵이 흐른 후에 낸시가 말했다.

"자, 무엇이든 좀 더 말해요, 조지."

존슨이 대답했다.

"나는 벌써 많은 말을 했다고 생각하는데."

그대의 무의식 속에서는 그대가 말을 많이 안하였을지라도 그대는 많은 말을 한다. 그대가 무엇을 말하더라도 그대는 걸려든다. 무의식적인 사람이 침묵을 지킨다면, 세상은 아주 많이 좋아질 것이다.

그대가 의식적으로 되었을 때, 그대는 끊임없이 말할 수 있다 — 그것은 결코 충분하지 못하다. 깨달은 사람들, 그들이 침묵을 지킨다면 세상은 더욱 초라해질 것이다.

역자 註

* 네개의 글자 : 네개로 된 글자 중에 천박한 말이 많은데서 유래.(cunt, fuck, shit, damn 등)
* 자기기억(self-remembrance) : 마음이나 감정의 개입없이 끊임없이 자기 자신을 인식하며 느껴 나가는 것. 구르지에프(Gurdjieff)는 근본 가르침으로서 self-remenbering 을 사용했다. 라마나 마라리쉬(Raman Maharishi)의 'Who am I'도 비슷한 근간(根幹)을 이룬다.
* isness : 역시 話頭로 남겨 놓는다.
* 사실, 오쇼께서는 여기저기서 'watch'라는 말을 많이 사용하였다. 그러나 그때의 watch는 관조(witnessing)를 의미하는 것이다.

제 5 부

살불살조(殺佛殺祖)

살불살조

지현이라는 학인(學人)은 코페르니쿠스의 지동설(地動說)이 내포하고 있는 뜻으로 인하여 매우 혼란스럽게 되었다. 물론, 지동설은 수미산(須彌山)*이 우주의 중앙에 자리잡고 있다는 오래된 불교의 우주관과 모순되었다.

그는 우주에 대한 불교의 견해가 그릇되다고 입증된다면, 세겹으로 된 세계* 그리고 존재의 스물다섯가지 형태*들은 터무니 없는 생각일 것이라고 추론하였다. 이것은 바로 불교 그 자체의 부정으로 끝나는 것이었다.

그래서 그는 즉시 공도 들이지 않고 수미산의 위치를 변호하는 책을 쓰기에 착수하였다. 그 작업을 끝냈을 때 그는 즉시 그것을 가지고 능혜禪師에게로 가서 의기양양하여 그것을 내보였다. 처음 몇장을 대충 훑어본 후에 능혜禪師는 책을 되돌려 주며 말한다.

'이렇게도 어리석다니! 세겹으로 된 세계와 존재의 스물다섯가지 형태들을 산산히 부숴버리는 데에 불교의 목적이 있다는 것을 왜 깨닫지 못하는가? 왜 그렇게 전혀 가치가 없는 것들에 대해 그토록 집착하는가? 수미산이 그렇게도 중요한가? 이 돌대가리야!'

말문이 막힌 지현은 책을 겨드랑이에 끼어넣고 재빨리 집으로 갔다.

형이상학*은 넌센스이지만, 그렇더라도 어떤 대상에는 도움이 됨에 틀림없다. 그렇지않다면 형이상학이 그토록 오래 존속되지 않았을 것이다.

알지도 못하거니와 알 수도 없는…… 이 낯설고 생소한 세상

속에서 인간은 스스로 어찌할 수 없는 자기 자신을 발견한다.

이 암흑, 이 미지(未知)의 구름은 인간의 마음을 굉장히 어지럽힌다. 어쨌거나 인간은 그 스스로를 달래야만 한다. 여하튼 인간은 지식을 창조해내야만 한다.

그 지식이 참된 지식이 아닐지라도, 그것은 그대가 이 세상에 뿌리 내리고 있다는 양상을 줄 것이다. 그것은 그대가 절대적으로 무력하지 않다는 양상을 줄 것이다. 그대는 지식을 통하여 그대가 이 세상에서 낯선 사람이 아닌 주인인체 할 수 있다. 적어도 그대는 언어유희를 할 수 있고, 그대가 좋아하는 것이라면 무엇이라도 언어를 가지고 할 수 있으며, 그대 능력에 대한 그릇된 환영을 창조할 수 있다.

이것이 형이상학이란 것이 항상 해온 일이다. 사실상 그대 안에 아무 능력이 존재치 않는 경우에도 형이상학은 그대에게 어떤 능력감을 준다. 지식이 참으로 존재치 않는 경우에도 형이상학은 그대에 어떤 지식의 환영을 준다.

그때 '神'이란 말도 실질적으로 되는 것이다. 단지 '神'이란 말을 사용하는 것으로도 그대는 그대가 마치 무엇인가를 하고 있는 것처럼, 그대가 존재자와 관계가 있는 것처럼, 그대는 혼자가 아닌 것처럼, 지구상에서는 그대가 무력한 아이지만 아버지가 하늘에서 돌보아 준다고 느낀다. 즉 神이 그대와 그대의 복지에 대해서 계속 지켜보아주고 걱정하여 준다고 느낀다.

이것은 매우 유치한 태도이다. 그러나 인간은 무력하다. 참으로 성숙한 소수의 사람들이 있기는 하지만 대부분의 인간들은 유치한 채로 남아있다.

그리고 유치함과 어린아이의 청정함 사이의 차이점을 기억하라.

유치하게 되는 것은 무엇인가에 달라붙게 되는 것이다. 아이들처럼 되는 것은 그대 존재에 어떤 블록도 쌓지 않아, 천진난만하게 되는 것이며, 흐르게 되는 것이다.

인간은 유치한 채로 남아있다. 심리학적인 연령은 약 12세 정도인데, 그대는 육십이 되고 칠십이 되고, 팔십이 된다하더라도 결코 12세를 넘지 못한다. 그대의 물질적인 육체는 세월따라 변하지만 그대의 마음은 기껏해야 대략 열 살이나 열 두살 정도로 어디엔가 달라붙어 있다.

'神', '해탈', '깨달음' 같은 말들의 형이상학은 거의 신변잡화가 되었다. 그대는 언어를 믿기 시작한다. 누군가가 갑자기 '불이야!'하고 외친다면 어떤 두려움이 그대 안에 생긴다. 그대는 뛰기 시작한다. 그대는 밤중에 극장에서 소동을 벌일 수 있다. 불이 나갔을 때 갑자기 '불이야! 불이야!'라고 외치면 사람들은 달아나기 시작할 것이다.

'불'이란 바로 그 말은 마치 불이 일어나 생명이 위태로운 것처럼 환영을 창조한다. '레몬'이란 낱말, 그것에 관하여 생각하고 명상해 보아라. 그러면 그대의 입 속에 침이 고이기 시작한다. 바로 그 단어 '레몬'? 그것 속에는 아무것도 없다. 그러나 사람들은 말에 빠지게 되었다.

알프레드·코르지브스키에 의해서 설립된 The General Semantics Group이라 불려지는 언어학자 학교가 있다. 그들은 짧은 노래를 가지고 있는데, 그 노래는 적절하다.

그들의 노래는 이렇다.

오, 그 말은 그것이 아니라오.

그 말은 그것이 아니라오.
하이 호 더 데리 오.
그 말은 그것이 아니라오.

이것이 그들의 본질적인 가르침이다.
물론, 그대는 '불'이란 말에 의해서 태워질 수 없으며, '물'이란 말에 의해서 젖을 수 없다. 그러나 '神'이란 말, '종교'란 말, '예수'란 말, '붓다'라는 말? 얼마나 많은 사람들이 이러한 말들 때문에 희생당하여 왔는가?
어떤 사람이 기독교를 모욕한다— 그는 무엇을 하고 있는가? 기독교는 하나의 말이다—그러나 기독교인들은 기분이 상한다. 유혈사태가 나려고 한다. 인류는 말 때문에 싸우고 싸워왔다. '조국', '자유', '사회주의', '깃발'과 같은 말때문에. 그리고 수백만명의 사람이 죽어갔다. 말이라는 것이 생명 그 자체보다 중요하게 되었다. 이것은 광기의 한 종류이다.
그래서 형이상학은 넌센스일 뿐 아니라 광기이다. 물론 어떤 방법을 가지고 말이다. 형이상학은 매우 방법론적이다. 형이상학은 말의 마천루를 계속 쌓아올리고 있다—바벨탑과 같은. 그들은 계속 쌓아올리고 있다.
그대가 한번 말에 사로잡히게 되면, 진실은 그대로부터 멀리 물러난다. 그대는 언어의 벽 뒤에서 살기 시작한다. 그리고 언어의 벽은 다른 어떤 벽보다 더욱 강하다. 돌이나 바위벽조차도 그처럼 강하지는 않다.
언어의 힘은 그들의 투명한 존재에 있다. 그대는 언어를 통해서 계속 보고 있지만, 그대는 결코 언어를 통해서 보고 있다고 깨닫지 못할 것이다. 언어는 깨끗한 유리처럼 거의 보이지 않으며 투명하다. 그대는 창문가에 서 있을 수 있다. 그 유리가 참으로 깨끗하다면 유리가 있는지 없는지 모를 것이다. 그대는 창문이 열려져 있다고 생각할 것이다. 그대는 하늘을 보고 나무를 보고 태양이 떠오르는 것을 보고 있지만, 그대는 결코 그대와 실재사이에 유리가 있다는 것을 결코 깨닫지 못할 것이다.

형이상학은 하나의 유리이다. 그것은 진실로부터 그대를 계속 감추며, 끊임없이 진실을 왜곡한다.

사람들은 언어에 달라붙어 있는데, 왜냐하면 그들은 진실이 무엇인지 모르기 때문이다. 그래서 그들은 언어를 믿기 시작한다. 적어도 그것은 그대가 알고 있다는 감을 준다. 그대가 '神'이란 말을 사용할 때 갑자기 그대는 神을 알고 있는 것처럼 느낀다. 그대는 神에 관하여 아무것도 모른다. 그대는 단지 '神'이란 말을 알 뿐이다. 그대는 그저 들었을 뿐인데도, 그것은 그대의 주춧돌이 되어 있다.

네델란드의 시인이며, 사상가인 Huub Oosterhuis는 그의 일기 안에 이렇게 쓴적이 있다.

나는 누군가가 찢어지는 목소리로 '神'을 외치는 소리를 들었고, 또 다른 누군가는 중얼거리는 것을 보았다. 나는 그에게 물었다.

"당신은 무엇을 중얼거리고 있소?"

그는 말했다.

"나는 神에게 기도하고 있소."

그러나 그 둘 어느 쪽도 어떤 응답을 받았는지는 나에게 말할 수 없었다.

"그러면 두 분께서는 왜 神에게 요구합니까? 응답이 결코 당신들에게 나타나지도 않는데, 왜 당신들은 계속 기도합니까?"
내가 물었다.
그 둘은 대답하였다.
"침묵을 지키는 것은 더욱 나쁜 것이오."
그대는 계속 기도하고 끊임없이 신앙하는데, 왜냐하면 신앙없이 산다는 것은 굉장한 용기를 필요로 하기 때문이다. 그대는 계속 기도한다. 단지 정적만을 지킨다면 그대는 더욱 두렵게 되기 때문이다.

그대 자신을 지켜본 적이 있는가? 가끔 캄캄한 밤중에 고요한 거리를 지나고 있을 때, 그대는 노래부르며 휘파람을 불기 시작한다. 무엇을 하고 있는가? 이것이 바로 형이상학이다. 그대는 그대가 홀로가 아니라는 어떤 느낌을 창조해내고 있다. 휘파람을 불고, 그대 자신의 목소리를 듣는 것은 마치 누군가가 거기에 있는 것처럼 어떤 느낌을 준다. 그것은 그대를 북돋아 준다.

그대가 노래를 부른다면-그러나 그대가 종교를 믿는 사람이라면 그때는 기도를 할 것이다-그대는 神이 거기에 있고 모든 것은 OK라고 느낀다. 우선 그대는 노래하는 데에, 기도하는 데에, 발성하는 데에, 휘파람부는 데에 마음을 사로잡히게 되어 밤이 어둡다는 것을 잊게 되지만, 그 거리는 호젓하고 도처에 위험이 깔려 있다.

죽음 때문에 인간은 계속 휘파람을 분다. 그 휘파람이 형이상학이다. 사람들은 죽음이 존재한다는 사실을 계속 피하고 있다. 사람들은 자신의 삶이 단지 우연의 일치일지도 모른다는 사실을 계속 피하고 있다. 창조자가 없을지도 모른다. 지배하고 있는 자가 아무도 없을지 모른다. 지배하고 있는 자가 아무도 없다는 것을 그대가 한번 이해하면 그대는 공포에 휩싸일 것이다. 그때 어떤 순간에 어떻게 될지도 모르며, 그대는 불평조차 할 수 없을 것이다. 거기에는 불평을 털어놓을 사람이 아무도 없다.

형이상학은 그대 주위에 꿈의 세계를 창조한다. 아름다운 말들인 천당, 파라다이스는 그대를 위한 것이고, 지옥은 다른 사람을 위한 곳이다. 지옥은 적들을 위한 곳이요, 천국은 그대를 위한 곳이다.

이러한 것들이 소원성취다. 심리학자들은 모든 아이가 통과해야만 하는 일정한 상태를 알게 되었다. 그대는 조그만 아이를 지켜본 적이 있는가? 그들은 어떤 특정한 것에 몰두하게 된다. 헝겊인형, 담요조각, 또는 그것이 무엇이든, 그 일은 정신적인 것이다. 가까이 있는 것이 무엇이든 아이들은 그것을 잡으려 할 것이고, 얼마안있어서 그 특정한 물건은 거의 신성하게 되며 종교적으로 된다. 그대는 아이를 울리지 않고서는 그 물건을 치울 수 없다. 아이는 헝겊인형과 함께 잘 것이다. 모든 아이는 자신의 담요를 가지고 있다. 그것은 안정감을 준다.

그리고 그 물건은 평범한 물건이 아니다. 그것은 특별한 질(質)을 가지고 있다. 이것은 이해되어져야만 하는데, 왜냐하면 모든 형이상학은 아이들의 담요이고 헝겊인형이기 때문이다. 그대가 헝겊인형을 가져가면 그 아이는 잠잘 수 없다. 아이는 무엇인가 허전해한다. 헝겊인형이 바로 아이의 TM*인 것이다. 헝겊인형이 아이의 기도이고 그 헝겊인형은 아이의 神이다.

그대에게 있어서 그 헝겊인형은 외면인 것처럼 보인다. 아이에게 있어서 그것은 그의 존재의 바깥이 아니다. 그것은 그의 가장 깊숙한 존재이다. 그 헝겊인형은 외부와 내부의 경계 어딘가에 존재한다. 외부는 물질의 세계이며, 내부는 그대 존재의 세계인데, 그 헝겊인형은 바로 둘의 경계부분에 존재한다. 어떤 면에서는 세상의 부분이고, 어떤 점에서는 가장 깊은 존재의 부분이다. 그것은 세상에서 가장 기묘한 것이다. 그러나 그것은 안정감을 주며, 그대를 보호한다. 그대는 결코 혼자라고 느끼지 않는다. 그대는 항상 점유되어 있다.

 이것은 종교적인 의식이 된다. 아침에 아이가 찾을 첫번째 것은 그의 헝겊인형이다. 그때 헝겊인형이 거기에 있으면 모든것이 좋다. 즉 모든것이 제자리에 있는 것이다. 아이는 그것을 가지고 잠잔다. 아침에 첫번째로 아이는 헝겊인형을 찾는다. 헝겊인형이 제자리에 있으면 그때 모든 것이 여전히 좋다. 조금도 불안하지 않다. 그 헝겊인형이 그의 세계이다.

 아이는 자기만의 세계를 구축 시켰다. 세상은 광대하고 아이는 무력하다. 그는 세상을 지배할 수 없지만, 그는 헝겊인형을 지배할 수 있다. 헝겊인형과 함께라면 아이는 주인이 된다. 세상에서 그는 다른 사람의 손안에 있는 그저 무력한 아이이다…… 세상은 너무 크고, 광대하다.

 인형과 함께라면, 그는 더 이상 작은 아이가 아니다. 어떤 큰 사람이며, 하나의 보스다. 그는 인형을 가지고 그가 원하는 것이라면 무엇이라도 할 수 있다. 그는 그것을 던질 수 있고, 그는 그것에 화낼 수 있고, 그는 그것을 두들길 수 있다. 그 다음에 그는 그것을 칭찬할 수 있고, 그것을 설득하고, 사랑하고, 껴안고, 그것에 키스한다. 그가 원하는 것이 무엇이든 그는 할 수 있으며, 그 인형은 절대적으로 무력하다. 그는 그 상황의 절대적인 주인이다.

모든 형이상학은 같은 질(質)에 속한다. 그대의 神이나 그대의 헝겊인형이나…… 그대 내면의 작은 아이는 아직까지도 담요조각을 끌어안고 있다.

그대가 인생이 무엇인가를 진실로 알기를 원한다면, 모든 헝겊인형들이 떨어져 나가야 되고 산산히 부숴져야 한다. 모든 환영들이 분쇄됨으로 해서 그대는 진리가 무엇인지 알게 될 수 있다. 모든 겉치장은 떨어져 나가야만 한다.

사람들은 그들의 겉치장 뒤에 계속 숨는다. 겉꾸밈이 그대의 동굴들이다. 아무 빛도 들어가지 않고, 신선한 공기도 생기지 않는다. 그러나 그대는 보호되는 느낌이 든다. 그대의 신앙들은 거의 죽음이 된다. 그러나 여전히 그대는 보호된 느낌이 든다. 이것이 종교적인 사람이 세상에서 가장 용기있는 사람이라고 내가 항상 말하는 이유이다. 그들에겐 삶에 대한 위험을 직면할 준비 외에는 삶을 살아가는 다른 방법이 없다.

나는 어떤 일화를 들은 적이 있다.

유태인의 연극상영중에 갑자기 커텐이 쳐지면서 극장의 메니저가 흥분의 도가니속인 관객들 앞으로 나왔다.

"신사, 숙녀 여러분."

그는 말했다.

"나는 위대하고 사랑하는 배우인 멘델·칼브가 그의 분장실에서 치명적인 심장마비를 일으켜, 우리가 연극을 계속 할 수 없음을 여러분들께 말해야만 되는 슬픔에 차 있습니다."

그때 어느 만만찮은 중년의 여자가 발코니에서 얼굴을 붉히며 외쳤다.

"서둘러요! 그에게 닭고기 수프를 좀줘요!"

그 메니저는 놀래서 말했다.
"부인, 나는 치명적인 심장마비라고 말했습니다. 위대한 멘델·칼브는 죽었어요."
그 여자는 다시 외쳤다.
"어서 빨리! 그에게 닭고기 수프를 좀 줘요."
메니저는 필사적으로 비명을 질렀다.
"부인! 그 사람은 죽었다구요! 닭고기 수프를 먹여서 뭐 좋을 것이 있겠어요?"
그러자 그 여자는 뒤로 물러서며 외쳤다.
"해가 될 건 없잖아요!"

모든 형이상학들…… 기껏해야, 한가지 것은 유리하게 말해질 수 있는데, 형이상학은 어떤 해도 끼칠 수 없다는 것이다. 형이상학은 죽은 사람을 위한 닭고기 수프이다. 그것으로부터는 아무것도 좋은 것이 안나온다. 그것으로부터는 단순한 말들, 말의 놀음외에는 어떤 것도 나올 수 없다. 그것으로부터 좋은 무엇인가가 나올 수 없다. 물론, 해치는 것도 없다. 그것은 쓸데없는 행동이다. 그것으로부터는 해치는 것 조차 나오지 않는다.

그리고 기억하라. 무엇인가가 이익 될 수 있을 때에만 또한 그것은 해가 될 수도 있다. 그것이 해로울 수 없다면 이익될 수도 없다. 무엇인가가 이익될 수 있다면 그때 그것은 해로울 수도 있다. 그때 그것은 그것이 어떻게 사용되는가에 있다. 독(毒)은 해롭지만 유익할 수도 있으며, 약용으로 될 수도 있다. 그것은 그대가 독을 어떻게 사용하나에 달려 있다.

그러나 형이상학에 있어서는 단지 언어(words)만이 있을 뿐이다. 인간 마음은 언어만을 믿으려는 경향이 있다. 머지않아 인간은 진실이란 언어 속에는 없다는 것을 완벽하게 잊을 것이다. 진실은 언어너머에 있다. 진실은 침묵을 통해 접근해야 한다. 진실은 명상을 통해 접근해야지 마음을 통하면 안된다. 그대의 마음은 더욱 언어들의 행렬을 끊임없이 창조할 것이고, 그대는 계속 쓸데없는 행동을 하게 될 것이다. 별것도 아닌 것에 대하여 야단법석이게 될 것이다.

그러나 사람들은 왜 그들의 형이상학적인 마음가짐에 달라붙어 있을까? 그들이 소위 철학, 종교, 기독교, 힌두교, 불교라고 부르는 그런 형이상학적 태도를 버린다면, 갑자기 그대는 발가벗겨지기 때문에 그들은 매달린다. 그대가 형이상학들을 떨쳐버린다면, 갑자기 그대의 떨리는 아이가 거기에 있다 ─ 헝겊인형없이.

그대가 형이상학을 떨쳐버린다면 그때 그대는 그대가 누구인지 모른다. 그대가 형이상학을 떨쳐버린다면 갑자기 그대는 그대의 주체성을 잃어버린다. 그대의 이름, 그대의 형태, 모든 것이 사라지기 시작한다. 그리고 그대는 끝없는 심연으로 떨어지기 시작한다. 그것은 두려움이다.

사람들은 말(words)에 계속 달라붙어 있다. 말은 더 한층 많은 말을 창조한다. 말은 더 한층 많은 질문들과 더 한층 많은 답들이 필요되고, 그래서 답들은 더 한층 많은 질문들을 다시 창조하고, 창조한다.

심하게 부상을 당한 어떤 노동자의 이야기다.

어떤 성직자가 파견되었는데, 그는 질문으로써 직무를 시작하였다.

"그대는 성부이신 神을 믿는가? 그대는 성자이신 神을 믿는가? 그대는 성령이신 神을 믿는가?"

그 남자는 주위를 둘러보며 중얼거렸다.
"여기서 나는 죽어가고 있는데 그는 나에게 수수께끼를 묻는다."
삶은 끊임없이 죽음의 손안에 있다. 말들과 수수께끼에 시간을 낭비하지 말라. 붓다는 이렇게 말하곤 하였다.
'나는 그대가 커다란 위험에 처해있다는 것을 아는데, 그대는 진실과는 아무런 상관없는 수수께끼들을 풀려고 그대의 시간을 계속 낭비한다.'
또 그는 말하곤 하였다.
'그대는 독화살을 맞은 부상자와 같은데, 그 부상자는 쓰러져 누워있다. 의사가 달려와 그의 몸에서 화살을 제거하려 했지만, 위대한 철학자인 그는 말한다.
"기다리시오. 우선 나는 이 화살이 진짜인지, 어떤 결론을 내려야만 하오. 먼저 나는 나에게 쏘아진 화살이 돌발적으로 쏘아진 것인지, 또는 누군가 의도적으로 쏜 것인지 어떤 결정을 내려야만 하오. 왜 神이 세상을 창조하였을까? 세상을 창조한 누군가가 있으까?" 치명상을 입은 철학자는 요청하였다. "기다리시오! 먼저 생명을 구할 가치가 있는지 없는 지를 나에게 납득시켜주시오."
붓다는 이 이야기를 말하고 또 말하곤 하였다. 그리고 그는 이렇게 말하곤 하였다.
"내가 그대를 볼 때 나는 그대안에서 이와 똑같은 사람을 본다."
그대의 삶은 빠르게 지나가고 있다. 삶의 물결은 그대의 손가락안에 잡히지 않는다. 어떤 순간에 죽음이 닥칠지 모른다. 그런데도 그대는 형이상학적 수수께끼를 풀려고 노력하고 있는가? —세상을 누가 창조하였는가? 누군가에 의해서 세상이 창조되었는가? 神은 누구인가? 神의 형태는 어떨까?
 사람들은 끊임없이 토론하고, 논쟁을 계속한다. 이런 토론을 통하여 그들은 무엇인가를 피하고 있는 듯하다. 그들은 존재를 피하고 있다. 그들은 무엇인가에 사로잡힘으로써 삶과 죽음의 실재를 만나려고 하질 않는다.
 나는 어떤 이야기를 들은 적이 있다. 이 이야기는 굉장히 아름답다. 이 이야기는 로마 중세시대에 일어났다.
 중세기로 거슬러 올라가, 로마교황은 매우 보수적인 몇명의 조언자들에 의해서 세계 기독교 신앙의 심장과 중심안에 살고 있는 유태인들의 존재는 이제 더 이상 참아낼 수가 없다고 설득되었다. 그런 까닭에 로마의 유태인들은 정해진 날까지 그들의 집으로부터 퇴거토록 조치를 받았다.
 로마의 유태인들에 있어서, 이것은 커다란 비극이었다. 왜냐하면 로마에서보다 더 좋은 대우를 받을 수 있는 피난처를 그들은 알지 못했기 때문이다. 그들은 교황에게 재고를 간청하였고, 공정한 사람인 교황은 정정당당한 계획을 제안하였다. 그 계획은 유태인들이 그들 중에서 대표 한사람을 지명하여, 무언극에서 교황과 토론을 하여, 만약 유태의 대표가 그 토론을 이긴다면 유태인들은 로마에 남아도 좋다는 것이었다.
 유태의 지도자들은 그날밤 회당에 모여 그 제안을 숙고하였다. 그것은 궁지에서의 탈출구처럼 보였지만, 어느 누구도 토론에 지원하려 하지 않았다.
 지도자로서 랍비가 말하였다.
 "교황이 토론자도 되고, 심판관도 되는 토론을 이긴다는 것은 불가능하다. 내가 토론에 참가하여도 실패할 것은 불을 보듯 뻔

한데, 내가 그때 어찌 유태인 퇴거라는 결과를 책임질 수 있겠는가?"
　마루를 이구석 저구석 조용히 청소하고 있던 회당의 문지기가 갑자기 크게 말하였다.
　"내가 토론할 것이오."
　그들은 놀래서 문지기를 빤히 바라보았다.
　"문지기인 당신이 교황과 토론하겠다 이거구만!"
　우두머리 랍비가 말하였다.
　"누군가가 해야만 하는데, 당신들 중 아무도 하려고 하지 않습니다."
　문지기가 말했다.
　다른 누구도 토론을 자원하는 사람이 없자, 문지기는 유태인 사회의 대표자로 되어 교황과의 토론에 지명되었다.
　드디어 토론의 그날이 왔다. 교황은 성베드로 성당앞 광장에서 멋진 장신구로 치장한 추기경들, 카톨릭 주교들, 교회관리들에게 에워싸여 있었다. 유태인 문지기는 칙칙한 검은 복장과 긴 회색 턱수염을 가진 유태인 사회의 지도자들에 의해서 둘러싸여서 다가왔다. 그리고 토론은 시작되었다.
　엄숙하게 교황은 손가락 하나를 세워 하늘 저쪽으로 쭉 뻗었다. 망설임없이 문지기는 단호하게 땅을 향하여 가리키자 교황은 놀란 얼굴빛이 되었다.
　더 한층 엄숙하게 교황은 한 손가락을 다시 세워, 문지기의 얼굴앞에 단호히 내밀었다. 냉소를 머금으며 문지기는 세 손가락을 세워 아주 단호한 듯이 교황의 손가락을 저지하자, 깊은 놀람의 표정이 교황의 얼굴에 다시 스쳤다.

그러자 교황은 손을 그의 법복으로 깊숙히 밀어넣어 사과 한 개를 꺼냈다. 문지기는 그 즉시 허리주머니에 매달려있는 종이 가방을 열어 납작한 밀가루 빵 한 조각을 꺼내었다.
 이것을 보고 교황은 큰 목소리로 외쳤다.
 "유태인 대표가 토론을 이겼다. 유태인들은 로마에 남아 있어도 좋다."
 문지기는 물러났고, 유태인 지도자들은 그를 에워싼 채, 모두 광장을 바삐 걸어나갔다. 그들이 가버리자 마자 교회의 지도자들은 교황 둘레에 모여들었다.
 "어떻게 된 일입니까, 성하(聖下)?"
 그들이 물었다.
 "우리는 재빠른 주고받음을 이해하지 못했습니다."
 교황은 성호를 그으며 말하였다.
 "나와 대면한 사람은 토론의 기술에 있어서 달인이었다. 잘 생각해 보아라. 나는 모든 우주는 神이 다스린다는 것을 가리키기 위하여 내 손을 하늘 저쪽으로 쭉 뻗는 것으로써 토론을 시작하였다. 그럼에도 불구하고 그 늙은 유태인은 악마는 하늘 아래의 지배로 배정되어 왔다는 것을 가리키기 위하여 아랫쪽을 가리켰다. 그때 나는 神은 단지 한 분 밖에 없다는 것을 나타내기 위해 손가락 하나를 세웠고, 나는 그가 神學의 잘못 속에 걸려들게 하고자 하였다. 그런데도 그는 본능적으로 하나의 神이 세개의 표현을 가졌음을 나타내기 위해 세 개의 손가락을 세웠는데, 이것은 삼위일체의 교리에 대한 명백한 받아들임이다. 그리고 나는 신학을 버리고 소위 과학이라 불려지는것에 대한 맹종자들이 지구는 사과처럼 둥글다는 선언으로 드러난 진리를, 교회는 정면으로 반대한다는 것을 표시하기 위해 사과 하나를 꺼내었다. 그럼에도 불구하고 그는 즉시 지구가 요한계시록과 일치해서 납작하다는 것을 가리키기 위하여 밀가루로 만든 납작한 빵을 꺼내었다. 그래서 나는 그에게 승리를 인정하였다."

그때쯤 이미 유태인들과 문지기는 유태인 거리에 도착했다. 모두들 문지기를 둘러싸고 물었다.

"어찌된 일인가?"

문지기는 분연히 말하였다.

"모든 것이 넌센스였다. 들어보시오. 처음에 교황은 유태인들이 로마에서 나가야 된다고 말하는 것처럼 그의 손을 흔들었다. 그래서 나는 유태인들은 바로 여기서 머물 작정이라고 말하기 위해 아래쪽을 가리켰다. 그러자 그는 유태인들이 떠나든지, 아니면 죽든지라고 말하는 것처럼 손가락으로 나를 가리켰지만, 나는 세 번 죽더라도 유태인은 로마에 머물거라고 말하기 위하여 세 손가락을 그에게 표시했다. 그리고 그때 교황이 점심을 꺼내고 있는 것을 보고 나도 내 점심을 꺼냈다."

모든 형이상학적 토론은 이와같이 계속된다. 그대는 허약한 몸짓, 무의미한 몸짓들로 형이상학에 의미를 줄 수 있다. 공허한 말들─그대는 그대가 좋아하는 모든 방법으로 형이상학을 나타낼 수 있다. 그것은 그대의 게임이다.

진실은 그대의 말에 관하여 고민하지 않는다─인간이 생각하고 있는것, 인간의 마음이 결정하는 것등에 관하여. 진리는 말에 관하여 걱정하지 않는다. 진리가 무엇인지는 그대가 결정할 문제가 아니다. 그대는 오직 그대 자신을 우롱하고 있을 뿐이다. 그대의 진리는 그대의 진리일 뿐, 그것은 진리가 아니다.

마음이 어떤 결론을 내리더라도 그것은 마음의 결론일 뿐이다. 그것은 마음에 관하여는 어떤것을 보여주지만 진실에 관하여는 어떤것도 보여주지 않는다.

진리는 마음의 확신(conviction)이 아니다. 진리는 존재의 변형이다.

여기에서 나는 그대에게 어떤 형이상학도 주고 있지 않다. 사람들은 나에게 와서 묻는다. '당신의 교의(敎義, 主義)는 무엇인가?' 여기서는 교의가 없다.

모든 교의는 위험하다. 왜냐하면 교의(doctrine)는 독단이 되기 때문이다. 모든 교의들은 위험스럽다. 왜냐하면 교의는 업무가 되기 때문이다. 그렇기 때문에 모든 인간의 에너지는 교의 속에서 고갈된다.

모든 교의, 교리, 신앙, 주의를 떨쳐버려라. 그들에 대하여 순결하게 되라. 새롭고 신선하게 되어라 . 그때 그대는 지성적으로 될 것이다.

지성(知性)은 지력(知力)이 아니다. 지력은 지식이 축적된 것이지만, 지성은 그대 존재의 신선함, 그대 존재의 처녀성, 그대 존재의 무구(無垢)함이다.

지성적인 사람이란 말없이 삶을 대하는 사람이다. 그는 모든 신앙들이 벌거벗겨져 나간 삶을 사는 사람이다. 그는 어떤 경전도 없이 삶을 사는 사람이다. 그는 마음이란 구름이 없이 삶을 똑바르게 직접 보는 사람이다. 그는 증명하기 위한 어떤 수단도 갖고 있지 않다. 그는 미리 어떤 것도 결정하지 않는다. 그는 고정된 이념을 갖고 있지 않다.

그래서 그는 결코 좌절하지 않는다. 그는 단순히 열려있으며,

상처받기 쉽다. 그래서 진실은 모든 구석구석으로부터 그의 존재의 모든 세포를 관통하여 그에게 스며든다. 그는 진실로 적셔지는 스폰지처럼 된다.

신선한 해면(海綿)이 되어라-완전히 비어있는-그래서 그대는 있는 진실 전체를 빨아들일 수 있다. 이것이 명상의 모든 것이다. 명상이란 마음을 버리고, 형이상학을 버리고, 진실에 관한 어떤 교의를 버리는 것을 의미한다. 그러므로 해서 진실 그 자체가 그대에게 스며들고 들어갈 수 있는 것이다.

일단 그대가 어떤 교의(doctrine)에 빠지게 되면, 그때 그것은 지성이 아닌 기능적인 지력(知力)이다. 지성적인 사람은 항상 자유롭다. 반면에 지식인은 결코 자유스럽지 못하다. 지력은 항상 과거에 일관(一貫)되려고 한다. 반면에 지성은 언제나 현재에 응답하려고 한다.

지식인이란 매우 일관적인반면, 지성인은 매우 모순적일 것이다. 지식인은 논리적일 것이다. 사실 너무 논리적이다-시시콜콜하고, 쪼개기만 한다. 그러나 지성인은 논리적이지 않다. 그는 그저 진실하다. 그리고 진실은 모순적이다. 지성인은 진실에 대하여 강제하는 고정된 관념을 가지고 있지 않다. 그는 진실에 대하여 강제하는 고정된 양식을 가지고 있지 않다. 그는 물처럼 유연하고 유동적이다. 그는 진실과 함께 움직일 준비가 되어있다. 진실이 그에게 어떤 모습을 주더라도 그는 유용하다. 그는 결코 '아니오' 라고 말하지 않는다.

이것을 기억하라. 지식인은 항상 No와 함께 남아있는 반면, 지성인은 Yes와 함께 산다. 그는 진실이 무엇이더라도 진실에 대하여 Yes라 말한다. 그는 아무런 투쟁도 없다. 그는 진실과 부딪칠 아무것도 갖고 있지 않다. 그는 진실의 부분이다.

지성적으로 된다는 것은 지력적으로 되는 것과는 전적으로 다르다. 지력적으로 된다는 것은 단지 그대가 지성적인 것처럼 겉꾸미고 있는것에 불과하다. 지력(지식)적인 것은 임시대용품이다. 그리고 일단 그대가 지력(지식)적으로 된다면 그대는 이 기적으로 될 것이고, 그대는 닫혀진다.

그대가 지식인으로서 진실을 해결코자 한다면, 그대는 그대가 열쇠를 찾아낼 수 있고, 진실의 자물쇠를 열 수 있을 것이라고 희망하면서 그대안에 어떤 교의(doctrine)를 가져온다.

그러나 그 열쇠는 장애물이 될 것이다. 왜냐하면 그 자물쇠는 결코 잠겨 있은 적이 없기 때문이다. 그 문은 항상 열려 있다.

그대는 마술가인 하우디니에 대하여 들은적이 있을 것이다. 그는 모든 종류의 자물쇠, 쇠사슬, 감옥방에서 수 분안에, 기껏해야 3분안에 빠져나오곤 하였다. 그러나 한 번, 그의 생애에 있어서 그는 단 한 번 속았다.

이탈리아에서 하우디는 그의 재능을 공개하고 있었는데, 한 시간이나 지났는데도 빠져나올 수가 없었다. 관람하러 온 사람들은 서서히 걱정하게 되었다. 이런 적이 결코 없었다. 3분안에, 때로는 2분안에도 그는 항상 나올 수 있었다. 어떻게 된 일인가? 한 시간 후, 그가 나왔을 때 그는 땀에 흠뻑 젖어 기진맥진한 상태였다. 그는 기묘하게 보였다. 그들은 물었다.

"어떻게 된거야?"

그는 대답했다.

"사람들이 나를 우롱하였다. 그들은 문을 잠그지 않았었다. 그 문은 열려 있었는데, 나는 열쇠를 찾으려고 했다. 그곳에는 자물쇠는 없고 단지 구멍만이 있었다. 그 구멍 안에서 나는 있지도 않은 자물쇠를 열려고 하였다."

물론, 자물쇠가 없다면 그대는 그것을 열 수 없다. 그는 더욱 더 걱정하게 되었고, 그는 그들이 속임수를 써서 그 문이 잠겨있지 않았다고는 상상할 수 없었다. 그것은 단지 구멍이었다. 그곳엔 어떤 자물쇠도 없었고, 그래서 어떤 열쇠도 맞는 것이 없었을 것이다.

예수는 말했다.

'두드려라. 그러면 문이 그대에게 열릴 것이다.'

그 근본적인 뜻은

'두드려라, 그러면 문들이 항상 열려 있는 것을 발견할 것이다. 문들은 항상 열려진 채로 있었다.'

지력(intellect)은 열쇠들을 창조하려고 한다. 그리고 그대의 열쇠들 때문에 그대는 계속 놓치고 있는 것이다. 그대가 열쇠를 한번 갖게 되면……물론 그것은 열쇠처럼 보인다. 그러나 그것은 결코 맞지 않기 때문에 열쇠가 아니며, 거기엔 자물쇠 또한 없기 때문에 그것은 맞을 수가 없는 것이다. 그런데도 그것은 열쇠처럼 보인다. 그대가 한번 열쇠를 갖게 되면, 그대는 그것을 계속 지키고 있는다. 그것은 담요 조각이 되고 헝겊인형이 된다.

힌두인들은 그들의 종교를 계속 지킨다. 힌두인들은 그것을 활용하는 것에 관하여는 그렇게 걱정하지 않는다. 다만 그들은 그것을 계속 지키고 있을 뿐이다. 회교도들은 그들의 종교를 계속 지키고 있다. 기독교인들은 쓰레기 문학을 계속 제작하고 있다. 나는 결코 기독교 문학보다 더 보잘 것 없는 문학을 만나본 적이 없다. 그저 단순한 잠꼬대일 뿐이다. 그러나 기독교인들은 계속 제작한다. 기독교인들은 주장해야만 한다. 그들은 결코 그들이 말하고 있는 것을 이롭게 써본 적이 없으며, 그 열쇠는 그들 자신에게 결코 도움이 된 적이 없지만, 그들은 그것을 지키고 있다.

사람들은 그들의 열쇠와 교의(敎義, 主義)를 지키기 위하여 색다른 방법들을 찾아낸다. 그들의 모든 정력을 쓸데없는 수고 속에 가두어 버린다. 그대는 지켜본 적이 있는가? 그대가 어떤 교의(doctrine)도 가지고 있지 않다면, 그대는 즐길 수 있다. 사람들이 자신의 교의를 합리화시키고 방어하는 모습은 아주 우습다.

언제나 이런 일이 일어난다. 몇년 전 기독교 선교사가 나에게 와서 자신의 신학(神學)에 관하여 이야기를 시작하였다. 30분 동안 나는 그의 말을 들었고, 나는 그에게 물었다.

"당신은 거의 미쳐 보이기 때문에 다만 한 가지 물어볼 것이 있다. 과연 그 신학(神學)이라는 것이 당신을 도와왔는가?"

그대는 여호와의 증인이나 다른 미친 사람들을 보았을 것이다. 그 선교사는 들으려고 하지 않고 계속 떠들어 댔다.

다시 한 시간이 지난 후에 나는 말했다. "1분만 기다려라. 당신은 무엇을 이야기하고 있는가? 그것이 당신을 도와왔는가?"

선교사는 신학이 자신을 도와오지 못했다고 고백했지만 그는 그것이 도울 것이라고 기대했다. 나는 그에게 말했다.

"무엇인가가 나를 도왔는데 - 당신은 그것을 들을 준비가 되어 있는가?"

"언젠가 다시 오리다."라고 그는 말했지만 그는 결코 오지 않았다.

사람들은 필사적으로 그들의 신앙에 매달려 있다. 그들은 남들을 설득하고 있지 않다. 실은 남들을 설득하는 중에 그들 자신을 설득하고 있는 것이다. 그들이 홀로, 단지 그들 자신으로 남겨진다면 그들은 두렵게 될 것이다. '내가 신앙하고 있는 것이 진실인지 아닌지 누가 아는가?' 그들이 남들을 설득시키면, 누군가는 말한다. '네, 그것은 맞습니다.' 그러면 그들은 확신하게 된다. 지금 그들은 무엇인가 진실된 것을 가지고 있다고 확신한다. 그렇지 않다면 어떻게 다른 사람들이 감명을 받겠는가?

이런 일이 있었다.

두 젊은 제자들이 그들이 존경하는 율법선생(랍비)중에서 누가 더 경건한가 다투고 있었다.

첫번째가 말하였다.

"나의 랍비는 아주 성스러워서 훌륭한 군주의 특별한 배려를 받고 계시다네. 지난 봄 언제인가 도시 전역에 걸쳐 비가 오고 있었을 당시, 나의 랍비의 머리 둘레에는 조그만 원*이 생겼는데, 원안에는 비도 안 떨어졌으며, 대신에 태양이 랍비에게 내려비추었지."

"그런 것은 나의 랍비도 마찬가지야. 그런것이라면 나의 랍비가 더 더욱 경건할걸세." 두번째가 말하였다.

"어떻게 그렇게 말할 수가 있나? 당신의 랍비는 신앙의 아주 근본적인 요소가 부족한 분이야. 이에비해 나의 랍비는 견줄데가 없는 분이지. 지난 속죄의 날(Yom Kippur)-연중 가장 신성하고, 단식을 하는 때-에 나는 당신의 랍비가 닭고기 샌드위치를 먹는 것을 보았다구." 충격받은 목소리로 첫번째가 말하였다.

"암, 틀림없는 말일세! 도시 전역이 속죄의 날 이었을 동안에도 나의 랍비 머리둘레의 조그만 원 안에서만은 속죄의 날 다음날

이었지." 승리감으로 두번째가 말하였다.
 사람들은 자신을 방어하기 위하여는 무엇이든지 한다. 그들은 무엇인가를 계속 믿고 있다. 왜냐하면 신앙이란 것이 깨어지면 그들은 바닥도 없는 심연으로 떨어질 것이기 때문이다.
 그러나 그 바닥없는 심연은 진실이다. 그대가 그 사실을 한번 받아들이면 모든 두려움은 사라진다. 삶은 신비이며 풀 수 없다는 것을, 그리고 삶은 근본적으로 알 수 없는 것이라고 그대가 일단 받아들인다면, 그때 모든 두려움은 사라지며, 알기위한 모든 노력, 교의(doctrine)를 형식화하기 위한 모든 노력들은 멈춘다.
 순간 그대는 본래대로 진실의 한 부분이 되어 있다. 분리는 더 이상 없다. 찾는 자와 찾는 것은 하나이다. 생각하는 자와 생각되어지는 것은 하나이다. 관찰자와 관찰되는 것은 하나다. 이제 분리는 더 이상 없다. 그 분리는 그대의 교의(敎義, 主義)에 의해서 창조되는 것이다.
 이 禪話는 엄청나게 아름답다.

지현이라는 학인(學人)은 코페르니쿠스의 지동설이 내포하고 있는 뜻으로 인하여 매우 혼란스럽게 되었는데……

 혼란스러웠을 것이다. 왜냐하면 그가 매달렸던 신앙이 무엇이더라도 과학적 발견에 의해서 산산히 부숴졌기 때문이다. 그는 코페르니쿠스의 지동설이 내포하는 뜻으로 인하여 매우 혼란스러웠다.
 세상의 모든 종교들은 코페르니쿠스에 의해서 혼란되었다. 그는 인간 의식에 있어서 가장 위대한 혁명 중 하나를 창조하였다. 그

전에 있어서 모든 종교들은 지구가 존재의 중앙이라고 믿었다. 그들은 지구가 온 우주의 중앙이라고 믿는 것이 인간 에고의 한 부분이라는 것을 몰랐다. 그것은 에고 여행의 한 부분이었다.
　지구가 온 우주의 중심이라면, 그때 인간은 모든 삶의 중심이다. 그렇지 않다면 어떻게 지구가 우주의 중심이겠는가? 사람들이 지구위에서 살 때, 어떻게 다른 곳에 중심이 있을 수 있겠는가? 그리고 코페르니쿠스가 지구는 중심이 아니다라고 말했을 때, 사실상 지구는 아주 희미하고, 평범하고, 전혀 중요하지 않고 매우 하찮은 것이다. 반면 우주는 광대하고 지구는 중심이 아니다……

　　　……물론, 지동설은 수미산이 우주의 중앙에 자리잡고 있다는 오래된 불교의 우주관과 모순되었다.

　불교의 우주관에 있어서 수미산은 온 우주의 중심이다. 물론 불교도들은 혼란스러웠으며, 기독교인들도 매우 혼란스러웠다. 그래서 그들은 코페르니쿠스를 벌주었고, 갈릴레이를 벌주었다. 그들은 이와 같은 전혀 새로운 발견들의 입을 막기위해 열심히 노력했으므로, 지구가 중심에 위치한다는 그들의 낡은 관념도 계속될 수 있었다. 그러나 그것은 어려운 일이다. 어떤 진리가 발견될 때에는 언제나, 그 진리를 암흑속으로 되돌려 보낸다는 것은 거의 불가능하다.

　　　그는 우주에 대한 불교의 견해가 그릇되다고 입증된다면, 세겹으로 된 세계, 그리고 존재의 스물다섯가지 형태들은

터무니 없는 생각일 것이라고 추론하였다……

 종교적인 사람은 항상 두렵다. 하나의 교의(敎義)라도 그릇되다고 판명되면, 그때 그들의 모든 구조는 쓰러지기 때문이다. 왜냐하면 하나가 그릇될 수 있는데 다른 것이라고 별다를까?
 예수는 지구가 납작한 것이라고 말하는데, 그러나 나중에 지구는 납작하지 않고, 둥글고, 원형이고, 공과 같다고 발견된다면, 기독교인들은 두렵게 된다. 神의 아들이 너무 무식해서 지구가 둥글다는 것을 몰랐다면, 그때 다른것에 관해서는 어떻겠는가? 그는 다른 것들에 관해서도 역시 틀릴지도 모른다. 그가 神의 아들이라는 바로 그 주장은 잘못되었음이 증명될 것으로 보인다. 적어도 神의 아들은 모든 것을 알지 않으면 안되기 때문이다.
 하나의 교의(敎義)가 그릇되게 된다면, 하나의 헛점이 발견된다면, 그때 모든 구조는 쓰러지기 시작한다. 그래서 종교적인 사람 역시 하찮은 것에 대하여 계속 고집하고 있는 것이다.
 나는 자이나교 승려를 우연히 만나게 되었는데, 그는 미국인과 소련인이 달에 도착하지 못했다는 것을 증명하려 했다. 왜냐하면 그것은 자이나교의 우주관에 반(反)하기 때문이다.
 자이나교 우주관에서 달은 神과 천사의 거처이다. 우주 비행사들이 달에 도달하여 神도 천사도 없다는 것이 발견된다면, 그때 모든 자이나교의 우주관이 무너진다. 그때 마하비라와 그의 지식, 그의 절대지(絕對知)에 관하여 무어라 말할 것인가? 그의 전지(全知)는 산산히 무너진다.
 자이나 교도들에 의하면 마하비라는 과거와 현재와 미래의 모든 것을 안다고 주장한다. 그에게 숨겨진 사실은 아무것도 없다. 그의 지식은 절대 전지이다. 神이나 천사처럼 사람들이 달에 도달할 수 있다면, 그때 모든 자이나철학은 갑자기 부숴질 것이다.

그래서 이 자이나 승려는 그들이 도달하지 못한 것을 증명하려 했다. 이 승려는 그들이 온 세상을 속였다는 것을 증명하려 했다. 사람들은 단지 TV에서 스튜디오 공연을 보고 있는 것에 불과하며, 아무도 달에 도달한 사람은 없다는 것이다.

코페르니쿠스가 지구는 더 이상 중심이 아니고, 태양이 중심이다라는 것을 증명하였을 때도 같은 일이 일어났다. 수미산은 불교도의 개념이다. 수미산은 존재중에서 가장 높은 산이며, 세상의 중앙에 있다. 이제 수미산에 있어서 무엇이 일어날 것인가?

이 지현이라는 학인은 매우 혼란스러웠다. 하나의 개념이 그릇되다고 증명되면, 그때 다른 개념에 있어서는 무엇이 일어날 것인가?

……존재의 스물다섯가지 형태들은 터무니 없는 생각일 것이라고 추론하였다. 이것은 바로 불교 그 자체의 부정으로 끝나는 것이었다.
그래서 그는 즉시 공도 들이지 않고 수미산의 위치를 변호하는 책을 쓰기에 착수하였다.
그 작업을 끝냈을 때 그는 즉시 그것을 가지고 능혜禪師에게로 가서 의기양양하여 그것을 내보였다.

참으로 禪師들은 희귀한 사람들이다. 禪師와 같은 교황이 한 사람만이라도 있었더라면, 과학과 종교사이의 모든 투쟁은 피할 수 있었을 것이다. 기독교의 교황들은 계속 바보로 있기 때문에 투쟁은 아직도 계속된다. 그들은 넌센스를 계속 말하고 있다.

새로운 것은 무엇이든 간에 밝혀지기 마련인데, 그들은 계속 피하고 있다. 그들은 아직까지 예수 시대에 살고 있다. 능혜禪師와 같은 교황이 한 사람만이라도 있었더라면, 모든 것은 전적으로 달라졌을 것이다.

이 제자는 그가 입증하였음을 매우 행복해 하였다. 물론 그는 단지 논리적으로 하였다. 시시콜콜 따지기만 하였다. 그는 다른 방법으로는 증명할 수가 없었다. 그 증명은 시험될 수 없었다. 그것은 단지 논리적일 수 있었다.

禪師는 책을 받아 쥐었다.

처음 몇장을 대충 훑어본 후에 능혜禪師는 책을 되돌려주며 말한다.
'이렇게도 어리석다니!
불교의 목적은 세겹으로 된 세계와 존재의 스물다섯가지 형태들을 산산히 부숴 버리는데 있다는 것을 깨닫지 못하는가?
왜 그렇게 전혀 가치가 없는 것들에 대해 그토록 집착하는가? 수미산이 그렇게도 중요한가? 이 돌대가리야!'
말문이 막힌 지현은 책을 겨드랑이에 끼어넣고 재빨리 집으로 갔다.

이것이 깨달은 존재의 맛이다……그 풍미.
누구나 모든 교의, 경전, 이론에서 벗어나야 한다. 왜냐하면 근본적으로 인간은 인간 자신의 에고를 벗어나야 하기 때문이다. 누구나 진실로 종교적으로 되기 위해서는 모든 종교들을 벗어나야 한다. 사람은 진리와 마주 대하기 위하여 모든 이론에서 벗어나야 한다.

 선승(禪僧)들은 종교의 모든 역사속에서 드물다. 그들은 자신의 경전을 불태웠다. 그들은 밤은 춥고, 사원에는 땔감이 없자 불상(佛像)을 태워 버렸다. 붓다를 경배하는 드문 사람들…… 그대는 그들보다 붓다를 더 사랑하고 신뢰하는 사람을 찾을 수 없다. 그들은 부처님을 경배하지만, 겨울이 다가와 밤이 몹시 추워지자, 조금의 죄책감도 없이 단지 자신을 따뜻하게 하기 위하여 불상을 태울 수 있다. 아침에 그들은 다시 부처님에게 예불할 것이다. 이해하기 매우 어렵지만, 이것은 깨달음이란 어떤것인가 하는 것이다.

 그대가 깨닫게 된다면, 그대는 바보같은 것들에 매달리지 않는다. 그대가 깨닫게 된다면, 그때 깨달음만이 유일한 가치이며 다른 모든 것은 아무 가치가 없다. 선사(禪師)는 말했다.

 '수미산에 대해 누가 고민하는가? 모두 헛소리다. 형이상학, 우주론, 철학 등에 관하여 누가 걱정하는가? 모두 터무니없음이다. 코페르니쿠스가 그것을 무너뜨린 것을 행복해 하라. 그는 아름다운 일을 하였다. 그를 축복하라.'

 왜냐하면 근본적으로 모든 노력은 마음으로부터 어떻게 벗어나느냐이다. 그대가 교리(dogma)에 매달릴 때는 언제나, 그대는 마음에 집착한다. 그대가 어떤 교의(doctrine)에 달라붙어 있을 때는 언제나, 그대는 언어에 집착한다.

 그가 다음과 같이 말할때 그는 옳다.

'이렇게도 어리석다니!
불교의 목적은 세겹으로 된 세계와 존재의 스물다섯가지

형태들을 산산히 부숴 버리는 데 있다는 것을 깨닫지 못하는가?
왜 그렇게 전혀 가치가 없는 것들에 대해 그토록 집착하는가? 수미산이 그렇게도 중요한가? 이 돌대가리야!'

부처님이 입적(入寂)*하고 있을 때, 아난다는 슬피 울기 시작하였다. 아난다는 그림자처럼 부처님과 함께 사십년 동안 살아왔다. 그래서 그는 말하였다.
'나는 성취하지 못하였는데, 지금 당신은 떠나고 있다. 당신은 나와 함께 하루 스물 네시간, 사십년 동안을 같이 있었지만, 나는 이루지 못했다. 지금 아무 희망도 없다. 당신이 여기에 없다면, 일생동안 나는 암흑속에 있을 것이며, 여기저기를 방황할 것이다. 그리고 지금 나에게는 어떤 가능성도 없을 것 같다. 모든 문들이 닫혀 있다. 나는 아직 성취하지 못하였다.'
부처님은 미소지으며 말씀하셨다.
'아마 내가 가고나면 그대는 깨달음을 달성할 능력이 있게 될 것이다. 내가 보기에, 나는 하나의 장애가 되어 왔다. 그대는 너무 나에게 많이 매달려 있었다. 그래서 한가지 기억해 둘 것이 있다. 내가 갈 때 내가 완벽하게 가게 하라. 매달리지 말고 나를 완벽하게 떨쳐버려라. 그리고 그대 스스로 등불이 되거라.'
이것이 말해지고 그 다음날 아난다는 깨닫게 되었다. 부처님은 돌아가셨고, 지금 매달릴 아무 것도 없다. 마지막 장애물이 떨어졌다.
禪師는 말한다.
'그대가 길에서 부처를 만나거든 바로 죽여라.'

부처는 너무나 아름답고 너무나 사랑스럽기 때문에 그대는 부처에게 매달릴지도 모른다.

'그를 즉시 죽여라.'

禪師는 말한다.

'부처의 이름을 우연히 입밖에 낸다면 곧바로 입을 잘 씻고 깨끗이 하라!'

무엇을 뜻하는 말인가? 그런데도 그들은 예불을 계속하며, 부처님 발 밑에 꽃을 갖다 놓고 절을 하며, 그에게 끊임없이 귀의한다. 그들은 끊임없이 노래한다.

'Buddham sarnam gachhami : 나는 부처님께 귀의합니다.'

그들은 이것을 끊임없이 말한다. 이것은 매우 역설적인 것 같지만, 그대가 요점을 볼 수 있다면 이것은 간단하다.

깨달은 사람은 길을 보여주었기 때문에 누구나 깨달은 사람을 존경한다. 깨달은 사람은 암흑속에서 길을 보여주었고, 어둠 속에서 빛이 되어왔기 때문에 누구나 고맙게 여긴다. 그러나 누구든 그에게 결코 매달리지 않는다. 왜냐하면 그대가 매달린다면, 하나의 문이 되려고 했던 바로 그 사람이 이제는 벽이 되어버리기 때문이다. 그대는 놓쳤다.

한 제자가 어느 깜깜한 밤중에 스승의 집을 떠나고 있었다. 그는 두려웠다. 스승은 말했다.

"잠깐, 두려워마라. 등불을 주겠다."

스승은 제자에게 등불을 주었다. 그 제자는 매우 행복했다. 그는 더욱 자신만만하였다. 그가 스승의 집을 떠나려 막 발걸음을 옮겼을 때, 스승은 제자를 뒤로 불러 등불을 꺼버렸다. 제자는 말하였다.

"왜요? 무엇을 하셨나요? 밤은 너무 캄캄합니다."
스승은 말하였다.
"부처들은 단지 길을 보여줄 뿐이다. 그대는 다만 그대 자신의 빛을 가지고 혼자 여행을 해야만 한다. 그대 스스로 등불이 되거라."

하찮은 것들에 관하여 근심치 말라 — 神, 니르바나, 모크샤, 절대진리, 창조자, 극락과 지옥 — 모든 이론들 그리고 모든 학설들 그리고 모든 말들에 대하여. 말을 경계하라. 모든 말들을 옆에다 제쳐놓아야 진실앞에 바로 설 수 있다.

진실은 지금여기다. 그대는 그대의 형이상학적 이념들 때문에 진실을 놓치고 있다.

그대의 존재안에는 두가지 가능성이 있다. 하나는 지력(知力)*이고, 다른 하나는 지성(知性)*이다. 지력은 남성적이고, 지성은 여성적이다. 지력은 공격적이고 지성은 순종적이다. 지력은 격렬한 반면 지성은 부드럽다. 지력은 진실을 강제적으로 간파하려고 한다. 그것이 과학이 하고 있는 일이다. 그것은 진실에 대한 강탈이다. 그것은 추하다. 지성은 단순히 문을 열어 빛이 들어오도록 기다릴 뿐이다. 그것은 여성과 같이 잘 받아들인다. 그것은 자궁과 같다.

지성이 그대를 다스리게 하라. 지력이 그대를 압도하게 허락하지 말라.

그대가 사랑에 빠질 때면 언제나, 여성이 모르는 사이에 그대를 압도하기 시작한다는 것을 지켜본 적이 있는가? 그대는 세상에서 위대한 사나이일지 모르지만, 그대의 가장 사랑하는 사람과 함께, 그대의 에고는 간단히 사라진다. 가장 가냘프고, 연약한 여성조차도 세상에서 가장 강한 남자를 압도할 것이다.
 이런 일이 있었다.
 어떤 괴상한 왕이 충실한 신하 한 명을 시골의 이곳저곳으로 보냈다. 신하는 호주(戶主)들과 대담을 나누는 것이었는데, 집안에서 우두머리인 모든 남성에게는 한마리의 말이 주어질 것이었고, 공처가인 모든 남성에게는 닭 한마리가 주어질 것이었다.
 그 충실한 신하는 방방곡곡으로 돌아 다녔지만, 누구에게도 말 한마리 주어지는 경우는 결코 없이, 그는 닭만을 나누어 주었을 뿐이다. 마침내이긴 하지만, 신하는 털이 곤두서고, 수염도 깎지 않고, 깊고 낮은 목소리와, 숫소와 같은 근육을 지닌 건장하고 튼튼한 농부의 집에 도착하였다. 농부 뒤에는 가늘고 몹시 여윈 그의 부인이 서있었다. 충실한 신하가 말하였다.
 "당신이 당신의 가정에서 우두머리입니까?"
 그 농부는 그의 깡마른 머리를 뒤로 제끼며 으르렁거리며 웃었다.
 "아무렴, 꼬마양반! 이 주위에서는 내가 말하는 것이라면 안 통하는 것이 없지." 그는 말하였다.
 그리고는 넙적다리만한 그의 주먹을 폈다 오므렸다 하였다. 그 충실한 신하는 납득이 갔다.
 "당신은 말을 얻을 것인데, 갈색말을 원하는가, 회색말을 원하는가?"
 신하가 말했다.
 농부는 깡마른 머리를 뒤로 돌리며 외쳤다.
 "여보, 갈색말이 좋을까, 회색말이 좋을까?"
 그러자 충실한 신하는 말했다.

"닭이나 한마리 갖게나."

이것은 어떤 일정한 영원의 법칙에 따라 일어난다. 여성이 더욱 강하다. 그러나 그것은 매우 역설적이다. 여성은 매우 연약하게 보인다. 그러나 그속에 힘이 있다. 바로 그 연약함 속에 힘이 있다. 여성은 연약해 보이지만, 그 연약함 속에 힘과 강함이 있다.

모든 사람은 그들 내부에 양쪽을 다 지니고 있다. 남성은 그의 내부에 여성과 남성을 지니고 있으며, 여성도 그녀의 내부에 남성과 여성을 지니고 있다. 지금 그것은 그대에 달려있다. 그것은 초점이 어떻게 바뀌느냐이다. 지력은 남성적이고, 지성은 여성적이다. 마음이 남성적인 반면, 명상은 여성적이며 잘 받아들이며 수동적이다.

그대가 지식에 계속 집착하면 그대는 놓칠것인데, 왜냐하면 진실은 수동적인 사람에게만 문이 열리기 때문이다 - 수동적이며, 깨어있는…… 그러나 아무것도 하지 않는 절대적으로 수동적인 사람*에게만 문은 열린다.

지력을 지성으로 초점을 바꾸어라. 생각으로부터 느낌으로 초점을 바꾸어라.

진리는 결코 알려질 수 없다. 진리는 느낄 수 있을 뿐이다. 그대는 진리로 갈 수 없다. 그대는 진리가 그대에게 올 수 있도록 이용(利用)될 수 있을 뿐이다. 아무도 神에게 도달한 적이 없다. 그대만 준비 된다면 언제나 神이 그대에게 도달하는 것이다.

지력을 통하여 진리를 성취하려 한다면, 그대는 하나의 형이상학자, 철학자, 조직자, 논리학자가 될 것이다. 그때 그대는 놓칠 것이다. 절대적으로 놓칠 것이다. 모든 논리, 모든 조직화, 쓸데없이 따지는 모든 것을 떨쳐버려라. 모든 공격적인 것을 떨쳐버려라.

행위(行爲)는 떨어져나가야 한다. 수동적으로 되어라.
고요히 앉아 고요히 있어라-그리고 기다려라. 어느날 갑자기 그대가 진실로 무위성(無爲性)안에 놓이게 될 때에, 그대가 진실로 수용성안에 중심을 잡을 때에, 그대가 바로 열려있는 문이 될 때에, 神은 그대에게로 온다. 니르바나가 그대에게서 일어난다.

역자 註

*수미산 : 세계의 중심에 자리잡고 있어, 꼭대기에 제석천이, 중턱엔 사천왕이 살며 그 높이가 8만유순(由旬)이나 된다는 산.
*세겹으로 된 세계 : 일체 중생이 생사 윤회하는 세 가지 세계. 곧 욕계(欲界), 색계(色界), 무색계(無色界)의 三界를 말한다.
*존재의 스물다섯가지 형태 : 이십오유(二十五有)를 말함. 윤회의 생사계(生死界)를 25종으로 나눈것. 욕계(欲界)의 사악도(四惡道), 사주(四州), 육욕천(六欲天) 14가지, 색계(色界)의 7가지, 무색계(無色界)의 4가지, 이렇게 해서 이십오유다.
*형이상학(形而上學 metaphysics) : 존재의 근본원리를 연구하는 학문. 형체가 없는 존재의 근본원리를 순수한 사고(思考)로 인식하려는 학문이다. 형이하학(形而下學) : 형체를 갖춘 사물에 관한 학문. 과학, 생물학, 이화학(理化學), 물리학 등 모든 자연과학이 이에 속한다.
*TM : 인도의 마하리쉬 마헤시 요기가 창안한 만트라(주문)를 외우는 인스탄트 명상법. 초월명상이라고도 한다.
*원(circle) : 성인(聖人)의 머리 둘레나 몸 주위에 생기는 후광(後光)을 말함.
*입적(入寂) : 佛家에서 죽음을 일컫는 말로 입적(入寂)이란 말을 쓴다.
*지력(知力) : 지식적인 것을 말한다.

* 지성(知性) : 慧的인 것을 말한다.
* 아무것도 하지 않는 절대적으로 수동적인 사람 : 눈썹하나 손가락하나 까딱않는 그런 것이 아니라 무심(無心)의 상태에 있는 사람을 말한다.

제6부

백천간두 진일보

백천간두 진일보

처음에 당신은 내가 해야할 것을 나에게 말하였다. 그것은 어려웠다. 그러나 지금 당신은 내가 스스로 결정할 수 있는 것, 내가 느끼는 바를 스스로 할 수 있는 것을 나에게 말한다. 이것 역시 어렵다. 나는 어떤 그릇된 결정을 내리게 될까봐 두렵다. 설명해 주시기 바랍니다.

이런 것은 단 두 가지의 가능성이 있다. 그 하나는 포기*하는 것이다. 그 포기 속에서 결정이나 결과에 대하여 생각하기를 멈춘다. 포기 속에서 그대는 책임 그 자체를 포기하였고, 그래서 그대는 전적으로 자유다…… 마음에 어떤 짐이나 근심도 없이 움직이는 자유…… 그러나 포기의 길은 에고 때문에 어렵다. 그대는 전적으로 포기할 수 없다. 그대는 그대 자신에 대하여 삶을 콘트롤하고 싶어한다. 포기의 길은 에고 때문에 어렵게 된다.

두번째 가능성은 그대 자신의 손으로 일들을 떠맡는 것이다. 즉 하고 싶은 것이 무엇이든 간에 하는 것이다. 이렇게 되면 또 다시 문제가 생기는데, 그대는 자각(自覺)을 갖고 있지 않기 때문이다. 그대는 무엇을 해야 할지, 무엇을 안해야 할지를 모른다. 그때 그대는 어떤 그릇된 결정을 내릴까 두렵다. 그때 그대는 그릇된 방향 속에서의 움직임을 두려워한다.

에고가 거기에 있으며, 에고와 함께 에고의 그림자―무지(無知)―가 거기에 있다. 그들은 둘이 함께 가거나, 그렇지 않으면 함께 남아있다. 그대가 에고를 떨쳐버린다면, 무지는 사라진다. 그대가 무지를 떨쳐버린다면, 에고는 사라진다. 그들은 분리되어서 존재할 수 없다.

그래서 이것들은 두 개의 길이다. 하나는 포기하는 길이다—에고가 떨어져야만 한다. 그래서 점차로 그대는 그늘이 그 자신의 조화에 의해서 사라지는 것을 느낄 것이다. 그렇지 않으면, 그대가 더욱 성성적적(惺惺寂寂)해져, 더욱 많은 빛이 그대 존재 내부에 있으므로 해서 무지가 사라지는 것이다.

무지가 사라질 때, 자동적으로 에고가 사라진다. 에고와 무지는 같은 동전의 양면이다. 그대는 양쪽 방향으로 동전을 내던질 수 있다.

그러나 그대가 떠맡아야만 하는 하나의 결정이 있는데, 그것은 에고를 떨쳐 버리거나 아니면 무지를 떨쳐버리는 것이다. 에고를 떨쳐버리기가 어렵다면, 그때 무지를 떨쳐버리는 것은 더욱 어렵게 될 것이다.

이러한 두 개의 끊임없는 길들—의지의 길과 포기의 길. 포기 속에서, 그 '나'라는 것은 완전히 떨어져나간다. 의지의 길에 있어서, 모든 불순물로부터 순수 해지고 정화된 '나'는 투명하게 만들어진다. 그 '나'는 그 스스로에게 하나의 빛이 된다.

그러나 의지의 길을 따르거나 아니면 포기의 길을 따르거나 둘 중에 하나를 결정해야만 한다.

포기의 길이 더 쉬운데, 그것은 단 한걸음에 전적인 도약이 될 수 있기 때문이다. 수천리의 여행도 단 한걸음으로 완벽하다. 의지의 길은 점진적이다. 그대는 한치 두치 조금씩 움직인다. 그러나 그대가 이 길을 선택하였다면, 이 길을 좋아한다면, 거기에 이 길 때문에 나쁠 것은 아무것도 없다. 결정하는 것은 그대에게 달려있다.

물론 둘 다 어렵다. 그대가 선택하는 길이 무엇이든 그대가 선택치 않은 길보다 더 어렵게 보일 것이다. 그러나 선택하지 않으면 아무것도 되어질 수 없다. 누구든 조만간 선택해야만 한다. 그대는 어떤 일정한 길에 그대를 맡겨야만 한다.

그대가 할 수 있는 단 하나의 나쁜 일은 우유부단하게 남아있는 것이다. 그대가 그대 자신에게 저지를 수 있는 유일한 죄는 우유부단하게 미루는 것이다.

우유부단하지 말라. 결정하라. 때때로 그대가 실수를 범할지라도, 그것 때문에 나쁠 것은 아무것도 없다. 실수를 범하는 것에 의해서 그대는 많은 것을 배울 것이다. 아무도 실수없이 배울 수 없다. 길을 잃을지라도 두려워마라. 용기를 가지고 가라. 정신차려 가라. 조만간 길을 잘못 든 것을 깨달을 것이다. 그대는 돌아올 수 있다.

그대가 많은 실수를 저지르고 방황한 후 돌아올 때면 언제나, 그대는 그대의 의식이 풍부해졌음을 알 것이다. 무엇인가 잘못될지도 모르는 두려움 때문에 그저 집에 앉아 움직이지 않는다면, 그대는 과오를 범할지도 모른다. 그대가, 그대가 있는 장소에 매여있는 채로라면, 물론 어떤 잘못도 저지르지 않겠지만, 그대의 삶은 미완성의 삶이 될 것이다. 그대는 잘못을 피할 수는 있지만, 잘못 되는 것을 피함으로 인하여 그대는 삶이 그대에게 줄 수 있는 모든 아름다운 경험들을 피하고 있게 될 것이다. 이것은 도피다.

용기를 내라. 용기를 가져라.

수많은 사람들, 수백만 사람들, 그들은 단순히 무엇인가 잘못 될지도 모를 두려움 때문에 그들의 삶을 놓친다. 이것이 유일한 잘못이며, 유일한 과실이다. 그들은 숨기를 계속하며, 상황들로 부터 끊임없이 도망친다. 그들은 활동이 잘못될 가능성을 발견하는 곳이면 어디서든지, 모든 활동을 중단한다. 그들은 결코 성장하지 못한다. 그들은 미숙한 채로이다.

잘못을 저지르는 것 때문에 나쁠 것은 아무것도 없다. 단 한가지는 기억하라. 같은 실수를 또 다시 범하지는 말라. 그것으로 충분하다. 각각의 실수는 교훈을 가져다준다. 각각의 길 잃음은 심원한 도정에 있어서는 바른 길로 인도할 것이다.

어떤 일화다.

두 사람의 유태인이 벽을 향하여 서 있었는데, 두 손이 뒤로 묶인 채로 발포되기를 기다리고 있었다. 사격부대에 소속되어 있는 관리가 그들에게 와서 퉁명스럽게 물었다.

"마지막 담배를 피울텐가?"

첫번째 유태인이 대답했다.

"당신이나 피워, 이 살인자들!"

난처해진 두번째 유태인이 조심스럽게 속삭였다.

"조용해라 잭, 제발 말썽 좀 피우지 마."

이제 막 총살당하려고 하는데, 말썽을 피우고 안피우고가 무슨 차이가 있을까?

죽음이 다가온다. 모든 사람이 사살되기 위해 벽에 묶여있다. 두려워 말라. 그대가 두렵든, 두렵지 않든 마찬가지다―죽음이 다가오고 있다. 그대가 아무것도 하지 않더라도, 죽음은 다가올 것이다―죽음은 이미 오고 있다. 그 날들은 매일 짧아지고 있다. 그대의 삶은 매일 잘려 나가고 있다. 그대는 매일 삶으로부터 뿌리채 뽑혀지고 있다.

무엇을 기다리고 있는가? 무엇인가 해라. 단호해져라.

어떤 결정이 취해질 때 인간은 떨고 있다는 것을 나는 알고 있다. 나는 스스로 어찌할 바를 모르는 그대를 이해하지만, 아무것도 그것에 대해서 하여질 수 없다. 그것은 그렇다. 그대가 어떤 결정을 내릴 때는 언제나 떨림이 온다―누구든 잘못될 수도 있다. 하지만 결정이 내려져야만 한다. 누구나 잘못될 수도 있지만, 그럼에도 결정은 내려져야만 한다. 왜냐하면 그 결정이 잘못될지 그렇지 않을 지를 누구나 어떻게 알 수 있겠는가? 그대는 그것을 알기 위해서는 결정을 내려야만 한다.

사람들은 나에게 와서 산야스*를 받을 것인지 받지 않을 것인지 흔들린다고 말한다. 나는 흔들리는 것을 이해할 수 있으며, 내면의 혼란을 이해할 수 있다. 나는 어둠 속에서 미지(未知)를 향하여 발걸음을 옮긴다는 것이 어렵다는 것을 이해할 수 있다.

그러나 그들에게 단 한 가지만 말하면, 그대는 지금에 이르기까지 산야신*이 아닌 채로 살아왔다…… 그대는 미수(未遂)인 채로 그대의 삶을 살아왔으며, 근본적인 변형이 될 수 있는 어떤 결정도 결코 취하지 않았다. 그것을 지금 해보라. 아무것도 일어나지 않는다면, 그대는 언제나 되돌아 갈 수 있다. 되돌아 가는 것을 누가 방해하겠는가? 그러나 무엇인가 일어난다면…… 무엇인가 일어나는 바로 그 가능성은 가치있는 모험이다. 누가 알겠는가?

미리 알 수 있는 방법은 없다. 그것은 모든 일이 보증되기를 원하는 비겁한 마음이다. 그들은 나에게 묻는다. '내가 산야신이 된다면 무엇인가 확실하게 일어나는가?'

뉘라서 말할 수 있겠는가? 그것이 어떻게 확실하게 될 수 있겠는가? 내가 그대에게 줄 수 있는 것은 어떤 물건이 아니다. 그것은 항상 미지속에 있는 그 무엇이다.

그것은 일어날 수도 있으며, 안 일어날지도 모른다. 그것은 수많은 것들에 달려 있다. 그러나 그 가능성이 거기에 있다. 그것은 불가능하지 않다—이 정도는 말해질 수 있다. 그것이 나에게 일어났다. 이 정도는 말해질 수 있다—그것은 불가능하지 않다고. 그러나 아무도 그것을 확실성으로 만들 수 없으며, 누구도 그대에게 보증해 줄 수 없다. 그대는 머뭇거림 속에 남아있다. 그대는 계속 자유로이 움직일지 모르지만, 그대는 결코 삶의 깊은 물속으로 움직일 수 없다. 왜냐하면 그때 그대는 휘말릴지도 모른다는 두려움에 처해있기 때문이다. 그런 두려움 때문에 그대는 노예가 될지도 모르며, 그것은 그대의 존재를 속박하는 사슬이 될지도 모른다. 그대는 감금될지도 모른다.

그 위험은 받아들여져야만 한다. 그대가 무언가 속에서 깊게 움직일 때에는 언제나, 가능성이 거기에 있다. 그대는 더 자유롭게 될지도 모르며, 아니면 더 감금될지도 모른다. 그러나 위험을 받아들이는 사람은 언제나 그것으로부터 무엇인가를 배우며, 항상 풍요롭다.

그러므로 결정하라. 그대가 모든 것을 떠맡든지, 아니면 나에게 모든 것을 맡기든지 둘 중에 하나다. 그것은 50 : 50이 될 수 없다. 그대는 일부는 나에게 맡기는 반면 일부는 그대 자신이 지키고 싶어한다. 그러나 그것은 효과가 없을 것이다. 전혀 효과가 없을 것이다.

나는 한 친구를 알고 있는데, 그는 부인과의 결혼을 매우 만족해 하고 있다. 나는 물었다.

"어떻게 꾸려 나가고 있나?"
그는 말했다.
"우리가 결혼한 날 우리는 계약서를 만들었고, 우리는 협정을 했다네. 그 계약은 50대50으로 내가 떠 맡아야 하는 결정이 반이고, 아내가 떠 맡아야 하는 결정이 나머지 절반이었지."
그래서 나는 그에게 물었다.
"어떤 식으로 나누었는가?"
그는 말했다.
"모든 커다란 결정들은 내가 떠맡았고, 모든 작은 결정들은 그녀가 떠맡았네."
나는 아직 명백하지 않아서 다시 물었다.
"조금만 더 자세히 말해 주게나."
그는 말했다.
"베트남에서 일어나는 것과 같은 결정들, 또는 중국 수상이 지금 누가 되어야 할까―등의 이런 커다란 일들은 내가 결정하지. 그리고 아이가 갈 학교는 무슨 학교며, 차는 어떤 유형으로 구입하며, 살 집은 어떤 것이며, 무슨 음식을 먹는가하는 것등의 작은 일은 내 아내가 결정한다네. 이렇게 해서 50대 50이 되지. 모든 것이 완벽하다네."
그래서 그대가 나와의 협정을 이런 식으로 한다면 그때 그것은 좋다. 그대가 결정하는 커다란 일들과 나에게 맡기는 작은 일들이라면, 그때 그것은 완벽하게 좋다. 그때 그대는 神이 셋으로서 존재하는지, 아니면 하나로서 존재하는지 결정할 수 있는데, 나는 그것을 그대에게 맡긴다. 그러나 어떻게 명상하는지, 나는 결정할 것이다…… 조그만 일이다.

바그완, 당신은 난파선에서 살아남은 사람입니다. 당신은 조그만 판자 조각이 겨우 한 사람만 지탱해 줄 수 있다는 것을 알고 있습니다. 바로 그때 다른 생존자가 나타나서 판자위의 당신과 함께 있기를 시도합니다. 어떻게 하시겠습니까?

내가 나 자신이라면, 그때 나는 판자위에서 뛰어내려 다른 사람을 살리기 위하여 도울 것이다. 내가 그대라면, 그때도 역시 나는 판자 위에서 뛰어내려, 다른 사람을 살리기 위해 도울 것이다. 둘의 경우에 있어서 나는 모두 똑같은 행동을 할 것이지만, 다른 이유 때문이다.

내가 나 자신이라면, 그때 나는 삶은 불멸(不滅)이며, 삶은 불사(不死)라는 것을 알고 있기 때문에 나에게는 아무런 문제가 없다. 먼저 어떤 일화를 들려 주겠다.

어떤 영국 외교관은 아돌프·히틀러가 유럽을 공포에 떨게 했던 1930년말에, 지하저항운동이 얼마나 절망적인가를 보여줌으로 해서 서구의 의지를 고의적으로 부수기를 시도하고 있던 산속의 독일 기지를 방문하고 있었다.

아돌프·히틀러가 말했다.

"내 고개짓 하나로 목숨을 바칠 만큼 충성하는 독일군을 상대해서 영국이 무엇을 어떻게 할 수 있겠소? 저기에 병사가 보이죠? 병사, 창밖으로 뛰어내려!"

순간의 주저도 없이 그 병사는 창밖으로 뛰어내렸고, 남아있는 영국 외교관은 공포로 얼어붙었다. 히틀러는 징그럽게 웃었다.

"다시 한 번 보여 주겠소. 병사, 그 창문에서 뛰어내려!"

두번째 병사도 뛰어내렸다.

세번째에게도 히틀러는 자살을 명령하였는데, 이때에 그 영국 외교관은 거기에 한가하게 앉아 있을 수가 없었다. 그는 세번째 독일 병사도 바로 창문쪽으로 머리를 들이대자, 병사의 팔을 꽉 잡으며 소리쳤다.

"삶을 어떻게 그토록 가볍게 포기할 수 있는가?"

병사는 대답했다.

"당신은 이것을 삶이라 부르십니까?"

그리고는 창문을 부숴버리고 뛰어내렸다.

그대가 삶이라 부르는 것이 무엇이든, 그것은 전혀 삶이 아니다. 내가 그대라면, 나는 뛰어내릴 것이다. 내가 삶이라 부르는 것은 영원하다. 내가 나 자신일 때, 그 때도 역시 나는 뛰어내릴 것이다. 왜냐하면 거기에는 어떤 죽음도 없을 것이기 때문이다.

다만 그 동기들은 절대적으로 다른 것이다. 때때로 행동들이 비슷할 수 있지만 동기들은 절대적으로 다를 수 있다. 그렇기 때문에 결코 행동거지에 너무 많은 주의를 기울이지 말라. 항상 그 뒤에 있는 동기에 더 많은 주의를 기울여라.

왜냐하면 붓다는 그저 그대처럼 행동할 지 모르며, 그 행동은 아주 똑같을지 모르지만, 그것은 같을 수가 없다. 왜냐하면 붓다 의식은 그대와 아주 다르기 때문이다. 그 행동은 겉보기에 있어서 비슷할 것이다. 그러나 깊숙히 내려가면 커다란 차이가 있음에 틀림없다. 그것은 그래야만 한다.

붓다 역시 일상적인 삶을 산다―먹고, 자고, 갈증을 느낀다. 그러나 그 동기들은 전적으로 다르다. 붓다가 물을 마실 때, 그는 단지 육신의 갈증을 풀고 있을 뿐이다. 그대가 물을 마실 때,

그대는 그대의 갈증을 풀고 있다. 붓다가 음식을 먹을 때, 그는 육신이 사용될 수 있도록, 육신이 살아가게 끔 도와주고 있을 뿐이다. 육신은 하나의 수단이며 탈것이다―모든 주의가 이것에 기울여져야 한다. 그대가 음식을 먹을 때, 그것은 생사(生死)의 문제이다. 음식이 곧 그대의 삶이다.

붓다가 잠잘 때와 그대가 잠잘 때, 둘 다 같은 방법으로 자고 있다. 그 자세는 같을지도 모르고, 그 눈은 감겨 있을 테지만, 깊게 내려가면 커다란 차이가 있다. 깊은 잠속에서 조차 붓다는 깨어 있다. 그는 결코 잠들지 않는다. 단지 육신만이 잠잔다. 그 내면의 불꽃은 계속 타오른다. 내면의 깨어있음 속에서는 단 1초동안이라도 결코 어떤 단절이 없다. 그대가 잠잘 때, 그대는 완벽하게 잠잔다. 그대는 무의식적으로 된다. 그대는 완전히 무의식속으로, 어둠 속으로 그대의 존재를 잊는다.

그렇기 때문에 결코 행동거지에 의해서 어떤 것을 판단하지 말라. 항상 행동의 가장 깊숙한 핵심에 의해서 사물을 판단하라.

당신은 많은 시간을 기독교의 삼위일체에 대하여 언급하여 왔다. 성부(聖父), 성자(聖子), 성령(聖靈). 성모(聖母)는 어떻게 되었습니까? 말씀해 주십시오.

세상의 모든 종교들은 남성들에 의해서 창시되었다. 여성에 의해서 창시된 종교는 단 하나도 없다. 물론 남성의 에고, 남성의 맹목적 애국심은 존재를 설명하기 위해 만들어진 모든 교의(敎義)의 근본적인 뿌리가 되었다.

남성의 에고 때문에, 창조자로서 여성을 생각한다는 것은 매우 어렵다. 삼위일체에 있어서 여성에게 조그만 몫을 주는 것조차 어려운 것 같다. 모든 일이 남성들에 의해서 경영되어 왔다. 남성은 세상에서 경영자가 되었고, 물론 그는 다른 세상의 개념도 창조하였다. 거기에서도 그는 경영을 계속한다.

神도 남자, 성령도 남자, 성자도 남자…… 그렇지 않은 것이 없다. 어떤 神이 있다면, 그는 남성과 여성 둘 다 되어야 한다. 그는 오로지 남성만 될 수 없다. 그것은 불가능하며, 그것은 불완전하게 될 것이다. 神은 하나의 원(圓)임에 틀림없다—남성·여성, 음(陰)·양(陽).

이것은 동양에서 더욱 잘 알고 있다. 산스크리트(범어)에 있어서 궁극의 神인 브라마는 남성도 여성도 아니다. 이것은 더욱 사실적인데, 그는 둘 다이기 때문이다. 神은 어떤 性에도 속하지 않는다. 神은 性을 초월해 있다. 이것이 더욱 진실인 듯하며, 더욱 좋은 개념이다. 왜냐하면 삶은 양극 속에 존재하기 때문이다. 삶은 하나의 극(極)만으로 존재할 수 없다. 전기는 플러스나 마이너스만으론 존재할 수 없다. 음극과 양극—두 개의 극이 필요하다.

인간은 남성만으로 또는 여성만으로는 존재할 수 없다. 둘 다 완벽한 전체를 만드는 데에 필요된다…… 우아하고 기품있는 전체. 남성 혼자는 불완전하다. 여성 혼자도 역시 불완전하다.

삶을 보라. 모든 극들이 서로 연결되어 있다—삶과 죽음, 사랑과 미움, 낮과 밤, 여름과 겨울. 모든 양극성들이 함께 결합되어 있다. 神은 모두이며 전체다.

전체는 남성만일 수 없다. 사람들이 전체는 단지 남성뿐이다라고 말한다면, 이것은 남성의 태도다. 이것은 남성 국수주의자의 태도이다.

지금 여성들은 이것에 반발하고 있다. 자유주의 운동권에 있는 여성들은 神을 '그녀'라 부르기 시작했다. 그들은 더 이상 神을 '그'라고 부르지 않는다. 이것은 반작용이다. 사람들은 반작용을 이해할 수 있다. 그러나 반작용 역시 같은 것이다. 똑같은 실수가 또 다시 범해진다. 神은 그와 그녀 둘 다이다.

산스크리트(범어)에 있어서 우리는 神에 대하여 그나 그녀를 사용하지 않는다. 우리는 tat란 말을 사용한다. tat는 that을 의미하는 하나의 표시인데, 神을 '그' 또는 '그녀'라고 말하는 것이 없이 하는 간단한 표시다. Tat-that. 神의 性에 관해 아무것도 말하는 것이 없는 간단한 표시.

조만간 인간은 이것을 이해하게 될 것이다―남성과 여성은 서로 보완하는 존재라는 것을. 그들은 서로 반대되는 것들이지만, 하나의 전체를 창조하는데 있어서 서로 보완적이다.

神은 남성이라는 이 개념 때문에, 남성은 그대가 상상할 수 없을 정도로 터무니 없는 이론을 창조해 왔다. 인도에서도 또한, 자이나 교도들은 여성은 자유롭게 될 수 없으며, 여성의 몸으로는 자유롭게 될 수 없다고 한다. 먼저 그녀는 남성으로 태어나야 될 것이다. 단지 남성만이 자유롭게 될 수 있다. 이 어리석음! 영혼은 남성도 여성도 아니다. 붓다조차도 많은 세월동안 여성이 산야신으로서 입문되는 것을 허용치 않으려고 하였다. 다만 그의 생애 말기에 가서야 그는 완화했다.

사람들은 나에게 와서 묻는다.

'이 아쉬람에서는 무엇이 일어나고 있는가? 이 많은 여성들, 이 많은 남성들!'

과거에 있어서 아쉬람은 항상 남성만을 위하여 존재해 왔기 때문이다. 만약 아쉬람*이 여성들을 위하여 존재했다면 그때 아쉬람은 순수하게 여성들을 위해 존재했을 것이다.

종교들은 남성과 여성을 나누어 왔다. 서양에서는 어떤 여성도 들어온 적이 없는 기독교 수도원이 있는데, 그곳에는 어떤 여성도 들어오는 것이 허락되지 않는다. 수도원에 남자가 일단 들어오면, 마을이나 도시에서 여자를 만날까봐 결코 나올 수 없는 수사(修士) 수도원이 있다.

성행위는 금지된 일이 되어왔다. 사랑은 비난받는 일이 되어 왔다. 남성은 완벽하게 독자적이려고 해왔다―그것이 가능한 것처럼. 그러나 그것은 가능하지 않다. 에너지는 반대의 것을 필요로 한다.

힌두인들은 그 방법에 있어서 보다 과학적이다. 그대가 힌두 사원에 가면 그대는 라다와 함께 있는 크리슈나, 파바티와 함께 있는 쉬바, 시타와 함께 있는 람을 발견할 것이다. 여성 에너지가 거기에 있다. 神을 완전하게 만들기 위해서는 여성에너지가 있어야만 한다.

자이나 사원에서 마하비라는 홀로 서 있다. 그것은 좀 어설프고, 불완전하게 보인다. 불교 사원에서 붓다는 홀로 앉아 있다. 기독교 교회에서, 십자가에 못박힌 예수는 십자가 위에 있지만, 혼자이다. 물론 교회가 슬프게 보인다면 그것은 당연하다. 어떤 찬양을 만들 수 있는 다른 에너지를 놓치고 있다. 남성과 여성이 함께 있을 때, 삶은 축제기분에 젖는다. 거기엔 기쁨이 있다.

그대는 방안에 스무명의 남자가 앉아 있는 것을 지켜본 적이 있는가? 그대는 그곳에서 어떤 비애감이 서려 있는 것을 느낄 것이다. 그때 어떤 여자가 들어오면, 갑자기 힘이 용솟음친다.

쿤달리니가 일어난다. 모두가 정신차리게 된다. 무엇인가 일어나고 있다. 그것은 어떤 육체들의 문제가 아니다. 그것은 에너지의 문제다. 반대의 극성이 들어왔다—불꽃이 일어나기 시작한다. 반대의 에너지가 거기에 있다—자기(磁氣)가 작동하기 시작한다.

남성들의 세계는 매우 단조롭고 지루한 세계다. 삼위일체는 지금까지 지루했음에 틀림없다. 성부, 성령 그리고 성자—그들은 지금 무엇을 하고 있는가? 그것은 매우 따분한 단체임에 틀림없다. 그것에 대해 한번 생각해 보면, 누구든 깜짝 놀랠 것이 틀림없다.

그렇다. 남성만으로는 삶을 완전하게 만들 수 없다. 에너지의 혼합이 필요하다. 오로지 그때에 삶은 더 높은 수준으로 계속 도달한다. 이것은 하나의 변증법이다—정(正), 반(反) 그리고 둘 사이에 합(合)의 절정이 일어난다. 그때 그 合은 다시 正으로서 다시 反으로서 작용하여 더 높은 合이 일어난다. 이것은 에너지 교향곡의 끊임없는 창조다.

그래서 나의 아쉬람은 매우 이상하다. 그것은 여기에서 많은 인도인들을 볼 수 없는 까닭이다. 그들은 여기가 아쉬람이라고 믿을 수 없다. 그들은 아쉬람에 앉아 있는 단지 슬픈 사람들, 거의 죽은 듯한 사람만을 보아 왔다. 그들은 그렇게 많은 즐거움, 그렇게 많은 기쁨을 믿을 수 없다.

일전에 어느 인도인이 편지를 썼는데, 그는 말했다.

"모든것이 좋다. 그러나 명상 후에, 혹은 당신의 강의 후 조차도, 거기에는 서로 껴안고, 서로 키스하는 몇몇 쌍이 있다. 이것은 비종교적으로 보인다.'

어떻게 더 종교적으로 될 수 있을까?

사랑이 종교다. 그러나 수세기 동안 사랑은 비난받아왔다. 수세기동안 사랑은 죄악시 되어왔다. 수세기동안 남성과 여성은 떨어져 지내왔고, 그들이 만나는 것은 아무도 모르는 밤의 어둠 속에서만 만나고 다시 헤어진다. 만남 때문에 떳떳치 못하게 느끼고, 여성이나 남성 때문에 욕망이 일어나는 것을 심히 난처하게 느낀다. 그러나 그것은 자연적일 뿐이다. 그것은 그대의 문제가 아니다. 그것은 에너지의 문제다―양성과 음성, 에너지의 만남. 그들이 만날 때 새로운 삶이 일어난다.

기독교 교의(敎義)는 확실히 나쁘다. 神에게 보다 많은 자유가 주어져야만 神은 양극 사이를 움직일 수 있다. 인도에는 Ardhanarishwar로서 쉬바의 개념을 가지고 있다. 이것은 이해의 가장 높은 차원인듯 싶다.

Ardhanarishwar는 반은 남성, 반은 여성을 뜻한다. 그대는 쉬바가 반은 남성, 반은 여성으로 표현된 Ardhanarishwar상(像)의 사진이나 조상(彫像)을 본 적이 있을지도 모른다. 이것은 대단히 상징적이며 깊은 이해를 나타낸다.

이런 일이 있었다.

어느 목사가 지방의 개(犬) 전시회에서 상을 주고 있었다. 그런데 그는 젊은 여성회원들이 입은 복장에 대해서 매우 분개하고 있었다.

"저 소년을 보시오."

그는 말했다.

"머리는 짧게 깎고, 담배와 짧은 바지, 그리고 두 마리의 강아지를 안고 있는 저 아이가 소년이오 소녀요?"

"소녀요. 저 애는 나의 딸이오."

그의 동료가 말했다.
"실례를 범했소, 선생. 당신이 그녀의 아버지라는 것을 내가 알았더라면, 나는 결코 말을 막 하지는 않았을 겁니다."
목사는 당황해서 말했다.
"나는 아버지가 아니오, 나는 저 애의 어머니라오." 상대방이 말했다.

어느날 이것은 神의 경우가 될 것이다. 神이 남녀공동 복장을 입고 나타날 때, 아름다운 날이 될 것이며, 아무도 누가 오고 있는지 말할 수 없을 것이다―그인지 그녀인지를. 그것은 남성의 개념으로부터 자유의 위대한 날이 될 것이다. 그것은 神에 대한 인간 이해의 위대한 날이 될 것이다.

禪師의 인내심 있는 무반응과 억압적인 자기 제어의 유해한 무반응 사이의 차이점에 관하여 말씀하여 주십시요.

거기에는 커다란 차이가 있다. 사람은 인내심이 있을 때 그의 내부에 억압받는 아무것도 지니고 있지 않다. 만약 그렇지 않다면 인내심은 불가능하다. 왜냐하면 인내는 그대를 모욕하는 누군가에 의해서는 방해받지 않는다. 인내는 그대 자신의 노여움, 증오, 질투심들에 의해서 방해받는데, 그것들이 그대 안에 억압되어 있다. 다른 사람의 모욕은 단지 변명으로서 작용한다. 실제로는 그대의 노여움들 때문에 일어난다.

그대는 노여움을 계속 억압한다. 노여움을 그대 내부에 계속 쌓아올린다. 그렇게 되면 모욕의 조그만 불티라도 그대 내부에서는 커다란 불이 일어나게 될 것이다. 그것은 모욕과는 전혀 상관이 없다. 그리고 그대 역시 그 모욕이 그렇게 큰 일이 아니었다는 것을 종종 깨닫는다—그런데 내가 왜 그렇게 미치게 되었을까?

때로는 상대방은 노여움을 전혀 유발시키지도 않았다. 상대방은 자신이 그대를 모욕해서 그대가 모욕받게 되어, 그대가 미치게 되었다는 사실을 깨닫지 조차 못한다. 그대는 오랫동안 노여움을 지녀 왔음에 틀림없다. 노여움은 넘쳐 흐르고 있었다. 그 노여움은 그대가 합리화할 수 있고, 그 책임을 누군가 딴 사람의 어깨위에 던져버릴 수 있는 어떤 상황을 단지 기다리고 있었던 것이다.

그대가 억압적이지만 않다면, 인내는 가능하다. 그렇지 않다면 그대는 참을 수 없게 될 것이다.

보라. 대체로, 노여움이란것은 그렇게 나쁘지 않다. 노여움은 자연스러운 삶의 부분이다. 그것은 오기도 하고 가기도 한다. 그러나 그대가 그것을 억누르면, 그때 그것은 문제가 된다. 게다가 그대는 그것을 계속 축적하고 있다. 그러면 그것은 오고 가는 것의 문제가 아니다. 그것은 바로 그대의 존재가 된다. 그때 그것은 그대가 간혹가다 노여워하는 그런 것이 아니다. 그대는 화난 채로 남아 있고, 분노 속에 남아있으며, 단지 화풀이할 수 있는 누군가를 기다리고 있을 뿐이다. 그렇지 않다면 분노의 암시조차에도, 그대는 흥분하여 일을 저지르는데, 나중에 그대는 나도 모르게 일을 저질렀다고 말할 것이다.

'나도 모르게'라는 표현을 분석해 보라. 어떻게 그대가 그대도 모르게 무엇인가를 할 수 있을까? 그러나 이 표현은 정확히 옳다. 노여움을 참으면 일시적인 광기가 된다. 그대의 자제력 너머에 있는 무엇인가가 일어난다. 그대가 자제해 올 수 있었다면, 그대는 여전히 노여움을 자제해 온 것이다. 그러나 순간적으로 노여움이 넘쳐 흘렀다. 순간적으로 노여움이 그대를 넘어섰다. 그대는 아무것도 할 수 없었고, 그대는 무력함을 느꼈다. 그래서 그것은 터져나왔다. 그와 같은 사람은 화를 안낼지도 모르지만, 여전히 노여움 속에서 움직이며 산다.

그대가 사람들을 본다면, 단지 길 옆에 서서 지켜본다면, 그대는 사람의 두 유형을 발견할 것이다. 그들의 얼굴을 계속 지켜보라. 모든 인간은 두 가지 유형의 사람들로 나뉘어진다. 하나는 슬픈 유형인데, 매우 슬프게 보이며 어쩐지 끌려가는 듯이 보일 것이다. 다른 하나는 성난 유형이다. 그저 광기로 부글거려 어떤 구실만 있으면 폭발하려고 한다.

노여움은 활동적인 슬픔이고, 슬픔은 비활동적인 노여움이다. 그들은 두 가지 것이 아니다.

그대 자신의 행동을 지켜보라. 슬픈 그대 모습을 언제 발견할 수 있을까? 그대 자신이 화낼 수 없는 상황에서만 단지 슬픈 그대 모습을 발견할 수 있다. 사무실에서 사장이 무엇인가 말하는데, 그대는 화낼 수 없다. 화내는 것은 비경제적이다. 그대는 화낼 수 없기 때문에 그대는 계속 미소지어야 한다. 그러면 그대는 슬프게 된다. 에너지가 비활동적으로 된다. 그대는 집에 와서, 그대의 아내에 대하여 조그만 일, 하찮은 어떤 것을 트집잡아 그대는 화내게 된다.

사람들은 노여움을 즐기며, 노여움을 맛본다. 왜냐하면 적어도 그들은 그들이 무엇인가를 하고 있다고 느낀다. 슬픔 속에서, 그대는 무엇인가를 당했다고 느낀다. 그대는 무저항의 한계에, 수용의 한계에 있다. 그대는 무엇인가를 당했지만, 그대는 무력하였고, 반박할 수 없었으며, 대꾸할 수 없었고, 반응할 수 없었다.
 이제 화풀이 속에서, 그대는 조금 유쾌하게 느낀다. 누구나 한바탕 한 후에는 좀 후련해짐을 느낀다. 유쾌하게 느낀다. 그대는 살아있다. 그대도 역시 일을 저지를 수 있다. 물론 그대는 사장에게는 할 수 없지만, 아내에게는 할 수 있다.
 그때 아내는 아이들이 집에 오기를 기다린다. 왜냐하면 남편에게 화를 낸다는 것은 비경제적이기 때문이다. 전체의 삶이 실리적으로 보인다. 남편은 가장(家長)이며, 아내는 그에게 의존하기 때문에, 그에게 화낸다는 것은 위험하다. 그녀는 아이들을 기다릴 것이다. 아이들은 학교에서 올 것이다. 그때 그녀는 펄쩍 뛸 수 있으며 아이들을 때릴 수 있다—물론, 아이들을 위해서라는 핑계로.
 그러면 아이들은 무엇을 할 것인가? 그들은 그들의 방으로 갈 것이고, 그들은 그들의 책을 던지고 찢을 것이며, 또는 인형을 두들기고, 개를 패주고, 고양이를 괴롭힐 것이다. 그들은 무엇인가 할 것이다. 모든 사람은 무엇인가 해야만 하는데, 그렇지 않으면 슬프게 될 것이다.
 그대가 거리에서 본, 얼굴이 어떤 일정한 틀을 취할만큼 영구히 슬프게 된 이들은 아주 무력한 사람들인데, 그들은 누군가에게 화내는 것을 발견할 수 없을만큼 사다리의 맨 아래이다. 이들은 슬픈 사람들이다. 사다리 위로 더 올라가면 그대는 화난 사람들을 발견할 것이다. 더 높이 올라갈수록, 그대는 더 성난 사람들을 발견할 것이다. 아래로 내려올수록 더 슬픈 사람들이다.
 인도에 가서, 가장 낮은 계급인 불가촉천민을 보라. 그들은 슬프다. 그런 다음 브라만에게 가보라. 그들은 화나 있다. 브라만은 항상 화나 있다. 불가촉천민이란, 그가 화풀이할 수 있는 그보다 아래에 있는 사람이 아무도 없기 때문에 단지 슬픈 사람들이다. 노여움과 슬픔은 억압되어 있는 같은 에너지의 두 얼굴이다.

인내는 그대가 노여워하지도 슬퍼하지도 않을 때 온다. 인내는 하나의 위대한 현상이다. 그대가 누구에 대해서 성내지도 슬퍼하지도 않을 때, 슬픔과 노여움은 둘 다 사라져 있다. 그대의 에너지는 진정되고, 중심이 잡혀 있다. 그대는 집에 있다. 인내는 그대가 집으로 돌아와 있다는 것을 의미한다. 지금 아무것도 산란하게 하지 않으며, 아무것도 어지럽히지 않는다. 그대는 내면에서 너무 행복하고 더없이 기쁘기 때문에, 다른 모든 것은 무의미하다.

누군가 그대를 모욕한다. 그러나 그대는 모욕당할 필요가 없다. 그대는 그토록 행복하다. 지켜 본 적이 있는가? 그대가 행복할 때에 누군가 모욕을 줘도, 그대는 화를 내지 않는다. 그대가 불행할 때에는 몹시 화를 낸다. 이것은 단순히 노여움에 대한 공식을 보여주는 것이다. 그대가 불행할 때, 그대는 화낼 준비를 하고 있는 것이며, 화내게 되기를 기다리고 있는 중이다. 그대가 행복할 때에 그 같은 것은 별일 아니다.

이 지복(至福)된 행복 속에서, 神의 선물로서 이 삶을 매 순간 즐기고 있는데, 누가 고민을 한단 말인가? 그때 모욕같은 것은 아무 가치도 없다. 그대는 수중에 너무 귀중한 것을 지녔기 때문에 다른 모든 것들은 아주 하찮은 것이다.

그대가 우연히 만났던 종교인들이 모두 억압된 사람들일지라도, 참으로 종교적인 사람은 억압된 사람이 아니다. 종교적인 마음은 행복한 마음이며, 더 없이 기쁜 마음이며, 찬양하는 존재다.

어떤 일화다.

암스트롱은 한달에 한 두번 교회의 목사와 2인조 골프경기를 하였다. 브라운 목사는 훌륭한 골퍼였고, 그들 사이의 경쟁은 치열하였으며, 암스트롱은 그 시합들이 특별한 긴장을 야기시켰다는 사실을 인정해야만 했다.

우리들 대다수가 그렇듯이 암스트롱은 욕설을 잘 하였는데, 타격을 잘 못하였을 때에는, 보라빛 열정에 가득차서 공과 잔디 그리고 주변을 향해 욕하는 버릇을 가지고 있었다.

그러나 브라운 목사 면전에서만은 욕설을 억제하는 자신을 발견하였고, 경기 막판에는, 나오려는 욕설을 참음으로 해서 얼굴이 창백하게 되곤 하였다.

한편, 목사 역시 때때로 서투르게 치더라도 목사는 그와 같은 경우에 있어서 암스트롱을 더 더욱 초조하게 하는, 잘 참는 침착함을 지키곤 하였다.

결국 암스트롱은 말했다.

"브라운 목사님, 말해주십시요. 당신이 풀도 다듬지 않은 코스로 곡타(曲打) 했을 때나, 당신이 보지 못한 잔디위의 잔가지 때문에 당신의 퍼팅을 놓쳤을 때, 당신의 짜증을 어떻게 견디어 내십니까?"

브라운 목사가 대답했다.

"나의 좋은 친구여, 그것은 고상함의 문제입니다. 나는 큰 소리 치거나 야비한 말을 사용할 필요가 없소. 확실히 그것은 상황과 판도를 바꾸지 못할 것이며, 오히려 나의 영혼을 위태롭게 할 겁니다. 그렇더라도 나 역시 고상한 무엇인가를 해야만 하지요. 그래서 나는 침을 내뱉습니다."

"당신이 침을 뱉어요?"
"그렇소."
이때에 브라운 목사의 눈은 흐릿해졌다.
"단지 이것만을 말해 주겠소! 내가 침을 뱉은 곳에서는 결코 풀이 다시 자라나지 않소."

그대가 종교적으로 알고 있는 사람들은 고상한 일들을 해왔다. 그러나 그러한 고상함이란 단지 마음의 속임수다. 그것 속에는 고상한 것이라고는 전혀 없다. 그 말은 잘못 사용된 것이다. 이런 고상함 때문에, 피해질 수 있었던 많은 일들이 인류에게 일어났다. 매 십년마다 큰 전쟁이 이런 고상함 때문에 터진다. 사람들은 억제를 계속하기 때문이다. 그때 모든것이 너무 무겁게 된다. 그것은 내던져져야 한다.

그대는 본 적이 있는가? 전쟁이 있을 때는 언제나 사람들이 아주 행복하고, 생명력으로 설레이게 보인다. 그들의 우둔함이 사라진다. 무엇인가 일어나고 있다. 이제 그들은 지금까지 피해온 다른 나라들을 비난할 수 있다. 다른 나라는 악마가 된다. 다른 나라는 神의 적이 된다. 다른 나라는 바로 악의 화신이 된다. 그리고 다른 나라는 파괴되어야 하고, 완전히 전멸해야 한다.

지금 파괴가 허락되고 있다. 허락될 뿐 아니라, 찬미된다. 폭력이 허용된다. 허용될 뿐 아니라, 찬미된다. 전에는 허용되지 않던 일들이 무엇이든 허용된다. 성냄, 증오, 질투, 살인적 본능들...... 모든 것이 허락된다. 사람들은 기분좋게 느낀다.

매 십년마다 커다란 전쟁이 요구된다. 그 이하로는 아닐 것이다. 왜냐하면 인간은 고상하게 되도록 훈련되 왔기 때문이다. 性을 억누르고, 화를 억누르고, 잔인함을 억누르고, 모든 것을 억누르는 반면, 미소지으려 하며, 가면을 쓰려고 하며, 그릇된 개성을 가진다.

깊이 내려가면 그대는 화산 위에 앉아 있으면서 얼굴에는 계속 미소를 띄우고 있다. 그 미소는 그릇되고 페인트칠 된 것이다. 아무도 그것에 의해 속지 않지만, 그대는 스스로 고상하게 되고 있다고 계속 생각한다. 아무것도 고상하게 되지 않는다.

이해란 변형되는 것이지, 고상하게 하는 것이 아니다. 그대가 이해한다면, 노여움은 사라지고 같은 에너지는 자비가 된다. 그대가 고상하게 하는 것이 아니다. 이것은 단순히 노여움이 사라져, 화내는 데에 몰두되고 바쳐진 에너지가 해방되어 자비가 된 것이다. 그대가 미움을 이해할 때, 미움은 사라지고 같은 에너지는 자비가 된다.

사랑은 미움에 반대되는 것이 아니다. 그것은 미움의 부재(不在)이다. 종교적인 사람들은 그대를 계속 조건지운다. 원수를 사랑하라고. 그들은 그대에게 끊임없이 말한다. 그대가 증오를 느낄 때는 언제나, 증오를 억누르고 사랑을 보이라고.

나는 그대에게 그렇게 말할 수 없다. 나는 말할 것이다. 그대가 증오를 느낄 때면 언제나 깨어 있어라.

그대의 적들을 사랑할 필요가 없다. 어떻게 그대의 적을 사랑할 수 있는가? 그대는 그대의 친구들조차 사랑한 적이 없다. 어떻게 그대의 적을 사랑할 수 있겠는가? 그것은 불가능하다. 먼저 그대 자신을 사랑하고, 친구들을 사랑하라. 그 다음에 그대는 낯선 사람들을 사랑할 수 있으며, 그리고 나서 그대는 적들조차도 사랑할 수 있는 것이다.

이것은 마치 그대가 조그만 조약돌을 잔잔한 호수에 던지는 것과 같다. 조그만 파문들이 일어나 가장 먼 기슭으로 계속 퍼져 나간다. 먼저 그대는 그대 자신을 사랑해야만 하며, 다음엔 그대 친구들의 조그만 원, 그 다음엔 낯선 사람들의 커다란 원, 그 다음에는 적들……

그대가 적들에 대하여 억지로 사랑을 해야 하는 것이 아니다. 만약 그렇지 않다면 그대는 다른 방법으로 앙갚음을 할 것이다. 즉 그대는 고상하게 할 것이다.

그대는 욕하지 않을 것이며, 대신 침을 뱉을 것이다. 그리고 그대가 침을 어디에 뱉든 풀은 결코 자라지 않을 것이다. 그때 그대는 고상하게 할 것이고, 그대의 적들에 대해서 지옥의 개념을 창조할 것이다. 그대는 적들에 대해서 이 세상에다 지옥을 창조할 수 없다. 그때 그대는 그들을 위해 지하의 어디엔가에 지옥을 창조할 것이고, 그곳에서 그들은 불구덩이에도 들어가고, 끓는 기름가마 속으로도 들어가며, 모든 방법으로 고통받을 것이다.

보라. 기독교인, 힌두교인, 회교도들, 그들이 창조한 지옥의 유형들이 어떤 것인지를! 그대가 지옥에 관해서 그들의 이야기를 읽어 본다면, 그대는 그것들에 개량을 가할 수 없다. 그들은 최후의 일을 하였다. 가장 슬픈 상상이 절정까지 이르렀다.

그대가 억누른다면, 그대는 어딘가에서라도 앙갚음을 할 것이다. 소위 그대의 모든 성자들은 그들의 적들이 지옥의 불구덩이에 들어가 고통받기를 끊임없이 바란다. 그것이 그들의 희망이다. 그리고 이 세상에서 그들은 계속 사랑을 보여준다. 그 사랑은 위조다. 그 사랑은 무력하다.

나는 고상하게 되라고 가르치지 않는다. 나는 단순히 한 가지만을 가르친다—이해. 이해만이 원칙이 되게 하라.

노여움을 이해하고, 노여움을 지켜보고, 노여움을 자각하라.

아무것도 하지 말라. 단지 노여움이 그대의 앞에 있도록 하라. 그것을 깊이 들여다 보면, 문득 그대는 들여다 보는 것만으로도 변형이 일어나기 시작한다는 것을 알 것이다. 단지 관찰하는 것만으로도 노여움은 자비로 변하기 시작한다. 바로 거기에 열쇠가 있는 것이다. 아무것도 하여질 것이 없다—단지 자각(自覺)만이 그대를 위하여 모든 것을 한다.

물론, 그때 그대는 인내할 수 있다. 그대가 그대의 노여움을 조정하는 것이 아니다. 그대는 아주 행복하기 때문에 인내할 수 있는 것이다. 그대의 노여움이 자비로 변형됐기 때문에, 그대의 증오심이 사랑으로 됐기 때문에, 그대의 탐욕이 이웃과의 나눔이 되었기 때문에, 그대는 인내심이 있게 된 것이다. 지금 그대는 행복의 절정에서 삶을 즐기고 있기 때문에 모든 것을 인내할 수 있다. 다른 사람이 말하는 것에 대해 누가 신경 쓰겠는가? 누구든 전혀 상관이 없다.

어떤 禪師가 그의 제자와 함께 아침 산보 후에 사원으로 가고 있었다. 어떤 사나이가 와서, 뒤에서 막대기로 禪師를 세게 후려치고 도망갔다. 그 禪師는 뒤를 돌아 보지도 않았다. 그는 계속 걸었다. 제자는 그것을 믿을 수가 없었다. 그는 말했다.

"어떻게 된 것입니까? 미치셨습니까? 그 사람이 그렇게 세게 때리고 도망갔는데 당신은 뒤를 돌아보지 조차 않았습니다."

禪師가 말하였다.

"그것은 그의 문제다. 어찌 내가 그것과 상관이 있겠는가? 그는 미쳤고, 불쌍한 녀석임에 틀림없다. 나는 그에 대해 많은 동정을 느낀다. 그리고 나는 뒤를 돌아볼 수 없는데, 왜냐하면 그는 이미 미쳤기 때문이다. 내가 뒤를 돌아본다면 그를 더욱 미치게 만들지도 모른다. 벌써 그는 집에 돌아가 죄를 느낄 것이다. 내가 뒤돌아보는 것으로 인하여 그는 내가 그를 비난한다고 느낄 지도 모른다. 그것은 인간적이 아닐 것이다. 그는 이미 곤경 속에 있다. 지금 그를 위해서 더 문제거리를 만들 필요는 없다. 그것은 그의 문제다."

그대가 행복할 때, 다른 사람의 문제는 더 이상 그대의 문제가 아니다. 이런 식으로도 말할 수 있다. 그대가 아무 문제도 갖고 있지 않을 때, 그때 아무도 그대에게 문제를 던질 수 없다. 그대가 문제들을 갖고 있기 때문에, 다른 사람들은 그대에게 그들의 문제를 던질 수 있는 것이며, 그때 그대는 문제에 걸려드는 것이다. 인내란 내적희열(內的喜悅)의 부산물이다.

에고란 매우 교활하기 때문에, 내적 고요와 해방감을 맛보는 순간조차도 에고의 미묘한 장난으로만 느껴집니다. 그 에고란 마치, 물고기를 낚은 어부가 물고기를 물에서 끌어 올리기 전에, 물고기가 지칠 때까지 도망가도록 내버려 두면서, 그 물고기를 가지고 장난치는 그런 능수능란한 어부와 같습니다.

그렇다. 에고는 매우 미묘하다. 세상에서 가장 미묘한 것이다. 사실상 에고는 존재하지 않는데, 이 때문에 그것의 미묘함이 있는 것이다. 사실 에고는 하나의 그림자이며, 실재를 가지고 있지 않다. 그렇기 때문에 그대가 어디를 가든, 그 그림자는 그대를 따른다. 그리고 그대가 그림자로부터 달아나기 시작하면, 그 그림자도 그대와 함께 달아날 것이다. 더 빨리 달아날수록, 더 빠르게 그림자는 그대를 따를 것이다. 그러면 그대는 이 그림자로부터 탈출하는 것이 불가능하다고 느낄 것이다.

아니다. 그것은 불가능하지 않다. 단지 나무 아래에 가서, 나무의 그림자 밑에 앉으면, 그 그림자는 사라진다. 달아나지 말라. 그것은 그림자로부터 멀리 가는 방법이 아니다. 에고는 하나의 그림자다. 그대는 그것으로부터 멀리 갈 수 없다. 그것은 실재를 갖고 있지 않기 때문에 그것은 그렇게 미묘한 것이다. 그것은 실재를 갖고 있지 않기 때문에 그렇게 강하다. 실재가 아니기에, 그대는 그것으로부터 탈출할 수 없다.

이해하도록 하라. 커다란 나무그늘 아래로 가 앉아서 둘러 보라. 그림자는 더 이상 그곳에 없다.

그 큰 나무를 나는 명상이라 부르는 것이다. 명상의 은신처 아래에 오면 에고는 사라진다.

그러나 사람들은 많은 다른 일들을 한다. 그들은 겸손하게 되려고 하며, 순진하게 되려 하며, 그들은 모든 것을 포기한다. 그들은 에고가 재화(富)로부터 온다고 생각하기 때문에 재화(富)를 포기한다. 그러나 그때 에고는 재화의 포기(renunciation)를 통하여 온다. 그들은 에고가 명성과 권력을 통하여 온다고 생각한다. 그래서 권력을 포기하고, 명성을 포기한다. 그러나 그때 에고는 그대의 겸손을 통하여 오는 것이다.

일화 하나를 들려주겠다. 나는 이 일화를 굉장히 사랑한다.

사랑받는 랍비가 병상 위에 있었고, 그의 생명은 점점 쇠해지고 있었다. 병상 둘레에는 다가오는 죽음을 통렬하게 느끼며, 이제 자신들을 떠나가는 늙은 랍비의 다양한 덕행에 대하여 속삭이고 있는 슬픔에 찬 제자들의 무리가 있었다.

한 제자가 말했다.

"그토록 신앙심이 깊은데, 그토록 신앙심이 깊은데! 그 많은 율법들 중에서 그가 지키지 못한 것이 무엇이겠는가? 그가 어디에서 神의 율법을 조금이라도 어겼겠는가?"

또 다른 제자가 애통해 했다.

"그리고 그는 매우 박학하시지. 과거에 있었던 랍비들의 광대한 주석서들은 그의 두뇌에 모두 인쇄되어 있다네. 그는 어떤 신학상의 문제라도 언제든지 해명할 수 있는 격언을 상기할 수 있었지."

조용한 세번째 제자가 말하였다.

"아주 자비롭고 관대하였지. 그가 돕지 않은 가난한 사람이 어디에 있는가? 마을에서 누가 그의 친절함을 모르겠는가? 글쎄, 그는 육신과 영혼이 분리되지 않을 정도로만 음식을 섭취했다네."

그러나 이 칭찬의 연속이 계속됨에 따라 갸날픈 떨림이 랍비의 얼굴위에 나타났다. 그가 무엇인가를 말하려는 것이 틀림없었다. 모든 제자들은 숨을 죽인 채 마지막 유언을 듣기 위해 고개를 숙였다. 랍비의 입술에서 희미하게 말이 나왔다.

"자비, 학문, 경건함! 다 좋은데, 왜 나의 위대한 겸손에 대해서는 아무말도 안 하는가?"

그때 에고는 그 겸손 뒤에 숨어있을 것이다. 그때 에고는 겸허 뒤에 숨어있을 것이다. 그때 에고는 순박함 뒤에 숨어있을 것이다. 에고의 길은 그 자체가 그대의 그림자이기 때문에 미묘하다. 그대가 가는 곳이 어디든, 그것은 그대를 따른다. 그대가 그늘 속을 발견하지 못한다면 그것은 사라지지 않는다. 명상을 통하여, 점차로 그대는 커다란 나무그늘 아래에 오게 될 것이다. 그대가 그늘 속에 있다면, 그대는 모든 주위를 볼 것이며, 에고는 발견되지 않을 것이다.
　명상을 빼고는 아무것도 도울 수 없다. 그대의 엄격함은 그대를 돕지 못한다. 그대가 세상을 등진다 하더라도 그대를 돕지는 못한다. 명상을 제외하고는 아무것도 도울 수 없다.
　그러면 명상이란 무엇인가?
　명상이란 無心의 상태다. 그러나 마음은 뜨겁게 타오르는 태양과 같다. 마음 밑에서 그대는 움직인다. 그림자가 깔리고, 그림자가 창조된다. 뜨겁게 타오르는 태양이 사라졌을 때, 홀연 고요함이 있다.
　명상이란 無心의 상태다. 명상은 그대안에 어떤 사념(思念)도 떠오르지 않을 때의 틈이며, 사념의 구름이 사라졌을 때이다. 그대는 사념없이 존재하지만, 잠들어있지 않다. 그대는 사념없이 존재하지만, 여전히 깨어 있다. 깨어있는 무사념이 명상이다.
　처음에는 겨우 드문 순간만이 있을 것이다. 겨우 눈깜짝할 사이에 그대는 나무 그늘을 느낄 것이다. 그러나 눈깜짝하는 그 속에서 이 에고는 완전히 사라질 것이다. 그대는 그대가 존재한다는 것을 깨닫지 못할 것이다. 왜냐하면 '나는 존재한다'라는 느낌은 단지 축적된 사념 때문이다. 그대에게 '나는 존재한다'라는 느낌을 주는 것은 바로 사념의 더미다. 사념이 사라진다면, '나'라는 것이 사라진다.
　그대는 횃불을 손에 들고서 빨리 돌릴 수 있다. 그러면 불의 원(圓)이 만들어질 것이다. 그 원은 존재하지 않지만, 그것은 나타나는데, 왜냐하면 그 횃불이 빠르게 움직이기 때문이다. 불의 원이 보인다. 사실상 거기엔 원은 없으며, 단지 하나의 횃불만이 있지만 그대는 불의 원을 볼 수 있다.

붓다는 이 상징을 자주 사용하였다—불의 원(圓). 움직임을 멈추고, 그대의 손을 멈추면, 그곳엔 단지 하나의 횃불만이 있으며, 그 원은 사라진다.

그대의 마음을 멈추면, 사념의 원이 사라진다. 갑자기 그대의 존재만이 거기에 있으며, 그 원은 더 이상 존재치 않는다. 그 원이 에고다. 모든 사념들이 모여져서 그대가 있는 것처럼 보이게 만든다. 사념이 흩어질 때, 그대는 존재하지만 그대는 그대가 존재한다는 것을 느낄 수 없다. '나'라는 것이 사라질 때, 단지 am-ness만이 남는다.

서구에 있어서 한 사람인 데카르트는 전체의 서구적인 마음을 그릇된 행로로 이끌었다. 그의 언명(言明)은 매우 유명하다. 그리고 그 언명 위에 모든 서양철학이 서 있다. 그의 언명은 'cogito ergo sum : 나는 생각한다, 고로 나는 존재한다'이다.

이것은 절대적인 넌센스다. 나는 생각한다, 고로 나는 존재한다? 이것은 생각이 멈출 때 그대는 사라질 것이고, 그대는 존재하지 않을 것이다라는 것을 의미한다. 사실은 생각이 사라질 때, 처음으로 그대는 존재한다. 생각이 사라지는 것과 함께 그대가 아닌, 그대의 존재가 아닌 에고가 사라진다.

그의 언명—cotigo ergo sum : 나는 생각한다, 고로 나는 존재한다—은 비논리적이다. 왜냐하면 '나는 생각한다'로부터, 그대는 '나는 존재한다'를 끌어낼 수 없기 때문이다. '나는 생각한다' 로부터, 그대는 단지 '나는 생각한다'만을 이끌어 낼 수 있다. 그 언명은 이렇게 될 수 있다 : 'congito ergo cogito : 나는 생각한다, 고로 나는 생각한다.' 이것은 좋다. 그러나 '나는 생각한다,

고로 나는 존재한다.'는 '나는 생각한다'와 아무런 관계가 없다.
'나는 존재한다, 고로 나는 존재한다. sum ergo sum : 나는 존재한다, 고로 나는 존재한다.'

그러나 이 amness는 마음이 완전히 개이고, 모든 사념들이 사라졌을 때에만 느껴질 수 있다. 명상없이도 역시 이런 순간들이 오기도 하지만, 매우매우 극미해서 그대는 놓친다. 두 사념들 사이에는 항상 간격이 있다―매우 좁은 간격이다. 두 말들(words) 사이에는 간격이 있다―매우 좁다. 그 틈 사이에서 그대는 존재하지만, 그럼에도 그대는 '나는 존재한다'라고 말할 수 없다. 존재는 있지만 에고는 없다. 명상은 사념이 없는 순수한 존재의 어떤 경험이다.

에고는 오로지 명상의 길에 의해서만 사라질 수 있다.

그렇기에 다른 길로는 들어서지 말라. 그렇지 않으면 에고는 계속 그대를 따라 다닐 것이다. 에고는 미묘하게 될 수 있다. 에고는 매우 경건하게 될 수 있다. 종교적인 사람, 수도사들, 성직자들과 같이 매우 많은 경건한 이기주의자들이 있다. 매우 경건한 사람들, 그러나 매우 이기적이다.

에고 너머로 그대를 이끌 수 있는 유일한 방법은 명상의 길이다. 그 밖에 아무것도 없다.

바그완, 동양의 마음과 서양의 마음이 만난다면 무엇이 일어나겠습니까?

가장 위대한 일이 일어날 수 있으며, 가장 위대한 종합이 가능하다.

서양의 마음은 남성의 마음이다. 동양의 마음은 여성의 마음이다. 서양의 마음은 활동적인 마음이다. 너무 들뜨고, 너무 활동적이다. 거의 공격적인, 공격적으로 활동적이다. 동양의 마음은 수동적이고 느슨하다. 거의 게으르다.

그대는 차이를 볼 수 있다. 동양은 게으르며 서양은 아무것도 아닌 일을 위하여 끊임없이 뛰고 있다. 문제는 그대가 어디로 가고 있느냐가 아니다. 오로지 서양에서의 문제는 그대가 얼마나 빨리 가고 있느냐이다. 어디냐고 묻지 말라. 그것은 요점이 아니다. 시간을 낭비 말라. 빨리 가라.

동양에서는 아무것도 움직이는것 같지가 않다. 모든 것이 아무 움직임도 없는 것처럼 보인다. 시간이 멈춰져 있다. 시간과 함께 사는 서양의 마음은 매우 시간 의식적이다. 동양의 마음은 영원성 안에서 느긋해져 있다.

쌍방에 이익도 있는 반면 거기에는 위험도, 해로운 영향도 있다. 그대가 너무 활동적이라면 그대는 긴장하게 될 것이다. 그대는 궤양(ulcers)을 얻을 것이다. 삶은 오로지 끊임없는 달리기가 될 것이고, 아무곳에도 도달하지 못할 것이다. 그대는 많은 물건을 생산할 것이고, 그대의 가게는 물건들로 꽉 차며, 그대의 삶은 더 나은 등급을 가질 것이다. 경제적으로, 의학적으로, 과학적으로, 공업기술적으로 그대는 훨씬 더 발전될 것이다. 그것은 좋다.

그러나 그때 해로운 결과들이 있다. 내면에서 그대는 매우 공허하게 될 것이다. 가게는 가득 차게 되겠지만 내면은 완전히 비게 될 것이다. 바깥은 더욱 부유해질 것이지만 내면은 더욱 가난해지고 가난해질 것이다. 생활의 수준은 향상될 것이지만, 삶은 점차로 그대의 손으로부터 사라질 것이다. 그대는 그대가 왜 살고 있는지 말할 수 없을 것이다.

그대는 안락하고, 편안하게 살 것이다. 그대는 안락하게 살다가 안락하게 죽을 것이지만, 그대의 내면은 비게 될 것이기 때문에 그대는 전혀 삶을 살 수 없을 것이다.

사람은 그 존재의 가장 깊숙한 핵심으로부터 살아야 한다. 참된 부(富)는 가장 깊숙한 핵심으로부터 온다. 물질이란 좋기는 하지만, 충분히 좋은 것은 아니다. 물질은 필요하다. 그러나 사람은 단지 빵만으로는 살 수 없다.

동양에서는 사람들이 느슨하다. 너무 그러해서 그들은 거의 게으르다. 느슨하다고 말하는 것은 옳지 못하다. 그들은 게으르다. 물론 게으름 속에서 그들은 그들의 내적 섬광을 가질 수 있다. 그들은 갈 곳이 없기 때문에, 그들 자신의 존재 속으로 계속 깊히 들어간다. 그들의 모든 움직임은 내적인 것이 되어왔다. 그들의 내적 중심은 보다 부유하지만, 외적인 삶은 너무 가난하고 추하다. 그들은 거지들이다.

동양의 마음과 서양의 마음이 만난다면, 그것은 남성과 여성적인 마음, 수동과 능동적인 마음의 위대한 종합이 될 것이며, 어떤 균형이 생길 것이며, 처음으로 인간다움이 탄생할 것이다—동양도 서양도 아닌 총체적 인간성. 그것은 전체적이고 총체적인 인간이 될 것이다. 서양 사람은 반쪽이다. 역시 동양 사람도 반쪽이다.

나는 어떤 사람에 관하여 들은 적이 있는데, 그는 인도인이었지만 거의 모든 삶을 독일에서 살았다. 그는 죽었고, 모든 인도인들이 당연히 기대하는 것처럼 하늘나라에 가기를 바랬다. 그러나 거의 언제나 그러하듯이 그는 지옥에 떨어졌다. 그는 매우 걱정하였고, 책임관리한테 갔다.

그는 말했다.

"어떤 실수가 있었음에 틀림없소. 나는 인도사람입니다. 나는 하늘나라에 가야 합니다. 나는 독일인이 아닙니다. 나는 그저 독일에서 살았을 뿐입니다."

책임관리는 그를 불쌍히 여기며 말했다.

"나는 당신의 어려움을 이해할 수는 있지만, 지금은 단지 한 가지 일만을 해줄 수 있습니다. 이것도 정상적인 것은 아니지만, 당신을 위해서 내가 양보하는 것이오. 당신은 인도 지옥이나 독일 지옥 중에서 하나를 선택할 수 있습니다."

"그런데 어떤 차이가 있소."

그 인도인이 물었다.

책임관리는 설명하였다.

"독일 지옥에서 당신은 시간의 반을 당신이 먹고 싶은 모든 음식을 먹으며, 음악을 들으며, 젊은 여자들과 장난치면서 노는 데에 낭비하지요. 시간의 나머지 반은 당신을 벽에 묶어 놓고, 무자비하게 두들깁니다. 당신의 손톱, 발톱, 이빨은 뽑아지며, 끓는 기름이 당신에게 부어집니다."

"그러면 인도 지옥에서는?"

"인도 지옥에서 당신은 시간의 반을 당신이 먹고 싶은 모든 음식을 먹으며, 음악을 들으며, 젊은 여자들과 장난치면서 노는 데에 낭비하지요. 시간의 나머지 반은 당신을 벽에 묶어 놓고, 무자비하게 두들깁니다. 당신의 손톱, 발톱, 이빨은 뽑아지며, 끓는 기름이 당신에게 부어집니다."

"그렇지만 다른 점이 없지 않소?"

"조금 다른 점이 있지요. 독일 지옥에서 당신은 독일 음식을 먹고, 독일 음악을 듣고, 독일 여자들을 취할 수 있음에 반해서, 인도 지옥에서는 인도 음식, 인도 음악 그리고 인도 여자들을 취할 수 있습니다. 그러나 양쪽 모두 이 점에 있어서는 일류급이지요. 확실히 보다 고통스러운 쪽으로 말하자면, 독일 지옥에서의 고문은 평소의 독일식으로 집행되는 것에 반하여……"

그 사나이는 갑자기 뛰면서 말했다.

"나는 인도를 택할 것이오."

인도 사람들은 아주 게을러서 그들 지옥에서는 혹독한 징벌이 있을 수 없다. 거기에는 혼돈이 있을 것이다. 그들은 계획대로 아무것도 할 수 없다. 그러나 물론, 독일 지옥에서의 형벌은 독일식으로 행해진다.

동양의 마음은 내면의 여행때문에, 바깥 세계에 대하여 점차로 완벽하게 잊게 되었다. 많은 것을 그 길에서 잃었다. 많은 것이 얻어졌고, 많은 것을 잃었다. 사람들은 내적 존재에 더욱 조화되었지만, 그 반면에 가난, 질병, 혼돈의 바깥세계이다.

그대는 눈을 감고 그대 자신을 즐길 수 있지만, 인도에서 눈을 떠 보면 어디에서나 소름이 끼친다. 그것을 참고 견딘다는 것은 불가능하다. 그것이 인도 사람이 눈을 감고 명상하는 속임수를 익힌 까닭이다. 눈을 뜬 채로는 명상을 할 수가 없다. 모든 주위가 너무 추하기 때문에 명상이 불가능하다.

서양에 있어서, 모든 것이 외적으로 아름답고, 그 세계는 기술적인 것을 통하여 많은 것을 얻어 왔지만, 그 역시 한 쪽이다. 그리고 사람들은 어떻게 내면으로 들어가는지 완전히 잊어버렸다. 그들은 그들의 눈을 어떻게 감는지 잊어버렸다.

둘 다 불충분하다. 나에게 있어서, 새로운 인간을 위한 유일한 가능성은 동양과 서양 사이의 위대한 종합이다. 이것이 내가 여기 뿌나에서 하고 있는 일이다.

나는 동양 사람도 서양 사람도 아니다. 나는 어떤 국가, 어떤 국민, 어떤 종교에도 속해있지 않다. 왜냐하면 그대가 어떤 국가에 속해 있다면, 그대는 모두에 속할 수 없으며, 그대가 어떤 종교에 속해 있다면, 모든 종교는 그대의 종교가 될 수 없기 때문이다. 나는 어떤 것에도 속해 있지 않다. 나는 어떤 국가, 어떤 종교, 어떤 부분적인 인류에도 아무런 뿌리를 두고 있지 않다.

이곳에서의 전체적인 노력은 동양과 서양 사이의 구분을 떨쳐버리는 어떤 상황을 창조하는 일이다. 그리고 이는 남성과 여성 사이의 구분에서도 마찬가지이며, 다른 수준이지만 역시 같은 구분인 음과 양 사이의 구분, 능동과 수동 사이의 구분, 긍정과 부정 사이의 구분에서도 마찬가지이다.

그 구분이 떨어질 수 있다면—그 구분은 떨어질 수 있다. 나는 그것을 떨어뜨렸고, 그대도 그것을 떨어뜨릴 수 있다—그때 갑자기 동양도 서양도 아닌 새로운 불빛이 그대 안에 일어나는 것을 볼 수 있다. 그대는 그대 자신의 내부에서, 전체가 속해있으며, 전체에 속해 있는 새로운 사람의 탄생을 볼 것이다.

역자 註

＊포기(surrender) : 여기에서 포기의 의미는 '나(ego)'라는 것을 포기한다는 의미, '나'라는 것을 버린다는 의미, '나'라는 것을 깨달은 스승이나 자연에 전적으로 내맡긴다는 의미이다. 또한 귀의(歸依)를 의미하기도 한다. 전

적으로 '나'를 버렸을 때, 전적으로 '나'를 내 맡겼을 때, 참다운 귀의가 이루어진다.

* 아쉬람(ashram) : 휴식처, 영적 생활을 하는 공동체. 절이나 수도원도 아쉬람이라 할 수 있다.
* 산야스(sannyas) : 구도자(求道者)로서 법명(法名)을 받는 입문식.
* 산야신(sannyasin) : 법명(法名)을 받은 구도자.

제7부

달 가르키는 손가락

달 가르키는 손가락

혜명禪師는 말하였다.
붓다는 그의 생애에서 오천 사십 팔 진리(法 ; dharma)를
설했다고 한다.
그 법은 空의 진리와 존재의 진리를 포함한다.
그 법은 갑작스러운 깨달음(頓悟)의 진리와 점진적 깨달음
(漸悟)의 진리를 포함한다.
이 모두가 긍정의 말들이 아닌가?
그러나 다른 한편으로 돈조禪師는 그의 「오도송(悟道頌 ;
song of enlightment)」에서 존재들도 없고, 부처들도 없다.
성인들은 바다 거품이며, 위인(偉人)들이란 단지 번갯불 같을
따름이다라고 말한다.
이 모두가 부정의 말들이 아닌가?
나의 제자들아, 그대들이 긍정의 말들을 받아들인다면,
그대들은 돈조를 부정하는 것이다.
그리고 그대들이 부정의 말들을 받아들인다면, 그대들은
붓다를 반대하는 것이다.
붓다가 그대들과 함께 여기에 있다면, 그는 이 문제를 어떻게
풀 것인가?
우리가 어떤 입장에 서야 하는지를 안다면 우리는 매일 아침
붓다에게 물을 것이고, 매일 밤 그에게 인사할 것이다.
그러나 우리는 어떤 입장에 서야 하는지를 알지 못하므로
나는 그대들로 하여금 하나의 비결 속으로 들어가게 할 것이다.

내가 이것은 그렇다고 말할 때,
어쩌면 그것은 긍정의 말이 아닐지도 모른다.
내가 이것은 그렇지 않다고 말할 때, 어쩌면 그것은 부정의
말이 아닐지도 모른다.

'신성한 서쪽 땅을 보려거든
동쪽으로 향할 것이요,
북쪽 별을 보려거든,
남쪽으로 향하라.

道 또는 진리인 니르바나는 존재에 관한 경험이다. 누구든 니르바나를 알려면 니르바나가 되어야만 한다. 누구든 니르바나가 되기 위해서는 그 속으로 녹아들어야 한다. 그것을 경험이라 부르는 것조차 정확하게 맞는 것이 아니다. 왜냐하면 그것은 어떤 경험같은 것보다 더욱 경험하는 것 같기 때문이다.
 '경험'이라는 그 말은, 마치 끝마쳐지고 완성되어진것 같은 느낌을 준다. 니르바나는 결코 완성되어지지 않으며, 결코 끝마쳐지지 않는다. 그것은 하나의 진행이다—동적인 진행—그것은 계속 움직이고 있다. 바로 그 움직임이 니르바나의 생명이다.
 그 목적지는 여행 중에 있다. 여행이 없다면 목적지도 없다. 여행이 바로 목적지이다. 이것이 니르바나를 경험이라고 부르는 것조차 틀리다고 하는 이유이다. 그것은 결코 끝나지 않는다. 그대는 그 속으로 들어갈 수는 있지만, 결코 그 곳에서 나오지는 못한다. 왜냐하면 그대가 그곳으로부터 나올 수 있을 때에는, 더 이상 그대는 존재하지 않기 때문이다. 그 곳은 되돌아 나오지 못하는 지점이다.
 경험이란것은 경험자와 경험대상 사이에 존재하지만, 진리의 경험 속에서는 경험자도 용해되고, 경험대상도 용해된다. 거기에는 단지 경험하는 동적인 진행만이 남는다.
 니르바나는 기슭없는 강이다. 이원성은 없다. 어떤 구분도 존재치 않는다.
 그렇다면 어떻게 니르바나를 표현하는가? 모든 표현은 한정될 것이다. 모든 한정은 거짓이다. 그대가 '神은 존재한다'라고 말한다면, 그대는 왜곡하는 것이다. 그대가 '神은 존재하지 않는다'라고 말한다면, 또 다시 그대는 왜곡하는 것이다. 그대가 '神은 존재하지 않는다'라고 말할 때 그대는 허위를 말하는 것이다.
 이것을 그대에게 설명하겠다. 우리는 '집은 존재한다'라고 말할 수 있으며, '나무는 존재한다'라고 말할 수 있으며, '사람은 존재한다'라고 말할 수 있다. 왜냐하면 어느날 그 나무는 존재하지 않을 것이며, 언젠가 그 나무는 존재하지 않았기 때문이다. 어느날 그 집은 존재하지 않을 것이며, 언젠가 그 집은 존재하지 않았다. 두 없음 사이에, 바로 존재의 번갯불이 있다.
 우리는 집에 관해서 '집은 존재한다'라고 말할 수 있지만, '神은 존재한다'라고는 말할 수 없다. 왜냐하면 神은 항상 존재했고, 존재하며, 존재할 것이기 때문이다. 그래서 우리가 '집은 존재한다'라고 말할 때와 같은 의미로서, '神은 존재한다'라고 말할 수 없다. '神은 존재한다'는 神을 또 하나의 물건으로 만든다. 그렇지만 神은 물건이 아니다. 神은 모든 것의 총합이다. 지금까지 있어 온 모든 것, 늘 있을 모든 것이다. 神은 과거, 현재, 미래의 전체다.
 그런데 어떻게 '神은 존재한다'라고 말할 수 있겠는가? 사실상, '神은 존재한다'라는 문장은 같은 말의 반복, 되풀이다—마치 그대가 'isness는 존재한다'라고 말하는 것처럼. 神은 isness를 의미한다—존재하는 모든 것의 isness.
 집의 isness도 神이요, 나무의 isness도 神이요, 사람의 isness도

神이다.
 그대는 '神은 존재한다'라고 말할 수 없다. 왜냐하면 그때 神 또한 수 많은 물건들 중에 하나가 될 것이기 때문이다. 그때 神은 전체가 될 수 없을 것이다. 그대는 '神은 존재한다'라고 말할 수 없다. 그것은 왜곡이다.
 그대는 '神은 존재하지 않는다'라고도 말할 수 없다. 왜냐하면 전체는 존재하기 때문이다. 그대가 어떻게 전체를 부정할 수 있는가? 그대가 神은 환영이다라고 말하더라도 환영은 존재한다. 그대가 神은 꿈이다라고 말하더라도 그 꿈은 존재하며, 꿈꾸는 자도 존재하며, 꿈의 대상도 존재한다. 그대는 단순히 '神은 존재하지 않는다'라고 말할 수 없다. 그대는 존재하며, 그리고 그대의 '神은 존재하지 않는다'라는 말을 듣고 있는 사람도 존재한다. isness는 부정될 수 없다.
 그러면 어떻게 할까? 神을 어떻게 표현할까? 니르바나를 어떻게 표현할까? 道나 진리를 어떻게 표현할까? 그것들은 표현될 수 없다. 그것들은 이해될 수 있고, 가리켜질 수 있지만 그것들은 표현될 수 없다.
 표현은 매우 한정된 반면, 神은 무한정이다. 무한정은 말로 번역할 수 없다. 그대는 무한정을 말로써 강제할 수는 있지만 그때 그것은 더 이상 무한정이 아니다. 그것은 허위다. 표현되지 않은 채로 있는 모든 것은 아름답고, 사랑스러우며, 좋고, 진실하다.
 노자는 말했다.
 '진리는 표현될 수 없다. 그것을 표현하는 순간, 그것은 더 이상 진리가 아니다.'
 이것은 이해되어야 할 가장 근본적인 것들 중에 하나이다. 진리는 보여질 수는 있지만, 말해질 수는 없다. 그대는 진리를 볼 수 있다. 붓다란 진리를 보여주는 하나의 화살표이지만, 그는 진리를 말하고 있지 않다. 그가 말하는 것은 모두 왜곡이다.

禪僧들은 붓다가 무수한 거짓말을 설했다고 말한다. 왜냐하면 무엇이 설해지든 거짓이 되기 때문이다. 그것은 진리가 무엇인가에 대한 문제가 아니다. 그대가 진리를 입밖에 내는 순간, 그것은 거짓이 된다. 말로 표현하기란 매우 한정적이며, 표현되는 대상은 무한하다.

그대는 지켜본 적이 있는가? 그대가 어떤 남자 혹은 여자와 사랑에 빠져서 '나는 당신을 사랑합니다'라고 말한다면 갑자기 그대는 언어의 무력함을 느낀다. '나는 당신을 사랑해요'는 많은 것을 전하지 못한다. 사랑을 말하기에는 불합리하게 보인다. 그것은 마치 그대가 내적 느낌을 속인 것처럼 보인다. 참된 연인들은 결코 '나는 당신을 사랑해요'라고 말하지 않는다. 참된 연인은 사랑을 보이기 위해 많은 것들을 하지만, 그들은 결코 '나는 당신을 사랑해요'라고 말하지 않을 것이다. 왜냐하면 그렇게 말하는 것은 사랑을 타락시키기 때문이다. 사랑은 '사랑'이란 말보다 더욱 광대하다.

그대가 누군가에게 '나는 당신을 사랑합니다'라고 말할 때는 언제나, 그대는 약간의 죄의식을 느낄 것이다. 그대가 그를 사랑하지 않는다면 아무 문제가 없다. 그때 그대는 계속 말할 수 있다. 그렇게 될 때 이것은 상투적인 문구가 될 것이며, 많은 것을 의미하지 않는다. 그때 그대는 언어유희를 계속할 수 있다. 그러나 그대가 진실로 사랑한다면, 그때 그대의 심장은 그대가 '사랑해요'라고 말하는 순간 더욱 빨리 뛸 것이며, 당혹감을 느낄 것이다.

사랑은 말해질 수 없는 그 무엇이다.

그렇다. 그대의 눈을 통하여 사랑을 보여줄 수 있으며, 그대의 촉감을 통하여 사랑을 보여줄 수 있으며, 수많은 것들을 통해서 사랑을 향해 가리킬 수 있지만, 그대가 어떻게 사랑을 말할 수 있겠는가? 언어는 사랑을 표시할 능력이 없다.

그대가 '사랑'을 말할 수 없다면, 어떻게 '기도'를 말할 수 있겠는가? 기도는 전체와 더불어 사랑에 빠진다. 그것은 존재하는 가장 위대한 사랑이다. '기도'를 어떻게 말할 수 있는가?

진실로 종교적인 사람은 그의 기도 속에 조용히 앉는다. 神에게 끊임없이 이야기하며, 神에게 계속 많은 것을 말하는 사람은 기도가 무엇인지 모른다. 그들은 되풀이하며 계속 같은 말을 반복한다. 그들은 단지 말들을 반복하고 있을 뿐이다. 그러나 참된 기도는 침묵하게 될 수 밖에 없다. 무한(無限)에 의해 압도되는 깊은 경외 속에서, 신비 속에서, 그리고 경탄 속에서, 어떻게 그대가 무엇인가를 말할 수 있겠는가? 언어는 머뭇거리며, 마음은 멈추고, 생각은 움직일 수 없다. 갑자기 그대는 텅비게 된다. 그대는 존재 하지만, 언어는 거기에 없다. 그대는 심장이 뛰는 것을 느끼며, 자신의 숨결을 느낄 수 있다. 그대가 전적으로 고요하게 될 때 그대는 그대 자신의 피의 순환까지도 느낄 수 있다. 그러나 거기에 마음은 없다.

기도는 행해질 수 없다. 기도는 어떤 행위가 아니다. 무언가 하는 것과는 거리가 멀다. 그것은 그대가 내면에 있을 수 있는 그 무엇이지만, 그대가 할 수는 없다. 그대는 기도적일 수는 있지만, 기도할 수는 없다. 그것은 마음의 어떤 상태이지, 행위가 아니다.

神, 니르바나, 道, 진리—그저 무의미한 소리들일 뿐…… 무한

(無限)을 향하여, 피안(彼岸)을 향하여 표시하고 가리키는, 마치 달을 가리키는 손가락처럼.

그러나 손가락은 달이 아니다. 내가 손가락으로 달을 가리킨다면, 나의 손가락을 붙들지 말라. 손가락은 달과 관계가 없다. 나의 손가락에 애착을 갖지 말라. 그렇지 않으면 그대는 달을 놓칠 것이다. 손가락은 잊혀져야 한다. 그대는 달을 보기 위하여 손가락을 떠나야 한다.

그러므로 붓다가 말한 것이 무엇이든 잊혀져야 한다. 경전들은 떨어져 나가야 된다. 그것들은 달을 가리키는 손가락이다.

그러나 그대는 기독교도가 되며, 힌두교도가 되며, 불교도가 된다. 거기서 그대는 놓친다. 그대는 공허한 말, 군말, 쓰레기에 의해 사로잡히고, 잡다한 말 속에 사로잡혀, 진리로부터 그대는 더욱 멀리 떨어진다.

진리는 어떤 지적인 노력이 아니다. 그것은 지력(知力)과는 아무 관계가 없다. 그대의 지성(知性)은 밝게 타오른다. 그렇다. 그대의 지성은 투명함을 가지고 있지만, 그 거울은 완전히 언어로부터 깨끗하다.

언젠가 괴테는 질문을 받았다.
"삶의 의미, 그 비밀이 무엇입니까?"
그가 대답하였다.
"식물이 무의식적으로 하는 것을 우리는 의식적으로 하는 것이지. 다시 말해서 성장하는 것이야."
삶의 의미는 성장 속에 있다. 니르바나의 의미는 그대의 성장 속에 있다. 성장하라.

그리고 이 성장에는 끝이 없다. 그대는 끊임없이 성장한다.

여행은 끝이 없으며, 목적지는 결코 오지 않는다. 많은 목적지들이 오고가고, 많은 경험의 절정들이 오가지만, 여전히 무한(無限)은 기다리고 기다린다. 그대는 무한(無限)을 고갈시킬 수 없다.

언어가 소모적이라는 이 사실은, 언어가 안고 있는 문제거리다. 내가 그대에게 '나는 너를 사랑한다'라고 말할 때, 나는 모든 것을 말했으며, 이제 모든 것이 고갈되어 버렸다. 그렇지만 사랑은 여전히 계속된다. 사랑은 성장이며, 살아있는 진행이다. '나는 너를 사랑한다'는 죽어있는 언어다. 무엇인가가 언어 속에서 죽어 있다. 언어는 시체와 같다.

깨달은 사람인 붓다는 그대가 성장하도록 돕는다. 그가 말을 한다면, 그대의 모든 잡담이 떨어져 나가도록 그대를 도울때만 그는 말을 한다. 그가 언어를 사용한다면, 그대가 무언(無言)이 되도록 도울때만 언어를 사용한다. 그가 말을 한다면 단지 침묵을 향하여 가리키기 위해서만 말을 한다.

그러므로 항상 기억하라. 붓다가 무엇인가를 말할 때, 그 용기(容器)는 전혀 중요하지 않으며 단지 내용물만이 중요하다. 말은 용기이며, 의미는 내용물이다. 그러나 의미는 오직 그대가 성장할 때만 그대에게 올 수 있다. 그대가 붓다 상태의 무엇인가를 맛보지 않으면, 그대는 이해하지 못할 것이다.

그래서 이것은 지식의 문제가 아니다. 이것은 이해의 문제이다. 그대는 계속 지식을 그러 모을 수 있다. 그때 그대는 성장할 필요가 없다. 그대는 지식으로 그대 자신을 계속 채울 수 있지만, 내면으로 내려오면 그대는 똑같이 남아있을 것이다. 아무 성장도 일어나지 않고, 아무 변화도 일어나지 않는다.

사실상, 그대가 그러 모은 모든 지식은 성장을 방해한다. 사람은 아는 것으로 인하여 너무 무거운 짐을 지게 된다. 알면 알수록 앎의 가능성은 더 적어진다. 그때 그대의 아는 능력은 너무 많은 짐이 될 것이며, 그대의 아는 능력은 매우 흐려질 것이다.

종교는 어떤 배움의 진행이 아니다. 사실 정반대다. 배우지 않음의 진행이다. 그대가 아는 것이 무엇이든 떨어져 나가야만 되며, 다시 무구(無垢)해져야만 한다. 그래서 그대는 한번 더 어린아이가 될 수 있으며, 그대는 다시 태어날 수 있는 것이다.

이 두번째의 태어남이 진정한 탄생이다. 첫번째 태어남은 진정한 탄생이 아니다. 그것은 단지 두번째 탄생을 위한 기회이다. 두번째 탄생이 일어난다면, 그대는 첫번째 탄생을 활용한 셈이다. 두번째 탄생이 결코 일어나지 않는다면, 기회를 잃은 것이다.

첫번째 탄생은 단지 육체와 마음의 탄생이다. 두번째 탄생은 영(靈)과 혼(魂)의 탄생이다. 그대가 그대 존재의 가장 깊숙한 영원의 핵심에 대한 무엇인가를 알고 있지 않는 한, 그대는 아무것도 모르고 있는 것이다.

그러나 인류는 지식이나 정보를 사랑한다. 이것이 바로 자기 만족이다. 그대가 아는 사실을 말할 때는 언제나, 그대는 우쭐함을 느낀다. 자신이 누군지도 알지 못하면서, 그대는 계속 선생역활을 한다.

한번 주위를 둘러보라. 모든 사람들이 자기외의 모든 이에게 충고를 하고 있다. 물론 아무도 그것을 받아들이지는 않지만……그것을 아무도 받아들이지 않는 것은 좋은 일이다. 만약 그렇지 않다면 세상은 더욱 곤경에 처할 것이다. 이미 세상은 많은 곤경 속에 있다. 아무도 그대의 충고를 받아들이지 않는 것은 좋은 일이다. 그대의 충고는 가치가 없다. 곤경에 처하거나, 위기 속에서는 그대는 그대 자신의 충고를 듣지 않을 것이다. 그 충고는 단지 죽은 쓰레기다. 그것은 그대의 내적 성장과는 아무 관계가 없다.

참된 앎은 성장의 부분이다. 성장하라.

매 순간 끊임없이 성장하고, 팽창하며, 폭발하라. 매 순간이 새로운 탄생이어야 한다.

그런데, 왜 그러하지 못할까? 왜냐하면 그대는 그대와 함께 계속 과거를 지니고 있기 때문이다. 매 순간 새로운 탄생을 원한다면, 그대는 또한 매 순간 과거에 대해 죽어야만 한다. 과거에 대해 죽음으로써 그대는 즉시 다시 태어날 수 있다.

모든 지식은 과거에 대한 것이다. 마음은 항상 과거의 것이다. 자각(自覺)은 항상 현재에 대한 것이다. 붓다는 그대가 더욱 의식적으로 되도록 돕는다. 그는 지식적으로 되도록 돕지 않는다.

어떤 일화다.

한 딱한 친구가 구슬 목걸이에, 나팔 바지에, 머리카락을 길게 늘어뜨리고, 마리화나를 피우면서 정신과 진료실에 들어왔다.

정신과 의사가 말했다.

"자네는 자신이 히피가 아니라고 주장하는데, 그렇다면 그 옷 매무새며, 그 머리카락, 그 마리화나는 어떻게 설명할 것인가?"

"박사님!"

그 친구는 한숨지었다.

"내가 여기에 있는 이유는 바로 그것을 알아내기 위함입니다."

아무도 그대가 있는 그 길에 왜 그대가 있는지 모른다. 아무도 그대가 누구인지 모른다. 아무도 그대가 빠져있는 마음의 상태

속에 왜 그대가 빠져있는지 모른다. 아무것도 모르는 채로 그대는 계속 표류한다. 그대는 그대가 누구인지 모르기에 계속 남을 모방한다. 어떤 신분, 어떤 모습을 얻기 위한 유일한 방법은 남들을 모방하는 것이다.

나는 앨런 왓트(Alan watt)의 자서전을 읽었는데, 그는 어린 시절의 한 사건을 이야기했다. 그가 어렸을 때, 같은 동네에 피터라는 소년이 살고 있었는데, 앨런은 그 소년의 진가를 인정하였다. 그 소년은 앨런에게 있어서 영웅이었다. 때때로 앨런은 그의 영웅, 피터에게 깊이 감명받아 집에 오곤 하였고, 또한 피터처럼 행동하곤 하자, 그의 어머니는 이렇게 말하였다.

"앨런, 기억해라. 너는 앨런이지, 피터가 아니야."

아주 어린 시절에 모든 사람은 다른 누군가가 되려 한다. 그 이유는 자신이 누군지도 모르며, 어떤 신분없이 산다는 것은 매우 힘들기 때문이다. 자신이 누구인지 모르고 사는 일은 매우 힘들다. 거기에는 단 두가지의 가능성이 있다.

그 하나는 그대가 내면으로 들어가는 것이다. 그것은 엄청난 모험과 엄청난 용기를 필요로 한다. 또 다른 하나는 다른 사람을 모방하는 것이다—이 사람으로부터 한 조각, 그리고 저 사람으로부터 한 조각, 그러면 그대는 잡동사니가 된다.

그대 자신을 바라보면 그대가 어떻게 잡동사니가 되었는가를 알 수 있을 것이다. 그대가 무엇인가를 말할 때는 언제나, 그것이 어디로부터 오는가를 마음속으로 단지 지켜보라. 그대의 어머니, 아버지, 형, 친구, 선생님, 성직자—어디로부터 이런 조각이 왔을까? 타인으로부터 온 모든 것을 계속 버려 나가라.

성장을 위해서는 깊은 청소가 절실한데, 성장은 모방할 수 없기 때문이다. 성장이 그대에게서 일어나야 한다. 그대는 모방을 계속할 수 없다. 모든 모방을 떨쳐버리면, 점차로 그대는 투명함을 지닐 것이고, 일어설 수 있는 터전(ground)을 가질 것이다. 그대는 그대가 누구인지를 알 것이다.

시작에 있어서 그것은 어렴풋하고, 어지럽고, 혼돈스럽지만, 그대가 용맹스럽다면, 점차로 사물들은 진정되며 처음으로 그대는 그대 자신의 존재를 알게 된다.

그리고 각 존재는 유일하다. 그대와 같은 사람은 어떠한 사람도 있어 본 적이 없으며, 결코 다시 없을 것이다. 神은 그대에게 많은 것을 걸었다. 神은 그대에게 기대가 많다. 그대는 새로운 시험이다. 그 기회를 놓치지 말라.

그러나 사람들은 계속 모방하며, 끊임없이 지식을 수집한다. 사람들은 홀로임을 느끼지 않기 위해서, 길 잃었음을 느끼지 않기 위해서, 단지 매달리기 위해서 그릇된 신분을 계속 창조한다.

그대가 진실로 집으로 오기를 원한다면, 먼저 그대는 길을 잃어버려야만 할 것이다. 그대가 진실로 무엇인가를 알기 원한다면, 먼저 그대는 모든 지식을 떨쳐버려야만 할 것이다.

그대가 진실로 그대 자신이 되기를 원한다면—누가 그 자신이 되기를 원하지 않겠는가?—그대는 모방을 멈춰야만 할 것이다.

이제는 충분하다. 그대는 충분히 모방해 왔고, 많은 기회를 낭비하였다. 그러나 결코 늦은 것은 아니다. 모방을 떨쳐버려라. 그대 존재의 거울을 닦아라.

처음에 있어서 그대는 두려워지는데, 공허함이 느껴지기 때문이다. 그러나 공허함은 그 자체에 어떤 신선함을 지니고 있다. 공허함은 그 자체에 어떤 아름다움을 지니고 있다. 공허는 처녀이다. 모든 것은 더럽혀지지 않은 공허로부터 나온다. 공허의 자궁은 모든 것을 창조한다.

그대가 내적 성장에 대하여 노력하기 시작한다하더라도, 어떤 정신분열적 상황 속에서의 그대는 항상 분열될 것이다.

그대의 한 부분은 가치없는 바깥 모습에 계속 매달리고 있는 반면, 다른 한 부분은 내면에서 계속 노력하고 있다. 이것은 이중행위이며, 모순이며, 에너지를 낭비하고 있을 뿐이다.

결정을 내려라. 그대가 진실로 성장하기를 원한다면, 다른 사람들로부터 그대에게 지워진 모든 짐을 벗어 버려라. 그들은 깊은 사랑 속에서 그대에게 짐을 지웠는지는 모르지만, 그것은 요점이 아니다. 그들은 그대를 돕고 싶어 그대에게 짐을 지웠을지도 모르지만, 그것은 요점이 아니다. 그들에게 고마움을 느껴라. 그러나 그대에게 주어진 모든 충고로부터, 그대에게 주입된 모든 지식으로부터, 사회가 그대를 가두기 위해 강제해 온 모든 조건들로부터 짐을 벗어버려라.

조건지어지지 않음이 필요하다. 마음이 조건지어지지만 않는다면, 사물은 다시 순수해지고, 의식의 흐름은 다시 흐른다. 그것은 더 이상 막히지 않는다. 그대는 더 이상 얼어붙지 않는다. 강박관념은 서서히 사라진다. 그대는 야생의 에너지가 된다.

그리고 기억하라. 神은 야생적이다. 神은 여전히 문명화되지 않았고, 결코 문명화 되지 않을 것이다. 神이 일단 문명화 되면 神은 죽을 것이다. 神은 자연 그대로다. 神은 엄청난 가능성과 무한정의 생(生) 에너지다.

그대가 神에게로 발걸음을 옮기고 싶다면, 그대 역시 그처럼 되어야 하는데, 적어도 조금만이라도 야생적으로 되어야 할 것이다. 에너지 속의 순전한 기쁨이 필요하다. 지식이나 어떤 인격이 아니라, 에너지 속의 순전한 기쁨, 존재의 순전한 기쁨이 필요하다. '나는 여기에 존재한다'는 바로 이 찬양. '나는 숨쉴 수 있다' '나는 춤출 수 있다' '나는 사랑할 수 있다'는 바로 이 행복―그대 속에서 순전한 즐거움과 고마움이 생겨난다.

그 감사는 종교적인 사람의 특수성이며, 그 감사 속에서 점차로 니르바나라는 것을 맛본다.

니르바나는 에고의 정지다. 에고가 멈출 때 神이 들어온다. 주인이 더 이상 없을 때, 그때 손님이 들어온다.

삶에 대하여 좀 더 詩的으로, 덜 철학적으로 되라. 그대 속으로 詩가 들어오도록 하라. 철학적 사색을 멈춰라. 모든 철학은 빌리는 것이다. 詩는 빌릴 필요가 없다. 모든 아이들은 詩人으로 태어난다. 모든 아이는 詩人이다. 詩人이 되는 것은 자연스러우며 그것은 자연의 선물이다.

릴케(Rainer Maria Rilke)의 詩이다.

오 詩人이여 말해주오, 당신은 무엇을 하는가? …… 나는 찬미하네.
그러나 그 어둡고, 죽음같고, 황폐한 길들, 당신은 어떻게 그들을 참고 견디나? …… 나는 찬미하네.
게다가 추측이나 응시를 넘어선, 이름도 없는 것을 당신은 어떻게 부르며, 어떻게 그려내나? …… 나는 찬미하네.
온갖 미로 속에서, 온갖 가면 속에서, 진실되게 남으려는 당신의 정의는 어디로부터인가? …… 나는 찬미하네.
가장 온화하고도 가장 야성적인 그 길들은 별과도 같고 폭풍

과도 같은 당신을 알고 있을까? …… 나는 찬미하네.

　에너지 속에서의 순전한 기쁨이라는 것은 바로 이러한 것을 의미한다. 그때 그대는 단순히 찬양하기 시작한다. 거기에 어떤 神이 있는 것이 아니다. 그러나 그대 안에 찬양이 일어나며, 그 찬양으로 인하여 모든 것이 성스럽고 신성하게 된다.
　사람들은 내게로 와서 내가 그들에게 神의 존재를 납득시킬 수 있다면, 그때 그들은 기도할 것이라고 말하는데, 그러면 나는 그들에게 말한다. '그대가 기도한다면, 그대는 神의 존재를 납득할 것이다.'
　神은 부산물이 아니다. 神은 최초의 경험은 아니지만, 제2의 경험이다. 근본적인 것은 기도하고 찬미하고 찬양할 수 있는 수용력(capacity)이다.
　神에 관한 모든 것을 잊어라. 다만 행복하게 느껴라. 전혀 아무 이유없이 엄청난 기회가 그대에게 주어져 왔지만, 그대는 그것을 얻지 못하고 있다. 그대는 그것을 얻기 위하여 아무것도 해오지 않았다. 그것은 그대 위에 퍼부어 왔다.
　어느날 문득 그대는 살아있음을 느낀다…… 사랑하고, 움직이고, 숨쉬고…… 그리고 삶의 모든 아름다움과 모든 경험은 그대에게 열려 있다. 아침에는 해가 떠오르며, 밤에는 달이 뜨고, 광활한 하늘에는 별들로 꽉 차 있다.
　찬미하라. 기도하라. 감사하라. 그 선물은 너무나 귀중해서 그것이 어떻게 주어졌는지 그대는 상상할 수 없다. 그것은 가치를 초월해 있다. 그대는 그대에게 더욱 삶(life)을 부여할 그 어떤 것을 상상하고, 생각할 수 있을까? 그대가 무엇을 할 것인가?

그대는 삶의 단 한 순간조차도 창조할 수 없다. 삶은 하나의 선물이다.

찬미하기 시작할 때, 사물들은 더욱 더 아름답게 된다. 나무들은 더욱 푸르게 되며, 꽃들은 전에는 결코 핀 적이 없었던 것처럼 그렇게 피어난다. 왜냐하면 그대는 장님이었고, 그대는 볼 수 없었기 때문이다. 그리고 새들은 결코 지저귄 적이 없었던 것처럼 그렇게 지저귄다. 새들이 지저귀지 않았다는 것이 아니라, 그대가 귀머거리였던 것이다.

시인이 되라. 그러면 무엇인가 알 수 있는 가능성이 있다. 그것은 철학과는 아무런 관계가 없다. 철학은 항상 부정을 한다. 그것은 항상 아니라고 한다. 논리는 부정의 말이다. 삶은 깊은 긍정에 의해서 다리가 놓아진다. 아니라고 말한다면 그 다리는 부숴진다.

禪 이야기다.

**혜명선사는 말하였다.
붓다는 그의 생애에서 오천 사십 팔* 진리(法 ; dharma)를
설했다고 한다.**

이것이 붓다가 수백만의 진리들을 설한 방법이다. 진리는 하나지만, 진리는 말해질 수 없기 때문에 붓다는 진리를 다른 방법으로 계속 말하고 있다. 그래서 그는 진리를 다시 말하기 위해 새로운 방법들을 끊임없이 고안한다. 다시 실패하고, 또 고안하고, 다시 실패한다.

실패는 절대적으로 확실하지만, 붓다의 자비는 계속된다. 그는 진리를 그대에게 말하고 싶어하며, 진리를 그대와 함께 공유하고

싶어한다. 그는 성취하였지만, 그대는 어둠속에서 더듬거린다. 그는 진리의 길로 그대를 부르고 싶어한다. 그의 자비는 말한다. '지붕 꼭대기로 가서 소리를 지르면 어둠속에서 헤매는 모든 사람들이 들을 수 있다.' 붓다는 그의 생애 매순간을 애쓰고, 또 애쓰지만, 다시 그리고 또 다시 실패한다. 진리는 말해질 수 없기 때문이다.

이것이 왜 그가 오천 사십 팔 진리를 설했느냐 하는 이유이다. 이 숫자는 상징적 숫자이다. 이것은 무한(無限)을 보여준다. 이것은 그가 수백만번이나 설법(說法)을 했다는 것을 보여주지만, 아직까지 진리는 설해지지 않은 채로 있다는 것을 보여준다. 붓다는 많은 방법들을 고안하였다. 이쪽 방향으로 말해서 안된다 싶으면, 반대 쪽으로 이야기 하고…… 그 방법으로 전달되었을 지도 모른다…… 거기서 실패하면, 또 다른 방법을 발견하였다.

禪불교도들은 붓다가 깨닫게 된 후에, 단 한마디도 하지 않았다고 말하면서도 오천 사십 팔 진리를 설했다고 말한다. 그들이 뜻하는 바가 무엇인가? 붓다는 무척 노력하였지만 말할 수 없었다는 것을 의미한다. 붓다는 말했지만, 진리는 말해질 수 없으며 말해질 수 없었다. 그는 열심히 노력하였지만 또 다시 실패하였다. 진리의 바로 그 본성은 표현할 수 없기 때문이다.

혜명선사는 말하였다.
붓다는 그의 생애에서 오천 사십 팔 진리를 설했다고 한다.

이해되어야 하는 중요한 한가지가 있다. 진리는 말할 수도 없지만, 동시에 숨길 수도 없는 것이다. 그대는 진리를 말할 수 없지만, 그대는 숨길 수도 없다. 진리는 수많은 길들 속에서 스스로 권리를 주장하려 한다. 바로 그 경험은 함께 나누기를 원하는 그런 것이지만, 또 함께 나눌 수 없는 것이기도 하다.

바로 며칠 전, 아누파마가 어떤 문제를 물었는데, 그녀가 깊은 명상 속에 들어갔을 때, 무엇인가가 그녀에게 일어났지만, 그녀는 그녀의 연인과 함께 그것을 나눌 수가 없어 조금은 죄의식을 느낀다고 말했다. 연인들은 그들이 무엇을 갖든 간에, 모든 것을 함께 누리기를 원한다. 사랑은 무조건적인 함께 나눔이다. 그래서 그녀는 함께 나누기를 원하지만, 함께 나눈다는 것은 불가능하다고 느낀다. 죄의식이 생긴다. 무엇인가 숨기고 있는 것처럼 느낀다.

그러나 진리의 본성이 그러하듯이 만약 그대가 그것을 표현하고자 하면, 그대는 표현할 수 없다. 말이 사라지고, 마음이 기능을 멈추었을 때 흘끗 봄(glimpse)*이 그대에게 온다—그때 흘끗 봄이 오는 것이다.

시간이 지나 말들이 마음으로 돌아오면, 흘끗 봄은 사라진다. 그 둘은 결코 만나지 못한다. 흘끗 봄이 그대안에 있을 때, 말들은 거기에 없다. 인지(認知)하고, 공식화(公式化)하는 말들은 존재치 않는다. 마음이 돌아왔을 때, 흘끗 봄은 사라진다. 한쪽 문으로 그대가 들어오면, 진리는 다른 문으로 그 집을 떠난다. 그대는 결코 진리를 만나지 못한다.

진리는 마음이 들어오는 순간 사라지지만, 아직 마음은 향기를 느낄 수 있다. 무엇인가가 일어났고, 굉장히 가치있는 어떤 일이 생겼다. 누군가가 집에 머물렀던 것이다. 그대는 느낄 수 있다…… 누군가가 지나갔음을. 그 방은 지금 다른 질(質)을 가지고 있다.

그대의 온 존재는 어떤 경험으로 인하여 고동친다. 무엇인가가 일어났다―어둠 속에서의 빛이다―그러나 마음은 이미 일어나 있는 것을 봉(封)할 수는 없다. 이제 마음은 무엇인가 확실히 일어났고 존재는 더 이상 전과 같지 않음을, 그리고 집은 이미 변해 있다는 것을 조금이나마 느낄 수 있다. 그러나 마음은 여전히 무엇이 일어났는지를 이해하지 못한채로 남아 있다.

마음은 그대가 사랑하는 모든 사람들과 그것을 함께 나누고 싶어한다. 그대는 그대와 공감하는 모든 사람들과 함께 나누고 싶어하지만, 그대가 이를 추구한다면, 그대는 실패할 것이다.

그래서 이 두가지 것은 경험 그 자체의 본질적인 부분이다. 첫째로 그대는 함께 나누고 싶어하며, 함께 나누고 싶은 굉장한 충동을 느낄 것이다. 그러나 그대는 실패할 것이다. 함께 나눔은 가능하지 않다. 두번째는 그럼에도 그대는 숨길 수 없다는 것이다. 그것은 그대의 눈으로부터, 그대의 걷는 방식으로부터, 그대가 이야기하는 방법으로부터, 그대가 침묵을 지키는 방법으로부터 나타날 것이다. 그것은 나타날 것이다. 그대는 그것을 지켜 본 적이 있는가?

언젠가 어떤 사람이 나에게 와서 말하였다.

"나는 매우 우둔하오. 침묵이 나를 도울 수 있겠소?"

나는 그에게 말하였다.

"시도해 보시오. 당신이 우둔하다는 사실을 받아들이는 것은 아무튼 좋은 일입니다. 그것은 지혜의 시작입니다."

그러나 어떤 사람이 우둔해서 침묵을 지키게 되었다면 그 침묵은 우둔한 무엇일 뿐이다. 우둔한 사람의 침묵은 여전히 우둔한 사람일 뿐이다. 깨달은 사람의 침묵과 우둔한 사람의 침묵은 전적으로 다를 것이다. 우둔한 사람의 침묵은 우둔할 것이다. 그의 말은 우둔할 것이다. 그의 침묵 역시 우둔할 것이다. 붓다의 침묵은 빛을, 풍미를, 향기를 가질 것이다. 그의 언어 역시 같은 질을 가질 것이다.

그것은 침묵하느냐, 말하느냐의 문제가 아니다. 그것은 그대 존재의 문제이다. 다름 아닌 그대 존재의 질이다.

그대가 無心의 무엇인가를 건드릴 때, 무심은 여러 방법으로 그 스스로의 표현을 시작할 것이다. 마음을 통하여 표현하기는 어렵지만, 그대의 전체성을 통하여 무심은 표현될 것이다. 그대는 다른 방식으로 볼 것이다. 누군가가 그대의 눈을 살펴보면 그대의 눈은 고요한 에너지의 저수지가 될 것이다. 누군가가 그대의 손과 몸을 건드린다면, 어떤 침착함과 평온함을 느낄 것이다. 무엇인가가 내부에서 일어났다. 그대는 그대의 자궁속으로 무엇인가를 옮기고 있다.

아이를 밴 여인이 걷고 있는 것을 본 적이 있는가? 그녀는 다르게 걷는다. 그녀는 그녀의 존재 속으로 무엇인가를 나른다.

흘끗 봄이든, 사토리든, 진리의 경험이 일어날 때에는 언제나, 그대는 다르게 걷는다. 그대는 더 이상 같지 않다. 그대는 그것을 숨길 수 없다. 그대는 그것을 숨길 수도 없으며 그것을 표현할 수도 없다.

오천 사십 팔 진리들은 空의 진리와 존재의 진리를 포함한다. 그 법은 갑작스러운 깨달음(頓悟)의 진리와 점진적 깨달음 (漸悟)의 진리를 포함한다.

매우 모순적이다. 때때로 붓다는 그대의 가장 깊숙한 존재는 완전히 비어있다고 말하고, 또 어떤 때는 그대의 가장 깊숙한 존재는 축복과 평화, 평온으로 가득찬 실재의 존재라고 말한다. 어떤 것이 진실인가?

그대는 유리컵에다 물을 가득 채울 수가 있고, 컵을 비울 수도 있다. 물을 밖으로 쏟아 버렸을 때, 한편으로 보면, 지금 유리컵은 비어있지만, 다른 편으로 보면 아직도 가득 차 있다. 물은 비어있지만, 공기가 컵속으로 들어왔다. 그 유리컵은 아직 비어있지 않다. 그대는 컵에 물이 비어 있다고 말할 순 있지만, 컵이 비어있다고 말할 수는 없다. 그것은 공기로 가득차 있다.

그대는 모든 가구를 방에서 치울 수가 있다. 그러면 그대는 '이 방은 비어 있다.'라고 말할 것이다. 그러나 지켜 본 적이 있는가? 지금 그 방은 방으로, 공간으로, 빈 것으로 꽉 차 있다. 물론 가구는 치워져 있다. 그 가구는 방으로 꽉 차 있는 방에 대해서 하나의 장애였다. 지금 그 방은 그저 방일 뿐이다. 방은 공간을 의미한다. 지금 그 방은 공간으로 가득 찬 공간이다. 그대는 더 쉽게 움직일 수 있으며, 더 편하게 있을 수 있다. 지금 아무것도 그 길을 방해하지 않는다.

때때로 붓다는 가장 깊숙한 존재는 비었다고 말하며, 어떤 때는 가장 깊숙한 존재는 절대적인 실존이라고 말한다. 마음의 비어있음과 무심(無心)의 가득 참 ; 사념(思念)의 비어있음과 무사념의 가득참……

그대가 명상적인 사람의 내부로 들어갈 수 있다면 그에게서 무한의 공간과 무애(無碍)를 발견할 것이다. 그대가 내 안으로 들어올 수 있다면, 그대는 어디에서든지 어떠한 장애도 발견할 수 없을 것이다. 그 가구는 치워져 있다. 어떤 점에서 나는 전적으로 비어 있지만, 다른 편에 있어서는 완전히 꽉 차 있다. 나는 스스로 비어있지만, 神으로 차 있다. 神은 공간을 의미한다. 神은 우주를 의미한다.

그대가 지력(知力 intellect)을 비운다면, 그대는 지성(知性 intelligence)으로 꽉 찬다. 그대가 지식(knowledge)을 비울 수 있다면, 그대는 이해로 꽉 찬다. 둘 다 진실이다.

그 법은 갑작스러운 깨달음(頓悟)의 진리와 점진적 깨달음 (漸悟)의 진리를 포함한다.

때때로 붓다는 그대가 한걸음 한걸음 서서히 나아간다고 말하고, 어떤 때는 깨달음은 순간적이라고 말한다. 깨달음은 한걸음 한걸음 될 수 없고, 계단으로 가기 보다는 점프하기를 좋아한다고 말한다.

둘 모두가 진실이다. 이것이 종교적 詩가 논리를 넘어서게 되는 이유이다. 논리적으로 종교詩는 어렵다. 논리는 이다, 아니다를 말하지만, 詩는 둘 다를 말한다. 논리는 그대에게 항상 선택을 준다―이것 아니면 저것인 것이다. 논리는 가장 깊숙한 내면은 비어있다고 말하거나, 그렇지 않으면 존재로 가득 차 있다고 말한다. 논리는 양자택일을 한다. 그러나 존재의 詩는 둘 다를 말한다. 즉 가장 깊숙한 내면은 무엇인가가 비어 있으면서도 무엇인가로 가득 차 있다라고 말한다.

그대는 물을 끓인다. 점차로 뜨거워지고 뜨거워진다. 점점 물은 더욱 뜨겁게 된다. 서서히 90도, 91도, 92도, 99도가 된다. 이윽고 물은 100도에 이른다. 증발하는 점이다. 그때 갑자기 점프한다. 물은 증기로 사라진다. 물은 증발한다.

지금 두가지 일들이 일어나고 있다. 그대가 나에게, '증발은 갑작스런 도약인가?'라고 묻는다면, 나는 '그렇다.'라고 말할 것이다. 그것은 갑작스런 도약이다. 왜냐하면 물은 정확히 100도에서 도약을 한다. 형태가 변한다. 형상이 바뀌어진다. 그것은 더 이상 물이 아니다. 그것은 증기가 된다. 그리고 그것은 갑작스런 도약으로 일어난다.

그러나 존재의 진행은 점차적으로 뜨거워진다. 물은 90도에서도 물이고, 80도에서도 물이다. 99도에서도 여전히 물이다. 100도에 점점 더 뜨겁게 다가갈 뿐이다. 그대는 99도에서 멈출 수 있다. 물은 결코 증발하지 않을 것이다. 다시 식을 것이다. 불을 끄면 그냥 물로 남을 것이다. 이렇게 되면 갑작스런 도약은 결코 일어나지 않는다. 그러나 그것은 준비를 갖추고 있다. 그렇지만 그대는 물이 90도에서 갑자기 도약이 일어나 증기가 되도록 할 수는 없다.

점차적인 것과 갑작스런 것은 모순이 아니다. 그 둘 사이에 선택의 문제는 없다. 둘 다 그들 자신의 길에 있어서 필요하다. 이와 같은 모순 때문에, 논리적인 마음은 종교적인 사람이 미쳤다고 생각한다. 논리적인 마음은 이런 것들로부터 어떤 의미도 만들지 못한다. 논리적인 마음은 이것 아니면 저것이 가능하다고 계속 말한다. 논리에게 둘 다는 가능하지 않다.

예를 들어서, 禪師들은 붓다는 결코 단 한마디도 말하지 않았다고 하면서, 동시에 그들은 붓다가 오천 사십 팔 진리를 말했다고 계속 말하고 있다. 어느 것이 진실인가? 모두 진실이다. 붓다는 수많은 말을 한 동시에 아직까지 단 한마디의 진리도 말하지 않았다.

벽초선사는 말하였다.
…… 이 모두가 긍정의 말들이 아닌가?
그러나 다른 한편으로 돈조禪師는 그의 「오도송(悟道頌)」에서 존재들도 없고, 부처들도 없다. 성인들은 바다거품이며, 위인(偉人)들이란 단지 번갯불같을 따름이다라고 말한다.
이 모두가 부정의 말들이 아닌가?

자, 돈조는 붓다를 따르는 사람이며, 붓다의 제자이며, 붓다의 연인이다. 그럼에도 그는 존재도 없고, 붓다도 없고, 성인들은 바다거품이라고 말한다.

그런데 돈조는 매일 아침 저녁 예배를 하고 있었다. 사원의 돌부처 앞에서 절을 한다. 하지만 동시에 그의 오도송에서는 성인들은 바다거품이라고 노래한다. 이것은 무슨 의미인가? 그가 의미하는 바는 무엇인가? 만약 성인들이 바다거품이라면 그때 붓다를 찬미하고, 붓다에게 기도하고, 그의 발을 만지며 절하는 모든 것을 멈출 것이다. 이런 모든 넌센스를 멈출 것이다.

그러나 그대가 돈조에게 묻는다면 그는 이렇게 말할 것이다.
'성인들이란 물거품이며, 붓다란 존재하지 않는다고 고타마 붓다로부터 배워왔다. 그래서 나는 경의를 표해야만 한다. 이 이해는 그를 통하여 나에게 일어났다. 그는 그 길을 가리켰다.'

이런 일화가 있다. 어떤 선사가 스승의 생일을 경축하고 있었다. 그 스승은 돌아가셨다. 누군가 그에게 물었다.

"왜 당신은 경축하고 있는가? 내가 알기로는 그 스승은 당신을 거절하였다. 그는 당신을 제자로서 결코 받아들이지 않았다. 내가 아는 바로는 당신은 오랫동안 애썼다. 당신은 애쓰고 또 애썼지만, 매 번 당신은 거절당했다. 당신은 결코 입문되지 않았다. 그런데 왜 당신은 그의 생일을 경축하고 있는가? 전통적으로 그것은 단지 제자로 받아들여진 자들에 의해서만 경축되는 것이다."

그 선사는 웃으면서 말하였다.

"맞는 말이다. 허나 그가 나를 거절하였기에, 나는 경축한다. 지금 나는 그의 연민을 이해할 수 있다. 그가 나를 받아들였다면, 나는 단지 하나의 모방자가 되었을지도 모른다. 그는 내 자신에게로 계속 나를 내던졌기에, 이윽고 나는 내 발로 일어섰다. 얼마후에 나는 누구한테 매달리기 위한 필사적인 추구를 떨쳐 버렸다. 그는 나를 도왔다. 그는 나의 스승이었다. 그의 거절속에 그는 나를 받아들였다."

그러나 이것은 비논리적이다. 그러나 여전히 그대가 시인의 눈을 통하여, 연인의 눈을 통하여 본다면, 그대는 이해할 수 있다. 지력적으로 그것은 어려울 것이지만, 지성적이라면 그것은 단순한 사실이다.

때때로, 거절하는 것이 돕는 것이다.

때때로, 거절하는 것이 받아들이는 것이다.

때때로, 돕지않는 것이 유일한 돕는 방법이다.

그러나 다른 한편으로 돈조禪師는 그의 '오도송'에서 존재들도 없고, 부처들도 없다. 성인들은 바다거품이며, 위인(偉人)들이란 단지 번갯불같을 따름이다라고 말한다. 이 모두가 부정적인 말들이 아닌가?

혜명선사는 그의 청중들에게 말하고 있다. 붓다는 긍정의 말처럼 보이는 무엇인가를 말하고 있는 반면에, 붓다의 제자인 돈조 절대적으로 부정적으로 보이는 무엇인가를 말하고 있다라고……

나의 제자들아, 그대들의 긍정의 말들을 받아들인다면, 그대들은 돈조를 부정하는 것이다.
그리고 그대들이 부정의 말들을 받아들인다면, 그대들은 붓다를 반대하는 것이다. 붓다가 그대들과 함께 여기에 있다면, 그는 이 문제를 어떻게 풀 것인가? 우리가 어떤 입장에 서야 하는지를 안다면, 우리는 매일 아침 붓다에게 물을 것이고, 매일 밤 그에게 인사할 것이다.

모순을 보라.
'우리는 매일 아침 붓다에게 물을 것이고, 매일 밤 그에게 인사할 것이다.'
이것이 참다운 질문자의 질이다. 그는 깊은 사랑과 존경을 가지고 묻는다. 그는 그의 지식으로부터 묻지 않는다. 그는 자신의 살아있는 문제로부터 묻는다. 삶에 닥친 위기는 그의 물음을 창조한다. 그는 엉터리가 아니다. 그는 책을 읽고, 문제가 생겼기에 질문하는 것이 아니다. 그는 삶이 어떤 문제를 창조하였기에 묻는다.
그리고 그가 물을 때, 그는 내부에 아무것도 가지고 있지 않다. 어떤 편견도, 어떤 개념도 없다. 순수한 아이처럼, 순결한 마음으로 묻는다. 그는 무엇인가에 관하여 설득되기 위하여 묻지 않는다. 그는 이미 수긍하고 있다. 그는 논쟁하기 위하여, 토론하기 위하여,

논의하기 위하여 묻지 않는다. 그는 알기 위하여 묻는다. 이해하기 위해서 묻는다.

우리가 어떤 입장에 서야 하는지를 안다면……

전체적인 요점은 그대가 어떤 입장에 서야 하는지를 안다면, 그리고 그대가 흔들리지 않는 마음의 상태에 이르렀다면, 단지 그때에만 올바른 질문이 가능하다는 것이다. 그대가 내면에서 동요하고 있다면, 그대가 내면에서 흔들리고 있다면, 그대는 바른 질문을 할 수 없다.

바른 질문은 흔들리지 않는 상태, 확실한 평정의 상태에 이른 마음에서만 오는 것이다. 그 고요함으로부터 올바른 물음이 생겨난다.

언젠가 나는 의사를 찾아간 어떤 사나이의 일화에 관하여 읽었는데, 의사는 그의 손을 진찰하였다. 손은 떨렸다. 의사는 말했다.

"이런! 당신은 술을 너무 많이 마셨군요! 당신의 모든 혈액조직은 못쓰게 되었습니다. 피 대신 알콜이 거의 당신의 혈관 속을 흐르고 있습니다. 당신은 너무 많이 마십니다."

그 사나이는 말했다.

"아니오. 나는 거의 마실 수가 없소. 내가 술잔을 잡을 때 거의 모두가 엎질러지기 때문이죠. 거의 모두가 엎질러진다는 말입니다. 그래서 나는 거의 마실 수가 없습니다."

그대가 내면에서 흔들리고 있다면, 전체의 지성은 엎질러진다. 그대가 흔들리지 않는다면, 지성은 하나의 저수지가 된다.

항상 기억하라. 흔들림에 동조하지 말며 흔들림을 도와주지 말라. 내면의 흔들림에 그대의 에너지를 쏟지 말라. 그것에 무관심한 채로 있어라. 좀 멀리 떨어져 있이라. 밀리 떨어져 있다면, 얼마 안있어 흔들림이 점점 덜 해짐을 알 것이다. 그리고 그대가 무관심한 채로 남아있고, 휘감기지 않으며, 동조하지 않는다면, 어느날 갑자기 그대가 완전한 고요의 순간에 임할 때가 온다. 그때 그대는 올바른 땅위에 서 있다. 그때 그대는 그대의 존재속에 서 있다. 그때 처음으로 그대는 서 있을 수 있게 된다.

우리가 어떤 입장에 서야 하는지를 안다면, 우리는 매일 아침 붓다에게 물을 것이고, 매일 밤 그에게 인사할 것이다.

아침과 밤이라는 것은 상징적이다. 아침은 행위의 시작을 의미한다. 마음이 활동적일 때, 우리는 매일 아침 붓다에게 물을 것이다. 밤은 비활동성, 수동성, 수용성을 의미한다. 마음이 수동적이고, 비활동적일 때 우리는 붓다에게 인사할 것이다.

능동적이면서 수동적인…… 그대의 마음이 능동적이고, 흔들림없이 서 있다면 그대는 도움이 될 수 있는 올바른 문제를 질문할 수 있다. 그리고 그대의 마음이 흔들리지 않는다면, 곧 그대는 수동적 국면이 오는 것을 알 수 있다. 그때 그대는 붓다에게 인사하며, 찬미할 것이며, 그때 그대는 위기에서 **빠져나오게** 도와준 사람에게 깊이 절하고 감사할 것이다.

그러나 우리는 어떤 입장에 서야 하는지를 알지 못하므로 나는 그대들로 하여금 하나의 비결 속으로 들어가게 할 것이다. 내가 이것은 이렇다고 말할 때, 어쩌면 그것은 긍정의 말이

아니다. 내가 이것은 그렇지 않다고 말할 때, 어쩌면 그것은 부정의 말이 아니다.

기억하라. 모든 긍정의 말들은 긍정의 말이 아니다. 그대의 마음이 부정적이라면, 그대의 긍정의 말 역시 부정적이 될 것이다. 그리고 모든 부정의 말들은 부정의 말이 아니다. 그대의 마음이 긍정적이라면, 그대의 부정적인 말 역시 언젠가는 긍정적으로 될 것이다.

예수는 이런 이야기를 한다.

어떤 아버지가 그의 큰 아들한테 정원에 가서 일 좀 하라고 시켰다. 아들은 말하였다.

"네. 아버지, 가겠습니다."

그러나 그는 결코 가지 않았다. 그의 긍정의 말은 정확하게 말해서 긍정의 말이 아니었다. 그는 교활하였다. 그는 허위였고, 가짜였다. 그 아버지는 작은 아들에게 청하였다. 작은 아들은 말하였다.

"싫어요. 저는 시간이 없어 정원에 갈 수 없어요."

그러고 난 후에 작은 아들은 그 일을 다시 생각했고, 정원에 갔다. 그의 부정의 말은 부정이 아니다.

진실된 것은 그대 내부의 것이지, 그대가 말하는 것이 아니다. 붓다는 神이란 존재치 않는다고 말하지만, 붓다보다 더 신성한 사람은 찾을 수 없다. H.G. 웰즈는 고타마 붓다는 인간 역사에 있어서 가장 무신론적이면서도 가장 神과 같은 사람이라고 썼다. 붓다는 神은 존재치 않는다고 말한다. 그러나 이것이 부정의 말이라고 생각지 말라.

붓다를 보라. 그는 神과 절대적으로 하나였으므로, 神이 존재한다고 말하는 것은 그릇될 것이다. 그것은 분리를 만들어 낸다. 그는 神은 존재치 않는다고 말한다. 그의 말 때문에 고민하지 말라. 그를 보고, 그를 지켜보면, 땅위를 걷고 있는 神을 볼 것이다. 神이 있는지 없는지 하는 그대의 물음 속에서 그대는 이미 놓치고 있다. 그대는 지켜보았어야만 했다. 神은 그대 앞에 있었다.

붓다는 神은 존재치 않는다고 계속 말하고 있지만, 그는 결코 그런 것을 의미하는 것이 아니다. 그는 단순히 그대 마음을 산산히 부수고, 망치로 두들긴다. 그는 단순히 그대의 편견을 부수려는 것이었다.

언젠가 이런 일이 있었다. 어떤 사람이 아침에 찾아왔을 때, 붓다는 神은 존재하지 않는다고 말했다. 그리고 오후에 다른 사람이 찾아왔을 때, 붓다는 神은 존재한다고 말하였다. 또 세번째 사람이 저녁에 왔을 때, 붓다는 침묵을 지켰고, 이렇다 저렇다 대답이 없었다. 그의 제자 아난다는 당황하게 되었다. 그는 온종일 있었기 때문이다. 아난다는 물었다.

'나는 당신의 설명없이는 오늘 밤 잠을 이룰 수 없을 것입니다. 무엇을 의미하는 것입니까? 한 사람에게는 神은 존재하지 않는다고 말씀하시고, 또 다른 사람에게는 神은 존재한다라고 말씀하십니다. 그들은 같은 질문을 했습니다. 그리고 세번째 사람에게는, 그 역시 같은 질문을 하였지만, 당신은 침묵을 지켰고, 전혀 대답을 하지 않으셨습니다. 어찌된 일입니까?'

붓다는 대답했다.

'내가 神은 존재하지 않는다라고 말한 첫번째 사람은 유신론자였다. 그는 神에 대한 어떤 개념, 관념을 가지고 있었다. 내가 그 관념을 산산히 부숨으로 해서 그는 속박으로부터 자유롭게 될 수 있으며, 진리에 부합될 수 있다. 그를 돕기 위해, 神을 알리기 위해, 나는 神은 존재한다는 그의 관념에 반하여 神은 존재하지 않는다고 말해야만 했다. 그렇게 하지 않았다면, 그는 언어 속에 갇혀 있는 상태 그대로일 것이다. 그리고 내가 神은 존재한다고 말한 그 사람은 무신론자다. 그는 神은 존재치 않는다라는 믿음을 가지고 있다. 나는 그를 산산히 부셔야만 했다. 모든 사람은, 경험이 가능하도록 그의 신앙체계로부터 끌어내져야만 한다. 그리고 어느쪽도 아니며, 아무 편견도 없는 진실한 탐구자인 세번째 사람에게 나는 침묵을 지켰다.'

그래서 모든 긍정의 말들은 긍정의 말이 아니다. 모든 부정의 말들은 부정이 아니다.

어떤 일화다.

맥주를 마시며 존슨은 스미스에게 말했다.

"나의 정신과 의사는 반대감정병존(ambivalence)이라 일컫는 현상에 대해서 계속 이야기하는데, 나는 그 현상을 이해하기는 하지만 지긋지긋하네."

스미스가 말했다.

"문제될 것 없지. 반대감정병존적이라는 것은 반대의 감정을 동시에 느끼는 것이지. 어떤 것에 대하여 즐겁게도 불쾌하게도 느끼는 것이고, 누군가를 사랑하면서도 증오하는 것이지."

"그것은 의사가 역시 말하는 바이지만, 나는 어떻게 반대의 두 감정을 동시적으로 경험할 수 있는지 알지 못하네."

존슨이 말했다.

"그렇다면 예를 하나 들겠네. 만약 자네가 새로운 상표의 캐

딜락을 만달러 주고 구입했는데, 바로 첫날 자동차 브레이크가 고장나 천길 벼랑 아래로 떨어졌다고 가정해 보세. 기분이 어떠할까?"

"공포를 느꼈을 테지."

"그런데 그 시간에 유일하게 자네의 의붓어머니가 그 차안에 있었다면, 그때에는?"

그대의 yes나 no는 많은 것을 의미하지 않는다. 그 둘은 반대감정병존적이다. 때때로 그대가 no라고 말하기를 원할 때, 그대는 단지 no를 숨기기 위하여 yes라 말한다. 때때로 그대가 yes라 말하기를 원할 때, 단지 그대의 에고를 드러내기 위해서, 강함을 보여주기 위해서, 힘을 과시하기 위해서 yes라 말하지 않고 no라고 말한다. no는 어떤 힘을 준다. 그대가 no라고 말할 때는 언제나, 그대는 강함을 느낀다. 그대가 yes라고 말할 때는 언제나, 굴욕감을 좀 느낀다.

지켜 보라. 그대의 yes는 no를 숨기고 있을지 모르고, 그대의 no는 yes를 숨기고 있을지 모른다. 왜냐하면 상반되는 일들이 매일 일어나기 때문이다. 그대는 웃지만, 단순히 그대의 눈물을 감추고 있을 따름이다.

그대가 사람들을 지켜보고, 그들의 말에 말려들지 않는다면, 무엇이 일어나는지 바로 알 것이다. 진실은 숨겨질 수 없다. 누군가가 단지 눈물을 감추기 위하여 웃고 있다면, 그의 웃음을 듣지 말라. 단지 그를 지켜보면, 곧 그대는 알 것이다―웃음속에 숨겨진 금방 터질 것 같은 눈물을. 누군가가 no라고 말할 때는 언제나, 그 사람을 잘 지켜보라. 전체의 사람을 지켜보라. 내심에서는 그가 yes라고 말하고 있다는 것이 그의 어딘가에서 표가 날 것이다.

항상 깊은 곳에 귀기울이며 사람들이 말하는 것에 근심치 말라. 그대가 사람들의 말에 귀기울이지 않고, 가슴에 귀기울이기 시작한다면, 세상은 매우 아름다워지고, 삶은 진실로 찬양이 될 것이다.

이런 일이 있었다.

어떤 부인이 죽었는데, 그녀의 남편인 샌디 맥타비쉬씨는 특유의 검정색으로 칙칙하게 차려입고, 부인의 장례행렬을 준비했다. 장의사는 공손한 속삭임으로 그에게 말했다.

"당신은 장모님과 함께, 앞에서 인도하는 차에 타게 될 것입니다."

샌디는 찌푸렸다.

"나의 장모님과?"

"물론입니다."

"꼭 그래야만 하나?"

"당연한 일입니다. 상처한 남편과 딸 잃은 장모, 가장 가까운 두 유족이 함께 타야됩니다."

샌디는 크게 훌쩍거리는 장모를 돌아보면서 말했다.

"예, 좋습니다만, 자꾸 이러시면 이 행사의 즐거움을 망칠 것입니다."

장례를 위해서 특유의 칙칙한 검정색으로 옷을 입었지만, 부인이 죽은 사실을 고개숙여 행복해 한다. 사람들을 지켜본다면, 그대는 그들의 yes가 yes를 의미하는 것이 아니며, 그들의 no가 no를 의미하는 것이 아니라는 사실을 알 수 있을 것이다. 사람들은 모순적이다.

똑같은 일이 깨달은 사람에게도 일어나지만, 다른 이유에서이다.

그대는 애매모호한 상태이다. 그것이 바로 그대의 표현이 그대의 의도와 다른 이유이다. 붓다 또한 모순적이다. 왜냐하며 붓다는 진리를 양 극단으로 나눠 놓은 언어로써 진리를 말하려 하기 때문이다.

그대는 모순적이다. 그대의 내적 존재가 분열되어 있기 때문이다. 붓다도 모순적이다. 하지만 내적 존재가 분열되어서가 아니다. 그의 내적 존재는 하나가 되어 있다. 그러나 그는 이원성 너머에 있는 진리를 언어에다 가져오려고 하기 때문이다. 그는 모순적이어야만 한다.

우파니샤드에서 神은 가장 가까운 것보다 더 가까이, 가장 먼 것보다 더 멀리 있다고 말한다. 왜냐하면 神은 둘 다이기 때문이다. 가깝고도 멀다. 神은 모두이기 때문에 둘 다가 되어야만 한다. 神은 삶과 죽음 둘 다이다. 神은 둘 다 되어야만 한다.

영어 단어 'devil'은 매우 아름답다. 이것은 산스크리트 어근(語根)인 'deva'로부터 나온다. 그리고 같은 어근인 'deva'로부터 'divine'이 나온다. 'devil'과 'divine'은 같은 어근(語根)으로부터 나오며, 홀 낱말 'dev'로부터 나온다. 악마 역시 신성하다. 그리고 신성함은 그 내면에 악마의 무엇인가를 가지고 있음에 틀림없다.

기독교 사상은 두 개로 분리되도록, 명확히 갈라진 부분들이 되도록 이원성을 창조해왔다. 악마는 神과 싸우고, 神은 악마와 싸운다. 그러나 동양에서는 진실(reality)을 결코 쪼갠 적도 나눈 적도 없다. 진실은 쪼갤 수 없기 때문이다. 악마는 神이고 神은 악마이다. 이것은 상반되는 극(極)을 통한 동일한 에너지의 표현이다. 붓다가 말할 때, 그는 서로 반대되는 것을 사용해야만 한다.

내가 이것은 이렇다고 말할 때,
어쩌면 그것은 긍정의 말이 아니다.
내가 이것은 그렇지 않다고 말할 때,
어쩌면 그것은 부정의 말이 아니다.

'신성한 서쪽 땅을 보려거든
동쪽으로 향할 것이요,
북쪽 별을 보려거든
남쪽으로 향하라.'

역설들…… 그러나 진리는 오로지 역설을 통해서 표현될 수 있다. 그대의 내적 충만함은 오로지 비어있음에 의해서만 표현될 수 있으며, 그대의 진실된 삶은 죽음을 통해서만이 가능하다. 부활은 십자가에 못박힌 후에 일어난다. 그대가 진실로 살아있게 되기를 원한다면, 마치 죽은 것처럼 되어야 한다. 그대가 진실로 지성적으로 되기를 원한다면, 바보처럼 살아라.

노자는 말했다.

'나를 제외한 온 세상이 현명하다. 나는 바보다.'

'바보(idiot)'는 아름답다. 이 단어는 'idiom'과 동일어원에서 유래했다. idiom은 자기만의 스타일이다. idiom은 자기만의 스타일을 의미하며, idiot는 스스로의 방식대로 사는 사람을 의미한다. 그리고 idiot는 자신의 일만을 하고 있을 뿐, 세상에 관해서는 걱정을 하지 않는 사람을 의미한다. 모방자가 아닌 사람이 바보 (idiot)다. 그것은 우둔한 것과는 아무 상관이 없다.

성 프란체스코는 자신을 바보라 부르곤 하였는데, 예수도 그의

나라에서 바보로 알려졌다. 도스토예프스키는 'The idiot(백치)'
라는 소설을 썼다. 그 책은 읽을 가치가 있다. 그 책은 매우 겸
손하고, 독특한 사람에 관한 것이다. 그러나 그가 겸손하고 독
특하기 때문에 군중은 그가 백치라고 생각한다.

 그대가 스스로의 방식대로 삶을 살려고 한다면, 그대는 바보
처럼 보일 것이다. 군중은 그대를 존경하지 않을 것이다. 군중은
단지 가면을, 그릇된 인격을, 믿지 못할 사람들을 존경한다. 그대가
진실로 지성적인 사람이 되고자 한다면, 바보처럼 되라. 그리고
그대가 바보처럼 되고 싶다면 지식을 모아라. 박식한 사람이 되면,
그대는 하나의 바보가 될 것이다.

 이 역설속으로 깊이 들어가 보라. 모든 종교는 역설(逆說)의
독특한 맛 속에서 표현된다.

> '신성한 서쪽 땅을 보려거든
> 동쪽으로 향할 것이요……'

 그대가 신성한 서쪽 땅을 보기 원한다면, 일반적으로 그대는
서쪽으로 돌아야 한다. 그런데 왜 동쪽으로 돌까? 그러나 이
역설은 진실한 삶 속에서 그것이 어떻게 일어나느냐이다. 반대의
극으로 돌려라.

 옛날 시계를 본 적이 있는가? 시계 추는 계속 움직인다. 오
른쪽에서 왼쪽으로, 왼쪽에서 오른쪽으로. 시계추가 왼쪽으로 가고
있을 때, 시계 내부에서는 실제로 어떤 일이 일어나는가? 시계
추가 왼쪽으로 가고 있을 때, 그것은 오른쪽으로 가기 위하여 힘을
모으고 있다. 시계추가 오른쪽으로 가고 있을 때, 그것은 이미

왼쪽으로 가기 위하여 준비하고 있다.

낮 동안에 일을 열심히 하면 밤에 깊은 잠을 잘 수 있다. 단잠을 자고 싶으면 일을 열심히 하라. 반대적이다. 그러나 일반적인 논리는 그대가 단잠을 자고 싶다면 하루종일 이완을 연습하라고 말할 것이다. 이것을 연습해보라. 침대에 드러누워, 하루종일 침대위에 있어라. 왜냐하면 그대가 하루종일 연습한다면, 물론 밤에 잠을 잘 자게 될 것이기 때문이다. 이것이 일반적인 논리다.

이것이 서양에서 일어나는 일이다. 불면증은 일반화되었다. 무슨 이유인가? 그 이유는 잠과는 아무런 관계가 없다. 그것은 노동과 모종의 관계가 있다. 그대가 일을 열심히 하지 않는다면, 그대는 잠에 빠질 수 없다. 그대가 깊이 잠자지 않는다면, 다음날 아침 그대는 열심히 일할 수 없을 것이다.

삶은 상반(相反)속에 존재한다. 누군가 나에게 잠 때문에 고통스럽다고 말한다면, 나는 잠에 관해서 잊으라고 말한다. 아침에 4마일 뛰고, 저녁에 4마일 달려라. 잠은 문제가 아니다. 그대는 너무 많이 풀어졌음에 틀림없다. 그때 잠은 필요치 않다.

더 깊이 내려가면, 모든 상반되는 것들은 서로 만나며, 전체의 한 부분이라는 것을 명심하라.

사람들은 나에게 와서 조용하게 되기를 원하며, 무념의 상태로 들어가기를 원한다. 나는 그들에게 열심히 일하고, 정화명상을 하라고 권고한다—다이나믹(Dynamic)이나 쿤달리니(Kundalini) 명상과 같은 것을…… 점프하고, 흔들며, 움직이는 것들이다. '그러나 우리는 조용하게 되기를 원한다. 단지 앉아 있는 것만으로도 부처처럼 조용하게 될 수 있는가?'라고 그들은 말한다.

그대는 앉아 있을 수는 있지만, 고요하게 될 수는 없다. 내부에서 모든 소란이 춤출 것이다. 차라리 반대로 하라. 점프하고, 뛰고, 터벅터벅 걷고, 춤춰라. 그내 자신을 쓰고, 고갈시키고 나면, 그 시계추는 반대의 끝으로 움직이기 시작한다. 고요는 그대가 기진맥진 했을 때만이 가능하다. 그때 고요하게 앉는다. 그때 이완이 쉽게 일어난다. 항상 이 법칙을 기억하라.

만약 그렇지 않고, 그대가 일반적인 논리, 즉 아리스토텔레스적인 논리를 보고 따른다면, 그때 그대는 삶을 놓칠 것이다. 반대쪽으로 움직여라.

그대가 진실로 제 정신이기를 원한다면, 능히 미친 존재도 될 수 있으며, 광기속으로도 들어갈 수 있도록 하라. 이것이 내가 가르치는 것이다. 그대가 진실로 제 정신이기를 바란다면, 미쳐보라. 제 정신이 되기 위해 지나치게 노력하면 오히려 그대는 미치게 될 것이다. 너무 똑똑한 모든 사람은 미치게 된다. 그들은 미치게 되어 있다. 그들은 제 정신이 되기 위하여 너무 노력하기 때문이다. 바로 그 노력이 시계추가 반대 방향으로 움직이게 도와준다.

똑똑해지려고 하지 않으면, 그대는 제 정신이 될 것이다. 미칠 기회가 있을 때는 언제나, 풀어 제치고 미쳐라. 어떤 기회도 놓치지 말라. 사람들이 춤추고 있다면, 춤추고 미쳐 보라. 미치게 될 기회를 발견할 수 있는 곳에서는 어디서라도 미쳐라. 그리고 나는 그대가 결코 미치지 않으리라는 사실을 보증할 수 있다. 그대는 제정신으로 남아있을 것이다. 그대는 남들에 의해서 어지럽혀 질 수 없으며, 어떤 상황에 의해서 어지럽혀 질 수 없는 바른 정신을 가질 것이다.

그렇다. 혜명선사는 옳다.

'신성한 서쪽 땅을 보려거든
동쪽으로 향할 것이요,
북쪽 별을 보려거든
남쪽으로 향하라.'

역자 註

* 오천 사십 팔 진리 : 흔히 불교에서는 팔만 사천 법문이라고 한다.
* 흘끗 봄(glimpse) : 견성(見性) 또는 사토리. 진리의 본성(本性)을 언뜻 보는 것.

제8부

조가비를 모으면서

조가비를 모으면서

어떻게 하면 삶을 나날이 신선하게 느낄 수 있습니까?
설명하여 주십시오.

삶은 신선하지만 그대는 상해있다. 그대는 어제를 계속 나르고 있기 때문에 그대는 상하게 된다. 과거는 그대와 삶 사이에 있어서 하나의 장애물일 뿐이다.

매 순간 모든 과거에 대해서 죽으면 지금 그대로 신선하게 느끼며 살 수 있다.

삶은 결코 시들지 않는다. 매 순간 삶은 스스로 새로와지며, 스스로 젊어지며, 스스로 순응한다. 삶은 영원히 신선하다. 그러나 마음은 신선하게 될 수 없다. 바로 그 마음의 메카니즘은 삶이 신선하게 되는 것을 허락하지 않는다―삶은 낡아야 하고, 삶은 죽어야 한다.

그대가 무엇인가 아는 순간, 그것은 이미 과거다. 지식은 이미 죽어 있다. 새가 나무에서 노래한다. 그대의 마음이 '아름답다'라고 말하는 순간, 그것은 이미 낡아있다. 그것은 더 이상 현재가 아니다. 그것은 이미 지나가 있다. 누군가에게 '나는 당신을 사랑해'라고 말하는 순간, 그것은 이미 과거다. 마음이 무엇인가를 붙잡는 순간, 그것은 바로 죽어 버린다.

신선하게 된다함은 無心이 되는 것을 뜻한다. 마음의 방해없이 새소리를 들어라. 마음의 방해없이 나무들을 보아라. 말로 나타냄없이 어떻게 느끼는가를 그대는 배워야 할 것이다. 거기에 모든 질병의 근원이 있다.

그대가 장미를 보면 곧바로 마음은 거미줄을 치기 시작한다. '아름다운 장미…… 나는 전에 이처럼 아름다운 장미를 결코 본 적이 없는데.'라고. 그대는 지금 더 이상 장미를 보고 있는 것이 아니다. 그대는 과거로 움직였다. 그대는 다른 장미들과 비교하고 있다. 그리고 다른 장미들과 비교하고 있을 때, 그대는 지금 이 장미를 완전히 잊어버리고 있는 것이다.

그와같은 다른 장미들은 다만 기억속에 있을 뿐이다. 과거의 인상들인 것이다. 그리고 가장 어처구니없는 사실은 그 다른 장미들이 피어 있었을 때, 그대는 죽어버린 또 다른 어떤 장미와 비교하였음이 틀림없다는 것이다. 또 다시 이 어처구니없는 일이 일어날 것이다. 어떤 다른 날, 다른 장미를 본다면, 그대는 지금 전혀 보고 있지 않은 이 장미와 비교할지도 모른다.

삶을 바라보면서 너저분한 말들을 떠올리지 말라. 말없이 바라보라. 무심으로 보라. 그러면 돌연 모든 것이 신선하고, 모든 것이 새롭게 될 수 있을 만큼 새롭다.

이것이 터득되어야 한다. 모든 아이는 이것을 안다. 이것은 그대의 탄생과 함께 오는 능력이다. 타고난 그 무엇이다. 그러나 그때 사회는 아이들을 떠맡아서 아이가 강제로 배우도록 가르치기 시작한다. 사회가 노력하고 있는 것은 내면에서 말로 표현하는 양식만을 창조할 뿐이다. 점차로 먼지뿐인 지식이 쌓이고 쌓여 아이는 삶을 놓칠 것이다.

심리학자들의 말에 의하면 아이가 네살까지는 절대적으로 신선하고 절대적으로 지성적이라고 말한다. 모든 아이는 네살에 이르기까지는 지성적이다. 아이에겐 어떤 우둔함도 없다. 우둔함은 발생하지 않는다. 모든 건강한 아이는 지성적이며, 네살에 이르기까지 가장 많은 것을 배운다. 그의 일생에 있어서 배움의 50 퍼센트가 네살 때까지 끝마쳐진다.

여덟살이 되면 더 이상 아이가 아니다. 그는 사회의 부분이 되어 있고, 속임수를 배우고 있다. 지금 그는 더 이상 사람이 아니다. 그는 하나의 기계다. 여덟살이 되면 배움*이 멈춘다.

그때 축적이 시작된다. 그는 끊임없이 지식을 축적한다. 그러나 배움은 멈추며 신선함은 사라진다.

네살 이하의 작은 아이들을 지켜보면 신선한 에너지로 힘이 넘치는 모습을 볼 수 있다. 그들을 지켜보며, 사물에 대한 그들의 반응을 보면, 그들은 항상 독창적이고, 열려 있으며, 신선하고, 유익하다는 것을 그대는 발견할 것이다. 각각의 모든 아이들은 천재이지만, 사회는 그렇게 많은 천재들을 허락할 수 없으며, 그렇게 많이 열려있는 사람을 인정할 수 없다.

독창적인 사람은 위험물이다. 매우 드물게 어떤 사람은 사회의 감옥살이로부터 탈출한다. 사회는 소수의 독창적인 사람들만을 너그럽게 봐줄 수 있다. 여기저기 어디엔가 붓다 같은 사람이나 아인슈타인 같은 사람은 관대하게 넘어간다. 그러나 극소수의 진실한 지성, 어쩌면 극소수마저도 너무 많은 것이다. 그래서 예수는 십자가에 못박혀야만 했고, 소크라테스는 독살되어야만 했다.

이런 사람들은 여전히 아이인채로 남아 있다. 그들은 신선하게 남아 있으며, 젊은 채로 남아 있다. 본래대로 남아 있다. 그들은 유일하며, 열려진 채로 남아 있다.

보라! 성인(成人)들을 사람이라 부르지 말라. 그들은 사람이 아니다. 그들은 기계다. 오직 조그만 아이들만이 사람이다. 성인들은 이미 죽어 있다. 성인들은 유용성만을 가지고 있다.
　내가 지켜보아온 바로는, 어떤 성인이 나에게 온다면, 그는 의사나 교수 아니면 기술자이지, 남성이나 여성이 아니다. 그는 사회에서 어떤 유용성, 어떤 기능을 지니고 있다. 그는 더 이상 사람이 아니다.
　조그만 아이들이 올 때, 그들은 단순히 사람일 뿐이다. 아무도 의사가 아니며, 아무도 기술자가 아니며, 아무도 과학자가 아니다. 아이들은 단지 사람일 뿐이다. 개방적이며, 신선하며, 아무런 축적도 없다.
　아이들의 눈 속을 들여다 보라. 그토록 무한한 고요, 그리고 흐리멍텅하지도 않다. 삶과 함께 진동하고 있다. 아이들을 보아라. 그렇게도 발랄하고, 그렇게도 유연하고, 그렇게도 감응(感應)한다. 그러나 아이들은 성장함에 따라 고정된 형식, 고정된 구조, 어떤 틀을 취하기 시작한다. 그러면 그들은 그 형식을 통해서만 작용한다.
　누군가가 와서, '나는 의사다'라고 말할 때, 나는 곧바로 그 말이, 내가 의사는 만날 수는 있어도 사람은 만날 수가 없다라는 사실을 이해한다. 의사라는 것이 나와 상대방 사이에 끼어 있는 것이다. 누군가가 와서 자신이 의사라고 말할 때, 악수는 할 수 있지만, 손을 발견할 수 없을 것이다. 그들은 장갑속에 숨겨져 있다―교수의 장갑, 의사의 장갑, 장갑이라는 유용성 뒤에 숨겨진 그 사람은 쓸모없는 것이다.
　의사라는 존재는 무엇을 의미하는가? 그는 사회에서 일정한 방식으로 작용하고 있다. 그는 사회에 대해서 확실히 유용적이다. 유용성이 있다는 사실은 하나의 상품이 되는 것이다. 유용적으로 된다는 것은 하나의 물건이 되는 것이다.
 아이들은 쓰일 수 없다. 아이들은 목적이 없기 때문이다. 그러므로 그들은 사람이다. 그대가 어떤 아이와 악수한다면, 그대는 그와 악수한 것이다. 거기에는 어떤 장갑도 없다. 그들은 나체이며, 발가벗겨져 있다. 여덟살이 되면, 거의 항상 무엇인가 내부에서 닫힌다. 창문과 문이 닫힌다. 그러면 그대는 일생동안 계속 삶을 놓칠 것이며, 그대가 하는 일이 무엇이든 의무가 될 것이고, 단조롭고 고된 작업이 되며, 끌려다니는 물건이 될 것이다. 그것은 찬양이 못될 것이다.
 이런 이야기를 들은 적이 있다.
 두 친구가 길에서 우연히 만났다. 그들은 오랫동안 서로 보지 못했었다. 한 친구가 물었다.
 "자네, 요즈음 누구를 위해서 일하고 있나?"
 "늘 그 회사에, 그 부인에, 그 아이들을 위해서지."
 그대의 부인에 대해서 조차도, 그대의 아이들에 대해서 조차도, 그대는 사랑으로 기능하지 않으며, 의무, 책임, 짐으로서 기능한다. 그들 역시 그대가 일하고 있는 하나의 회사와 마찬가지일 뿐이다. 그대는 달아나고 싶지만, 멀쩡한 정신이 그대를 허락치 않는다. 그대는 탈출하고 싶지만, 탈출하기 위한 에너지를 잃어버렸다. 그대는 달아나고 싶지만, 지금 그대는 형틀에 너무 길들여져 있다. 그대는 이 회사 없이는 살아가기 힘들 것이다.
 그러나 삶은 그대의 손으로부터 빠져 나가고 있다.
 언젠가 이런 일이 있었다.
 두 초라한 사내가 장례행렬이 지나가는 광경을 보기 위해서 거리에 멈추어 섰다. 길고 번쩍이는 영구차, 꽃으로 장식된 자동차,

그리고 뒤따라오는 자동차들의 인상깊은 행렬에 이르기까지, 장례식은 호사스럽게 행해지고 있었다.
그 중 하나가 말했다.
"부자인가 보군, 전에도 저런 장례식을 본 적이 있지. 거기에는 견고한 갈색의 관이 있었는데, 비단 안감과 금을 새겨넣은 손잡이가 있는 그 관은 어찌나 반짝이던지 자네 얼굴을 비쳐볼 수도 있을 정도였다네. 그들은 돌로 만들어진 문, 조각상, 꽃, 기도와 노래가 있는 무덤속에 그 관을 내려 놓았지."
눈을 반짝이며 상대방이 말했다.
"와, 삶이란 바로 그런 것을 두고 하는 말일꺼야."
점차로 그대의 삶은 죽음조차도 삶처럼 보이는 그렇게 죽은 것이 된다. 죽음이 호사스럽고, 안락하고, 사치스럽다면...... 그때 죽음조차도 그대 속에서 시샘을 만들어 낼 수 있다.
그대의 삶은 거의 무의미하다. 그대는 전혀 살아오지 않았다. 그대는 속임수를 배워왔고, 그와 같은 속임수를 계속 쓰고 있다. 그대는 그대의 삶을 놓치고 있다는 것을 알지만, 그런 속임수들이 그대의 안전이 되어 왔기 때문에 그대는 여전히 그런 속임수들에 달라 붙어 있다. 그대는 그것을 잃지나 않을까 두려워 한다. 그대는 시체같은 습관을 통해오는 안락함을 잃지나 않을까 두려워한다.
그대는 어떻게 삶을 신선하게 사는가 묻는다. 다시 어린아이가 되라. 그대가 쌓아온 모든 지식을 백지(白紙)상태로 돌려라. 언어화(言語化)를 떨쳐 버려라. 그대 내부에서 아무말도 생겨남이 없이 새소리를 들어라. 신선함의 파동이 그대를 통하여 지나간다. 신선한 그대 속에서 에너지가 생겨난다.
그대가 말없이 들을 수 있다면, 갑자기 하나의 칼이 그대의 존재를 꿰뚫는 것처럼, 삶의 신선함이 그대의 쌓인 먼지를 꿰뚫을 것이다—마치 광선이 어둠을 뚫는 것처럼.

그대 주위의 모든 것, 인간 존재들을 제외한 모든 것은 신선하다. 나무를 만져보라. 강과 이야기를 나눠보라. 하늘을 보라. 별을 바라보라. 대지에 드러누워 긴장을 풀어라. 바다로 가서 끝없이 밀려오고 밀려드는 파도들을 바라보라. 어떤 사업성도, 유용성도 따지지 말고, 아무런 목적도 없이, 단지 에너지 속에서 즐거움을 지니고…… 그러면 점차로 그대는 먼지가 사라지고 있음을 깨닫게 될 것이다. 그대의 마음 거울은 맑게 씻겨질 것이다.

언어와 언어에 대한 탐닉이 근본적인 원인이다. 말들과 말들과 말들—그대의 존재는 뒤에 숨어있다. 말들은 모이면 모일수록 그대는 그대 자신으로부터 더욱 멀어지며, 집으로 돌아오는 것이 보다 어렵게 된다. 왜냐하면 그곳엔 숲이, 말들의 험한 숲이 있기 때문이다. 그것은 거의 미로같으며, 혼돈같다.

삶은 신선하다. 그러나 마음은 결코 신선하게 될 수 없다. 그대가 이것을 이해한다면, 그때 그대는 無心으로 삶을 바라본다. 마음을 한쪽 옆으로 놓아라. 나는 마음을 완전히 내던지라고 말하는 것이 아니다. 마음은 유용하다. 마음을 사용하라. 그러나 마음에 의해서 사용되지는 말라. 그것이 필요할 때, 그것을 사용하라.

마음이 필요한 많은 상황이 있다. 그대는 계산을 해야만 한다. 마음이 사용될 것이다. 그대는 정거장가는 길을 기억해 둬야 할 것이다. 마음이 필요할 것이다. 그래서 마음이 필요할 때면 언제나 사용하라. 마음이 필요치 않을 때에는 한켠 옆에다 제쳐놓아라. 그것을 쉬게 하라.

마음이 쉬는 것이 가능해지면, 두 가지 일이 그대에게 일어난다.

즉 삶은 신선하게 되고, 마음은 매우매우 강하게 될 것이다. 그대의 마음은 아주 피곤하다. 스물 네시간동안 사용된다. 하물며 기계에게도 휴식은 필요하다. 자동차조차도 휴식을 위하여 내버려두는 것이 필요하다. 기계도 피곤하게 된다. 과학자들에게 물어보라. 최근 조사에 의하면 기계조차도 지치고, 금속까지도 지친다고 한다. 그것은 휴식이 필요하다. 그대의 마음은 밤낮없이 움직인다.

깨어 있거나 잠자거나 그대의 마음은 끊임없이 움직인다. 마음은 피곤하게 되어서 기능을 잘 발휘할 수 없다. 그것은 끊임없이 혹사되는 하나의 기계다. 그것은 끊임없이 혹사된다. 설사 혹사시키는 것이 아무것도 없다 하더라도 역시 쉬지 않고 혹사되고 있다. 그것은 낡은 재료를 씹고, 또 씹고, 계속 씹는다.

마음에 어떻게 휴식을 주는가를 배워라. 그대는 더욱 활기찬 마음을 가질 것이다. 그대는 더욱 우수한 기억력을 가질 것이다. 그대는 더욱 힘찬 논리와 이성을 가질 것이다. 그대가 마음을 한켠으로 제쳐놓는다면 그대는 신선한 삶을 위해 이용될 것이며, 신선한 삶은 그대를 위해 이용될 것이다.

집에 돌아오면, 마음을 한쪽 옆으로 제쳐놓아야 한다. 마음은 사무실에서나 필요하다. 그것은 그대의 아이들에게는 필요치 않다. 아이들과 놀아라. 어른이 될 필요가 없다. 사람이 되어라. 그대의 부인에게 의사가 될 필요는 없다. 환자와 함께라면 좋지만, 그녀는 그대의 부인이다. 그대는 의사일 필요가 없다. 친구에게 그대는 기술자일 필요가 없으며, 사업가일 필요가 없다. 그대는 누구도 될 필요가 없다. 그대는 단지 그대 자신이 될 수 있을 뿐이다…… 다시 아이는 해변에서 놀며, 아무 목적없이 조개껍질을 모은다. 이런 무욕적(無慾的)인 순간은 그대를 신선하게 할 것이다.

바그완, 나는 무엇을 위해서 존재합니까?

無(nothing)를 위해서다. 전혀 아무런 목적도 없는 것을 위해서다. 그대는 하나의 물건이 되기를 원하는가? 물건들은 무엇인가를 위하여 있다. 그대가 나에게 이 의자는 무엇 때문에 있는가라고 묻는다면, 그 물음은 적절하며, 그 대답은 간단하다 ─ 앉기 위한 것. 이 마이크가 무엇 때문에 있는가라고 나에게 묻는다면, 그 대답 또한 간단하다 ─ 마이크를 통해 말하기 위해. 의자 위에 앉을 사람이 아무도 없다면, 의자는 전혀 필요없게 된다. 그것은 내버려져야 한다. 마이크를 통하여 말할 사람이 아무도 없고, 마이크를 이용할 필요가 없다면, 그것은 무용지물일 뿐이다. 그것은 존재하기 위한 어떤 목적도 가지고 있지 않을 것이다.

그러나 그대는 무엇을 위해서 존재하는가? 無를 위해서다. 그대는 의자가 아니고 마이크가 아니다. 그대는 살기 위한 집이 아니다. 그대는 무목적이다. 그리고 그것이 바로 아름다움이며, 삶의 영광이다. 그대는 목적없는 현상이다. 그대는 無를 위하여 존재한다. 또는 스스로를 위하여 존재한다. 둘 다 같다. 물건은 다른 무엇인가를 위하여 존재한다. 물건은 수단일 뿐이다. 사람들은 그들 자신을 위하여 존재한다. 그들 자체가 목적이다.

그대는 누군가를 사랑한다. 무엇 때문에? 사랑 그 자체를 위해서다. 그대가 만약 연인이 가진 돈 때문에 사랑하고 있다면, 그대는 사랑하지 않는 것이다. 그대는 사랑하는 사람으로부터 오는 명성 때문에 사랑한다고 말한다면, 그대는 사랑하지 않는 것이다. 그때 그대는 다른 무엇인가를 하고 있는 것이다. 다른 어떤 행위는 계속 되지만, 사랑이 아니다. 사업, 정치, 그 밖의 무엇일지 모르지만, 사랑은 아니다. 사랑은 그 자체가 목적이다. 그대는 단순히 사랑의 목적을 위하여 사랑한다.

무엇 때문에 이 새들이 지저귀고 있는가? 무엇을 위하여? —단지 지저귐의 순수한 즐거움 때문이다. 새들은 어떤 보상을 위하여 지저귀는 것이 아니다. 어떤 경쟁 때문에 지저귀는 것이 아니다. 새들은 새소리를 듣는 그대를 위해서 지저귀는 것 또한 아니다. 그들은 단순히 지저귀고 있다. 그들은 에너지로 가득차 있으며 에너지가 넘쳐 흐른다. 그 에너지는 너무 많다. 그 에너지를 가지고 어떻게 할 것인가? 그들은 존재와 함께 나눈다. 그들은 낭비가이지 수전노가 아니다.

그대가 노래한다면, 그대는 먼저 무엇인가를 추구한다. 사람들이 내 노래의 진가를 인정할까? 어떻게 하면 상을 받게 될까? 그때 그대는 노래부르는 사람이 아니라, 사업가다. 그대가 어떤 관객에게 보이기 위해 춤을 추면서 그들의 평가를, 그들의 박수갈채를 기대한다면, 그때 그대는 춤추는 자가 아니다.

춤추는 자는 단순히 춤을 출 뿐이다. 사람들이 보고 감상하고 즐길지라도, 그것은 별개의 문제다. 그것은 목적이 아니다. 춤추는 자는 보는 사람 없이도 홀로 춤출 수 있다. 노래부르는 자는 홀로 부를 수 있다. 그 행위는 본질적으로 어떤 다른 목표, 다른 목적을 가질 필요가 없을 만큼의 충분한 댓가를 지불하고 있다.

그대는 스스로 존재한다. 지금 이 질문은 그대가 머리를 통해서 삶을 바라보고 있다는 사실을 보여준다. 머리는 목적이 있다. 가슴은 무목적이다. 바로 이 질문은 그대가 어떤 물건, 시장에서 팔리는 하나의 상품이 되고 싶어한다는 것을 보여준다.

매춘부는 사랑하지만, 그것은 사랑이 아니다. 그것은 시장에서의 상품이다. 그대가 사랑할 때, 그것은 어떤 상품이 아니다. 그것은 넘치는 에너지이다. 그대는 그대의 행복, 그대의 지복을 누군가와 공유한다. 그대는 누군가와 함께 유쾌하게 느낀다. 그대는 조화를 느낀다. 그대는 누군가와 함께 융화를 느낀다. 바로 그 행위 자체가 귀중하다. 그 가치는 본질적이다. 사랑은 그 자체가 목적이다. 사랑은 어디에로도 이끄는 것이 아니다. 사랑은 사랑 그 자체로 이끌고 있다.

이것은 이해되어야 한다. 삶 속에서 아름다운 모든 것은 본질적이다. 삶은 본질적인 가치를 지니고 있다. 그리고 일반적인 모든 것은 목적이 있다. 사람들은 왜 神이 세상을 창조하였는가를 계속 묻고 있다. 왜 神은 세상을 창조했을까? 그들은 마치 神을 공장장처럼 여긴다. 왜? 왜 그는 세상을 창조했을까?

애당초 이 문제에 대한 '왜'라는 것은 존재치 않기 때문에, 이 '왜'에 대한 모든 답들은 넌센스일 뿐이다. 神은 그 스스로 즐겼기 때문에 창조하였다. 본질적으로 창조는 즐거움이다. 그는 창조를 사랑하였다. 그는 창조함에 행복을 느꼈다.

기독교 이야기 속에서 神이 세상을 창조하고 난 후에 창조물을 보면서 '훌륭하구나 훌륭해.'라고 말했다고 한다. 누구에게 이것을 말하고 있었을까? 거기엔 아무도 없다. 그는 그 자신에게 '훌륭하다'라고 말하고 있었다. 그는 그것을 즐겼다. 엄청난 즐거움이 그에게 왔다. 그는 세상을 창조하였고, 그것을 사랑하였다. 마치 화가가 그림을 그리는 것과 같다. 화가는 그림을 그리고 난 후에 멀리 떨어져서 이쪽에서도 저쪽에서도 보면서 행복을, 엄청난 행복을 느낀다. 그 그림이 많은 돈을 벌어다 주기 때문이 아니다.

그 그림은 전혀 아무것도 주지 않을지도 모른다.

가장 위대한 화가중의 한 사람인 빈센트 반 고호(Vincent Van Gogh)는 거지로 살았다. 단 한점의 그림도 팔 수 없었기 때문이다. 단지 그가 팔 수 없었다는 것만이 아니다. 그는 모든 사람들로부터 미쳤다고 비난받았다. 누가 그런 그림들을 사겠는가 ? 그 그림은 가치가 없었다. 그런데 지금 고호의 그림들은 하나 하나가 수만 달라의 가치가 있지만, 그 자신의 시대에 있어서는 그런 그림들을 아무도 살려고 하지 않았다. 그는 친구들에게 가서 그림들을 주곤 하였지만, 친구들조차도 응접실에 그 그림들을 거는 것을 두려워했다. 사람들이 그들을 미쳤다고 생각할 것이기 때문이다. 단 한점의 그림도 그의 살아 생전에 팔리지 않았다.

그의 아우, 데오 반 고호는 매우 걱정하였다. 그는 사업가였는데, 아무것도 팔리지 않았음에도 불구하고 어떻게 그림을 계속 그릴 수 있는지 이해할 수 없었다. 그래서 그는 친구를 설득시켜, 돈을 주면서 반 고호에게 찾아가 최소한 그림 한 점이라도 매수하라고 부탁하였다. 그러면 반 고호는 매우 유쾌하게 느낄 것이라 생각했다. 그 친구는 갔다. 물론, 그는 그림에 전혀 흥미가 없었다. 그저 정중한 친구일 따름이었다. 친구가 자기에게 돈을 주었기 때문에, 어떤 그림이라도 살 터였다. 반 고호는 즉시 무엇인가 이상한 낌새를 알아차렸다. 그 사람은 그림들을 보고 있지 않았기 때문이다.

"이것이 좋겠구만. 자, 돈을 받으쇼."

반 고호는 즉시 돈을 집 밖으로 내던져 버리고, 역시 그 사람도 밀어 버리며 말했다.

"다시는 여기에 오지 마시오 ! 나는 이 돈이 당신 것이 아니며 당신은 이 그림들에 대해 흥미가 없다는 것을 어렴풋이나마 느끼고 있소. 나의 동생이 모든 것을 시켰음에 틀림없소. 당신은 여기서 떠나시오. 나는 그림을 팔지 않을 것이오."

반 고흐는 서른 여섯이나 일곱살쯤, 매우 젊은 나이에 자살하였다. 왜냐하면 그가 창조할 수 있었던 것은 무엇이든 그가 창조하였다고 느꼈기 때문이다. 그리고 지금 먹을것 조차 충분치 못한 비참한 삶 속에서 그저 질질 목숨이나 부지한다고 느꼈기 때문이다. 그는 일주일에 단지 3일 정도만 먹을 수 있었다. 그의 동생은 그에게 먹기 위한 충분한 돈을 주고 있었지만, 그는 물감과 캔버스와 붓을 사야만 했기 때문이다. 그래서 그는 나흘 동안은 그림 물감을 위하여 돈을 절약해야만 했고, 삼일 동안만 먹어야 했다.

그러나 그는 굉장히 행복한 사람이었다. 그의 작품을 아무도 감상할 사람이 없었기 때문에, 그는 스스로의 그림들을 감상하였을 것이다. 그는 바로 神이 말한 것 같이 말했음에 틀림없다. '훌륭하다. 훌륭해. 나는 다시 해냈다.'

그대가 무엇을 위해 존재하느냐고 결코 묻지 말라. 그대는 그대 자신을 위해 존재한다. 그대가 이것을 깨닫지 못하면, 그대는 많은 것을 놓칠 것이다. 깊이 내려가면, 그대의 가장 깊숙한 존재는 그대 자신을 위하여 그대를 사랑할 누군가를 항상 기다리고 있다. 다른 어떤 것을 위해서가 아니라, 바로 그대 자신을 위하여……
'나는 사랑의 목적을 위하여 당신을 사랑합니다. 나는 당신이 서 있는 그 길을 사랑합니다. 당신이 존재하기에 나는 당신을 사랑합니다. 나는 당신을, 당신의 존재를 사랑하며 거기엔 아무 목적도 아무 이유도 없습니다.'라고 말할 누군가를 기다리고 있다.

누군가가 와서 무목적으로 그대를 사랑한다고 하지 않는 한, 그대는 삶의 영광을 누릴 수 없을 것이다. 기억하라. 그 무목적 속에 삶의 모든 의미가 숨겨져 있다. 누군가가 그대를 의미있게 사랑할 때, 그는 이미 그대를 물건으로 격하시켰다. 그대는 하나의 물건이며, 그는 구매자이다.

누군가가 단지 그대를 위하여, 전혀 아무 이유없이 그대를 사랑할 때, 돌연 그대의 내적 꽃이 활짝 핀다. 그대는 그대가 존재하는 만큼 받아들여진다.

사랑은 항상 그대가 존재하는 만큼 그대를 받아들이며, 그 받아들임을 통하여 많은 변형이 일어난다.

그대는 꽃 필 수 있다. 지금 그대로부터 아무것도 기대되지 않기 때문에 그대는 느긋할 수 있다. 지금 그대 외에는 아무 목적이 없다. 그대가 목적이다. 그대는 춤추며, 찬양할 수 있다.

이런 일이 있었다.

기원전 4세기경 위대한 그리스의 철학자 플라톤(Plato)은 아카데미학원을 설립하였는데, 그곳에서의 수학은 교육 과정의 중요한 부분이었다.

플라톤은 수학을 굉장히 사랑하였다. 그는 수학을 애인처럼 사랑하는 수학의 詩人이었다. 그의 학술원 문 위에는 이런 글귀가 쓰여져 있다. '수학을 모르면 들어오지 마시오.' 누구든 학술원에 들어오기 전에 수학을 배워야만 했다.

수학은 그 시대에 걸맞는 가장 엄격한 방식으로 가르쳐졌고, 이상화된 계산을 행하고, 이상화(理想化)된 형상을 다루었다.

수학의 플라톤식 개념에 관하여 엄격한 정신적 수련에 몰두한 한 학생은 그가 알고 있는 수학의 개념들을 여러가지 실용적

형태에 적용할 수 있는 방법을 헛되이 찾고 있었다. 결국 그는 플라톤에게 물었다.

"그런데, 스승님. 어떤 용도에 이 정리들이 적용될 수 있습니까? 저는 어떤 실용적 용도도 알 수 없습니다. 이 정리는 아름답고, 순수 수학이지만, 그 유용성이 무엇입니까?"

그 늙은 철학자는 질문한 학생을 노려 보았으며, 하인에게 돌아서며 말했다.

"나의 가르침으로부터 무엇인가를 얻어왔다고 여길지도 모를 이 젊은이에게 한푼 줘서 내쫓아 버려라."

이 일은 이해하기 어려울 것이다. 왜냐하면 플라톤에게 있어서, 수학은 그의 사랑이었고, 그의 가장 소중한 부분이었기 때문이다. 이득이나 무엇인가를 달성하는 것은 문제가 아니었다. 단지 그런 형상들, 수학의 그런 순수한 형상들을 깊이 생각하는 것만으로도 충분했다. 바로 그 정관(靜觀)은 미지의 세계로 이끈다. 그것은 어떤 이득의 문제가 아니다. 삶, 그 자체는 그 자체로 충분하다. 그리고 그대가 어떤 목표를 성취하려 한다면, 그대는 삶을 놓칠 것이다.

이것이 바로 처음부터 그대에게 가르쳐 온 바다. 모든 부모는 그대가 실용적으로 되게끔 애쓰고 있다. 그들은 그대가 부랑자가 될까봐, 방랑자가 될까봐 걱정한다. 그들은 그대가 쓸모없게 될까봐 걱정한다. 그들은 그대가 세상에서 쓸모없는 사람이라고 증명될까봐 걱정한다. 그때 누가 그대를 인정할 것인가?

그대를 통하여, 부모는 그들 자신이 이루지 못한 에고의 실현을 계획하고 있기 때문에 그들의 에고는 걱정한다. 그들의 부모들 또한 그들에 대하여 동일한 일을 하였다. 그리고 그대는 그대의 아이들에게도 똑같은 일을 계속 할 것이다.

죽은 사람이 그대를 계속 따라붙어 다닌다. 그대의 아버지는 죽었을지 모르지만, 그는 계속 그대를 따라붙어 다닌다. 그대가 좀 늙어져 있을 때는 언제나, 아버지의 목소리를 들을 것이다. '뭐 하고 있나? 게으르구나. 무엇이든 하거라!' 그러면 그대는 게으름에서 뛰쳐나와 쓸모있는 사람이 되려고 이리저리 뛰어다니며 무엇인가 한다.

모든 사람들은 실용적이 되도록 조건지어져 왔기 때문에, '무엇을 위하여?' 라는 질문이 생긴다. 그리고 만약 해답을 찾지 못한다면, 그대는 매우 당황하고 혼란스럽게 느낄 것이다.

모든 넌센스를 떨쳐 버려라. 그대는 그대가 존재하는 것으로서 충분하다.

나는 게을러지라고 말하는 것이 아니다. 나는 기생충이 되라고 말하는 것이 아니다. 나는 본질적인 가치로서 그대의 삶을 살라고 말하는 것이다. 그대가 하고 싶은 일이 있으면 무엇이든 하라. 그러나 그대가 쓸모있다는 것을 증명하려 하지 말라. 그대가 그것을 사랑하는 이유로서 그것을 하라. 그것을 한다는 사실을 행복하게 느끼는 이유로 그것을 하라. 그대의 사랑이라는 이유로 그것을 하라. 그러면 갑자기 모든 것이 다른 색깔을 가지며 모든 것이 빛나게 된다.

나의 부모는 내가 과학자가 되기를 원했다. 순수 과학자가 아니면 적어도 의사나 기술자가 되기를 원했다. 나는 그들을 저버렸다. 그렇지만 지금 부모님들은 그 일을 완전히 잊어버렸고, 그들은 행복하다. 그들은 매우 선량하고 단순한 분들이다. 그러나 그 당시에 내가 그들을 저버렸을 때, 그들은 매우 상처를 받았다.

그들은 너무 기대하고 있었다. 모든 부모들은 기대하며, 그들의 기대를 통하여 아이들을 파괴한다.

그대는 부모로부터 자유스럽게 되어야 한다. 때가 되면 어머니의 자궁으로부터 바로 나와야지, 그렇지 않다면 자궁은 죽음이 될 것이다. 아홉달을 지낸 후 애는 자궁에서 바로 나와야 한다. 아이는 어머니를 떠나야 한다. 아무리 고통스럽더라도, 아무리 어머니가 허전함을 느낄지라도, 아이는 나와야만 한다.

그런 후에 삶에 있어서 또 다른 어느날, 그 아이는 부모의 기대로부터 나와야한다. 오로지 그때에, 처음으로 그 자신에 입각해서, 그 자신의 권리 속에서 하나의 존재가 된다. 그때에 그는 스스로의 발로 선다. 그러면 그는 진실로 자유로와진다.

부모가 자각하게 되고 더욱 이해한다면, 그들은 아이들을 될 수 있는 한 빨리, 가능한 한 자유롭게 되도록 도울 것이다. 그들은 아이들이 유용하도록 조건 지우지 않을 것이다. 그들은 아이들이 사랑하는 사람이 되게 도울 것이다. 그때 전적으로 다른 세상이 탄생할 것이며, 그곳에서 사람들은 진실로 일하게 될 것이다. 목수는 나무를 사랑하기에 그의 일을 즐겁게 할 것이며, 선생님은 가르치는 일을 사랑하기에 학교에서 강의하게 될 것이다. 구두 만드는 사람은 구두 만드는 일을 사랑하기에 구두 만드는 작업을 계속 할 것이다.

지금은 무엇인가 매우 혼란스러움이 발생하고 있다. 구두 만드는 사람이 외과 의사가 되어 있다. 외과 의사가 구두 만드는 사람이 되어 있다. 둘 다 화가 나 있다. 목수는 정치가가 되어 있고, 정치가는 목수가 되어 있다. 둘 다 화가 나 있다.

전체의 삶이 성난 것처럼 보인다. 사람들을 보라. 모든 사람이 화난 것처럼 보인다. 모든 사람이 다분히 의도하지 않았던 일을 하고 있는 것처럼 보인다. 모든 사람이 부적합하게 보인다. 모든 사람은 이 유용의 개념 때문에 만족하지 못하는 것 같다. 즉 유용의 개념이 계속 따라붙어 다니는 것이다.

아주 아름다운 이야기를 들은 적이 있다.

진스버그 부인은 하늘나라에 도착하자마자 서기(書記) 천사에게 수줍어하며 말을 건넸다.

"말해 주세요. 하늘나라에 계시는 누군가와 인터뷰를 갖는 일이 가능합니까?"

서기 천사가 말했다.

"물론이지요. 당신이 마음 속에 간직하고 있는 당연하다고 여기는 사람이 여기 하늘나라에 계십니다."

"아, 그녀가 계시다니, 저는 성모 마리아를 보고 싶습니다."

진스버그 부인이 말했다.

기록하는 천사는 헛기침을 하였다.

"공교롭게도 그녀는 다른 구역에 계시지만, 당신이 고집한다면 추진시키겠습니다. 그녀는 인자 하시기 때문에 오래된 이웃을 방문하는 것을 환영할 것입니다."

그 요구는 지체없이 진척되었고, 성모마리아는 참으로 인자하였다. 진스버그 부인은 이내 성모 마리아의 존재에 호감을 갖게 되었다. 진스버그 부인은 그녀 앞의 빛나는 모습을 오랫동안 바라보고 나서는 결국 말하였다.

"저의 호기심을 용서바랍니다. 그러나 저는 항상 당신께 물어보기를 원했습니다. 말씀해 주세요. 예수시대 이래로 줄곧 수백만의 사람들이 神처럼 예수를 신봉했는데, 그토록 훌륭하신 아들을 가진 것을 어떻게 생각하십니까?"

그러자 성모 마리아는 대답했다.

"솔직히 말하면, 진스버그 부인, 우리는 예수가 의사가 되기를 바랬었지요."

부모는 항상 바라고 있다. 그리고 그들의 희망은 유독(有毒)하게 된다. 아이들을 사랑하라. 그러나 그들을 통해 바라지 말라.

아이들을 사랑할 수 있을 만큼 사랑하면서, 그들이 어떤 다른 유용성 때문이 아니라, 그들 자신 때문에 사랑받는다는 느낌을 그들에게 주라. 그대의 아이들을 흠뻑 사랑하면서, 그들이 존재하기 때문에 그들이 받아들여진다는 느낌을 갖게 하라.

아이들은 어떤 요구를 성취하기 위한 도구가 아니다. 아이들이 이것을 하든 저것을 하든, 그것은 그들에게 주어져 온 사랑에 아무런 다름이 없을 것이다. 사랑은 무조건적이다.

그리고 그때 전적으로 새로운 세상이 창조될 수 있다. 그때 사람들은 좋아하는 일들을 위해 자연스럽게 움직일 것이다. 사람들은 본능적으로 그들이 흘러드는 느낌이 드는 방향으로 움직일 것이다.

그러나 평범한 부모에 관해서는 무엇을 이야기할까? 다른 이야기를 들려 주겠다.

모범적인 삶을 살아왔고, 모두로부터 칭찬을 받아온 랍비 죠슈아(Joshua)는 죽어서 천국에 갔다. 거기서 그는 기쁨의 호산나(신을 찬미하는 말)로 영접받았다. 무슨 영문인지, 죠슈아는 움추리며, 떨리는 늙은 손으로 얼굴을 가렸으며, 그의 영광 속에서 거행되는 축제에의 참가를 거절하였다.

모든 설득이 실패하자, 그는 神*의 높은 법정 앞으로 공손히

안내되었다.

　부드러운 神의 존재는 고상한 랍비를 빛으로 가득 채웠고, 신성한 목소리가 그의 귀에 가득찼다.

　"나의 아들아."

　神이 말했다. "그대는 나의 희망들에 완전히 일치하여 살아온 것이 기록에 있는데, 그럼에도 불구하고 그대는 그대를 위하여 가장 어울리게 준비된 영광을 거절한다. 왜 그런가?"

　랍비 죠슈아는 고개를 숙이며 힘빠진 목소리로 말했다.

　"오, 신성한 분이시여, 저는 보상받을 만한 가치가 없습니다. 어쨌든 저의 삶은 그릇된 전향을 하였음이 틀림없습니다. 저의 훈계와 가르침에 무관심한 아들 때문에 기독교로 전향하였습니다."

　"슬프도다." 무한한 연민을 가진 감미로운 고요한 목소리가 들려왔다.

　"나는 완전히 이해하고, 용서한다. 나의 아들(예수) 또한 그대의 아들과 똑같았다."

　기대들, 기대들……

　사람들은 다른 사람들을 통하여 끊임없이 바란다. 사람들은 다른 사람들을 통하여 끊임없이 야망적으로 된다. 그대 부모들의 여행을 떨쳐버려라.

　그리고 기억하라. 그것이 그대가 부모들을 용서할 수 있게 될 유일한 길이다. 그리고 또한 기억하라. 그것이 어느날 그대가 그들을 존경할 수 있게 될 유일한 길이다.

　그대의 취향이 실현되지 않는 한, 또는 그대가 무엇을 하기 위한 직업으로서가 아니라, 천직으로서의 무엇인가를 발견하지 않는

한, 그대는 결코 그대의 부모에 대하여 행복을 느낄 수 없을 것이다. 왜냐하면 그들은 이 비참한 세상에서 그대 때문에 존재하고 있기 때문이다. 그대는 감사하게 느낄 수 없다. 거기에는 감사하게 될 아무것도 없다. 그대의 취향이 일단 실현되면, 그때 그대는 엄청난 감사를 느낄 것이다.

그리고 그대의 실현은 그대가 어떤 물건이 되지 않을 때만이 단지 가능하다. 그대의 운명은 하나의 사람이 되는 것이다. 그대의 운명은 고유의 가치가 되는 것이다. 그대의 운명은 그대 스스로가 목적이 되는 것이다.

당신은 어제, 모든 것을 지금 그대로 완벽하고, 아무것도 변해져서는 안되며, 모든 것은 존재해야 하는 만큼 존재한다고 말했습니다. 그러면, 바그완, 여기 명상캠프 안에서 우리는 무엇을 하고 있습니까? 설명해 주십시오.

내가 말해온 것을 그대가 이해한다면, 그때 거기엔 아무것도 할 필요가 없다.

그대는 이해가 빗나가고 있기 때문에 명상을 하고 있다. 이해가 그대에게로 온다면, 어떤 명상도 필요가 없다. 그대가 이해한다면, 그때 온 삶이 명상이 된다. 그때 그대가 무엇을 하든, 명상적으로 된다.

그대는 명상적으로 먹고, 명상적으로 자고, 명상적으로 걷는다. 그때 명상은 따로 떨어진 무엇이 아니다. 그것은 숨쉬기나 심장의 박동과도 같다. 그것은 그대 존재의 질이 된다. 그대가 명상을 하는 것이 아니라, 그대가 명상적으로 된다. 그대가 무엇을 하든,

명상이 그림자처럼 그대를 따른다.

그대가 이해한다면, 그때 명상은 행해지는 무엇인가가 아니다. 그것은 이해의 결과이다. 그러나 그대가 이해하지 못한다면 그때 명상은 행해져야만 하는데, 오로지 명상을 통해서만이 그대는 맑아질 것이며, 이해가 가능하게 될 것이다.

그들은 서로 밀접한 관계가 있다. 그대의 이해를 통해서 명상이 뒤따르거나, 아니면 그대의 명상을 통해서 이해가 뒤따르는 것이다. 그들은 서로 의존한다.

어느것이 먼저냐고 묻지말라. 마치 계란이냐? 닭이냐? 처럼. 어느쪽도 먼저가 아니다. 그들은 서로 의존한다. 계란이 먼저 있지 않다면 닭은 거기에 있을 수 없고, 닭이 먼저 있지 않다면 계란이 거기에 있을 수 없다.

그러나 어느 한쪽에서 시작되어야만 한다. 당황하지 말라. 시장에 가라—닭을 구입하든지 아니면 계란을 가져오든지. 그러나 무엇이든지 하라. 그저 앉아서 어느것이 어느것이고, 어느것이 먼저냐고 철학적으로 결정하려 하지 말라. 그때 그대는 결코 결정할 수 없을 것이다. 이제까지 아무도 어느것이 먼저 생겼다고 결정할 수 없었다.

사실상 그들은 둘로 보이지만 둘이 아니다. 달걀은 불명확한 닭에 불과하고, 닭은 명확한 달걀에 불과하다. 닭은 더 많은 알을 생산하는 알의 길에 불과하다. 그들은 서로 연결되어 있다.

그래서 이해하는 것 아니면 명상이다. 그대가 이해한다면, 그때 거기엔 아무것도 필요 없다.

그러나 그대 자신을 속이지 말라. 속이는 것은 매우 쉽기 때문이다. 그대는 '그래, 나는 이해한다.'라고 생각할 수 있다. 그대는 그대가 이해한다고 생각할 수 있다. 그대가 이해한다고 생각하는 것은 바로 에고를 만족시키기 때문이다―그때 명상을 할 무슨 필요가 있겠는가?

그러나 참으로 이해가 일어난다면, 그때 모든 문제들이 바로 사라진다. 문제들이 여전히 오래 머문다면, 그대는 속여왔음이 틀림없다. 노여움이 계속 있다면, 증오가 계속 있다면, 그대는 그대 자신을 속여왔다. 그렇다면 명상을 시작하라. 많은 정화가 필요하다.

명상은 단지 정화일 뿐이다. 명상은 내부로부터 모든 쓰레기들을 바깥으로 내던질 것이다. 거울이 맑아진다면, 거울은 완벽하게 비출 것이다. 이것이 이해란 무엇인가 하는 것이다. 이해는 의식의 맑은 거울이다. 그러나 거울이 먼지로 덮혀 있다면, 그때 먼저 그대는 먼지를 닦아내고, 거울을 깨끗이 해야만 한다. 이것이 명상이란 것이다.

명상은 단지 거울을 깨끗이 하는 것이다. 이해는 맑은 거울이며, 깨끗해진 거울이다.

그대가 여기에서, 그대에게 말해지고 있는 것을 아직 이해할 수 없다고 느낀다면, 명상을 계속하라. 어느날 그대는 그것을 알 수 있을 것이다. 그대가 이해를 했다면, 거기엔 어떤 의미도 없다. 그러나 이해란 지금 아무런 문제들이 없다는 것을 의미한다.

바로 며칠 전에, 어떤 사람이 와서 그는 수년동안 명상을 해왔다고 말했다.

그래서 나는 그에게 물었다.
"그래, 요즈음 어떻습니까?"
그는 대답했다.

"아름답고, 완벽합니다. 명상은 엄청나게 나를 도와왔지요. 나는 완전히 고요하게 되었고, 비젼과 빛과 같은 것들을 봅니다."
나는 말했다.
"그러면 그것은 완벽합니다. 왜 나를 찾아오셨는지요?"
그는 말했다.
"노여움, 성(性), 탐욕같은 것들이 계속됩니다."
그래서 나는 말했다.
"당신은 자신을 속여왔음에 틀림없습니다. 당신은 빛에 대한 꿈, 미래상에 대한 꿈, 고요함에 대한 꿈을 꾸어왔음에 틀림없지요. 당신은 당신이 고요하게 되었다는 것을 당신 자신에게 설득하여 왔음에 틀림없습니다. 왜냐하면 고요하게 되고, 빛으로 가득차게 되는 것은 불가능하기 때문입니다. 그렇기 때문에 성내고, 욕심 내는 일이 계속됩니다—그것은 불가능합니다. 당신은 자신을 속이든가, 아니면 나를 속이려 하고 있습니다."
그대가 이해한다면, 그때 거기엔 아무것도 할 필요가 없다. 그때 간단히 모든 것이 사라진다. 그대는 깨어있다. 잠은 가버리고, 모든 꿈들은 사라졌다.
한 선사(禪師)가 어느날 아침 잠에서 깨어났다. 그는 지나가고 있던 한 제자를 불러 말했다.
"들어 보아라. 나는 꿈을 꾸었다. 그것을 해몽해 보겠는가?"
그 제자는 말했다.
"기다리십시오."
그는 뛰어나가 물 한 바가지를 떠와서 스승에게 얼굴을 씻으라고 했다. 그 선사는 그렇다고 했고, 웃으면서 제자를 축복하며 말했다.

"옳거니. 이것이 꿈의 올바른 해몽이지."
그때 지나가던 또 다른 제자를 불러 세우고 선사는 말했다.
"보라, 나는 이 제자에게 해몽을 하라고 일렀더니 그는 물을 한 바가지 가지고 왔다. 자 이것을 한번 해몽해 보려는가?"
그 제자는 말했다.
"기다리십시요." 그는 밖으로 나가서 차 한잔을 가지고 왔다. 그는 말했다.
"차 한잔 드십시요. 끝났습니다! 꿈은 끝났습니다. 그런데 왜 그것을 걱정하십니까?"
그대가 깨어있을 때, 그대는 깨어있다. 그대가 그것은 하나의 꿈이다라고 이해했다면, 그것은 어떤 해몽도 필요없다.
끝났다! 꿈이란 꿈이 끝나지 않은 것을 의미한다. 다 끝난 일을 굳이 해몽할 필요가 무엇인가?
물론, 프로이드는 이 이야기를 전혀 좋아하지 않을 것이다. 그는 위대한 사업을 창조하였다. 그는 유태인이다. 그는 정신분석학을 위대한 사업으로 변형시켰다. 지금 정신분석학은 세계에서 가장 거대한 상사(商社)들 중 하나다. 제네랄 일렉트릭이나 포드자동차 회사조차도 아무것도 아니다. 정신분석학은 계속 남아있을 것이다.
동양적 태도는 그대가 일단 꿈은 꿈이다라고 깨달으면, '끝마쳤다!'라고 말한다. 종지부가 온 것이다.
내가 말하고 있는 것을 이해한다면, 바로 그 이해로서 충분하다. 그대가 이해하지 못한다면, 그때 그대는 명상을 해야만 한다. 그때 속이지 말라.
지적(知的)인 이해는 도움이 안된다. 물론, 내가 말하고 있는 것이 무엇이든 간에 그대는 지적으로 이해할 수 있다. 지적인 이해는 이해가 아니다. 내가 무엇을 말하든, 그대는 그것을 듣고, 그 언어를 알며 그리고 모든 것이 명백하다. 그러나 그것은 이해가 아니다. 이해는 하나의 총체적 현상이다.

단지 듣는 것, 단지 듣는 것만으로도 그대 내부에서 무엇인가 일어난다. 어떤 전환이 일어난다. 붓다는 이 전환을 파라브리티(paravritti)라고 부르곤 했다. 붓다는 전환엔 단 하나의 기적이 있다고 말하였다. 그는 그것을 의식의 가장 깊은 씨앗 속에서의 전환, 즉 파라브리티라고 불렀다.

잘 들어보라. 무엇인가 그대 의식 속에서 일어난다. 전환이 일어난다. 그대는 더 이상 전과 같지 않다. 그대가 나로부터 어떤 지식을 축적하였고, 더욱 견문이 넓어지게 되었다는 것이 아니다. 갑자기 그대는 더 이상 전과 같지 않다. 어떤 틈바구니, 불연속성, 하나의 죽음이 일어났다. 십자가에 못박힘과 부활같은…… 그것은 드물게 일어난다.

참다운 이해는 매우 드문 현상이다. 단 한순간에 죽고 다시 태어나기 위해서 그것은 엄청난 용기를 필요로 한다. 그러나 그것은 일어난다. 그것이 일어나지 않는다면, 그때 명상을 계속하라. 어느날 명상은 그대에게 준비시킬 것이다. 거울은 점점 더 맑아질 것이다. 어느날 비추임은 완벽하게 될 것이며, 이해가 그대에게 올 것이다.

이해란 그대 존재의 총체적 변형이다.

말들에 너무 관심을 기울지 말라. 차라리 나와 관계를 가져라. 내가 그대에게 말하는 것에 너무 신경쓰지 말라. 차라리 내가 지금 여기에 존재하는 것에 관심을 기울여라. 그때 변형과 이해를 위하여 더 많은 가능성이 있다. 그대가 단지 나의 말만을 계속 듣고 있다면, 그대는 피하고 탈출할 길들을 발견할 수 있다.
 말들은 단지 말들일 뿐이다. 어떤 말도 진실이 아니다. 말들은 단지 유용한 인위적 장치지만, 매우 제한되어 있다. 언어는 우연의 일치에 의해서 출현한다. 언어는 그 자체에 어떤 결정적인 것을 갖고 있지 않다. 이것이 바로 그렇게 많은 언어들이 있는 이유이다. 같은 사물을 두고서도 세상에는 수천개의 말들이 있다. 거의 수천 언어들이 있다. 그것은 인공적이다.
 그대가 장미를 'rose'라고 부르든 아니면 'gulab'이라고 부르든 장미에게 있어서는 아무런 차이가 없다. 장미는 행복하게도 그대가 장미를 어떻게 부르는지 알지 못한다. 만약 그렇지 않다면 그 장미는 혼란스러울 것이다. 장미에 대해서 천 가지의 말들이 있다. 장미가 너무 언어학적으로 되고, 그것이 너무 지식적으로 된다면, 장미는 더 이상 꽃 피우는 것이 불가능하게 될 것이다. 장미는 그대가 장미를 부르는 사실에 관해서 걱정하지 않는다. 그리고 그대가 그것을 'rose'라고 부르든 'gulab'이라고 부르든 무슨 차이를 만들겠는가? 장미는 장미로 남아있다. 언어는 인공적이며, 우연일치적이다.
 나는 아주 아름다운 이야기를 들은 적이 있는데, 거의 거짓말 같은 사실이다.
 요셉과 마리아는 세금을 내기 위하여 베들레헴으로 가는 도중이었다. 아들과 더불어 위대한 존재인 마리아는 당나귀를 타고 있었다. 요셉은 그녀 옆에서 참을성 있게 걸었다. 요셉은 길에서 예기치 않은 돌부리에 걸리어 거의 넘어질뻔 하였고, 발목을 삐었다. 그는 숨이 차서 투덜거렸다. 'Jesus!'
 마리아는 반짝이는 눈으로 그를 돌아보며 말했다.

"바로 그것이 아기 이름이다."
이것이 모든 언어가 어떻게 생겨나는가 하는 것이다. 그저 우연의 일치들이다.

내가 이야기하는 내용에 너무 신경쓰지 말라. '나(오쇼)'라는 존재에 관심을 가져라. 그러면 이해의 다른 유형, 전혀 지적(知的)이 아닌 전체성이 일어난다. 그것은 그대의 내장 속으로 깊이 들어가며, 그것은 그대의 피 속에서 순환하기 시작하며, 그것은 그대 심장 속에서 박동하기 시작하며, 그대는 숨쉬기 시작하며, 그것은 바로 그대 존재의 한 부분이 된다. 그때에는 명상의 필요가 없다.

그러나 그전에는 제발 자신을 속이지 말라. 그대들 대다수가 '나는 지금 매우 좋기 때문에 이제 명상할 필요가 없다.'라고 생각하게 될 것을 나는 알기 때문이다.

그러나 그대가 이해하지 못하는 한, 명상은 그만둘 수 없다. 계속하라.

모든 것이 존재해야 하는 만큼 존재한다는 사실을 나는 알고 있다. 모든 것은 완벽하다. 나는 그대를 완전한 존재들, 빛으로 가득찬 존재들로서 볼 수 있지만, 그대는 알아차리지 못하고 있다. 단지 내가 말하는 것만으로는, 그것이 그대에게 일어날 수 없다. 그대는 그대의 눈을, 그대의 지각작용을 씻어내야만 할 것이다.

명상은 단지 약용적일 뿐이다. 그것은 눈을 맑게 한다. 그것은 지각력을 맑게 한다. 그것은 볼 수 있는 투명함을 준다.

다음은 마지막 질문이다. 주의깊게 들어라. 이 질문은 어떻게 마음이 영리하고, 교활하게 되려고 하며, 마음이 어떻게 그대를 속일 수 있는가 하는 것이기 때문이다. 물론 다른 어느 누구도 속지 않으며, 그대는 그대 자신만을 속일 수 있다.

그리고 그대가 그대 자신을 속일 때, 그것에서 벗어날 어떤 가능성도 없는데, 왜냐하면 그것에서 벗어날 다른 사람은 아무도 없기 때문이다. 그대는 홀로 거기에 있다. 그 속임은 영구하게 될 수 있다.

먼저 다음 질문을 들어보라. 어떤 면에서 참 아름다운 질문이다.

언젠가 당신은 '나를 따르지 말라!'라고 말했다. 하지만 나중에 당신은 산야신이 되라고 우리에게 충고하였다. 그것은 나에게 모순인 것처럼 보인다. 나는 당신을 따르지 않는다. 설명을 바랍니다.

내가 말하는 것이 무엇이든 모두 모순이다. 지금 모순들에 관한 모든 걱정을 떨쳐버려라. 나는 전적으로 나의 모순을 용인하기 때문에 그대는 걱정할 필요가 없다. 이제는 다른 무엇인가에 대해서 생각하라.

모순을 보는 것은 아주 쉽다. 아이조차도 모순을 볼 수 있다. 그것은 어떤 가치에 대한 것이 아니다. 그것은 위대한 지성을 보여주지 않는다. 모순을 보는 것에 있어서, 사실상 지성은 필요치 않다. 우둔한 마음조차도 모순을 볼 수 있다. 그러나 그대가 모순 아닌 모순 속에서 무엇인가를 볼 수 있다면, 그대는 지성으로 떠오르고, 더 높이 떠오른다.

삶과 죽음 사이에서 모순을 보는 것은 쉽다. 그들은 상반적(相反的)이다. 그것을 증명할 필요는 없으며, 어떤 논리도 필요치 않다. 그것은 단순한 사실이다. 외관상으로는 그렇다. 그러나 좀 더 깊이 들어가라. 삶과 죽음은 서로 반대되는 것이 아니다. 그들은 같은 에너지, 같은 수레바퀴의 두 극(極)들이다.

죽음은 삶에 반대하지 않는다. 죽음은 바로 삶의 최고점이다. 죽음은 삶을 끝내지 않는다. 사실 죽음은 삶이 존재하도록 허락한다. 죽음이 없다면, 어떤 삶도 없을 것이다. 죽음은 바로 삶이 있도록 가능성을 창조한다. 어떻게 그들이 상반적일 수 있는가? 그들은 서로를 보충하고 있다.

그대가 지성을 지닌다면—단지 논리적이거나 훈련된 마음이 아닌, 그러나 깊게 볼 수 있고, 표면을 넘어서, 바로 중심으로 움직일 수 있는 지성—그때 그대는 모든 위대한 종교들과 모든 위대한 종교 선생들은 모순적이면서도 일관되어 있다는 사실을 알 것이다.

지금 그것이 어떻게 일어났는지 말해보자.

　　　　　언젠가 당신은 '나를 따르지 말라!'라고 말했다.
그대는 모순을 보고 있다. 이제 다른 모순을 만들어 보자.

　　　　　언젠가 당신은 '나를 따르지 말라!'라고 말했다.
이제, 그대가 나를 따르지 않는다면, 그대는 나를 따르게 될 것이다. 이해되는가?

내가 나를 따르지 말라고 말하고, 그대가 나를 따르지 않는다면, 물론 그대는 나를 따르고 있는 것이다. 나를 따르지 않는 단 하나의 길은 나를 따르는 것이다. 산야신이 되어라.

그대는 나의 모순을 볼 수 있다. 하지만 그대는 그대의 모순은 볼 수 없는가? '나는 당신을 따르지 않는다'라고 그대는 말한다. 바로 이것이 나를 따르는 모든 사람들이 그렇게 하였으면 하고 기대되어지는 것이다.

어떤 일화다.

낯선 사람이 술집 관리인과 개와 고양이뿐인 술집으로 들어갔다. 낯선 사람이 술을 주문하자, 그 개는 하품을 하며 일어서서 말했다.

"안녕, 죠."

그리고 나서 밖으로 나갔다. 낯선 사람의 입이 딱 벌어졌다. 그는 빠텐더에게 말했다.

"지금 그 말 들었소?! 개가 말을 했단 말이오."

"바보처럼 그러지 마시오."

빠텐더가 말했다.

"개는 말할 수가 없소."

"그러나 나는 개가 말하는 것을 들었소."

"당신은 개가 말했다고 단지 생각하고 있을 따름이오. 다시 말하겠는데, 개는 말할 수 없소. 저기에 있는 영리한 고양이 녀석은 말할 수 있지. 녀석은 복화술사야*."

다른 사람들의 모순을 보기는 쉽다. 매우 쉽다. 누구든 그것에 참으로 구미가 당긴다. 그러나 참된 지성은 자기 자신에 대한 모순을 보려고 한다.

그렇다. 나는 나를 따르지 말라고 말한다. 그러나 그것을 위해서는 엄청난 준비가 필요하다. 왜냐하면 그대가 나를 따르지 않는다면, 그대는 다른 누군가를 따를 것이다. 그것은 별 차이가 없을 것이다.

내가 나를 따르지 말라고 말할 때, 그 무엇도 따르지 말라는 것을 의미한다. 그대가 나를 따르지 않고 예수를 따른다면, 그대가 나를 따르지 않고, 붓다를 따른다면 무슨 차이가 있겠는가? 그대가 나를 따르지 않고, 칼 막스나 모택동을 따른다면, 거기에 무슨 차이가 있겠는가?

또는—좀 더 요점을 찔러서—그대가 나를 따르지 않고, 그대의 마음을 따른다면 무슨 차이가 있겠는가?

내가 나를 따르지 말라고 말할 때, 나는 단지 그대의 허망한 마음을 따르지 말라는 것을 의미한다.

그러나 어떤 커다란 준비가 필요될 것이다. 그래서 그대가 따르도록 도와주는 그대 내부의 성향들이 떨어져 나가야 한다. 그것이 바로 산야스의 의미다.

산야스는 따르고, 모방하고, 믿고 하는 그런 모든 내적 성향이 점차로 떨어져 나가는 어떤 상황에 불과하다. 산야스는 나를 따르는 것이 아니다. 산야스는 단지 나와 함께 존재하는 것이다. 그 차이를 분명히 알도록 하라. 산야스는 나를 따르는 것이 아니다. 산야스는 나의 현존(現存) 속에서 바로 나와 함께 존재하는 것이다. 산야스는 나를 모방하는 것이 아니다. 산야스는 단지 그대 자신의 운명을 따르기 위하여 나와 함께 존재하는 것이다. 나는 그대가 그대 자신이 되도록 돕기 위해서 여기에 있다.

산야스는 다름아닌 신뢰이다. 그것은 어떤 믿음이 아니다. 나는 그대에게 어떤 것도 약속하지 않는다. 나는 그대에게 어떤 사고(思考)의 체계도 주지 않는다.

그러므로 나는 모순적이다. 내가 모순적이 아니라면, 그대는 내 주위에 사고(思考)의 체계를 만들 것이기 때문이다. 나는 끊임없이 모순적이다. 매 순간 나는 모순적인 것을 계속한다. 그리고 그 이유는 그대가 나의 주장 모두를 살펴볼 때에, 그대는 어떤 체계도 창조할 수 없다는 점이다. 그런데 그대가 나를 따른다면, 사람들은 그대를 비웃을 것이다. 그들은 말할 것이다. '당신은 모순적이다.'라고.

심한 모순을 통해서만이 논리나 체계를 만드는 마음이 파괴되고 흩어진다. 거기에는 다른 방법이 없다. 나는 모순적이므로 그대가 진실로 나를 사랑하고 참으로 나에게 가까이 있다면, 점차로 그대는 이것은 모순적이다, 저것은 비논리적이다라고 말하는 마음을 떨쳐버릴 수 있을 것이다.

그것은 바로 논리를 초월해 있기 때문이다.

그것은 논리보다 더 높이 있기 때문이다.

모든 논리보다 더 높이 있는 그것 속에 어떤 논리가 있다. 그것은 좀 미쳐 있다. 그러나 그 미침은 그대가 정상이라고 부르는 것보다 좀 더 높이 있다.

R.D. Laing은 어딘가에서 모든 파멸은 또한 하나의 돌파구라고 말했다. 나는 그 말에 전적으로 동의하지는 않는다. 모든 파멸은 또한 하나의 돌파구라고 그는 말한다. 나는 동의하지 않는다. 모든 돌파구는 그 전에 파멸이 먼저 온다는 것을 나는 잘 알고 있다. 그러나 모든 파멸 뒤에 반드시 돌파구가 열리는 것은 아니다. 파멸이란 단순히, 소위 그대의 논리적인 마음이 더 이상 기능할 수 없는 하나의 상황에 불과하다. 이제 논리적인 마음은 논리적인 마음을 향해 더 갈 수 없는 어떤 경계에 도달한다. 그것은 이제 단순히 소멸해 버린다.

바로 이것이 사람이 미쳤다고 우리가 말하는 그 상태이다.

나도 역시 그대가 미치도록 돕고 있다. 물론 나의 광기는 어떤 방법에 의해서다. 그대는 새로운 돌파구가 가능할 수 있도록 파괴되어야만 한다. 먼저 그대는 분해되고 파괴됨으로써 재창조될 수 있다.
 나는 오래된 건물들의 수선을 지지하지 않는다. 락스미(질문한 제자)는 그것을 지지하지만, 나는 아니다. 그녀는 어려움을 가지고 있다. 나는 완벽하게 부수는 것을 지지하며 그리고 나서 바로 처음부터의 새로운 출발을 만들고 있다.
 산야신이 됨으로해서, 그대는 그대를 파괴하기 위하여 나를 허락한다. 여기에는 커다란 신뢰가 필요하다. 그것은 어떤 추종이 아니다. 추종은 매우 싸구려다. 그러나 그것은 위험 속에서 움직이는 것이며, 그것은 엄청난 모험을 무릅쓰는 것이다. 그리고 너무 모순적이어서 조만간 그대를 미치게 만들 그와 같은 사람과 함께 움직이는 것이다.
 내가 오늘 무슨 말을 하고 있든, 내일 나는 모순될 것이다. 한 가지만은 확실하다. 나는 계속 모순적일 것이라는 사실이다. 일관된 것이 하나 있는데, 그것은 나의 모순이다.
 그러나 그대가 나를 허락한다면…… 산야스란 그대가 나를 허락한다는 의사표시일 뿐이다…… 그때 나는 그대를 부술 수 있다. 그러면 그 부숨으로부터, 전적으로 새로운 존재가 생겨날 수 있다. 사회가 그대에게 무엇을 하여 왔든, 나는 그대를 원상태로 돌릴 수 있는데, 그것이 전부다. 내가 원상태로 돌릴 수 있다는 것, 그것이 전부이다.
 산야스는 추종하는 것이 아니며, 그것은 하나의 우정이다. 그대는 나의 그림자가 되려고 하지 않을 것이며, 나를 따르려고도 하지 않을 것이다. 그대는 나와 함께 손에 손을 잡고, 어깨동무하며 간다. 그것은 연애이며, 우정이다.
 그러나 기억하라. 그대가 나를 따르지 않는다면, 그대는 나를 따르게 될 것이다.

역자 註

* 배움(learning) : 지식으로 물들지 않은 자연스러움 속에서 직관적으로 터득되는 것.
* 神 : 유일 神인 유태교의 여호와 하나님을 말함.
* 복화술사 : 단 한 사람이 인형을 가지고 연극을 하면서 입술과 이를 움직이지 않고, 전혀 다른 목소리를 내어, 관중들로 하여금 그 인형이 말하는 것처럼 느끼게 하는 기술을 가진 사람.

제9부

여여한 죽음

여여한 죽음

고암禪師는 훌륭한 화가였으며 현명하고 관대하다고 여겨진 분이었다.
그러나 그는 또한 그 자신과 그의 제자들에게 몹시 엄하였다.
고암선사는 별난 방식으로 죽음을 맞이했다고 전해진다. 떠날 날이 다가왔음을 느끼자, 그는 재빨리 구덩이를 파게 하고, 구덩이 속으로 들어가서 흙파는 사람에게 흙으로 자신을 덮으라고 지시하였다.
그러자 그 사람은 놀래 달아났다.
그가 현장으로 다시 돌아 왔을 때, 그는 기쁨있게 구덩이에 서 있는 선사를 발견하였다-죽은 채로 고요히.

삶은 하나의 기회이다. 그대는 삶을 사용할 수도 사용하지 않을 수도 있으며, 또는 단순히 그것을 낭비할 수도 있다. 그것은 그대에게 달려있다. 그대를 제외하고는 아무도 책임이 없을 것이다.
책임은 개인적이다.
그대가 일단 이것을 깨달으면 그대는 정신차려 자각(自覺)하기 시작한다. 그때 그대는 전적으로 다른 방식으로 살기 시작한다. 사실, 그때 처음으로 그대는 살아있게 된다.
만약 그렇지 않다면 사람들은 꿈 속에서 헤매인다. 반은 자고 반은 깨어서 의식과 무의식 사이에서 허덕인다. 그런 삶은 참된 삶이 아니다. 그대는 존재하지만 살고 있지는 않다.
존재는 그대에게 주어져 있다. 존재는 하나의 선물이다. 삶은 획득되어야만 한다. 존재가 스스로를 밝힐 때, 그것은 삶이 된다. 존재는 전체에 의해서 주어져 있다. 그대는 존재에 대해서 아무것도 하지 못했다. 존재란 단순히 존재하는 것이며, 주어진 사실이다. 존재가 삶이 될 때 - 그대가 자각적인 방식으로 존재하기 시작하는 순간, 즉시 존재는 삶이 된다. 자각적으로 사는 존재가 삶이다.

삶은 위대한 도전이며, 미지에로의 모험이며, 자기 자신에게로의 모험이며, 존재하는 것으로의 모험이다. 그대가 무의식적인 삶을 산다면, 그대가 꿈속에서 헤매인다면, 그대는 항상 죽음에 대하여 두려워하고 있는 채로일 것이다. 죽음은 항상 그대 주위에 걸려 있고, 한 구석 어디엔가에 있을 것이다. 자각적인 삶만이 죽음을 초월해 간다.

존재는 나타나고, 사라진다. 그것은 그대에게 주어지고 물러간다. 그것은 대양 속의 물결이다. 나타나고, 물러가고, 사라진다.

그러나 삶은 영원하다. 그대가 한번 삶을 가지면, 삶을 영원히 가진다. 삶은 죽음이 없음을 안다. 삶은 죽음을 두려워하지 않는다. 삶이란 것을 그대가 한번 알면 죽음은 사라진다.

그대가 아직도 죽음을 두려워한다면, 그대는 아직 삶을 알지 못하고 있다는 것을 명심하라.

죽음은 오로지 무지 속에서만 존재한다 - 삶이 무엇인지 모르는 것 속에서. 사람들은 계속 움직인다. 무엇을 하고 있는지, 왜 하고 있는지, 왜 이곳 저곳을 표류하고 있는지를 전혀 모르는 채로 이런 행동에서 저런 행동으로, 한순간에서 다른 순간으로 계속 움직이고 있다.

그대가 조금이나마 명상적으로 된다면, 하루중에 태반을 완전히 무의식적으로 표류하는 그대 자신을 포착할 것이다.

종교의 전체적인 노력은 그대가 그대의 존재를 알게끔 만드는 것이다.

 존재 플러스 깨어있는 의식은 영원한 삶이다. 바로 예수가 풍요로운 삶이라 부르고 神의 왕국이라 일컫는 그것이다.

 그 神의 왕국은 그대 내부에 있다. 그대는 이미 그대 내부에 그 씨앗을 가지고 있다. 그대는 그 씨앗을 가지고 있다. 그대는 그 씨앗이 싹트도록 허락해야만 한다. 그대는 씨앗이 하늘의 햇볕이 드는 세상으로 나오도록, 자유가 되도록, 자유 속으로 움직이도록, 더 높이 더 높이 자라도록, 아주 무한정에 이르도록 허락해야만 한다. 높이 오르는 것은 가능하다. 그러나 그 근본적인 것은 자각(自覺)이다.

 칼·융(Carl Jung)이 죽기 바로 얼마전 그는 어떤 인터뷰에서 말했다.

 '우리는 인간 본성에 대하여 더 많은 이해가 필요하다. 왜냐하면 존재하는 유일한 참된 위험은 인간 그 자신이기 때문이다. 인간은 커다란 위험이며, 우리는 가엾게도 그것을 알지 못한다. 우리는 인간에 대하여 아무것도 모른다.'

 하나의 잘못된 생각이 계속되면 그 잘못된 생각은 그대가 존재하기 때문이며, 자신이 누군지를 그대가 알고 있다고 생각하기 때문인 것이다. 그대는 그대가 존재한다고 느끼지만 그대는 자기 자신이 누군지를 모른다. 단지 혼란된 느낌, 뒤섞인 느낌, 그대가 존재한다는 희미한 느낌으로는 충분치 않다. 그것은 수정처럼 맑게 되어야만 한다. 그것은 그대 내부에서 동요하지 않는 빛이 되어야만 한다. 오로지 그때에만 사람은 자신이 무엇인지를 안다.

 산스크리트(梵語)에서 사람에 대하여 'purusha'라는 말을 가지고 있다. 그 말은 굉장히 아름답다. 그것은 세 가지 의미들을 가지고 있기 때문에 번역하기가 어렵다. 그것은 세 개의 다른 강세로 발음될 수 있다. 그것은 pur-u-sha로 발음될 수 있다. 그때 그것은 '빛으로 가득찬 도시에서의 새벽'을 의미한다.

또 그것은 puru-sha로 발음될 수 있다. 그때 그것은 '지혜와 영원한 행복으로 가득 찬……하늘나라의 주민들'을 의미한다.

그리고 그것은 pu-rusha로 발음될 수도 있다. 그때 그것은 '정열이 순화되어지고 죽지 않게 된 자'를 의미한다.

층층이 그대 내부에는 많은 가능성들이 있다. 첫번째 층은 육체에 대한 것이다. 그대가 육체와 동일시한다면 그대는 일시적이고 순간적인 것에 동일시되고 있는 것이다. 그때 거기에는 죽음에 대한 공포가 있게 될 것이다.

육체는 강물과 같은 하나의 흐름이다. 끊임없이 변하고 움직인다. 육체는 그속에 영원한 것을 아무것도 가지고 있지 않다.

순간 육체는 변하고 있다. 사실, 육체는 순간 죽고 있다. 70년 후 어느날 갑자기 그대가 죽는다는 것이 아니다. 육체는 일 죽는다. 죽음은 70년 동안 계속된다. 그것은 하나의 진행이다.

죽음은 어떤 사건이 아니다. 그것은 하나의 긴 진행이다. 서서히, 서서히, 육체는 그 스스로가 지탱하지 못 할 점에 이른다. 그것은 허물어진다.

그대의 육체를 자기라고 생각한다면, 물론 거기에는 닥쳐오는 죽음에 대한 공포가 끊임없이 있을 것이다. 그대는 살 수 있지만, 단지 두려움 속에서만 살 수 있을 뿐이다. 사람의 토대가 계속 흔들리고 있을 때 어떤 유형의 삶이 가능할까? 그리고 사람이 화산위에 앉아 있는 판에 어떻게 죽음이라는 것이 한 순간에만 가능할까? 다만 한 가지만은 확실하다—죽음이 오고 있다는

9부 · 여여한 죽음 337

　사실. 그 외의 모든 것은 불확실하다.
　죽음이 오고있는데 어떻게 살 수 있겠는가? 어떻게 찬양할 수 있겠는가? 어떻게 춤추며 노래부르며 있을 수 있겠는가? 불가능하다. 죽음은 그것을 허락하지 않을 것이다. 죽음은 너무 크고, 너무 가깝다.
　그 다음에 그대 내부에는 두번째 층이 있다. 바로 마음에 대한 층이 있다. 그것은 육체보다 더 한층 일시적이고 더욱 빠르다. 마음 역시 끊임없이 허물어지고 있다.
　마음은 육체의 안쪽 부분이며 육체는 마음의 바깥 부분이다. 이것들은 두 가지 것이 아니다. 마음과 육체라는 표현은 올바른 표현이 아니다. 올바른 표현은 마음육체(mindbody)이다. 그대는 심신상관적이다. 마음이 존재하고 육체가 존재하는 것이 아니다. 육체는 거칠은 마음이며 마음은 미묘한 육체이다 ― 마치 동전의 양면처럼. 하나는 바깥쪽이고 다른 하나는 안쪽이다.
　그래서 육체와 동일시하는 사람들이 있다. 그들은 물질주의자이다. 그들은 살 수 없다. 필사적으로 그들은 노력하지만 물론 그들은 살 수 없다. 물질주의자는 단지 살고 있는 체 할 뿐이다. 그는 살 수 없다. 그것은 단지 표면적이고 천박하게 될 수 있을 뿐이다. 왜냐하면 그는 끊임없이 죽고 있는 육체를 통하여 살려고 하기 때문이다.
　그는 불붙는 집 속에서 살고 있다. 그는 불붙는 집 속에서 휴식을 취하려 한다. 어떻게 휴식을 취할 수가 있겠는가? 어떻게 사랑할 수 있겠는가?
　물질주의자는 오로지 섹스(性)만을 추구할 수 있지, 사랑은 할 수 없다. 왜냐하면 섹스는 일시적이기 때문이다. 사랑은 영원의 무엇이다. 그는 사람들과 접촉할 수는 있지만 관계할 수는 없다. 그는 끊임없이 뛰고 있는데, 육체와 동일시하기 때문이다. 육체는 결코 휴식할 수 없다. 그것은 끊임없는 운동이다.

기껏해야 섹스를 가질 수 있다-일시적이고 순간적인, 깊은 맛이란 전혀 없으며, 전혀 영적이지 않으며 가장 깊숙한 핵심적인 맛이 조금도 없다. 존재들은 멀리 떨어져 있는 채로 남아있다. 육체들이 만나서 섞이고 다시 갈라진다. 물질주의자는 죽음을 통해 살려고 하는 우 천치같은 사람이다. 그것은 어리석음이다.

그 다음에 다른 유형의 사람은 이상가(理想家)이다. 마음, 관념, 이념, 이상들과 동일시 하는 사람이다. 그는 우 덧없는 세상에서 살고 있다. 어쨌든 물질주의자보다 더 좋지 않다. 물론 더욱 자만한데, 그는 물질주의자를 비난할 수 있기 때문이다.

그는 神에 관하여, 영혼에 관하여, 종교와 위대한 것들에 관하여 이야기한다. 그는 다른 세상에 관하여 이야기한다. 그러나 그것은 모두 이야기에 지나지 않는다. 그는 마음 속에서 살고 있다. 끊임없이 생각하며, 곰곰히 되씹으며, 관념들과 말들과 함께 논다. 그는 마음의 이상향을 창조하며 위대하고 아름다운 꿈들을 창조한다. 그러나 그 역시 기회를 낭비하고 있다. 왜냐하면 그 기회는 지금 여기에 있는데, 그는 항상 다른 어딘가를 생각한다.

'유토피아'라는 낱말은 아름답다. 그것은 '결코 오지 않은 것'을 의미한다. 이상가는 결코 오지 않는 무엇인가를 생각하며, 올 수 없는 무엇인가를 생각한다. 그는 다른 어디엔가에서 살고 있다. 그의 몸은 여기에 있는데도 그는 다른 어딘가에서 살고 있다. 그는 분열 속에서, 이중성 속에서 살고 있다. 그는 커다란 긴장과 함께 존재한다. 정치가들, 혁명가들, 소위 신학자들, 성직자들, 그들은 모두 마음과 동일시하는 삶을 산다.

참된 삶은 육체와 마음 둘 다 초월해 있다. 그대는 육체 속에 있으며 그대는 마음 속에 있지만, 그대는 둘 다 아니다. 육체는 그대의 바깥 껍데기며 마음은 그대의 안쪽 껍데기지만, 그대는 둘 다 초월해 있다.

이 통찰이 참된 삶의 시작이다. 이 통찰을 어떻게 시작할까? 이것이 명상에 관한 모든 것이다. 몸소 직접 보기를 시작하라. 거리를 걸으면서 관조자가 되어라. 걷고 있는 육체를 지켜보라…… 그러면 가장 깊숙한 핵심으로부터 관조가 일어날 것이다.

문득, 그대는 해방감을 맛볼 것이다. 그대의 육체는 걷고 있지만, 그대는 걷고 있지 않다는 것을 알 것이다.

때때로 육체는 건강하기도 하며, 아프기도 하다. 지켜보라. 단지 지켜보면 갑자기 그대는 전적으로 다른 존재의 질감(質感)을 갖게 될 것이다. 그대는 육체가 아니다. 육체는 병들어 있지만, 물론 그대는 병들어 있지 않다. 육체는 건강하지만, 그것은 그대와 아무 관계가 없다.

그대는 하나의 관조자, 언덕 위에서 지켜보는 자다. 물론 육체에 매여 있지만, 육체와 동일시하지 않는다. 육체 속에 뿌리박고 있지만, 육체를 넘어서 있으며 초월해 있다.

첫번째 명상은 육체로부터 그대 자신을 분리시키는 것이다. 그리고 점차로 육체에 대한 그대의 관찰로 그대가 더욱 명민하게 될 때에, 그대 마음 속에서 끊임없이 계속되는 사념들을 관찰하기 시작하라. 그러나 우선 육체를 지켜보라. 육체는 거칠기 때문에 보다 쉽게 관찰될 수 있으며, 많은 자각이 필요없을 것이기 때문이다. 그대가 일단 조화되면, 그때 마음을 지켜보기 시작하라.

관조되는 것은 모두 그대로부터 분리될 것이다. 그대가 관조할 수 있는 것은 무엇이나 그대는 그것이 아니다. 그대는 관조하는 의식이다. 관조되어지는 것은 객체이며, 그대는 주체이다.

그대가 하나의 관조자가 될 때에는 그대의 육체 그리고 그대의 마음조차도 멀리 떨어진 채로 남아 있을 것이다. 어느덧 그대는 육체도 마음도 없이 거기에 있다. 그대는 순수한 의식, 청정, 티 없음, 하나의 거울이 된다.

이 청정함 속에서, 처음으로 그대가 누군지를 안다. 이 청정함 속에서 처음으로 존재는 삶이 된다. 처음으로 그대가 존재한다. 그전에는 단순히 잠자고 꿈꾸었을 뿐이다. 이제 그대는 처음으로 존재하는 것이다.

그리고 그대가 진실로 존재할 때 거기엔 죽음이 없다. 그때 그대는 그대의 죽음도 관조하리라는 것을 안다. 삶을 관조할 수 있게 된 사람은 죽음까지도 관조할 수 있게 되어있다. 왜냐하면 죽음은 삶의 끝이 아니다. 바로 삶의 절정이다. 삶은 죽음 속에서 최고점이 된다. 그대는 두렵기 때문에, 그대는 놓친다. 그렇지만 않는다면 죽음은 가장 위대한 오르가즘이다.

그대는 섹스의 조그만 오르가즘을 알고 있다. 섹스(性) 속에서도 역시 하찮은 약간의 죽음이 일어난다. 어떤 삶의 에너지가 그대의 몸으로부터 해방된다. 그대는 쾌감을, 홀가분함을, 느슨해짐을 느낀다. 죽음이란 그대가 지니고 있는 모든 에너지가 해방됨을 의미한다. 죽음은 가장 위대한 오르가즘이다.

그저 하찮은 성적 오르가즘 속에서도 그대 에너지의 미소한 부분이 해방된다. 조그만 오르가즘 속에서도 그대는 매우 아름다움을 느끼며 매우 느슨해짐을 느껴 잠 속으로 빠져드는 것이다.

모든 긴장이 풀렸다. 그대는 일시적이나마 어떤 조화를 이룬다. 해방된 완전한 삶 처럼 죽음을 대하라. 그대 육체의 모든 생명은 전체로 돌아간다. 이것은 존재하는 가장 위대한 오르가즘이다. 그렇다. 죽음은 가장 위대한 오르가즘이다.

그러나 사람들은 죽음의 두려움 때문에 이 위대한 오르가즘을 계속 놓치고 있다. 성적인 오르가즘으로도 같은 것이 일어난다. 많은 사람들이 그것을 계속 놓치고 있다. 그들은 두려움 때문에 어떤 오르가즘도 가질 수 없다. 그들은 오르가즘 속으로 전적으로 움직여 들어갈 수가 없다. 이것을 기억하라. 죽음을 두려워하는 사람들은 섹스도 두려워하게 될 것이다.

그대는 이 나라(인도)에서 이것이 일어나는 것을 지켜볼 수 있다. 이 나라는 섹스를 두려워해왔으며, 이 나라는 죽음을 무척이나 두려워한다. 어디에서도 이와같은 겁장이들을 찾을 수가 없다. 그대는 어디에서도 더 겁많은 사람들을 발견할 수가 없다. 무엇이 일어나고 있는가? 죽음을 두려워하는 그런 사람들은 역시 性도 두려워하게 될 것인데, 性속에서도 얼마간의 죽음이 일어나기 때문이다. 性을 두려워하는 그런 사람들은 삶에 너무 많이 매달려 있다. 그들은 인색하게 된다. 수전노들은 性적인 오르가즘을 놓치기 때문에 모든 삶의 성취인 위대한 오르가즘도 놓치고 있다.

한번 그대가 죽음이란 것을 안다면, 위대한 찬양과 함께 죽음을 받아들일 것이다. 그대는 죽음을 환영할 것이다. 죽음은 그대 전체 삶의 노력에 대한 성취이다. 죽음은 그대 전체 삶의 노력에 대한 결실이다. 그 여행은 끝난다. 고향으로 돌아오는 것이다. 그러나 죽음 속에서도 그대는 죽지 않는다. 육체를 통하여 정신을 통하여 그대에게 주어졌던 바로 그 에너지는 해방되어 세상으로 되돌아

간다. 그대는 고향(home)으로 되돌아 가는 것이다.

그대가 올바르게 죽지 않는다면, 그대는 다시 태어나게 될 것이다. 이제 그대에게 이것을 설명하도록 하자. 그대가 올바르게 죽지 않는다면, 그대가 죽음이 존재하는 완전한 오르가즘을 성취하지 않는다면, 그대는 다시 태어난다. 그대가 놓쳤기에 다른 기회가 주어져야 하기 때문이다.

神은 그대에 대하여 매우 인내심이 강하다. 그는 그대에게 더 많은 기회들을 계속 주고 있다. 그대가 이 삶을 놓쳤다면, 그는 그대에게 다른 삶을 줄 것이다. 그대가 이 번에 실패했다면, 다른 기회를 위하여 그대는 세상으로 되돌려 보내질 것이다. 그대가 그 목적을 달성하지 않는 한, 그대는 다시 또 다시 되돌려 보내질 것이다. 이것이 윤회의 이론에 대한 의미이다.

기독교 神은 좀 인색하다. 그는 단지 하나의 삶만을 준다. 그것은 많은 긴장을 창조한다. 단 하나의 삶이라? 실수할 시간조차도, 타락할 시간조차도 없다. 그것은 매우 깊은 내적 긴장을 야기시킨다. 동양에 있어서 우리는, 끊임없이 베푸는, 보다 자비로운 神을 창조하였다. 그대가 이번 기회를 놓쳤다면 다른 기회를 취하라.

어떤 점에 있어서 이것은 매우 현명하다. 동양에서는 그대에게 생명을 주는, 그런 인격화된 神은 없다. 인격화된 神이란 바로 그대다. 가끔 그대는 이런것을 지켜본 적이 있는가? 밤에 그대는 잠에 든다. 가만히 지켜보라. 그대가 잠에 떨어질 때, 그대가 잠으로 막 떨어지고 있을 때, 다만 마지막 사념을, 마지막 욕망을, 그대 마음 속의 마지막 파편을 지켜보라. 그리고나서 아침에 그대가 깰려고 할 때에 눈을 뜨지 말고 다만 다시 지켜보라. 그 마지막 파편은 다시 처음의 파편이 될 것이다.

그대가 잠에 떨어지고 있었을 때 돈을 생각하고 있었다면, 어김없이 그 사념은 아침의 첫번째 사념으로 될 것이다. 왜냐하면 그 사념은 그대의 마음 속에 남아있었고, 그대가 사념으로 되돌아오기를 기다렸기 때문이다. 그대가 性을 생각하고 있었다면, 아침에 그대는 性을 생각하게 될 것이다. 그대가 神을 생각하고 기도하는 것이 잠들기 전 그대의 마지막 사념이라면, 아침에 그대가 발견하게 될 첫번째 것은 그대 속에서 일어나는 어떤 기도일 것이다. 밤 중에 있어서의 마지막 사념은 아침에 있어서의 첫번째 사념이 될 것이다.

이번 삶에 있어서의 마지막 사념은 다음 삶에 있어서의 첫번째 사념이 될 것이다. 그대가 이 세상에서 죽어가고 있을 때의 마지막 사념은 그대의 다음 삶의 첫번째 사념이 될 것이다.

그러나 성취한 사람인 붓다가 죽을 때 그는 아무 사념도 없이 죽는다. 그는 오르가즘을 즐긴다. 그것은 성취, 완전한 성취이기 때문에 되돌아올 필요가 없다. 그는 우주로 사라진다. 다시 유형화(有形化)될 필요가 없다.

동양에서는 사람들의 죽음 경험을 지켜보아왔다. 그대가 어떻게 죽느냐는 그대의 모든 삶을 그대가 어떻게 살았는지를 반영한다. 내가 그대의 죽음을 볼 수만 있다면, 나는 그대 전체의 일대기를 쓸 수 있다. 그대 전체의 삶이 응축되는 그런 순간이기 때문이다. 번개같은 한 순간 속에서, 그대는 모든 것을 보여준다.

인색한 사람은 주먹을 꽉 쥔 채로 죽는다. 여전히 붙들고, 매달리고, 죽지 않으려고 하며, 여전히 긴장을 풀려고 하지 않는다. 사랑스러운 사람은 주먹을 편 채로 죽을 것이다. 그가 삶을 함께 나눠 가지는 것처럼, 그는 죽음조차도 함께 나눠 가진다. 그대는 얼굴 위에 쓰여있는 모든 것을 볼 수 있다-이 사람이 성성(惺惺)하게 깨어서 살아왔는지, 그렇지 않은 지를. 성성하게 깨어서 살아왔다면 그의 얼굴은 빛이 날 것이다. 그의 몸 주위에는 오라(aura : 후광)가 있을 것이다. 그에게 가까이 다가가면 고요를 느낄 것이다-슬픔이 아닌 고요를. 어떤 사람이 전적인 오르가즘 속에서 기쁨에 차서 죽었다면, 그대는 그 가까이에서 갑자기 행복을 느낄 것이다.

나의 어린 시절에 일어난 일이다. 마을에서 아주 성스러운 사람이 죽었다. 나는 그에게 막연한 애착을 가지고 있었다. 그는 조그만 사원의 성직자였고, 매우 가난한 사람이었는데, 내가 지나가곤 할 때면 언제나-나는 적어도 하루에 두 번 정도는 지나가곤 하였다. 사원 가까이에 있는 학교에 갈 때 지나가곤 했다-그는 나를 불러서 항상 과일과 사탕을 조금씩 주곤 하였다.

그가 죽었을 때, 나는 그를 보러 간 유일한 아이었다. 모든 마을 사람들이 모여들었다. 갑자기 나는 무엇이 일어났는지 믿을 수 없었다. 나는 웃음이 막 터져나왔기 때문이다. 나의 아버지가 옆에 계셨는데, 그는 당황하여 나를 멈추게 하였다. '죽음이란 웃기 위한 시간이 아니다.' 그는 내 입을 막으려 하였다. 그는 조용히 하라고 말하고 또 말하였다. 그러나 나는 아버지가 재촉하는 것을 결코 느낄 수가 없었다. 한번 웃기 시작하자 나는 결코 그것을 느끼지 못하였다.

전에는 이렇게 크게 웃어 본적이 없는 것 같다-무슨 재미난 일이나 일어난 것처럼.

그리고 나는 내 자신을 주체할 수가 없었다. 나는 크게 웃었고, 모든 사람은 화가 났으며 나는 집으로 보내졌고, 아버지는 나에게 말하였다. '다시는 그런 심각한 자리에 너를 허락하지 않겠다! 너 때문에 나 까지도 무척 난감했다. 왜 웃고 있었는가? 거기서 무슨 일이 일어나고 있었는가? 죽음 속에서 무슨 웃을거리라도 있단 말인가? 모든 사람들이 슬픔으로 울고 있는데, 너 혼자만이 웃고 있었다.'

그래서 나는 아버지께 말씀드렸다.

'무엇인가 일어났지요. 그 노인은 무엇인가를 해방시켰으며, 그것은 굉장히 아름다웠습니다. 그는 오르가즘적인 죽음을 맞이하였습니다.'

정확하게 이런 말투로 말한 것은 아니지만, 나는 그가 매우 행복하게 기쁨에 차서 죽고 있음을 느꼈으며, 나는 그의 웃음 속에 동참하기를 원했다고 아버지께 말씀드렸다. 그 노인은 웃고 있었으며 그의 에너지는 웃고 있었다.

나는 미쳤다고 여겨졌다. 사람이 죽는데 어떻게 웃을 수 있을까? 그 이후로 나는 많은 죽음들을 보아왔지만, 다시는 그런 형태의 죽음을 본 적이 없다.

그대가 죽을 때, 그대는 그대의 에너지와 함께 그대의 모든 삶의 경험을 풀어 놓는다. 그대가 슬펐든, 행복했든, 사랑했든, 노여워 했든, 정열적이었든, 자비로왔든, 그대가 어떻게 살아왔든, 그 에너지는 그대의 모든 삶의 진동을 전한다.

성자가 죽을 때는 언제나, 그의 곁에 있는 것만으로도 하나의 커다란 선물이다. 단지 그의 에너지로 샤워를 하게 되는 것만으로도 커다란 감화가 된다. 그대는 전적으로 다른 차원에 놓인다. 그대는 그의 에너지에 의해서 마쳐질 것이며, 취함을 느낄 것이다.

죽음은 전적인 성취가 될 수 있다. 그러나 그것은 삶이 충실히 살아졌을 때만이 언제나 가능하다.

어느 얼빠진 과학자가 어느날 갑자기 가족들에 대해서 너무 무관심하다는 결론을 내렸다. 저녁에 집에 가서 그는 아내와 아이들에게 키스하였고, 저녁을 들기 전에 면도하고 샤워를 하고, 옷을 갈아입었으며, 식사 도중에 몇가지 재미있는 이야기를 하려고 애썼다.

저녁식사가 끝났을 때, 그는 테이블을 치우면서 휘파람을 불었고, 스스로 모든 접시들을 닦고 말렸다. 그가 모든 것을 말끔히 치우고 아내를 찾으러 거실로 갔을 때 아내는 울고 있었다.

"오늘은 모든 일이 잘못됐어요." 그녀가 훌쩍였다.

"진공청소기가 떨어져 부숴졌고, 조지는 침실 창문으로 야구공을 던졌고, 폴리는 넘어져서 가장 좋은 옷을 찢었어요. 그리고 지금 당신은 술에 취해 집으로 돌아와 당신이 무엇을 하고 있는지도 모르고 있어요."

아무도 자기가 하고 있는 일을 모른다. 취하지 않음이 필요하다. 그대는 얼빠져 있을 뿐이다. 그대는 그저 무의식적이다. 마치 그대가 그대 자신 내부에서 그대 자신의 무의식을 계속 창조하는 것 같다. 마치 그대가 그대의 혈류 속에서 어떤 알코올 음료를 끊임없이 만들어 내는 것 같다. 그대는 내부에서 어떤 마취제를 계속 만들고 있다. 그것은 틀림없다.

그대가 깨어있으려 힘껏 노력하지 않고, 그대가 빠져있는 그 취함(drunkenness)으로부터 벗어나려고 노력하지 않는다면, 그대는 정확히 어떤 일이 일어나는지 알 수 없을 것이다.

평상적으로, 그대가 하는 일이 무엇이든, 그대는 자동기계장치처럼 한다. 그대는 차를 몬다. 차를 모는 사실을 깨달을 필요가 없다. 그대는 단순히 하나의 기계처럼 차를 몬다. 그대는 속임수를 배워왔다. 그대는 계속 노래부르고 담배 피우며, 이야기하며, 생각하며, 수많은 생각들을 하면서 육체는 계속 차를 몰고 있다.

그대는 먹는다 : 그대는 자동기계처럼 먹는다.

그대는 걷는다 : 그대는 자동기계처럼 걷는다.

육체는 속임수를 배워왔다. 육체는 재주부리기를 계속한다. 그대의 주의력은 필요치 않다.

그대의 주의력은 어떤 사고가 있을 때만이 필요되어진다. 무언가 잘못된다면, 그때 그대의 주의력이 필요된다. 사고가 나지 않는 한, 그대는 그대의 사념들과 계속 장난칠 수 있으며 그대가 좋아하는 어디로든지 계속 움직일 수 있다. 기계적인 행동 속에서는 자각적인 그대의 등장은 필요없는 것이다.

예를 들어, 엔진에서 새로운 소리가 들린다면, 그때서야 갑자기 그대는 깨닫게 된다. 그렇지 않고 그 차가 평상시처럼 계속 웅웅거린다면, 그대는 계속 운전할 것이다. 모든 것이 순조로우면 그대는 계속 타이핑할 것이다. 마음은 거의 컴퓨터와 같다. 일단 훈련되고, 적당히 먹여지고, 알게 되면, 마음은 그 스스로 기능을 계속한다.

그대의 삶 속에서 그대가 더욱 능률적으로 되면 될수록, 더욱더 그대는 무의식적으로 된다.

아이들은 더욱 의식적이다. 그들은 아무것도 모르기 때문에 더욱 깨어있어야만 한다. 처음으로 그대가 글쓰기 시작할 때를 기억하고 있는가? 그때 각 낱말은 매우 느렸고, 대단한 주의를 기울이고 써야만 했다. 조그만 아이가 글쓰는 것을 보아라. 그의 온 몸이 쓰여지고 그의 온 마음이 쓰여진다. 그는 바로 그의 눈이 된다. 그것은 아무것도 아닐지도 모른다. 그는 그저 단순한 낱말을 쓰는 것인지도 모른다.

몇명의 아이들이 나에게 편지를 쓴다. 그들이 'Love'를 쓰는데도 나는 그들이 얼마나 많은 노력을 편지 속에 쏟아 넣은지를 안다. 그들은 골똘히 생각하고 생각하였음이 틀림없지만, 그들은 그저 대단치 않은 문자 'Love'를 쓰고 있을 뿐이다. 물론 'Luv' ―그러나 그들은 모든 주의를 그것 속에 쏟아 넣었다. 그것은 그대가 'Love'라 쓸 때보다 더 많은 의미를 가져온다. 그대는 단순히 습관적으로 쓰기 때문이다. 그대는 그대가 쓰고 있다는 사실을 깨닫지조차 못할지 모른다.

나는 매우 예의바르고 교양있는 어떤 사람을 알고 있다. 한번은 그가 화났을 때, 나는 그의 방에 앉아 있었다. 그는 하인에게 매우 화를 내면서 말했다.

"미안하지만, 지옥에나 가라!"

그때 나는 그에게 물었다.

"지옥에나 가라면서 '미안하지만'은 또 무슨 의미인가?"

그는 말했다.

"그저 오래된 습관이지."

그대는 'Love'를 쓸지 모르지만, 그것은 단지 오래된 습관일지 모른다. 그대는 무엇을 말하고 있는지를 전혀 깨닫지 못할지도 모른다. 그대는 그것을 제대로 알기나 하고 쓰는가? 왜냐하면 '사랑'이란 말을 말로 표현하는 것은 신성한 무엇인가를, 굉장히 의미심장한 무엇인가를 말로 나타내는 것이기 때문이다. 그러나 그대는 사랑이라는 말을 과연 어떻게 쓰고 사용할까?

'나는 내 차를 사랑한다. 내 집을 사랑한다.' 혹은 '나는 아이스크림을 사랑한다.'라고 말하는 사람들을 나는 알고 있다. 지금 그와 같은 사람들은 신성한 말을 모독하고 있다. 그들이 어떤 여자에게 '나는 당신을 사랑합니다.'라고 말할 때, 그것은 별 의미가 없다. 그들은 아이스크림에 대해 말하는 것과 똑같은 것을 말한다. 그 말은 그들의 심장과 그들의 자각(自覺)과는 아무런 관계가 없다.

 아이들은 더욱 깨어있다. 아이들을 지켜보라. 그들은 에너지로 꽉 차있으며 신선하고 깨어있으며 열려있다. 그러나 우리는 아이들에게 다른 무엇인가를 가르친다. 사회는 깨어있는 의식을 원치 않는다. 깨어있는 의식은 소위 이 사회라는 것에 대하여 위험하다. 왜냐하면 사회는 병들어 있으며, 이 사회는 무의식속에서 투자를 하였기 때문이다.

 사람들의 의식이 깨어있다면, 그때 담배를 계속 생산하는 공장에 어떤 일이 벌어지겠는가? 술을 계속 생산해내는 공장에선 어떤 일이 일어날 것인가? 사람들의 성욕과 그들의 성적 욕망을 계속 개발하는 공장에는 무엇이 일어날까? 성직자에게는 무엇이 일어날까? 그들 모두는 그대가 무의식적이기 때문에 존재한다. 그들 모두는 그대가 무의식적이기 때문에 그대를 개발할 수 있다.

 사회가 더욱 의식적으로 된다면, 그 사회는 어떤 반항으로 살 것이다. 그 사회는 혁명 속에서 살 것이다. 그 사회가 혁명을 일으킬거라는 것이 아니다. 왜냐하면 혁명을 일으키는 모든 것은 넌센스이기 때문이다. 혁명은 그대가 일으키거나 끝낼 수 있는 어떤 사물이 아니다. 혁명은 삶의 한 방법이다. 혁명은 하나의 과정이다. 그대는 혁명을 일으키거나 끝낼 수 없다. 의식이 깨어있다는 것은 이 사회에 대하여 좋지 않다. 이 사회라는 것은 무의식 위에 존재하기 때문이다.

나는 이런 이야기를 들은 적이 있다. 암세포인 조그만 생식세포가 혈류 속에서 수영을 하다가 다른 암생식세포를 만났다. 첫번째 놈이 다른 놈에게 물었다.

"좀 안 좋아보이는데, 어디가 어픈가?"

다른 놈이 대답했다.

"페니실린에 걸린 것 같아."

그대는 결코 패니실린에 걸리지 않는다. 그대는 감기나 다른 질병에 걸린다. 그러나 생식세포들을 생각하면 그들은 페니실린에 걸린다.

이 사회는 병들어 있다. 깨어있는 의식은 사회를 죽일 것이다. 이 사회는 많은 사람들이 정신차려 깨어 있으면 존재할 수 없다. 그들은 사회에 대하여 위험하게 될 것이다. 즉시 사회는 아이들을 붙잡아 그들의 마음을 가로막고, 그들이 깨이지 못하도록 마취시킨다. 이것이 바로 마취된 이 사회가 소위 교육이라고 일컫는 것이다.

소수의 학생들을 위한 조그만 학교나 유치원에 가보라. 창문을 통하여 지켜보라. 아이들은 매우 활발하다. 그들의 의식은 아무것도 배척하지 않으며 모든 것을 받아들인다. 새는 노래를 시작한다. 물론 아이들은 창 밖을 본다. 선생님은 화가 난다. 그는 말한다. '주의해라! 나를 주목해라!'

자, 아이는 주의를 기울이기 위해서 어떻게 하게 될까? 그는 무엇을 할까? 그는 가장한다. 그는 선생님을 바라보며 머리를 세우고, 눈을 바로 뜨며 주의를 기울이는 것처럼 꾸민다. 그러면 선생님은 행복하다. 그의 에고는 고조됨을 느낀다. 모든 아이들이 그에게 집중하고 있다. 어디에서나 모든 눈들이 그를 쳐다보고 있다. 조그만 아이들이 이 사나이의 에고 때문에 더럽혀지고 있다. 그러나 더욱더 그들의 초점은 더 넓어질 것이다. 그리고 되풀이 하여 새는 힘차게 울 것이며, 개는 짖을 것이며, 누군가는 길 위에서 이야기하고, 자동차는 지나갈 것이다. 무수한 것들이 일어나고 있고, 세상은 광대하며, 그리고 아이는 활발하다. 그러나 그 선생님은 그가 주목하기를 바란다.

그 선생님은 모든 아이들이 그에게 주의를 집중할 때 행복하다. 그는 단지 넌센스를 이야기하고 있을지도 모른다. 그는 역사를 가르치고 있을지도 모른다-역사를 가르친다는 것은 어리석음일 뿐이다. 영원히 떨쳐버리는 것이 더 낫다. 알렉산더같은 미치광이가 존재한 그런 시대를 알 필요가 있을까? 또는 아돌프 히틀러? 잊는 것이 더 낫다. 악몽들이다. 그러나 이 악몽들에 주의를 기울여보라.

나는 이런 이야기를 읽은 적이 있다.

존스는 국도 위에 그의 크고 비싼 차를 세워놓고 어리둥절하며 주위를 살펴보았다. 근처 담 위에 깡마른 젊은 농장 일꾼이 있는 것을 보고는 큰 소리로 불렀다.

"여보게! 뉴욕까지 얼마나 되나?"

그 농장 일꾼은 생각해 보더니 말했다.

"모르오."

"좋아, 그렇다면 뉴욕까지 가는 제일 좋은 길은 어디지?"

다시 그 농장 일꾼은 생각하고는 말했다.

"모르오."

"그렇다면, 지도를 구할 수 있는 가장 가까운 주유소는 어디에 있지?"

그 농장 일꾼은 잠시 생각하더니 다시 말했다.

"모르오."

그 사나이는 차 속에서 경멸스럽게 말했다.

"자네는 몰라도 너무 모르는구만, 그렇지 않은가?"

그 농장 일꾼은 대답했다.

"그래도 나는 길을 잃지는 않소"

아이들은 길을 잃지 않지만, 우리는 그들을 계속 가르치고 있다. 우리의 모든 가르침은 삶에 있어서 하나의 장애물이 될 것이다. 삶은 광대한 마음이 필요하다. 삶은 모든 쪽으로 다 열려 있기 때문이다. 이에반해 가르침은 좁은 마음을 요구한다-집중이나 주의등을.

깨어있는 의식이란 모든 방향으로 동시에 흐르는 마음이다. 그대는 나를 듣는다. 그리고 길에서 지나가는 트럭 소리도 들으며 새소리도 듣는다. 아무것도 배척되지 않으며 심란할 아무것도 없다. 모든 것들은 함께 존재한다. 나는 말을 계속한다. 새들은 시끄럽게 하지 않는다. 새들은 계속 노래부른다. 내가 왜 혼란스러워야 하는가?

그리고 그대가 깨어있는 의식으로 들을 수 있다면, 그들은 모두 조화의 한 부분이 된다.

그러나 모든 가르침은 집중에 의존한다. 집중은 아이에게 해독을 끼침을 의미한다. 단지 조그만 틈바구니는 열리지만 그 밖의 모든 것은 닫혀질 것이다. 그대가 집중이라고 부르는 단지 조그만 틈바구니는 열릴 것이지만, 이 광대한 하늘은 닫혀질 것이다. 모든 문들과 창문들이 닫혀진다. 단지 열쇠구멍 가까이에 앉아서 열쇠

9부 · 여여한 죽음   353

구멍만을 계속 바라본다. 이것이 집중이라는 것이다.
 그러나 선생님은 아름답고 멋있다고 느낀다. 모두가 자신을 보고 있으며 모두가 자신에게 집중하고 있다. 모든 아이들은 가장한다. 어떻게 마음도 끌리지 않는 무엇인가에 집중하겠는가?
 개가 바깥에서 짖고 있을 때, 그 개는 '나에게 주의를 기울이라.'라고 말하지 않는다. 개는 단순히 짖을 뿐이며 아이는 밖으로 나가 무엇이 일어나는지 보고 싶어한다. 그 일은 선생님보다 더욱 매력적이다. 새가 노래하기 시작할 때 그 곡의 선율은 반복되며 선생님보다 더욱 매력적이다. 그것은 말하지 않으며 광고하지 않으며 누구에게나 강제하지 않는다. 그대가 주의를 기울이든지 기울이지 않든지 그대는 자유롭다. 그러나 아이는 바깥에 관심을 기울이고 싶어한다.
 삶은 엄청나게 아름답다…… 그런데 선생님이 서 있다. 이윽고 선생님은 아이를 강압할 것이다. 우리의 이러한 추악한 놀이들은 모든 강제를 사용할 것이다. 한번 생각해 보라. 조그만 아이가 여섯 시간 동안 딱딱한 의자에 앉아있다. 싱숭생숭 들뜨는 것은 허락되지 않는다. 심리학자들이 말하는 것을 들어보라. 그들은 들떠있는 아이가 보다 더 지성적이라고 말한다. 벙어리처럼 귀머거리처럼 앉아있는 아이는 거의 우둔하다. 아이의 에너지는 싱숭생숭하며 살아있다. 진실로 활발한 아이는 오랫동안 조용히 앉아 있을 수가 없다. 그는 살아있다. 그는 죽지 않았다. 그는 뛰고 달리고 수많은 일들을 하고 싶어한다. 그는 넘쳐흐른다. 그런데 우리는 그를 앉힐려고 한다.
 무슨 일이 일어날까? 그가 대학을 졸업 할 때 쯤이면 그는 거의 활동불능이 된다. 20년 동안 끊임없이 집중하도록 강제됐었다. 그리고 그 집중이라는 것에 온 사회는 아주 많은 중대성을 부여한다. 그리고 시험들이 있다. 그가 실패한다면 그는 비난받는다. 그가 성공한다면 그는 인정 받는다. 지금 우리는 에고게임을 하고 있다. 우리는 어떻게 하면 그를 에고적으로 만들까를 가르치고 있다. 우리는 아이에게 추악한 경쟁을 가르치고 있다 - 다른 모든 사람과 화목하게 되지 않도록. 그리고 우리는 이 사회에서의 유일한 가치는 더욱 능률적으로 되는 일이며, 자각적으로 되는 것이 아니다라는 사실을 아이에게 가르치고 있다.

이제 이해되어야 할 부분이 있다. 그대가 더욱 능률적으로 되고, 덜 자각적으로 되기를 원한다면 좋은 일이다. 왜냐하면 기계란 사람보다 능률적이기 때문이다. 기계는 단순히 반복한다. 결코 실수하지 않으며 결코 잘못되지 않는다. 그래서 그 마음은 기계처럼 되어야만 할 것이다. 그대가 단추를 누르면 답이 바로 나온다. 그대가 단추를 누리기만 하면 곧바로 능률이 흘러나온다.

사회의 전체적 노력은 그대를 능률적인 기계로 떨어뜨리는 것이다. 그리고 그대를 불구로 만들기 위해, 그대를 마비시키기 위해 막대한 돈을 낭비한다. 어느날 문득 그대는 그대가 모든 것을 놓치고 있다고 느낀다. 그대는 아직도 삶을 맛보지 못했다.

그대는 살아왔지만 아직도 그대는 살아왔다고 말할 수 없다. 그대는 사랑하여 왔지만 아직도 그대는 그대에게서 사랑이 일어났다고 말할 수 없다. 그대는 살아왔지만 아직도 그대는 살아 있는 존재의 맛이 무엇인지를 말할 수 없다.

지금에 이르기까지 교육이라고 불리워왔던 것이 무엇이든 간에 그것은 인간에게서 일어난 가장 커다란 재앙이다. 그리고 교육의

이 모든 구조가 버려지게 되는 날, 능률에 근거하지 않는 새로운 교육이 시작될 것이다. 사람들이 설사 좀 덜 능률적이라 하더라도 그것이 무슨 큰 일이겠는가? 설사 그들이 더욱 살아있는 반면에, 좀 덜 능률적이라고 하더라도 무슨 문제가 있겠는가? 그것은 전혀 문제가 안된다.

교육이라는 것이 자각(自覺) 위에 기초가 되 있다면, 그때 사람들은 전쟁에 있어서나 살인하는 데에 있어서 그렇게 능률적이 아닐지도 모른다. 사무관들처럼 그렇게 능률적이 아닐지도 모르고, 정부 관리들처럼 그렇게 능률적이지 아닐지도 모른다. 그러나 그것은 좋은 일이다. 죽이는 데 있어서 사람들이 비능률적이라면 아주 좋다! 사람들이 덜 죽게 될 것이다. 히로시마에 핵폭탄을 떨어뜨린 조종사가 능력 부족이어서 폭탄이 숲 속 어딘가에 떨어졌더라면 무엇이 잘못 되었을까? 그것은 아주 좋게 되었을 것이다. 그것은 행운이 되었을 것이다.

독일사람들이 덜 능률적이었다면 그때 히틀러는 인류에 대하여 그토록 커다란 재앙을 끼치지는 못했을 것이다. 독일국민이 조금만 게을렀어도, 덜 훈련되었어도, 덜 기능적이었어도, 덜 로보트 같았어도 히틀러는 실패하였을 것이다. 그러나 그는 행동하기에 적절한 나라를 선택했다. 이런 사람들은 항상 매우 영리하다. 그들은 늘 행동하기에 적합한 나라를 선택하였다. 게다가 그는 모든 나라를 전쟁 캠프로 만들기 위해 움직였다.

능률이 덜한 것은 문제거리가 되지 않는다. 더욱 깨어있는 의식이 필요하다. 내가 덜 능률적으로 된다는 말을 사용할 때 그것은 반드시 그렇게 될거라는 것을 의미하지 않는다. 그대가 의식적으로 무엇인가를 하려고 한다면 …… 걷는 것을 예로 들어보자.

그대가 정신차려 의식적으로 걷고 있다면, 그대는 전처럼 능률적으로 걸을 수 없다는 것을 느낄 것이다. 그대가 깨인 의식으로 자동차를 몬다면, 그대는 전처럼 차를 능률적으로 운전할 수 없다고 느낄 것이다. 그러나 이것은 단지 시작에 있어서 그렇다. 며칠만 지나면 능률이 되돌아온다는 사실을 알 것이다. 다시 무의식적으로 된다는 것이 아니다. 깨어있는 의식과 함께 능률이 올 때 그것은 완벽하고 환영될 것이다. 그렇지 않다면 그대는 거의 죽은 삶을 살 것이다.

이런 일이 있었다.

어떤 사람이 정신과 의사를 여러달 동안 찾아다녔는데, 그는 자기가 푸들(애완견의 일종)이라고 생각하였기 때문이다. 어느날 한 친구가 그에게 치료는 좀 어떻게 되었느냐고 물었다.

"글쎄." 환자가 말했다.

"아직 완치되었다고는 말할 수 없지만 웬만큼 진전을 보았지. 내 정신병 의사는 내가 자동차를 뒤쫓는 것을 멈추게 하였네."

그대가 무의식적인 로보트같다면 기껏해야 이런 변화의 유형이 가능하다. 그대는 한 마리의 푸들로 남을 것이다. 기껏해야 그대는 차를 뒤쫓는 것을 멈출지 모른다.

사회 전체의 구조는 그대가 변함없이 무의식적으로 남아있게끔 돕는다. 그대의 무의식이 일단 사회의 작용을 어지럽히면 사회는 바로 걱정하게 된다. 그때 사회는 그대를 도우려 할 것이다. 그러나 그대가 차를 쫓지만 않는다면-차를 쫓는 일은 교통사고를 유발하기 때문이다- 그리고 그대가 차들과 내면의 그대 마음을 쫓지 않고, 하나의 푸들처럼 그대 자신에 관하여 꿈꾸기를 계속한다면, 그 사회는 걱정하지 않는다.

사회는 그대와 그대의 마음에 관해서는 걱정하지 않는다. 사회는 그대가 사회에 대해서 어떤 사고를 내야만이 걱정한다. 그대가 사고만 내지 않는다면 사회는 더할 나위없이 좋아한다. 그대가 자신이 푸들이라고 생각할지라도 사회는 걱정하지 않는다. 그것은 죄가 아니다— 그대가 차들을 쫓지만 않으면 그만이다.

그대가 일단 그대의 환상에서 벗어나 행동하면 그때 그것은 하나의 범죄가 된다. 그대가 환상 속에 그대로 남아있고 환상을 벗어나 행동하지 않는다면 그것은 완전히 좋다. 그 사회는 걱정하지 않는다.

이것이 죄(sin)와 범죄(crime)사이의 차이이다. 죄라는 것은 그대가 그대 자신을 푸들로 생각하고 있는지 아닌지에 관한 것이다. 푸들로 생각한다는 것은 하나의 죄다. 그대가 하나의 사람이 되는 것을 놓칠 것이기 때문이다. 그대가 자동차들을 쫓는다면 그것은 하나의 범죄가 될 터인데, 왜냐하면 그대가 교통소란을 야기하고 경찰을 골치 아프게 만들기 때문이다. 지금 그대는 치료되어야만 한다.

사람들은 거의 미쳐있지만 사회는 그들에 관하여 걱정하지 않는다…… 어떤 미친 사람이 어떤 트러블을 만들어내지 않는 한. 정신병 수용소 안에 있는 사람들과 그대 사이에서의 차이점은 질(質)이 아니다. 그것은 단지 양(量)의 차이일 뿐이다. 정신병자는 101°일지 모르고, 그대는 99°일지 모른다. 그대는 이쪽이고 병자는 저쪽일지도 모르지만, 차이는 대단하지 않다. 그저 한두 발자국이면 그대는 미칠 수 있다. 그러나 사회는 그대를 묵인한다. 그대의 광기가 개인적인 것이라면 완전히 허용된다. 일단 그대가 광기를 공공적인 것으로 만든다면 그때 혼란이 일어난다.

그대가 의식적으로 되지 않는 한, 그대는 미친 채로 남아있다. 그대는 그대가 미쳐있다고 생각하지 않을지도 모르며, 그대가 미쳤다라고 말해주는 사람이 아무도 없을 것이지만, 그대는 미친 채로 남아있다. 오로지 붓다만이 미치지 않았다. 단지 깨달은 의식만이 미치지 않았다. 깨달은 의식이 달성되지 않는 한, 모든 것은 길잃은 존재다. 그리고 기회는 매순간 사라지고 있다.

사람들은 그들 자신들을 변화시키려고 종종 결정을 내리지만, 그 결정 역시 그들의 무의식적인 상태의 한 부분이다. 그것은 많은 도움을 주지 못한다. 그러므로 스승의 중요성, 신뢰하는 스승의 중요성이 있는 것이다. 그대는 깊이 잠들어 있다. 그대는 그대 자신을 깨울 수 없다. 기껏해야 그대는 그대가 이미 깨어있다고 꿈꿀 수 있을 뿐이다.

그대는 괘종시계를 신뢰할 필요가 있다. 그러나 괘종시계는 괘종시계일 뿐이다. 그것이 그대의 잠을 깨뜨리는 어떤 상황을 만들지는 몰라도, 그대는 그것 때문에 매우 교활해질 수 있다. 그대는 사원(寺院)에 앉아서 사원의 종소리가 울리고 있는 꿈을 꿀 수가 있다. 이렇게 되면 그 시계는 소용이 없다. 그 시계는 도울 수 없다.

그대는 살아있는 괘종시계가 필요하다. 그것이 스승이라는 것이다. 그대가 속일 수 없는 사람. 그는 계속 그대를 흔들것이다. 그는 그대의 잠으로부터 그대를 흔들것이다. 그대의 결정들은 다름아닌 그대의 결정들이기 때문에 별 가치가 없다. 그대는 그 결정들을 신뢰할 수 없다.

이런 일화가 있다.

한 사내가 그의 친구에게 말하고 있었다.

"내 마음을 결정했네. 마음을 바꿀 순간이지. 나는 이제 결코 바람을 피우지 않을 거야. 오늘 밤 나는 내 마누라에게 고백을 하고 그녀의 용서를 구할거라네."

친구가 말했다.

"그 소리를 들으니 반갑네. 진작에 그랬어야지."

그날 밤 그의 부인은 그 고백 때문에 대단한 상처를 받았으며 그의 애정을 훔쳐 왔었던 여인이 누구였는지를 캐물었다.

"우체국에 있는 그 금발의 아가씨였나요?"

"미안하오. 말할 수 없소." 그는 정중히 대답했다.

그의 부인은 계속하였다.

"길건너 거리에 살던 그 모델이 틀림없죠?"

그는 조용히 있었다.

"그녀가 누구인지 알것 같은데…… 그린 드레곤에 있는 갈색 머리의 아가씨인가요?"

"미안하오. 당신한테 말해줄 수가 없소."

"좋아요. 그녀가 누구인지 말하지 않는다면 나는 당신을 용서해줄 수가 없어요." 화가 나서 그의 부인이 소리쳤다.

그 다음 날, 그는 출근길에 친구를 만났다.

"그런데 자네 부인이 용서해 주었나?"

"아니야." 대답이 나왔다. "하지만 그녀는 나에게 세명의 훌륭한 교제거리를 주었네."

이것이 무의식적인 마음 속에서 사건들이 어떻게 진행되는가 하는것이다.

자, 이제 아름다운 禪 이야기다.

고암禪師는 훌륭한 화가였으며, 현명하고 관대하다고 여겨진 분이었다.
그러나 그는 또한 그 자신과 그의 제자들에게 몹시 엄하였다.

이야기에 들어가기 전에 몇가지 이해할 것이 있다. 禪은 세상에서 창조적으로 존재해 온 유일한 종교이다. 다른 모든 종교들은 사람들을 비창조적으로 되게끔 도와왔다. 사실상, 비창조적인 사람은 고요할 수는 있지만 행복할 수는 없다. 비창조적인 사람은 매우 평화스럽게 될지는 모르지만 결코 지복(至福)될 수는 없다.

모든 지복은 창조성으로부터 생긴다. 그대가 무엇인가를 창조하지 않는 한 그대는 지복을 느낄 수 없다. 불가능하다. 神만이 지복될 수 있다. 그리고 무엇인가의 창조 속에서 그대는 조그만 神이 될 수 있다.

그대가 무엇인가를 창조할 때 그대는 神과 함께 참여하는 것이다. 그대가 무엇인가를 창조할 때 그대는 神이 그대를 통하여 흐르게끔 허락한다. 사실 무언가 창조될 때는 언제나, 항상 神에 의하여 창조된다. 그대는 도구가 되고 매개체가 된다. 그대는 神이 들려있다.

위대한 그림이 생길 때는 언제나, 그 화가는 단지 도구에 불과하다. 神이 그림을 그린다.

위대한 詩가 만들어질 때는 언제나, 그 詩人은 창조자가 아니다. 그 詩는 그를 통하여 흐른다. 詩人은 단지 그것을 허락할 뿐이다. 그 詩人은 해방 속에 남아있다. 그 詩人은 자신보다 위대하며, 자신보다 더 크며, 자신보다 더 깊고, 자신보다 더 높은 무엇인가에 의해서 소유되도록 그 자신을 허락한다.

禪은 세상에서 창조적인 유일한 종교다. 그리고 그것은 엄청나게 중요한 무엇이다.

나는 그대 또한 창조적으로 되기를 바란다. 왜냐하면 그대가 비창조적으로 된다면…… 물론, 그대는 더욱 쉽게 고요하게 될 수 있는데, 비창조적인 사람은 세상에 무관하게 되기 때문이다. 비창조적인 사람은 도피주의자다. 그는 히말라야로 도피한다. 그는 동굴 속에 숨어 앉아서 배꼽을 지켜보며, 모든 세상을 잊는다.

그는 어떤 해악도 끼치지 않기에, 보기에 따라서는 좋기도 하다. 그러나 그것은 좋을 뿐이다. 그는 유해하게 되지 않을 것이며, 그는 정치가가 되지 않을 것이며, 장관이 되지 않을 것이며, 그는 착취하는 사람이 되지 않을 것이다. 그는 방해가 되지 않는 곳에 있을 것이다. 훌륭하다. 그러나 그 훌륭함은 매우 소극적이고 충분치 않다. 보다 많은 것이 필요된다. 그는 악을 행하지 않을 것이지만 그는 선을 행할 수 없다.

그대는 악을 행하지 않을 때 평화스러움을 느낀다. 왜냐하면 그대가 무엇인가 악을 행할 때는 언제나, 그대는 혼란스럽게 되기 때문이다. 그는 고요하게 될 것이지만 그의 고요함은 슬픔의 질을 가질 것이다-고립되고 홀로인 슬픔. 그의 고요함은 살아있지 않을 것이다. 그 고요함은 죽어있는 무엇인가 될 것이다. 무덤의 고요함, 송장의 고요함이다. 꽃의 고요함이 아니며, 별들의 고요함이 아니다. 그는 무엇인가를 놓칠 것이다. 그는 삶의 지복을 놓칠 것이다. 누구든 창조적으로 되는 것이 필요하다.

그대의 내적 존재에 도달하라. 육체도 마음도 아닌 것에 도달하라. 그때 흐르기 시작한다. 그대의 내적 존재가 편안하게 느낄 때에는 흐르기 시작한다. 어떤 조그만 일이라도 족할 것이다. 그대는 정원사도, 화가도, 시인도, 구두만드는 사람도 될 수 있다. 또는 무엇이든 마찬가지이다. 어떤 실용의 문제가 아니기 때문이다. 그대의 가장 깊숙한 존재가 나타나고 드러나도록 무엇인가를 창조하라.

禪師들은 시인이었거나 화가이었거나 정원사이었지만, 그들이 무엇을 하든지 간에 그들은 어떤 다른 점이 있었다. 禪的인 정원은 세상에 있는 다른 정원과는 전적으로 다르다. 그럴 수 밖에 없다. 모든 다른 정원은 무의식적인 사람들에 의해서 만들어진다. 禪的인 정원은 의식적인 사람들에 의하여 만들어진다. 그것은 정원 주위에 다른 오라(aura)를 지니고 있다.

한 禪師는 위대한 정원사였다. 황제조차도 그로부터 가르침을 받곤 하였다. 禪師는 말하였다.

"당신은 궁전에다 정원을 준비하시오. 3년 후에 정원을 보러 올 것입니다. 내가 인정하지 않는다면, 그때 당신은 다시 3년 동안 정원을 만들어야 할 것이며, 다시 배워야만 할 것입니다."

물론 그곳은 황제의 궁전이었다. 수많은 정원사들이 일하고 있었다. 황제는 단지 그들을 지휘하였고 그가 배웠던 것은 무엇이든지 즉시 정원에서 사용되었다. 이제 그곳은 굉장히 아름다운 정원이 되었다.

3년 후에 禪師가 왔다. 그는 둘러 보았다. 황제는 두렵게 되었고 진땀이 나기 시작하였다. 왜냐하면 그 禪師는 매우 딱딱하게 보이고 웃으려 하지 않았기 때문이다. 이윽고 禪師는 말했다.

"당신은 실패하였소. 정원에서 죽은 잎사귀 한 장 볼 수 없기 때문이오. 어떻게 죽음없이 삶이 존재할 수 있겠소? 어떻게 그

많은 나무들이 죽은 잎사귀들도 없이 존재할 수 있단 말이오."
 그런데 그 황제는 바로 그날 아침, 단 한장의 죽은 잎사귀도 남기지 않은채로 정원을 말끔히 치웠던 것이다. 그래서 그는 실패했던 것이다.
 禪師는 밖으로 나갔다. 바깥에는 정원에서 나온 죽은 잎사귀들이 쌓여 있었다. 그는 온갖 죽은 낙엽들을 뒤로 옮겼고, 낙엽들을 길 위에다 흩뿌렸다. 바람이 낙엽들과 함께 노닐기 시작하였다. 그 정원은 활기를 되찾았다. 여기저기서 뛰노는 낙엽의 소리……그 정원은 살아나게 되었다. 그리고 禪師는 말하였다.
 "이제서야 모든 것이 잘 되었군. 삶은 죽음없이 존재할 수 없지. 당신은 실패했소. 이제 3년동안 더 수련을 해야할 것이오."
 禪師들은 정원들을 창조하였다. 그와 같은 정원은 다른 어떤 곳에도 존재하지 않으며 존재할 수 없다. 그 禪師는 황제에게 말했다. '당신의 정원은 아름답지만 인간의 마음을 너무 많이 보여줍니다. 神이 빠져 있지요. 당신은 정원을 너무 많이 계획하였소. 과하게 계획되어질 때는 언제나, 자연성을 상실하는 법입니다. 아무도 눈치채지 못하는 그러한 방법으로 계획을 세우십시요. 그 기술이 간파되지 않고 정원이 야생적으로 보인다면 비로소 신성이 존재할 것입니다.'
 禪師들은 화가들이었으며 詩人들이었다. 짧은 詩가 여기에 있다…… 굉장히 아름답고 매우 직설적이다. 그 몇몇 낱말들 속에, 단지 예닐곱 음절 속에서의 이 짧은 詩는 한 권의 책만큼 많은 것을 말할 수 있다.

 바쇼의 짧은 詩,

오래된 연못
개구리 한 마리
뛰어든다
풍덩.

끝났다.
어떤 오래된 연못······
그대 마음 속에 그림이 떠오르게 하라. 오래된 연못, 아주 옛날의 연못, 모든 것이 고요하고, 기다리고······

오래된 연못
개구리 한 마리
뛰어든다
풍덩.

끝났다. 詩는 끝났다. 그러나 詩는 많은 것을 이야기하고 있다. 詩는 거의 모든 것을 그리고 있다. 그대는 풍덩 소리를 들을 수 있다. 그대는 개구리를 볼 수 있다. 그대는 오래된 연못을 볼 수 있다. 그대는 거의 그것을 만질 수 있다. 그대는 느낄 수 있다.
　작거나 크거나 禪師들이 하는 일은 무엇이나 질(質)을 가지고 있다. 깨달은 사람의 감촉에서 나오는 질이다.

고암禪師는 훌륭한 화가였으며 현명하고 관대 하다고 여겨진 분이었다.

그러나 그는 또한 몹시 엄하였다……

그렇다. 그들은 매우 자비스럽기 때문에 매우 엄하다. 그들의 자비심 때문에 그들은 엄하다. 그들이 엄하지 않다면 그들은 그대를 많이 도울 수 없을 것이다.

바로 요전날 밤 어떤 소녀가 나를 보러왔다. 그녀는 산야스에 관해 아직 준비가 안되었기 때문에 산야스에 관해서 생각하고 싶다고 했다. 나는 그녀가 준비된 것을 알 수 있었다. 단지 머리만이 준비가 안되었다. 가슴은 준비가 되었다. 그러나 그 머리는 지배하려고 하였다.

그래서 나는 말했다.

'좋다. 생각하라. 그러나 한 가지를 기억하라. 다음에 그대가 와서 산야스를 원한다면 나 역시 생각해야만 할 것이다. 그리고 나는 거절할지도 모른다. 이 순간 나는 그대에게 산야스를 줄 수 있다-無心으로 그대가 받아들인다면. 그러나 그대가 생각한다면 그때 나 역시 생각해야만 할 것이다. 다음에 그대가 청한다 하더라도 나는 거절할지 모른다.'

그것은 가엾은 소녀에게 심한 일이었다. 나는 그녀의 얼굴을 볼 수 있었다. 그녀는 말했다. '좋아요.' 그러나 그녀는 불쾌하게 여겼다. 그리고나서 나는 다른 산야신들에게 그들의 문제들, 그들의 명상에 대해서 말했다. 그때 고빈다스(산야신)는 악기를 연주하고 있었고 나는 모든 사람들에게 춤을 추라고 말했다. 그 소녀 역시 춤을 추었다. 그 춤이 그녀를 도왔다. 그녀는 머리로부터 가슴으로 긴장을 풀었다. 춤을 춘 후에 나는 물었다. '이제 준비가 되었는가?' 그녀는 말했다. '네, 지금 나는 당신께 매우 열려있

으며 친밀함을 느낍니다.'
  지금 그녀는 산야신이다. 나는 좀 엄해야만 한다. 내가 그렇게 말하지 않았더라면…… 내가 그녀를 거절할거라고 말한 것은 매정한 일이었다— 실제로 나는 결코 아무도 거절하지 않는다. 그대는 나를 거절할 수도 받아들일 수도 있다. 그러나 나는 그대를 항상 받아들인다. 나는 거절하려고 하지 않았지만, 나는 그렇게 말해야만 했다. 그것은 그녀를 도왔다. 그녀는 머리를 한 대 맞는 것이 필요했다.
  기억하라. 자비는 혹독해 질 수 있다. 사실 자비만이 혹독해질 수 있다. 만약 그렇지 않다면 무슨 필요성이 있겠는가? 누가 걱정하며 고민을 할까? 사람들은 나에게 와서 말한다. '왜 당신은 산야스를 강조하는가?' 왜냐하면 나는 그대를 사랑하기 때문이며, 그대가 나와 친밀하게 될때만이 함께 나눌 수 있는 무엇인가를 그대와 함께 나누고 싶기 때문이다.

……그는 또한 그 자신과 그의 제자들에게 몹시 엄하였다. 고암선사는 별난 방식으로 죽음을 맞이했다고 전해진다. 떠날 날이 다가왔음을 느끼자……

  그대가 그대의 육체와 마음에 대하여 하나의 관조자가 될 수 있다면, 대체로 6개월 전에 지금 그대가 죽어간다는 것을 느낄 수 있다. 6개월 전에 그 몸은 내부에서 분해를 시작한다. 그대와 육체는 헐거워지고, 분리되며, 따로 떨어지기 시작한다. 그 진행이 완결되는 것은 거의 6개월이 걸린다. 그러나 정확히 3일 전에 사람은 시간을, 분을, 초를 말할 수 있다. 정확히 3일 전에 사람은 내면에서 무엇인가 퍼뜩 깨닫고 죽을 준비를 한다.
 그대가 올바르게 충분히 깨어서 살아왔다면, 그대는 그대의 죽음이 다가오는 때를 알 수 있을 것이다. 그때 죽음은 의식적(意識的)인 일이 될 것이다. 그대는 의식적으로 죽음에다 그대의 몸을 내맡길 것이다. 그대는 의식적으로 죽음을 환영할 것이다. 이것이 이 이야기의 의미이다.

 고암선사는 별난 방식으로 죽음을 맞이 했다고 전해진다. 떠날 날이 다가왔음을 느끼자 그는 재빨리 구덩이를 파게 하고……

 이것이 그 길이다. 사람은 죽음을 맞이하기 위하여 작은 길로 다소곳한 걸음걸이로 가야만 한다. 죽음이 오고 있다는 것을 알면, 문으로 가서 죽음을 만나라. 죽음을 환영하라.

 ……그는 재빨리 구덩이를 파게 하고 구덩이 속으로 들어가, 흙파는 사람에게 흙으로 그를 덮으라고 지시했다.

 그는 매우 희귀한 사람이었음에 틀림없다. 그는 죽음의 완성 속에서 죽음을 맛보기를 원했다. 그는 무의식 속에서 땅 속에 묻히고 싶지 않았다. 그는 땅 속에 있는 동안 조차도 일어나는 것을 지켜보며 관조하고 싶어한다. 땅에 묻혀 서 있는 채로……

 ……흙파는 사람에게 흙으로 그를 덮으라고 지시했다. 그러자 그 사람은 놀라 달아났다.

그 인부는 무슨 일이 일어나고 있는지 믿을 수 없었다. 그는 나중에 잡히게 될 것이며, 禪師를 죽였다고 고발될 것이다. 그는 단순히 도망쳤다.

그가 현장으로 다시 돌아왔을 때 그는 기쁨있게 구덩이에 서 있는 禪師를 발견하였다-죽은 채로 고요히.

깨달은 사람은 그의 죽음에서 조차도 품위를 지니고 있다. 무의식적인 삶을 사는 사람은 그의 삶 속에서 조차 아무 품위도 지니고 있지 않다. 무의식적인 삶은 거지의 삶이다. 아무 품위도 없으며 굴욕적이다. 의식적인 죽음…… 죽음조차도 의식적일 때 그것은 엄청난 기품과 아름다움과 우아함을 지닌다.

이런 이야기를 읽은 적이 있다.

챨스 드 탈레랑·페리고는 프랑스 정치가였는데, 아주 유능했지만 정치가들이 그런 것처럼 아주 지조가 없었다. 그는 적절한 때에 동료들을 교묘하게 배신함으로써 정치 속에서의 수많은 변혁들을 모면하였다.

프랑스 혁명동안 공화주의자인 그는 나폴레옹의 외교사절로서 근무하였고, 황제의 몰락기에 살아남기 위하여 적절한 시기에 나폴레옹의 적들을 모함하였으며, 게다가 복위시킨 왕들의 몰락에서도 가까스로 살아나갔다.

결국 1838년, 84세의 나이에 죽을 때가 되었고, 루이스 필립 왕은 그의 침상 옆에 있었다.

"오," 커다란 고통 속에 있던 탈레랑은 중얼거렸다.

나는 지옥의 고통을 받고 있소."

그러자 조용히 있던 루이스 필립은 품위있게 말했다.
"벌써요?"

무의식적인 삶을 살아온 사람은 살아있는 동안에도 지옥을 경험하며, 죽을 때도 지옥을 경험한다. 왜냐하면 그 지옥은 그대의 무의식으로부터, 그대의 무의식에 의해서, 그대의 무의식과 함께 창조된다. 지옥이란 그대의 무의식에 의해서 창조되는 공포에 불과하다.

내면의 존재에 불을 밝힌 자는 천상에서 살며, 천상에서 죽는다. 파라다이스란 바로 그대의 깨어있는 의식이기 때문이다.

제10부

열반속의 삶

열반속의 삶

당신의 강의들 중에서, 예를 들면 겸손해 지려는 것으로서만 우리의 에고를 벗어나려 한다면, 그때 그 에고는 겸손을 통하여 나타난다고 우리는 배웠습니다. 우리는 또한 에고를 피하기 위한 유일한 방법은 명상이라고 배웠습니다. 그러나 또한 그 명상을 통하여 에고가 나타나는 것은 아닌지요? 나는 아쉬람에서 생생한 예들을 보아왔기 때문에 이것을 묻습니다.

하나의 일화를 통하여 그대에게 답하겠다.
한 심리학자가 어떤 젊은이에게 인성검사를 실시하고 있었다. 그는 수직선을 그리며 물었다.
"이것을 보면 무엇이 연상됩니까?"
"섹스" 젊은이가 대답했다.
다음에 그 심리학자는 원을 그렸다.
"그러면 이것은 또 무엇이……?"
"섹스" 젊은이가 다시 말했다.
이번에 심리학자는 별을 그렸다.
"그러면 이것은?"
"물론, 섹스"
그 심리학자는 연필을 내려 놓으며 말했다.
"내 의견으로는 당신은 섹스에 대하여 어떤 강박관념을 가지고 있는 것 같소."
"내가 강박관념을 가지고 있다니!"
젊은이가 항의했다.
"도대체, 그런 음탕한 그림 모두를 누가 그렸는데요?"

그대가 에고에 사로잡혀 있다면 그대는 어딜가나 에고에 대한 생생한 예들을 발견할 것이고, 그러면 그대는 다른 사람들이 에고적 존재라 생각할 것이다. 그러나 그것은 그대의 투영이다. 그대가 일단 겸손하게 된다면 모든 세상은 겸손하게 될 것이다. 돌연 그 에고는 그대로부터 사라질 뿐 아니라, 동시에 온 세상으로부터도 사라진다.

에고가 없는 사람은 에고를 결코 만나지 않는다. 다른 사람들의 에고가 사라지는 것이 아니라 본인 스스로의 에고가 사라지기 때문에 그는 다른 사람들의 에고를 볼 수 없다. 에고는 단지 본인 스스로에 의해서만 사라진다. 그것은 그대의 태도이다.

그래서 기억해야 할 첫번째 것은 그대가 만나는 것이 무엇이든 먼저 그대 내부의 원인들을 찾아내도록 하라. 왜 다른 사람들이 에고적일까 걱정하지 말라. 그들이 그렇다면 그냥 내버려둬라. 그들은 그들의 에고때문에 충분히 벌을 받는다. 그들 자신의 에고는 충분히 그들을 벌주게 된다. 그대는 걱정할 필요가 없다.

누군가를 에고적이라고 느낄 때는 언제나 즉시 내부로 돌아서서, 눈을 감고, 그대 내부의 원인을 찾아내도록 하라. 이것은 도움이 된다. 그대가 자신의 내부에서 어떤 원인을 찾아낸다면, 그 에고는 떨어져 나갈 수 있으며 변형될 수 있다. 그리고 그대가 에고없이 된다면 갑자기 그대는 아주 행복하게 된다.

왜 다른 사람들에 관해 걱정을 하는가? 그대만을 생각하라. 좀 더 이기적이 되어라. 그대는 지나치게 이타적이 되려고 애쓴다. 좀 더 이기적이 되어라. 그대 자신의 존재와 그대 삶의 낭비를 생각하라.

그대가 부딪치는 것이 무엇이든, 그것은 바로 그대의 문제이다.

이런 방식으로 지켜보라. 그대가 화나게 될 때는 언제나, 다른 사람들이 그대 속에 노여움을 창조해냈기 때문이 아니다. 노여움은 이미 그대 속에 있었다. 잠자는 상태로 있었는지도 모른다. 다른 사람들은 이미 그대 속에 있는 노여움을 단지 유발시킬 수 있을 뿐이다. 그들의 모욕들이 그대 속에 노여움을 만들어 낼 수는 없다. 노여움이 그대 속에 없다면, 모욕들은 노여움을 창조할 수 없다. 모욕들은 노여움이 이미 그대 속에 있을 때만이 화를 내게 할 수 있다. 노여움은 다른 어느 누구에 의해서도 만들어지지 않는다. 노여움이 그대 속에 있느냐, 없느냐에 따라서다. 그리고 아무도 그대를 화나게 만들지 않는다면 그때 그대는 다른 구실을 찾으려 할 것이다.

나는 화가 나서 신발을 내던지는, 신발 때문에 화가 난 사람들을 본 적이 있다. 나는 화가 나서 문을 꽝 닫는, 문 때문에 화가 난 사람들을 본 적이 있다. 그 문이 그대에게 무엇을 하였는가? 그 신발이 그대에게 무엇을 하였는가? 그러나 그대는 대상이 될 만한 사람을 찾을 수 없다. 아무도 그대를 모욕하지 않았고, 아무도 그대에게 어떤 구실이 되고 있지 않지만, 그대는 노여움으로 부글거리고 있다. 그대는 이미 폭발의 정점에 있다. 무엇이든 하려 한다.

그대가 다른 사람들 속에서 우연히 발견하는 모든 것은 다소간에 그대 마음의 투영이다. 이것은 근본적인 종교적 태도이다. 그 투영이 다른 사람으로부터 온다고 생각한다면, 그것은 정치적 태도다. 이것이 정치가들이 왜 다른 것들을 계속 변화시키는가 하는 이유이다. 정치가에겐 그 자신 속이 아닌, 사회 속에서 혁명이 필요된다. 이 세상은 바뀌어져야만 하는데, 그때만이 정치가는 평화스럽게 살 수 있기 때문이다.

그러나 정치가는 결코 평화스럽게 살 수 없다. 그것은 불가능하다. 세상은 바뀌려하지 않는다. 그것은 쉬운 일이 아니다. 그대의 삶은 짧은데, 세상은 거의 비슷한 채로 남아 있다. 거의 그대로 남아 있을 것이다. 오로지 그대만이 변할 수 있는데, 오로지 그대만이 의식적으로 될 수 있기 때문이다. 깨어있는 의식만이 혁명이다. 깨어있는 의식이 변형이다. 그러므로 그대 자신 속에서 의식적으로 되어라.

그대가 에고적이라고 여긴 누군가를 발견한다면, 즉시 그에게 감사하라. 그는 그대 자신의 에고를 깨닫게 해 주었다. 그에게 감사하고 그에 관한 모든 것을 잊어라. 이제 내면으로 가라. 이제 그 원인이 어디에 있는지 찾아내도록 하라―왜 그대가 그 사람을 에고적이라고 느꼈는지를. 어디에선가 그대 자신의 에고가 상처를 입었다.

내가 무엇인가 하고 싶을 때는 언제나 정반대의 일이 일어나며, 마치 내가 미쳐가고 있는 것처럼 느껴진다. 그것은 마치 나에게 일어나고 있는 것에 대해 더 이상 내가 힘을 가지고 있지 않는 것처럼 느껴진다.

아무도 존재하지 않기에 아무도 힘을 가지고 있지 않다. 그대가 존재한다면 그 힘은 가능하다. 전체는 존재하지만 이런 개인적인 에고는 존재하지 않는다. 그것들은 그릇된 실재이며 환영일 뿐이다. 환영이라는 것은 힘을 가질 수 없다. 실재하지도 존재하지도 않으면서 어떻게 힘있게 될 수 있는가? 자연적으로, 에고는 무기력하다.

 에고는 무기력하며, 전체는 전능하다는 것을 먼저 이해해야
한다. 부분은 무기력하다. 하지만 부분은 전체로부터 부분이 분
리되려고 할 때만 무기력하다. 한번 부분이 그 스스로 전체 속으로
녹아든다면 그것은 전체가 된다. 그때 그것은 더 이상 무기력하지
않다. 그때 그 부분 또한 전능하게 된다.

 그대가 무엇인가 하려고 하고 있다면, 그대는 무력함을 느낄
것이다. 삶은 스스로 일어난다. 삶은 그대의 행위와 아무런 관계가
없다. 그대의 바로 그 노력 속에서 그대는 스스로 트러블을 창
조하고 있는 것이다. 흐름에 거슬러서 헤엄치려 하지 말라. 그대는
강이 그대와 싸우고 있는 것처럼 느낀다. 싸우고 있는 것은 강이
아니다.

 그 강은 그대를 전혀 모른다. 그 강은 그대와 전혀 관계가 없다.
그 강은 그대에게 아무일도 하고 있지 않다. 그 강은 그대에게
불리한 존재가 아니다. 그대만이 강물에 거슬러서 헤엄을 치려
하기 때문에 그대는 강이 그대를 거슬러서 가는 것이라 느낀다.

 그대가 그 강과 함께 뜨기 시작한다면, 강에 대한 모든 불화가
사라진다. 그 불화는 강으로부터 오고 있었던 것이 아니다. 그것은
그대로부터 오고 있었다. 그대가 무엇인가 하려고 한다면, 반대
되는 일이 일어난다. 이것이 인간 에고의 불행이다. 그것은 지옥과
같다.

 나는 아름다운 이야기를 들은 적이 있다.

 위대한 금욕주의자가 한 사람 있었는데, 그는 전 생애를 독신
으로 살았고, 동정(童情)을 잃지 않았으며, 섹스에 매우 반대하
였다. 그리고 그는 모든 삶을 섹스에 대항해, 사랑에 대항해 싸

우다가 죽었다. 그의 수제자는 충격을 감당할 수 없었고, 바로 몇 시간 뒤에 제자 역시 죽었다. 그 수제자가 저승에 이르자 그는 그의 눈을 믿을 수 없었다. 그는 충격을 받았다. 그의 스승이 그곳에 앉아 있었는데, 위대한 금욕주의자인 스승의 무릎 위에 마릴린 먼로*가 나체로 앉아 열렬히 키스를 퍼붓고 있었다! 그는 매우 충격을 받았지만, 그의 아둔한 머리 속에서도 이해가 생겨 났다. 그는 생각했다.

"물론, 神은 공정하다. 나의 위대한 스승은 그의 모든 금욕생활 때문에 적절한 보상을 받고 있다."

그래서 그는 안으로 들어가 스승의 발을 만지며 말했다.

"스승님, 이제 저는 神이 공정하다는 것을 믿습니다. 당신은 금욕과 고행과 당신의 생애동안 행하였던 선행에 대하여 지금 천상에서 적절한 보상을 받고 있습니다."

그 스승은 매우 화를 내며, 심하게 비난하면서 말했다.

"이 돌대가리야! 우리는 지금 천상에 있는 것도 아니고 나는 보상을 받고 있는 것이 아니야. 지금 이 여자는 벌을 받고 있는 중이란 말이야."

반대되는 것이 일어나는 것은 당연하다. 그 금욕주의자는 마릴린 먼로를 만날 것이다. 그것은 일어난다. 그 금욕주의자는 그 스스로 모든 것을 창조하였다. 인도에서는 위대한 고행자, 선각자의 많은 이야기가 있다. 나는 왜 그들이 위대한 선각자로 불려왔는지를 알 수 없는데, 그들은 거의 장님처럼 보이기 때문이다. 그 이야기들은 그런 위대한 선각자들이 그들의 금욕생활 속에, 단식 속에, 또한 그들의 사다나(Sadhana : 정신수련) 속에 깊이 있었을 때는 언제나, 다른 세계로부터 아름다운 여인이 나타나서는 그들을 유혹하곤 하였던 것이다.

그런 일은 거의 불가능하게 보인다. 왜 그런 일이 일어나야만 하는가? 어째서 다른 세계가 초라한 선각자를 유혹하는 일에 그토록 흥미가 있을까? 그들은 세상을 벗어나기 위하여, 윤회의 바퀴를 멈추기 위하여, 금욕생활을 하고 있다. 그들은 니르바나의 악몽을 통과하여 지나가고 있으며, 그들은 무욕(無欲)이 되려고 한다. 그런데 왜 그들은 벌을 받고 있어야 하는가? 왜 아름다운 여인들이 와서 그들을 유혹하려고 하나? 그러나 아직까지도 그 이야기들은 논리적이다. 아무도 그런 아름다운 여인들을 보내고 있지 않다. 거기에는 그들을 보낼 사람이 아무도 없다. 거기에는 보내지기 위한 아름다운 여인들도 없다. 단지 고행자들만이 강물과 거슬러서 싸우고 있을 뿐이다.

그대가 性(sex)과 싸우면 싸울수록, 더욱 더 그대의 환상은 실재하게 된다. 그대가 性을 피하면 피할수록 그대는 더욱 더 性과 싸우며, 性에 반대하면 할수록 더욱 더 그대 자신의 꿈은 그대 주위에 다른 세계의 젊은 여인들을 창조한다. 그것은 그대 자신의 흐름을 거스르는 노력이다.

性의 초월이 불가능하다고 말하고 있는 것이 아니다. 그것은 가능하다. 하지만, 그것은 결코 흐름에 거스르지 않고 흐름과 함께 흘러갈 때만이 가능하다. 그대가 흐름과 싸우고 있지 않다면, 그대가 항상 원했던 일들이 일어날 것이지만, 그대가 원했기 때문에 그것은 일어나지 않는 것이다.

계획은 인간이 하고, 성패는 하늘에 달렸다는 속담이 있다. 그러나 왜 神이 인간을 반대해야만 하는가? 왜 神이 그토록 잔인해야 하는가? 무엇이나 거절하는 神은 어디에도 없다. 그리고 있다 하더라도 그대의 사소한 소망까지도 거절할 만큼 잔인하지는 않을 것이다. 그대는 많은 것을 요구하지 않는다. 그대는 거의 보잘것 없는 것만을 요구한다. 왜 神이 거절하겠는가? 神은 그토록 인색하지 않다.

그러나 현실은 그대가 계획하는 순간, 바로 그 계획 속에서 그대는 거절을 만들어내고 있는 것이다. 그대는 지금 흐름에 거슬러 싸우고 있다. 지금 그대는, 그대가 흐름에 거슬러 움직이고 있으면서도 강물이 그대를 거슬러 움직이는 것처럼 느낄 것이다.

강과 함께 뜨기 시작하라. 그러면 문득 그대는 강이 그대를 바다로 데려가고 있는 것을 알 수 있으리라. 그리고 강은 반대하지 않는다. 강은 매우 친근하며 사랑스럽다. 헤엄조차 칠 필요가 없으며, 어떤 노력도 필요없다. 노력없이 그저 떠 있으면 강이 그대를 데리고 간다. 그대의 에너지를 낭비하지 말라.

내가 무엇인가 하고 싶을 때는 언제나 정반대의 일이 일어난다.

그것은 일어난다. 그것은 그대의 행위이다. 제발 계획하는 것을 멈춰라. 차라리 일어나는 것들을 일어나게끔 허락하라. 일들과 같이 움직여라. 그대의 에고와 의지를 가져오지 말라. 전체는 광대한 반면 그대는 아주 작은 부분이다. 이를 받아들여라. 전체 속으로 녹아들어가 그대 자신을 전체 속에 흡수시켜라. 그대가 분리되어 있다는 착각을 만들려 하지 말라. 그대는 분리되어 있지 않다. 그런 착각이 일단 떨어져 나가면……

그리고 이것은 내가 에고를 떨쳐 버리라고 말할 때 의미하는 바다. 에고란 전체로부터 분리되어 있다는 착각외에 아무것도 아니다. 겸손은 전체와의 재결합, 전체와의 재결혼일 뿐이다. 에고는 하나의 분리다. 겸손함은 하나의 재혼, 재결합, unio mys-tica―바로 그대가 본래의 근원과 결합되었을때다. 그때 그대가 늘 일어나기를 원했던 모든 것이 일어나기 시작하지만, 그것은 그대가 원하는 것을 멈출 때까지 결코 일어나지 않는다.

이것은 진퇴양난이다. 그대가 끊임없이 바란다면, 그대의 바로 그 바램은 그 일이 일어나지 않을 어떤 상황을 만들 것이다. 그러면 물론 그 마음은 말할 것이다.

'더욱 노력을 기울여라.'

그 마음은 말할 것이다.

'이번에는 놓쳤지만 다음에는 더욱 의지력을 발휘하라.'

의지력은 추한 말이다. 존재하는 최고의 어리석음이 바로 의지력의 관념이다. 의지는 전체에 속해 있다. 그것은 부분에 속하지 않는다. 나의 다리는 스스로의 의지를 가질 수 없다. 다리가 그 자신의 의지를 가지려고 노력한다면 그것은 마비가 될 것이다. 나의 손은 스스로의 의지를 가질 수 없다. 그러나 나의 온몸이며 나 자신인 전체는 의지를 가질 수 있다.

우리는 단지 전체의 손과 발들이다. 우리는 의지를 가질 수 없다. 전체만이 의지를 가질 수 있다. 전체의 의지, 그리고 모든 것은 우리에게 일어난다. 일단 그대가 이것을 받아들이면, 모든 노력, 모든 투쟁은 사라진다. 수월하게 움직여진다. 머리로부터의 모든 중량, 모든 무게가 사라지고 모든 두통이 사라진다. 사실은, 머리 그 자체가 없어진다. 그때 삶은 법열(法悅 ; ecstasy), 끊임없는 지복(至福), 영원한 찬양, 축복이다.

그러나 그대는 무엇인가 하려고 끊임없이 노력한다. 바로 거기에서 그대는 놓친다. 그리고 그대가 놓치면 놓칠수록 더욱 더 그대는 욕구한다―악순환이 만들어진다.
어떤 일화다.
친선 장기를 두면서 쇼네시 교부(敎父)는 진스버그 랍비에게 물었다.
"햄을 맛본 적이 있습니까? 솔직히 좀 말해보시오?"
"한 번." 얼굴을 약간 붉히며 랍비는 말했다. "내가 대학에 다닐 때, 나는 나를 압도하는 호기심을 못이겨 햄샌드위치를 먹었소. 그렇지만 교부(敎父), 지금 나에게 솔직히 말해 주시오. 혹시 아가씨와 함께 잔 적은 없으신지?……"
쇼네시 교부는 얼굴을 붉히며 말했다.
"내가 성직에 임명되기 전에 대학에서 그런 적이 있다고 고백하지 않을 수 없소."
잠시 침묵이 흘렀으며, 이윽고 슬픈 미소로 교부는 말했다.
"그것은 햄보다 더 멋지지요. 그렇지 않소?"
그대가 무언가와 싸우는 순간, 그대는 그것에 엄청난 힘을 부여한다. 그대가 무엇인가와 싸우는 순간, 그대는 그것에 엄청난 매력을 부여한다. 그대가 무엇인가와 싸우는 순간, 그것에 매우 매료된다.
섹스는 스스로 섹스를 부정해 온 사람들이 생각하듯이 그렇게 아름답지는 않다. 사실상, 섹스가 완전히 허락된다면, 조만간 사람들은 섹스에 물리게 된다. 이미 이런 일이 서구에서 일어나고 있다. 사람들은 섹스에 대하여 싫증나 있다. 그러므로 마약에 대한 매력이 있는 것이다. 왜냐하면 정부가 끊임없이 마약을 부정하고 있기 때문이다. 그들이 예전에 섹스에 대해서 하고 있던 것과 똑같이 그 마약들은 굉장한 매력을 가진다.

부정되는 것은 무엇이든 그대에게 굉장히 강력하게 된다. 왜냐하면 마음은 그 주위에 끊임없이 환상들을 꾸며내기 때문이다. 그대는 무엇인가 시도한다. 무언가와 싸우려 한다. 하찮은 일들...... 코 만지는 일이 죄라고 그대에게 말한다면—절대적으로 넌센스이며, 무죄이지만, 그것을 해보라. 3주일 동안 코 만지는 것이 죄라고 생각해보라. 그대는 미치게 된다! 그대는 아무도 없는 장소에서 코를 만질 것이다. 그리고 그대는 그것을 즐길 것이다. 그리고 내가 그대에게 그것은 죄라고 말했다면, 그대는 하늘 나라에 갈 수 있는 기회를 하나 더 잃었다는 죄의식을 느낄 것이다.

그리고 그것을 피하려고 하면 할수록, 그대 자신을 제어하면 할수록, '웬일일까?'하고 더욱 물을 것이다.

그 코는 매력적이지 않았다. 그대는 코에 관해서 고민조차 하지 않았었다. 그대는 코가 존재하는지 조차 몰랐다. 그런데 갑자기 그것은 그대 마음 한가운데에 자리잡게 되었다. 그대는 아름다운 코들, 코들을 생각하게 될 것이다. 한 개가 아닌 코들의 행렬, 길고 긴 행렬, 그리고 그대의 꿈 속에서 그대는 수많은 코들을 만질 것이고, 아침에 그대는 죄의식 때문에 또 다시 성직자를 찾아가 고백을 해야만 할 것이다.

나의 어린 시절, 우리 가족들에게 있어서 토마토는 엄격히 금지되었다. 왜냐하면 나는 자이나교 가정에서 태어났고, 토마토가 고기처럼 보이기 때문이다. 단지 보일 뿐이다! 토마토는 매우 순결하다. 그대는 토마토보다 더욱 순결한 것을 발견할 수 없다. 그러나 엄격히 금지되었다. 토마토는 나에게 있어서 굉장한 매력을 가졌다.

한번은, 친구와 함께 있다가, 압도하는 호기심으로 인해, 친구가 준 토마토를 먹었다. 토마토는 매우 아름다왔다. 그때처럼 토마토가 그렇게 아름다운 적은 결코 없었다. 그러나 밤중에 나는 토했다. 나는 죄의식을 느꼈다. 그리고 내가 토할 때 토마토들은 정말 위험한 것이라고 이해했다. 나는 그전에는 한 번도 토해본 적이 없었다. 나의 온 존재는 뒤집혔고, 밤중 내내 잠을 이룰 수가 없었다. 다음날, 참회하기 위하여 나는 단식을 했다. 지금 그것은 어리석게 보이지만 그때는 적절하였다.

그리고 모든 것들은―性이건, 음식이건, 그 무엇이든―일단 그것이 부정되고, 권위자가 '안돼, 그것은 나쁘다.'라고 말하면, 문득 그대의 가장 깊숙한 무의식적인 마음은 그것에 관해 생각하기 시작하며, 어떻게 그것을 얻을까를 상상하기 시작한다. 그대는 끊임없이 계획하고, 색칠하며, 그것을 더욱 더 아름답게 만든다.

이 모든 넌센스를 떨쳐버려라. 삶과 함께 떠다녀라. 삶에 내 맡겨라. 이것은 神에게 내맡기라는 말이다. 모든 神들을 잊어라. 그들은 인간이 만든 것이며, 인간 마음에 의해 날조되었다. 삶을 신뢰하라. 삶이 그대를 어디로 이끌든지 그것과 함께 가라. 거슬러 헤엄치려 하지 말라. 그러면 그대가 하고 싶은 모든 것이 일어날 것이지만, 그것은 그대가 하고 싶어하기 때문에 일어나는 것이 아니다.

사실, 그대 속에 내재하는, 하고 싶은 모든 것에 대한 깊은 욕망이라는 것이 존재하는 까닭은, 삶이 그대를 위하여 계획하여 왔다는 것을 표시할 뿐이다. 그대가 삶을 허락하며, 삶과 함께 흐르기만 하면, 삶은 그대를 약속된 땅으로 이끌 것이다.

사람들은 구름 너머 어디엔가에 파라다이스를 끊임없이 창조하고 있다. 그 파라다이스는 지금여기다. 그런데 그대는 그대 자신의 많은 것들을 부정하며, 많은 것들을 욕망하며, 끊임없이 싸우므로 해서 온통 삶이 불행하게 되기 때문에 그대는 파라다이스를 창조하는 것이다. 그리고 이 불행 속에서 그대는 희망을 창조하는데, 그렇게 하지 않는다면 그 불행은 더욱 크게 되기 때문이다. 파라다이스가 없었다면 모든 사람은 자살을 했을 것이다. 파라다이스 때문에 그대는 죽지 않고 있다. 단지 얼마 동안의 고통이면 모든 일은 잘 될 것이다. 그대는 파라다이스에서 神과 함께 있을 것이다. 그러나 그대가 지금 이 자리에서 神과 함께 있지 않는다면, 그대는 파라다이스에서 결코 神과 함께 있을 수 없다. 오늘 神과 함께 존재하라.

그러면 오늘 神과 함께 존재하는 길은 무엇인가? 싸우지 말고 내맡겨라. 삶에다 내맡겨라. 다른 누군가에게 내맡기는 것이 아니다. 삶에다 내맡기는 것이 바로 神과 함께 존재하는 길이다. 내가 삶에 내맡기라고 말하는 순간, 마음 속에 어떤 이원성(duality)을 만들지 말라. 삶에다 내맡기는 것이 바로 神과 함께 존재하는 길이요, 그것이 바로 그대의 삶이다…… 무한한 그대.

몇몇 산야신들이 당신은 장수식론(長壽食論; macrobiotics)을 찬성하지 않는다고 나에게 말했습니다. 그렇습니까? 나는 당신의 비판이 장수식론의 원리를 향해서보다는 다이어트 (규정식)에 관한 강박관념적 태도를 향해서 지도된 것이 아닌가 싶습니다. 장수식론은 순수한 도교(道敎)입니다. 거기엔 아무 규칙도 아무 금지도 없습니다. 그것의 중점은 자각, 자유, 감수성과 유연성에 관해서입니다. 그것은 음식의 까다로움과, 엄격한 다이어트나 강박관념의 태도들과는 전혀 관계가 없습니다. 현미(玄米)는 어떤 사람들에 의해 장수식론의 근저로 잘못 간주되고 있는데, 그러나 그것은 하나의 요소일 뿐이며, 사용될 수도, 버려질 수도, 인정될 수도, 무시될 수도 있습니다. 설명해 주실 수 있습니까?

먼저, 나는 모든 유별난 까다로움에 반대한다. 유별난 까다로움이 무엇인지에 관계없이 나는 모든 유별난 까다로움에 반대한다. 왜냐하면 유별난 까다로움은 강박관념적인 사람의 마음을 끈다. 유별난 까다로움은 미친 사람들을 위한 은신처가 된다. 비정상적인 사람들, 그들은 유별난 까다로움 뒤에 그들 자신을 숨기며, 합리화시키기 위해서 체계들을, 이론들을, 교리들을 만든다.

나는 어떤 여자와 산 적이 있다. 그녀는 매우 사랑스러운 여자였지만, 청결함에 관해서 거의 미쳐 있었다. 하루종일 그녀는 집을 청소하고 있었고, 온종일 그녀는 꾸미고 있었다. 아무 목적도 없다. 그녀는 집 안에 결코 아무도 허락하지 않았다. 손님이 오면 그녀는 그들을 잔디밭에서 만나곤 하였다.

나는 그녀에게 물었다.

"당신은 끊임없이 치장하고 청소하지만, 아무도 집에 들어온 사람을 본 적이 없다."

그녀는 말했다.

"그런 사람들, 그들은 모든 것을 더럽게 만든다."

"그러면 청소의 목적은 무엇인가?"

그녀는 말했다.

"청결함은 신성에 버금간다."

이 여자는 미쳐있다. 청결함은 은신처가 되었고, 종교적 의식이 되었다. 지금 하루종일 청소하면서 그녀는 매인채로 있다. 온종일 청소하는 것은 그녀 전체의 삶이 되버렸다. 그것은 진짜 낭비다. 그러나 그대는 청결함이 나쁘다고는 말할 수 없다. 청결함은 좋다. 그런 식으로 그녀는 타당성을 가졌다. 그녀는 완전히 합리성으로 미쳐있다.

그녀의 남편조차 객실로 들어오는 것이 허락되지 않았다. 그리고 그녀는 아이를 갖는 것을 절대 허락하지 않았는데, 아이들은 더럽고 일을 저지르며 물건들을 어질러 놓을 것이기 때문이다. 그녀의 온 삶은 청결함의 제단 위에 바쳐져 있다.

나는 말했다.

"물론 당신은 청결함이 신성에 버금간다는 것을 보여왔다. 당신은 청결함을 神의 제단으로 만들었고 당신은 당신의 모든 삶을 청결함을 위하여 희생하고 있다."

그러나 그녀는 말하고자 했다.

"내가 그릇된가요?"

그대는 그녀가 나쁘다고는 말할 수 없다. 청결함은 좋고 위생적이다. 그러나 그것에는 한계가 있다. 유별나게 까다로운 사람은 항상 한계를 넘어간다. 그녀는 매우 걱정되어 고개를 푹 숙이고 있다. 나는 그녀에게 말했다.

"이것을 해 보라. 3일 동안 당신은 집을 청소하지 않는다. 당신이 집을 청소하지 않고 3일동안 제 정신으로 남아있을 수 있다면, 나 또한 힘을 합쳐 당신의 집을 온종일 청소할 것이다."

그녀는 말했다.

"청소하지 않고 3일 동안이나요? 그것은 불가능해요. 나는 미칠거예요."

 그녀는 이미 미쳐있다. 그렇기 때문에 그 까다로움이 무엇이든, 그 까다로움 뒤에 숨어있는 누군가가 있을 때는 언제나—그것이 장수식론(長壽食論)이든 그 밖의 다른 것이든—나는 그것에 반대한다. 나는 강박관념적 태도를 반대한다.

 어떤 일화다.

 한 사나이가 경기장에서 집으로 돌아왔다. 그의 아내는 신문을 보다가 말했다.

 "여기 좀 봐요 프레드, 축구 경기 시즌 입장권에 대한 답례로 친구에게 자기의 아내를 준 사람에 관한 기사가 났어요. 당신은 열렬한 팬이지만 그같은 일은 하지 않겠지요, 그렇죠?"

 프레드는 말했다.

 "물론 나는 그렇게 안하지. 그것은 어리석으며 죄악이야. 벌써 시즌이 반이나 지난 티켓을 가지고 그러다니 말이야!"

 마하트마 간디는 그의 배변에 관해서 끊임없이 신경쓰고 있었다. 그는 배변에 관해서 거의 강박관념적이었다. 때때로 그대의 위장이 편치 않을 때, 누구든 위장에 관해서 생각할 수는 있지만, 계속 그것에 관해 깊이 생각하며 명상하며 곰곰이 생각한다는 것은 넌센스다. 그러나 그는 배변에 관해 생각하는 것이 세상에서 가장 큰 문제였던 것처럼 그렇게 곰곰이 생각하였다. 간디는 기도하려거나, 총독을 볼 예정이거나, 인도의 운명과 자유를 결정하는 원탁회의에 참석하기 전에는 꼭, 관장약을 먹었다. 그대는 놀랠 것이다. 그의 일기 속에서 관장약은 神 만큼이나 언급되어 있다. 관장약은 또 하나의 神이 된 것처럼 보인다.

 그러나 그대가 간디와 논의한다면 그는 관장약에 대해 아주 명백한 논리를 보여줄 것이다. 깨끗한 위장없이는 온몸이 여기 저기서 독을 얻을 것이고, 깨끗한 위장만이 깨끗한 마음을 가질 수 있기 때문에, 위장을 아주 깨끗이 해야 한다라고.

건강한 육체없이 어떻게 마음이 건강하게 될 수 있을까? 그때 그는 끊임없이 그것에 관해 논할 것이며, 생각할 것이다. 그러나 사실 그것은 하나의 유별난 까다로움이며 병의 일종이다. 그리고 그것은 건강한 마음을 보여주지 않는다. 그것은 건강하지 않은 마음을 보여준다.

이런 유형의 태도를 나는 반대한다. 나는 많은 산야신들에게 말해왔다. 그들은 그들의 별난 까다로움을 지니고 왔기 때문이다. 한 젊은이가 나에게 물만으로 사는 방법을 배우기 위해 왔다고 말했다. 나는 그에게 말했다.

"당신은 나를 범죄자로 만들 것이다. 내가 당신한테 물로 사는 방법을 말해준다면 당신은 죽을 것이다!"

그는 바싹 마르고, 쇠약했지만, 순결은 단지 물을 통해서만 가능하다는 유별난 까다로움을 가졌다. 오로지 물만이 순수하고 그 밖의 모든 것은 불순하다고 여겼다. 그는 잘 먹지 않았고, 그의 육체는 굶주렸고, 조만간 그의 뇌는 열이 나기 시작하였을 것이다. 더욱 열이 나게 되면, 자신을 정화시키기 위해 그는 더욱 더 노력하였을 것이다. 나는 그런 사람들에게 그들이 매우 위험스러운 방향으로 움직인다고 말해주어야 한다.

장수식(長壽食)에 몰두한 자들이 역시 나에게 온다. 지금 이 질문은 다르마난다로부터 나온 것이다. 그는 정확하게 요점을 잡고 있다. 나는 특별히 어떤 것에도 반대하지 않는데, 특별히 어떤 것에도 찬성하지 않기 때문이다. 나는 단지 삶을 찬성한다

―엄청난 풍요로움 속의 삶을.

그래서 다르마난다가 말한대로라면, 장수식론자(長壽食論者)들이 그에게 동의할 거라고는 생각지 않는다. 왜냐하면 그는 모든 것을 무너뜨렸기 때문이다.

'장수식론은 순수한 도교(taoism)이다'라고 그는 말한다. 어떤 원리도, 어떤 이론도 순수한 도교가 될 수 없다. 도교(道敎, taoism) 조차도 순수한 도교가 아니다. 노자(老子)는 그의 전생애를 저항하였다. 그는 제자들을 부정하였고, 그는 모든 근본 방침에 관한 그의 이론을 만들라는 간청들을 거절하였다. 왜냐하면, '한번 말해진 道는 더 이상 道가 아니다. 진리는 말해질 수 없으며, 이론화될 수 없다.'라고 말했기 때문이다. 단지 그의 생애 말기(末期)에 그는 무엇인가를 썼다. 그것 역시 강압에 의해서다.

노자는 중국을 떠나고 있었다. 그는 아마 인도로 오고 있었던 것 같다. 모든 사람은 결국 인도로 와야만 한다. 인도는 지정학적인 지점이 아니다. 인도는 바로 모든 인류 의식의 원천이다. '새로운 방향으로 전환'(reorient) 하기를 원하는 모든 사람은 동방(orient)으로 와야만 한다. 동방(orient)이란 바로 '근원으로 향하는 것' (orientation)을 뜻한다.

노자(老子)…… 물론, 중국 학자들은 그가 인도로 갔다고 결코 말하지 않는다. 그것은 그들의 에고를 상하게 만든다. 그들은 단지 노자가 남쪽으로 가고 있었다고만 말하지만, 인도는 남쪽이다. 그들은 노자가 단지 남쪽을 향해 움직였다고 말하지만, 인도는 중국에 대하여 남쪽에 위치해 있다. 물론 이것은 의미심장하게 보인다. 노자는 인도로 돌아온다. 이것은 절대적으로 적절하게 보인다. 모든 사람은 와야만 한다. 인도는 모든 사람의 고향이다.

그는 중국 국경에서 정부관리들에 의해 잡혔으며, 그들은 말했다.
"우리는 당신이 보물들을 가지고 나라 밖으로 나가는 것을 허락할 수 없소. 당신은 보물을 내놓고 가야만 하오."

노자는 물었다. "무슨 말인지?"

그들은 말했다.

"당신은 우리나라를 떠나기 전에 책을 하나 써야만 하오. 당신은 무엇인가를 알 것이오. 당신은 그것을 써서 나라에 바쳐야만 하오. 그때 당신은 떠날 수 있소."

그래서 노자는 이 관리들로 인해 국경에서 억지로 쓰게 되었다. 3일 동안에 그는 전체의 '도덕경(Tao Teh Ching)'을 써내려갔다. 그러나 첫머리에서 그는 말한다. '道는 입 밖에 내어질 수 없으며, 입 밖에 내어진 道는 더 이상 道가 아니다.'* 그러기에 도교조차도 순수한 道가 아니다. '-ism'은 道를 순수하지 못하게 만든다.

고로 장수식론에 관해서 잊어버려라. 그래야만 순수한 도교가 될 수 있는 것이다. 장수식론은 이론이며 가설일 뿐이다.

거기에는 아무 규칙들도 아무 금지들도 없습니다.
아무 규칙들도 아무 금지들도 없다면, 그때 장수식론에 관하여 왜 불필요한 걱정을 하겠는가? 그때 아무 규칙도 규정도 없다면, 그대 자신을 장수식론 신봉자라고 부를 수 있는 근거는 무엇이겠는가?

나는 다르마난다가 옳다고 인정하고 싶다. 나는 그의 말을 완벽하다고 하고 싶다. 그것이 나의 전체적 입장이다. 그러나 다르마난다는 장수식론자들에게 찬성받을 수 없다. 그들은 규칙들과 규정들을 가지고 있다. 사실, 다르마난다는 장수식론 속으로 나를 밀수(密輸) 하고 있다. 그는 나의 제자이기 때문에 물론, 그것은 이해될 수 있다.

장수식론의 중점은 자각, 자유, 감수성과 유연성에 관해서입니다. 그것은 음식의 까다로움과, 엄격한 다이어트나 강박관념의 태도들과는 전혀 관계가 없습니다.

그렇다. 장수식론자들은 다르마난다, 그대를 찬성하지 않을 것이다. 장수식론은 현미(玄米)와 아무 관계가 없다. 그들은 현미에 미쳐 있다. 그들은 현미가 神이라고 생각한다. 그리고 그대들이 현미로 살지 않는다면, 그대들은 실패할 것이라고 생각한다.

그러나 다르마난다는 말한다.

현미(玄米)는 어떤 사람에 의해 장수식론의 근저로 잘못 간주되고 있는데, 그러나 그것은 하나의 요소일 뿐이며, 사용될 수도, 버려질 수도, 인정될 수도, 무시될 수도 있습니다.

그러면 무엇이 남을까? 현미조차도 버려질 수도, 무시될 수도 있으며, 어떤 원리도 없고 규정들도 없다면, 그것은 순수한 도교인데, 그러면 무엇이 남을까? 아무것도 안 남는다. 그때 나는 행복하게 말한다. '그래, 장수식 애호가가 되라. 그래도 괜찮다.'

나는 유별난 까다로움에 반대한다. 나는 계율에 얽매인 삶에 반대한다. 나는 계율에 반대하지 않는다. 나는 다만 계율에 얽매인 삶에 반대한다.

계율이라는 것은 그대의 내적 존재로부터 즉각적으로 나와야 하는 것이다. 그것은 내적인 빛이 되어야지 외부로부터 강요가 되어서는 안된다. 사람은 삶에 대하여 깊은 감응(感應) 속에서 움직여야 한다. 사람은 어떤 주의(主義 ; Doctrine)도 따르면 안 된다.

왜냐하면 그대가 어떤 주의를 따른다면 그대는 이미 그대 속에 어떤 결론을 가지고 있는 것이다. 그대는 그 결론을 통하여 산다.

그대는 이미 고정된 중심으로부터 산다. 그러면 그대는 자유가 아니다. 그대는 유연하게 될 수 없다. 그대의 원칙, 그대의 이념, 그대의 중심, 그대의 결론은 그대를 유연하게 허락치 않을 것이다. 그대는 그대의 결론에 따라서 반응할 것이다.

그러나 그대가 자유롭게 순간순간 자신의 결론을 내린다면, 그대의 행동은 과거로부터 이월되지 않을 것이며, 그때 그것은 완전히 OK다. 그때 그대는 계율을 갖는다―참다운 계율―그러나 그대는 계율적 삶에 얽매이지 않는다.

참으로 살아있는 사람은 누구나 성격(Character)을 갖지 않으며, 성격을 가질 수 없다. 성격이란 항상 죽어 있다. 성격이란 그대 둘레의 죽은 구조물이며, 과거로부터, 과거의 경험으로부터 이월된다. 그대의 성격으로부터 그대가 행동한다면, 그대는 전혀 행동할 수 없다. 그대는 단지 반응*할 뿐이다. 그대는 감응(感應)*할 수 없다. 감응은 즉각적이다. 삶이 어떤 상황을, 도전을 만들면 그대는 감응한다. 그대는 어떤 결론없이, 그대의 존재로부터 감응한다. 과거를 통하지 않고 즉시 순수한 감응이 나온다. 이것이 내가 인정하는 계율이다. 그러나 그대가 그대 자신의 내부에 강요했거나 또는 그대가 익힌 다른 어떤 계율도 위험하다. 그것은 그대를 죽일 것이다. 이처럼 이미 죽어있는 사람이 얼마나 많을까? 그들의 계율은 그대를 죽여왔다.

내부로 들어가는 것과 아무곳으로도 가지 않는 것과의 차이점은 무엇입니까?

아무 차이도 없다. 아무곳으로도 가지 않는 것은 내부로 가는 것이다. 내부로 가는 것은 아무곳으로도 가지 않는 것이다. 그 차이점은 단지 술어의 차이다. 그대가 우파니샤드에게 묻는다면, 그들은 내부로 가라고 말한다. 그대가 붓다에게 묻는다면, 아무곳으로도 가지 말라고 한다. 그리고 나에게 묻는다면, 둘 다 똑같다고 할 것이다. 그러나 여전히 'within'보다는 'nowhere'가 낫다.

왜일까? '내부'라고 그대가 말하는 순간, 그대는 외부와 내부의 이분법을 창조한다―마치 神이 외부는 아니고 내부만인 것처럼.

神은 안과 밖 모두이다.

붓다가 아무곳으로도 가지말라고 말할 때, 그것이 바로 니르바나에 관한 모든 것이다. 니르바나란 아무곳으로도 가지 않는 것이다.

그대가 이해한다면, 아무곳으로도 가지 않는다는 것은 단지 가지 않는 것을 의미한다. 그냥 존재하는, 전혀 가는 것이 아니다. 왜냐하면 가는 것은 모두 동기가 있으며, 가는 것 모두가 욕망이기 때문이다.

아무 욕망이 없을 때, 모든 것은 멈춘다. 어떤 욕망도 없을 때, 어떤 움직임도 없다. 시간이 멈춘다. 과거가 떨어져 나가고 미래가 사라진다―단지 이 순간, 오로지 이 순간……

바로 어제 나는 바쇼의 짧은 詩를 인용하였다.

오래된 연못
개구리 한 마리
뛰어들었다

풍덩.

시간이 멈추어 있다. 일본어로는 더욱 아름답다. 하지만 번역될 수 없다. 내가 정확히 번역하려 한다면 이와 같이 될 것이다.

오래된 연못
개구리 한 마리
뛰어든다
풍덩.

하나의 진행. 우리가 '개구리 한 마리 뛰어들었다.'라고 말할 때, 그것은 마치 무엇인가가 끝나고, 마치고, 완성된 것 같다. 일본어에서 그것은 '개구리 한 마리 뛰어들었다.'가 아니고 '개구리 한 마리 뛰어든다.'이다. 단지 진행─풍덩!─ 그리고 모든 것이 멈추어 있다. 바쇼는 또한 개구리와 연못의 그림을 만들었다. 그대가 개구리의 눈을 깊이 들여다 보면 그대는 보리달마가 거기에 앉아 있는 것을 발견할 것이다. 개구리의 눈은 거의 보리달마와 같다.

시간이 멈추는 순간…… 왜 개구리는 연못으로 뛰어드는가? 거기에는 아무 이유가 없다. 동기도 없고, 욕망도 없다. 그것은 일어났을 뿐이다. 개구리는 연못에 뛰어드는 순간 그 자신을 발견했을 뿐이다. 살랑거림…… 연못은 살랑거렸다. 그 소리…… 바람이 살랑거렸다. 그리고 아무것도 없다. 전에도 아무것도 없었고, 이후에도 아무것도 없다─바로 둘 사이에서 무엇인가 일어났다.

그것은 안으로 오는 것도 아니고, 바깥으로 나가는 것도 아니다. 그것은 아무데도 가고 있지 않다. 그것은 전혀 가고 있지 않다. 모든 것이 멈추는 순간, 동기없는 순간이다. 그러나 그것은 그대가 걷게 되지 않을 것이라는 것을 의미하지 않는다. 그대는 오래된 연못으로 뛰어들게 될 지도 모른다―그것은 요점이 아니다―그러나 거기에는 아무 동기도 없다……無(nothing)를 위해서다.

그대는 순간의 전적인 기쁨을 위하여 움직인다. 그대는 호흡 자체의 즐거움을 위하여 숨쉰다. 그대는 순간 이외에 어떤것도 욕망하지 않는다. 그대는 다음 순간마저도 욕망하지 않는다. 풍덩! 이순간으로 충분하다.

붓다의 말씀, '아무곳으로도 가지 않는 것'은 더욱 훌륭한 표현이다. 그러나 말들에 사로잡히지 말라. 모든 붓다들의 표현은 같은 것을 의미한다. 예수, 마하비라, 짜라투스트라, 노자, 고타마 붓다 등등. 그들의 표현이 어떻든 그들은 모두 같은 것을 의미한다. 학구적이려고도 하지 말며, 말 연구가도 되지 말라. 그것들은 모두 같다.

기독교, 유태교, 이슬람교, 그들 모두는 神은 그대 외부 어딘가에 있다고 말한다. 그대는 神과 함께 사랑 속에 빠져야만 하며, 그 사랑 속에서 사라져야만 한다. 힌두교, 불교, 자이나교, 그들은 神은 내부에, 그대 내부의 어딘가에 있다고 말한다. 그대는 거기에서 사라져야만 한다. 그러나 이러한 것들은 모두, 말하는 방법상의 차이다. 神은 안과 밖이며, 모든 안과 밖은 神안에 존재하기 때문이다.

말장난꾼이 되지 말라. 그렇지 않으면 그대는 끊임없이 말장난을 할 수 있다.

어떤 일화다.
나이 든 부인이 꾸짖으며 말했다.
"지난번 나는 자네한테 돈을 주었지. 자네는 술집으로 곧장 걸어가서 그 돈을 쓰지 않겠다고 약속을 했었고."
"맞습니다." 뜨내기가 말했다.
"그렇다면, 됐어!"
"부인께서는 걸어가는 것과 뛰어가는 것 사이의 차이를 모르십니까?"

말장난꾼이 되지 말라. 술집으로 뛰어가든 걸어가든 그것은 모두 마찬가지이다. 그 뜨내기는 매우 영리한 사람임에 틀림없다. 그는 말한다. "부인께서는 걸어가는 것과 뛰어가는 것 사이의 차이를 알지 못하십니까? 나는 걸어가지 않는다고 약속했지, 뛰어가는 것은 결코 약속하지 않았었습니다."

기억하라. 말들은 위험한 놀이가 될 수 있다. 전체적인 요점은 동기없이 되는 것이다. 그때 바깥으로 가든 안으로 가든 아무 상관없다. 동기없이 되라.

사람들은 나에게 와서 말한다. '행복하게 되고 싶습니다.' 그들 전체의 삶은 동기적이다. 그들은 행복하게 되고 싶어한다. 그리고 나는 그들에 대해 매우 슬픔을 느낀다. 행복은 어떤 동기가 아니기 때문이다. 그대는 이 순간 행복해질 수도 결코 행복해지지 않을 수도 있다. 그대는, 나는 내일 행복하게 되고 싶다라고 말할 수 없다. 그것은 바보스럽다.

그리고 행복은 미리 요구할 필요도, 선행조건도 필요없다. 바로 그것의 요점을 보라. 그대는 그대에 의해 바로 행복해 질 수 있다. 그대가 참으로 행복하게 되기를 원한다면, 행복하게 되려고 하지 말라. 바로 행복해져라. 누가 그 길을 막고 있는가? 누가 그대를 방해하고 있는가? 누가 그대를 불행하도록 강요하고 있는가?

그러나 그대는 말한다. '지금 나는 불행해야만 하지만, 내일은 행복해지고 싶다.' 그 내일은 똑같아 질 것이다. 그 내일은 오늘처럼 올 것이다. 이 오늘 역시 어제의 내일이었다. 그리고 어제 그대는 나에게 말했다. '내일 나는 행복하게 될 것이다.'

이것이 방법이라면, 이것이 그대의 논리라면, 행복은 결코 일어나지 않을 것이다. 행복은 이미 일어나고 있다. 그것은 이미 일어나고 있다. 즉시 행복하게 되라. 시도해보라.

스물네시간 동안만이라도 행복한 채로 있어 보라. 다시 우울하게 되는 그대 자신을 발견하게 될 때는 언제나, 유쾌하게 흔들고 즐겁게 되라. 온몸을 흔들고 다시 행복하게 되라. 이것이 바로 교묘한 솜씨다. 그것은 내일이나 미래와는 아무 관계가 없다. 그것은 교묘한 솜씨, 바로 예술이다.

나는 사람이 행복하게 될 수 없는 상황을 결코 본 적이 없다. 그리고 나는 불행하게 될 수 없는 상황 역시 본 적이 없다. 그것은 그대에게 달려 있다. 그것은 그대의 결정이다. 행복은 그대가 동기없는 순간 속에 남아있을 때 찾아온다…… 존재 속에서의 순전한 기쁨.

청소 등과 같은, 창조성에 관한 어떤 여지도 남겨지지 않을 것 같은 일들을 하는 동안에는 어떻게 창조적으로 됩니까?

크리슈나 라다로부터의 질문이다. 그녀는 청소한다. 그러나 나 역시 같은 일을 한다. 매일 아침, 매일 저녁, 24시간 동안 그대의 마음을 청소하고 닦아낸다. 그러나 나는 달리 어떤 창조성이 필요하다고는 생각하지 않는다.

마루를 청소하는 것은 매우 창조적인 행위가 될 수 있다. 창조성은 어떤 특별한 일과 아무런 관계가 없다는 것을 기억하라. 창조성은 그대 의식의 질과 관계가 있다. 그대는 무엇을 하든 창조적으로 될 수 있다. 그대가 창조성이 의미하는 바를 알 수 있다면, 그대가 무엇을 하든 그대는 창조적으로 될 수 있다.

창조성이란 명상처럼 어떤 일이든 즐기는 것을 의미한다. 깊은 사랑과 함께 어떤 일이든 하는 것이다. 그대가 나를 사랑하면서 이 강당을 청소한다면, 그것은 창조적이다. 그대가 나를 사랑하지 않는다면 그때 물론 그것은 힘든 일이 될 것이며, 어떻게 해서든지 해야만 하는 임무가 되고 짐이 된다. 그때 그대는 창조적으로 되기 위하여 어떤 다른 경험을 하고 싶어한다. 그 다른 경험 속에서 그대는 무엇을 할 것인가? 그대가 더 나은 일을 발견할 수 있을까? 그대가 그림을 그린다면, 그대가 창조적으로 느낄거라고 그대는 생각하는가?

그러나 그림은 마루를 청소하는 것처럼 대단치 않은 것이다. 캔버스 위에다 그림물감을 문지르는 것과 여기에서 그대가 계속 마루를 문지르며 청소하는 것과 무슨 차이가 있을까? 어떤 친구나 누군가와 이야기할 때, 그대는 시간이 낭비되고 있다고 느낀다. 그대는 위대한 책을 쓰고 싶어한다. 그때 그대는 창조적이라 느낀다. 그러나 조금의 한담(閑談)은 나무랄 데 없이 아름답다. 창조적으로 되라.

모든 위대한 경전들은 창조적이었던 사람들의 한담에 불과하다. 나는 여기서 무엇을 계속하고 있는가? 한담이다. 한담은 어느날 절대의 진리가 될 것이지만, 본래 그것은 한담이다. 그러나 나는 한담을 즐긴다. 나는 영원히 계속할 수 있다. 그대는 어느날 지치게 될지도 모르지만, 나는 지치지 않을 것이다. 그것은 순전한 즐거움이다. 어느날 그대가 아주 피곤하게 되어 그대가 사라지고 아무도 없게 될 수도 있지만, 그래도 나는 이야기할 것이다. 그대가 참으로 무엇인가를 사랑한다면, 그것은 창조적이다.

그러나 이것은 모든 사람에게 일어난다. 많은 사람들이 나를 찾아온다. 그들이 처음으로 올 때는 이렇게 말한다. '어떤 일이든 괜찮습니다. 어떤 일이든—청소하는것 조차도! 당신의 일이라면 우리는 즐겁습니다.' 그리고 며칠 후에 나를 찾아와서 그들은 말한다. '우리는 위대한 창조적인 일을 하고 싶습니다.'

어떤 일화다.

그들의 멋대가리 없는 성생활을 고민하다가 젊은 부인은 결국 최면요법을 받도록 남편을 설득하였다. 최면요법을 몇 번 받고 나자 남편의 성적 흥미는 다시 불붙었지만, 남편은 사랑행위 동안 때때로 침실을 뛰어나가, 욕실에 갔다가는 다시 돌아오는 것이었다.

호기심에 못이겨, 부인은 어느날 욕실로 남편을 따라갔다. 그녀는 출입구에 발끝으로 서서 거울 앞에서 그 자신을 꼼짝않고 응시하며 중얼거리는 남편을 보았다. "그녀는 나의 아내가 아니다. 그녀는 나의 아내가 아니다."

그대가 한 여자와 사랑에 빠질 때, 물론 그때 그녀는 그대의 아내가 아니다. 그러나 그대가 사랑행위를 하고, 즐기더라도 모든 것이 고정된다면 그때 그녀는 그대의 아내가 된 것이다. 그때 모든 것은 낡아빠진다. 그대는 얼굴도, 육체도 국부해부학적으로 인지

한다. 그렇게되면 그대는 싫증이 난다. 그러나 그대가 명상적이 라면 늘 대하는 부부지간 일지라도 늘 새로울 것이다.

그러니 크리슈나 라다여, 그대가 청소하는 동안 그대가 그림을 그리고 있다고 계속 생각하라. 그것은 청소가 아니다. 그것은 위대한 창조성이다. 속임수를 쓰는 것은 바로 그대의 마음이다. 그대가 이해한다면, 그때 그대는 그대가 하는 모든 행위에 창조성을 가져온다.

깨달은 사람은 끊임없이 창조적이다. 그는 창조적으로 되려하지 않는다. 그가 앉는 방법이 창조적 행위이다. 그가 앉는 것을 지켜보라. 그대는 그의 움직임 속에서 춤의 어떤 질(質)을, 어떤 일정한 기품을 발견할 것이다.

바로 전날 우리는 기품을 잃지 않은 채로 구덩이 속에 서 있었던 禪師의 이야기를 읽었다. 죽음, 그의 죽음조차도 창조적 행위였다. 그 선사는 그것을 완벽하게 잘했다. 그대는 더 잘해낼 수 없다. 죽음에서 조차 그는 기품을 지닌채로 우아함을 가지고 서 있지 않았던가 ?

그대가 이해할 때, 요리를 하든 청소를 하든, 그대가 무슨 일을 하든, 삶은 조그만 일로 구성되어 있다. 이러한 것들을 하찮다고 여기는 것은 그대의 에고이다. 그대는 무언가 위대한 일을 하고 싶어한다. 그대는 셰익스피어, 칼리다스, 밀튼 같은 위대한 시인이 되고 싶어한다.

트러블을 만드는 것은 그대의 에고이다. 에고를 떨쳐버리면 모든 것은 창조적이다.

이런 이야기를 들은 적이 있다.

한 주부가 식품점 소년의 부추김으로 매우 기분이 좋아 소년의 이름을 물었다.
"셰익스피어." 소년이 대답했다.
"저런, 아주 유명한 이름이구나."
"당연하지요. 저는 이 동네를 3년이나 배달해 왔거든요."
나는 이 이야기를 매우 좋아한다. 셰익스피어가 되는 것에 대하여 왜 고민을 하는가? 3년 동안이나 한 동네에서 식품을 배달하고 있다. 그것은 책이나 소설이나 희곡을 쓰는 것 만큼이나 아름답다.

삶은 조그만 일들로 구성되어 있다. 그대가 사랑한다면 그것들은 위대하게 된다. 그때 모든 것은 굉장히 위대하다. 그대가 사랑하지 않는다면, 그때 그대의 에고는 말한다. '이것은 너의 값어치가 아니야. 청소라고? 크리슈나 라다, 청소는 너의 값어치가 못되지. 무엇인가 위대한 일을 해라. 쟌다르크 같은 사람이 되라.' 모두 넌센스다. 모든 쟌다르크는 넌센스다.

청소는 위대하다. 에고의 여행을 계속 하지 말라. 에고가 나타나서 어떤 위대한 일을 향하여 그대를 설득할 때에는 언제나, 즉시 깨달아 에고를 떨쳐버려라. 그러면 점차로 하찮은 일들이 신성시되는 것을 발견하리라. 속된 것은 아무것도 없다. 모든 것은 신성하고 성스럽다.

모든 것이 그대에게 있어서 성스럽게 되지 않는다면, 그대의 삶은 종교적으로 될 수 없다.

신성한 사람이란 소위 그대가 말하는 그러한 성자가 아니다. 성자란 단지 에고의 여행 중에 있을지도 모른다. 그리고 또한 그는 그대에 있어서 성자처럼 보일 것인데, 그대는 그가 위대한 일을 하였다고 생각하기 때문이다.

신성한 사람은 일상적인 삶을 사랑하는 보통 사람이다. 나무를 쪼개고, 우물에서 물을 긷고, 요리하고-그가 손대는 것이면 무엇이든 신성하게 된다. 그가 위대한 일을 하고 있다는 것이 아니다. 하지만 그가 하는 일이 무엇이든 그는 그것을 위대하게 한다.

그 위대함은 그 일 속에 있는 것이 아니다. 그 위대함은 그대가 일하는 동안에 그대가 지니고 있는 의식 속에 있다.

사랑 속에서 조약돌을 만져보라. 그것은 코이누르(Kohinour : 유명한 인도산 다이아몬드), 위대한 다이아몬드가 된다. 웃어라. 그러면 그대가 바로 왕이나 여왕이다. 웃고 즐거워하고……

삶의 매 순간은 그대의 명상적인 사랑에 의해서 변형되어야 한다.

창조적으로 되라고 말할 때, 나는 그대들 모두가 위대한 화가나 위대한 詩人이 되라는 것을 의미하지 않는다. 나는 단순히 그대의 삶이 하나의 그림이 되고, 하나의 詩가 되게 하라는 것을 의미한다.

항상 그것을 기억하라. 그렇지 않으면 에고는 그대를 트러블 속에 빠뜨릴 것이다. 범죄자들한테 가서 왜 그들이 범죄자들이 되었나를 물어보라. 왜냐하면 그들은 추구할 만한 어떤 위대한 일도 발견할 수 없었기 때문이다. 그들은 대통령이 될 수 없었다. 물론, 모든 사람들이 모두 대통령이 될 수는 없다. 그래서 그들은 대통령을 죽였다. 그것이 더 쉽다. 그들은 대통령만큼 유명하게 되었다. 모든 신문의 머릿기사에 그들의 사진이 실렸다.

바로 몇 달 전, 어떤 사람이 일곱명을 죽였다. 범행동기를 물어보았다. 왜냐하면 그 일곱명은 그와는 전혀 관계가 없었기 때문이다. 그는 위대한 사람이 되려고 했는데, 어떤 신문도 그의 詩를, 그의 기사를 발표하려 하지 않았다고 말했다. 그는 모든 곳으로부터 거절당했다. 아무도 그의 그림을 널리 알리려고 하지 않았고, 삶은 빨리 지나가고 해서, 그는 일곱 사람을 죽였다. 그들은 그와는 아무런 관계가 없었고, 그는 그들에게 화를 내고있지도 않았다. 그는 단지 유명해지고 싶었다.

그대의 정치가들과 범죄자들은 다른 유형의 사람이 아니다. 모든 범죄자들은 정치적이고, 모든 정치가들은 범죄적이다. 리챠드 닉슨 뿐만이 아니다. 가련한 리챠드 닉슨은 현행범으로 잡혔다는것, 그것이 모두다. 다른 사람들은 보다 영리하고 교활한 것같다.

어떤 일화다.

모스코비치 부인은 자만으로 꽉 차 있었다.

"내 아들 루이에 관하여 들었죠?"

그녀는 이웃에게 물었다.

"못 들었는데, 당신 아들 루이에게 무슨 일이라도?"

"그는 정신과 의사에게 가고 있지요. 일주일에 두 번씩 정신과 의사에게 간답니다."

"그것이 그렇게 좋은가요?"

"물론이지요. 한 시간당 40달러나 지불합니다. 사십달러씩이나! 그리고 루이가 말하는 모든 것은 나에 관해서지요."

그 어머니는 매우 행복하게 느끼고 있다.

위대해지고, 유명해지고, 실제보다 커질려는 이런 경향들을 절대 허락하지 말라. 실물크기는 완벽하다. 당연히 그래야겠지만 실물크기 만큼 존재하며 평범하게 존재하는 것, 그것이 바로 완벽한 것이다. 그러나 비범한 방식으로 평범한 삶을 살아라. 이것이 니르바나에 관한 모든 것이다.

이제 마지막으로 한마디 하겠다. 만약 니르바나라는 것이 그대가 성취하고자 하는 커다란 목표가 된다면, 그때 그대는 악몽 속에 있게 될 것이다. 그때 니르바나는 최후의 가장 커다란 악몽이 될 수 있다. 그러나 니르바나가 작은 일들 속에, 작은 일들과 생활하는 길속에, 그대가 기도하는 마음으로 모든 조그만 행위를 성스러운 행위로 변형시키는 길 속에 있다면, 그때 그대의 집은 사원이 될것이며 그대의 육체는 神의 거처가 될 것이다. 이제 그대가 보는 것이나 만지는 것은 무엇이나 말할 수 없이 아름답고 신성할 것이다. 그때 니르바나는 자유이다.

깨어있는 의식으로 가득 차, 평범한 삶을 사는 것이 바로 니르바나이다. 그때 모든 것이 빛을 발하게 될 것이다.

그것은 가능하다. 내가 그렇게 말하는 것은 내가 삶을 그렇게 살아왔고, 내가 삶을 그렇게 살고 있기 때문이다. 내가 삶을 말할 때, 나는 붓다나 예수를 인용하지 않는다. 내가 삶을 말할 때, 나는 오직 나 자신을 인용한다.

그것은 나 자신에게 가능하게 되었다. 그것은 그대 자신에게도 가능하게 될 수 있다. 단지 에고만은 동경하지 말라. 다만 삶을 사랑하고 삶을 신뢰하기만 하면, 삶은 그대가 필요한 모든 것을 그대에게 줄 것이다. 삶은 그대를 위해 은총이 될 것이고 축복이 될 것이다.

역자 註

* 마릴린 먼로(Marilyn Monroe) : 1960년대를 풍미했던 미국의 육체파 여배우.
* 노자 도덕경의 첫 구절 : '道可道 非常道, 名可名 非常名'.
* 반응(react) : 무의식 속에서 나오는 것.

* 감응(response) : 깨어있는 의식 속에서 나오는 것.

■ 옮긴이 약력
竹亭 (한동우) : 1952년 서울 출생.
한양대학교 영문학과 졸업.
1990년 70일간 인도성지 순례 여행.

| 판권소유 |
| 홍 법 원 |

禪師와 헝겊인형

2009년 3월 15일 인쇄
2009년 3월 20일 발행

저　　자　오쇼 라즈니쉬
옮 긴 이　竹亭 한동우
발 행 자　김 정 길
발 행 처　홍 법 원
등　　록　1968년 5월 20일 제1-450호
　　　　　서울 종로구 견지동 55-2
전　　화　(02)739-8745, 734-7614
팩　　스　(02)735-2344

ISBN 978-89-92701-40-2

정가 25,000원

※ 잘못 만들어진 책은 바꾸어 드립니다.
※ 홍법원의 사전 동의 없이는 복제 및 전재를
　 할 수 없습니다. 이 책은 저작권법에 의해 보
　 호를 받습니다.